Juristische ExamensKlausuren

Burkhard Boemke · Joachim Luke
Bernhard Ulrici

Fallsammlung zum Schwerpunktbereich Arbeitsrecht

Koalitionsrecht,
Betriebsverfassungsrecht,
Arbeitsgerichtliches Verfahren

 Springer

Professor Dr. Burkhard Boemke
RA Dr. Bernhard Ulrici

Universität Leipzig
Juristenfakultät
Burgstraße 27
04109 Leipzig

boemke@uni-leipzig.de
ulrici@uni-leipzig.de

Dr. Joachim Luke
Luke Robel Franke Rechtsanwälte
Arndtstraße 1
04275 Leipzig
luke@kanzlei-lrf.de

ISBN 978-3-540-76849-4   e-ISBN 978-3-540-76850-0

DOI 10.1007/978-3-540-76850-0

Juristische ExamensKlausuren ISSN 0944-3762

Bibliografische Information der Deutschen Nationalbibliothek
Die Deutsche Nationalbibliothek verzeichnet diese Publikation in der Deutschen Nationalbibliografie; detaillierte bibliografische Daten sind im Internet über http://dnb.d-nb.de abrufbar.

© 2008 Springer-Verlag Berlin Heidelberg

Herstellung: le-tex publishing services oHG, Leipzig
Einbandgestaltung: WMXDesign GmbH, Heidelberg

Gedruckt auf säurefreiem Papier

9 8 7 6 5 4 3 2 1

springer.de

Vorwort

Knapp ein Jahr nach Erscheinen der zweiten Auflage der Fallsammlung zum Arbeitsrecht, welche die wichtigsten Examensprobleme des Pflichtfachs Arbeitsrecht abdeckt, erscheint nunmehr die Fallsammlung zum Schwerpunktbereich Arbeitsrecht. Angespornt durch die überaus freundliche Aufnahme der Fallsammlung zum Pflichtfachstoff bei Studierenden und Referendaren wollen wir diesen nunmehr ein vergleichbares Arbeitsmittel zur Lösung arbeitsrechtlicher Examensfälle im Schwerpunktbereich an die Hand geben. Die Fallsammlung versteht sich als Ergänzung zu den klassischen Lehr- und Lernbüchern. Die Erfahrung zeigt nämlich, dass der Examenskandidat häufig Probleme hat, sein durchaus vorhandenes materielles Wissen in die Lösung eines konkreten Falls strukturiert einzubringen. Insoweit kann dieser Band nicht den Besuch der Vorlesungen und die eigenständige wissenschaftliche Aufarbeitung arbeitsrechtlicher Fragestellungen des Schwerpunktbereichs ersetzen, aber zumindest Hilfestellung bei der fallbezogenen Übung geben.

Die ausgewählten Fälle haben – teilweise gehobenes – Examensniveau und sind von der Lösung daran ausgerichtet, was von einem Kandidaten in einer vier- bis fünfstündigen Klausur als Rechtsgutachten erwartet werden kann. Die inhaltlichen Schwerpunkte sind am Pflichtfachstoff arbeitsrechtlicher Schwerpunktbereich der einzelnen Universitäten orientiert und spiegeln Standardprobleme, z. T. echte Klassiker, des kollektiven Arbeitsrechts sowie des Arbeitsprozessrechts wider. Dabei wurde darauf geachtet, dass Einzelprobleme nicht isoliert, sondern – praktischen Fallgestaltungen entsprechend – in ihren typischen Verbindungen untereinander sowie zum Individualarbeitsrecht dargestellt werden. Zudem ist Ziel der Fallsammlung, dem Leser nicht nur Rechtskenntnisse zu vermitteln. Dies soll natürlich auch eine wichtige Aufgabe dieses Bands sein. Besonders wichtig ist vielmehr die Verdeutlichung des methodischen Vorgehens, welches selbst bei unbekannten Rechtsproblemen sowie bei Klausuren überdurchschnittlichen Schwierigkeitsgrads zu einer erfolgreichen Klausurbearbeitung verhilft.

Die Hauptverantwortung für dieses Werk liegt naturgemäß bei den Autoren, die auch allein für etwaige Fehler und Unrichtigkeiten die Verantwortung übernehmen. An der Realisierung des Projekts haben aber im Hintergrund die Mitarbeiter des Lehrstuhls für Bürgerliches Recht, Arbeits- und Sozialrecht an der Juristenfakultät der Universität Leipzig, namentlich Frau ref. jur. Anja Becher, Herr RA Andreas Franke, Frau ref. jur. Ramona Ingwerth, Herr stud. jur. Timo Kesselhut, Frau ref. jur. Claudia Reich, Herr stud. jur. Michael Riedel, Herr ref. jur. Till Sachadae, Frau ref. jur. Kristina Sosa Noreña, Frau stud. jur. Pia Hoffmann, Frau stud. jur. Annika Schwenk, Frau stud. jur. Anne Wagner sowie Frau Yvonne Zwicker mitgewirkt. Ihnen allen gilt unser besonderer Dank.

Leipzig, im Februar 2008

Prof. Dr. Burkhard Boemke
Dr. Joachim Luke
Dr. Bernhard Ulrici

Inhaltsverzeichnis

A. **Einleitung** 1

  I. Schwerpunktbereich Arbeitsrecht im Examen 3

    1. Erstes Juristisches Examen 3

    2. Zweites Juristisches Examen 3

  II. Fallbearbeitung im Schwerpunktbereich 5

  III. Klausurschwerpunkte aus dem Schwerpunktbereich 7

    1. Allgemein 7

    2. Koalitionsrecht 7

      a) Recht der Koalitionen 7

      b) Tarifvertragsrecht 8

      c) Arbeitskampfrecht 9

    3. Betriebsverfassungsrecht 10

    4. Arbeitsgerichtliches Verfahren 12

B. **Klausuren** 15

Klausur 1: **Gewerkschaft unter Druck** *(Bernhard Ulrici)* 17
Koalitionsfreiheit – Koalitionsbegriff – Zutrittsrecht zur
Mitgliederwerbung – Richterliche Rechtsfortbildung

Klausur 2: **Eine kreative Gewerkschaft** *(Burkhard Boemke)* 49
Tariffähigkeit einer Arbeitnehmerkoalition – Prozessuale Klärung
der Tariffähigkeit – Soziale Mächtigkeit und Besonderheiten des
AÜG – Günstigkeitsprinzip – Maßstab der Günstigkeit –
Besitzstandswahrung und übertarifliche Zulage (Effektivklausel)
– Zustimmungsverweigerung nach
§ 99 BetrVG bei Verstoß gegen Betriebsnormen – Tarifliche
Beschäftigungsquoten als Betriebsnormen

Klausur 3: **Streik in der Druckindustrie** *(Burkhard Boemke)* 89
Arbeitskampfrecht – Verteilung des Arbeitskampfrisikos im
bestreikten Betrieb – Streikteilnahme während des Urlaubs –
Fernwirkungen des Arbeitskampfs – Betriebliche
Mitbestimmung im Arbeitskampf (Streikbruchprämie)

Klausur 4: **Betriebsratswahl im Prinzenhof** *(Joachim Luke)* 121
Betriebsratswahl – Wahlanfechtung – Nichtigkeit der
Betriebsratswahl – Wahlrecht – Betriebsbegriff und gemeinsamer
Betrieb – Wählbarkeit – Heilung von Rechtsverstößen –
Berücksichtigung des Minderheitengeschlechts –
Sonderkündigungsschutz für Wahlinitiatoren und Wahlbewerber
– Sonderkündigungsschutz bei Betriebsstilllegung

Klausur 5: **Von Äpfeln und Birnen** *(Joachim Luke)* 153
Verhältnis Tarifvertrag und Betriebsvereinbarung –
Tarifvorrang (§ 77 Abs. 3 BetrVG) – Vorrangtheorie und Zwei-
Schranken-Theorie – Günstigkeitsprinzip und § 77 Abs. 3
BetrVG – Umdeutung einer unwirksamen Betriebsvereinbarung
– Gewerkschaftlicher Unterlassungsanspruch

Klausur 6: **Viel Arbeit für den Betriebsrat** *(Burkhard Boemke)* 191
Anspruch auf Einhaltung einer Betriebsvereinbarung –
Bestimmtheit des Antrags – Mitbestimmung bei der
vorübergehenden Arbeitszeiterhöhung bei Teilzeitkräften –
Innerbetriebliche Ausschreibung von Leiharbeitsplätzen –
Dauerhafte Arbeitszeiterhöhung als Einstellung/Versetzung –
Zustimmungsersetzungsverfahren (§ 99 BetrVG)

Klausur 7: **Ein treuloser Betriebsrat** *(Bernhard Ulrici)* 225
Außerordentliche Kündigung eines Betriebsratsmitglieds –
Mitbestimmung bei technischen Überwachungseinrichtungen –
Beweisverwertungsverbot bei mitbestimmungswidrig
gewonnenen Beweismitteln – Regelungsbefugnis der
Betriebspartner

Klausur 8: **Das Leid mit den Punkten** *(Joachim Luke)* 259
Mitbestimmung des Betriebsrats in personellen Angelegenheiten
– Punktetabelle als Auswahlrichtlinie (§ 95 BetrVG) –
Allgemeiner Unterlassungsanspruch gegen Verletzung von
Mitbestimmungsrechten – Rechtmäßigkeit einer Punktetabelle

Klausur 9: **Die Zweite wird die Erste sein** *(Bernhard Ulrici)* 293
Statthaftigkeit der Berufung – Berufungsfrist bei verspäteter
Urteilsabsetzung – Zurückverweisung bei unbehebbarem
Verfahrensfehler – Nachrücken eines Ersatzmitglieds

C. Aufbauschemata 317

§ 1 Koalitionsrecht... 320
A   Koalitionsbegriff 320
B. Tariffähige Gewerkschaft 321
C. Rechtmäßigkeit eines Angriffsstreiks 322
D. Anspruch aus Tarifvertrag 323

§ 2 Betriebsverfassungsrecht 324
A. Wahlanfechtung... 324
B. Anforderungen an die Nichtigkeit einer Betriebsratswahl 325
C. Anspruch aus Betriebsvereinbarung 326
D. Wirksamkeit einer Betriebsvereinbarungsnorm 327
E. Mitbestimmungsrecht des Betriebsrats
bei vorübergehender Verlängerung der Arbeitszeit............. 328

F. Mitbestimmung bei der Gewährung von Weihnachtsgeld 329
G. Mitbestimmung bei der Anrechnung von Tariflohnerhöhungen 330
H. Zustimmungsersetzungsverfahren nach § 99 Abs. 4 BetrVG. 331

§ 3 Arbeitsgerichtliches Verfahren 332
A. Zulässigkeit der Klage 332
B. Zulässigkeit eines Beschlussverfahrens 333
C. Erfolgsaussichten der Berufung 334

Literaturverzeichnis 335

Sachverzeichnis 339

A. Einleitung

I. Schwerpunktbereich Arbeitsrecht im Examen

1. Erstes Juristisches Examen

Das Arbeitsrecht umfasst die rechtlichen Regelungen des Arbeitsverhältnisses als besonderes Schuldverhältnis. Gegenstand des Staatsprüfungsteils des Ersten Juristischen Examens ist dabei regelmäßig auch das Individualarbeitsrecht, das sich mit der Rechtsbeziehung zwischen Arbeitgebern und Arbeitnehmern, deren Begründung, Inhalt und Durchführung sowie Beendigung einschließlich etwaiger Nachwirkungen befasst[1].

Das Arbeitsrecht in der Praxis richtig verstehen und als Rechtsanwender arbeitsrechtliche Problemstellungen zutreffend lösen kann aber nur derjenige, der zumindest Grundkenntnisse des kollektiven Arbeitsrechts besitzt. Daher bieten sämtliche juristischen Fakultäten in Deutschland den Studierenden an, sich im Rahmen eines universitären Schwerpunktbereichs eingehend mit dem kollektiven Arbeitsrecht einschließlich der Durchsetzung arbeitsrechtlicher Ansprüche oder sonstiger Rechtspositionen im Rahmen des arbeitsgerichtlichen Verfahrens zu befassen[2]. Im Allgemeinen werden hierbei das Koalitionsrecht, das Betriebsverfassungsrecht sowie das arbeitsgerichtliche Verfahren im Rahmen von Vorlesungen, Kolloquien, Seminaren oder sonstigen universitären Veranstaltungen vertieft behandelt. Ihre materiellen Kenntnisse auf diesem Gebiet müssen die Studierenden als Teil der universitären Schwerpunktbereichsprüfung in einer vier bis fünfstündigen Klausur[3] regelmäßig im Rahmen einer Falllösung umsetzen.

2. Zweites Juristisches Examen

Eine Spezialisierung auf das Gebiet des Arbeitsrechts ist nicht nur im Ersten Juristischen Examen möglich. Auf Grund der rechtstatsächlichen und damit auch

---

[1] Ausführlich dazu Boemke, Fallsammlung, S. 3 f.

[2] Uni Freiburg: § 4 Abs. 1 Nr. 5 StPrO; Uni Heidelberg: FakRatBeschl über SPB 4; Uni Konstanz: § 9 Abs. 2 S. 2 Nr. 2 Satzung SPB-Prüfung; Uni Mannheim: § 8 Abs. 1 S. 1 Nr. 1 JuSPO; Uni Tübingen: § 14 Nr. 1 StudPro; Uni Augsburg: § 5 Abs. 4 StO/PO; Uni Erlangen-Nürnberg: Anlage zu § 1 Abs. 3 Nr. 3 PrO; LMU München: § 5 Abs. 2 Nr. 5 StPrO; Uni Passau: § 35 Abs. 1 Nr. 10, 11 StudPrüfO; Uni Regensburg: § 46 Abs. 4 Nr. 2 Alt. 2 StudPrüfO; Uni Würzburg: § 5 Abs. 2 Nr. 4 StPrO; FU Berlin: allg. §§ 4 Abs. 3, 19, 20 PO; HU Berlin: § 17 Abs. 2 StudO, Anl. 4 Alt. 3 Unteralt. 4 zu StudO; Uni Frankfurt O.: Anlage 2 zu § 37 StPrO; Uni Potsdam: § 8 Abs. 2 Nr. 2 StO; Uni Bremen: § 33 Abs. 2 Nr. 3 PrO; Uni Hamburg: § 2 Abs. 2 Alt. 3, 4 SBPrO; Bucerius LS Hamburg: § 11 Abs. 1 Nr. 3 ZPSBPrO; Uni Gießen: § 3 Abs. 3 Nr. 2 SPBO; Uni Marburg: § 3 Abs. 2 SPBO; Uni Frankfurt a. M.: § 26 Abs. 2 Alt. 5 StPrO; Uni Greifswald: § 22 Abs. 2 Nr. 1 PrO; Uni Rostock: § 21 Abs. 3 Nr. 2 PrO; Uni Göttingen: § 3 Abs. 1 b SPBPrO; Uni Hannover: § 22 Abs. 1 b SPBPO; Uni Osnabrück: § 2 Abs. 1 b SPBPO; Uni Bielefeld: §§ 30 Abs. 1 Nr. 7, 39 StudPrO; Uni Bochum: § 37 Abs. 1 Nr. 2 StudPrO; Uni Bonn: § 5 Abs. 2 Nr. 4 SPBPO; Uni Düsseldorf: § 2 Abs. 2 Nr. 1 SPBPO; Uni Köln: § 9 Abs. 2 Nr. 5 StudPrO; Uni Münster: § 22 Abs. 1 Nr. 2 PrO; Uni Mainz: § 2 Abs. 3 S. 1 SPO; Uni Trier: § 13 Abs. 4 Nr. 3 TStudPrO; Uni Saarbrücken: § 9 Abs. 2 Nr. 3 SPBPO; Uni Leipzig: § 18 Abs. 1 Nr. 8 PO; Uni Dresden: § 12 Abs. 1 Nr. 2 StudO; Uni Halle-Wittenberg: § 2 Abs. 2 Nr. 2 SPO; Uni Kiel: § 8 Abs. 1 Nr. 4.1 SPO; Uni Jena: § 1 Abs. 3 Alt. 2, 3 SBPrüfO.

[3] Uni Freiburg: § 11 Abs. 1 StPrO; Uni Heidelberg: siehe FakRatBeschl über SPB 4; Uni Konstanz: § 11 Nr. 3, 4 Satzung SPB-Prüfung; Uni Mannheim: § 10 Abs. 2 S. 1, 2 JuSPO; Uni Tübingen: § 20 Abs. 1 StudPro; FU Berlin: § 15 Abs. 1 b, c PO; HU Berlin: §§ 22 Abs. 2 Nr. 2, 3, 24 Abs. 2 PrüfO;

wirtschaftlichen Bedeutung des Arbeitsrechts sehen vielmehr die Ausbildungs- und Prüfungsordnungen aller Bundesländer im Rahmen des Zweiten Juristischen Staatsexamens einen arbeitsrechtlichen Schwerpunkt vor[4]. Typischerweise umfasst dieser neben dem Arbeitsrecht auch das Sozial(versicherungs)recht[5]. Der Grund hierfür liegt darin, dass zum Sozialversicherungsrecht eine innere Verbindung besteht, weil dieses im Kern die unselbstständige Beschäftigung[6] oder jedenfalls die Erwerbsfähigkeit[7] als zentralen Anknüpfungspunkt wählt. Die Wahlfachprüfung erfolgt regelmäßig in Form einer mündlichen Prüfung. Deren Inhalt und Ablauf sind stark von der Person des Prüfers abhängig. Neben einer an einem Fall orientierten Lösung sind auch bloße Frage-Antwort-Situationen denkbar. Soweit – wie wohl überwiegend – die mündliche Prüfung fallorientiert erfolgt, ist auch insoweit bedeutsam, dass die Methode einer Falllösung beherrscht wird. Ein streng methodisches Vorgehen verhindert, dass Probleme übersehen und übergangen werden. Zugleich wird hierdurch die inhaltliche Qualität der Lösung gesichert.

Darüber hinaus zählen in einigen Bundesländern das kollektive Arbeitsrecht[8] sowie das arbeitsgerichtliche Verfahren[9] in Grundzügen bzw. in ihren Bezügen zum

---

Uni Frankfurt O.: § 36 StPrO; Uni Potsdam: § 8 Abs. 1, § 13 Abs. 1 SBPO; Uni Bremen: § 35 Abs. 1 PrO; Uni Hamburg: § 10 Abs. 1 Nr. 2, 3 SBPrO; Bucerius LS Hamburg: §§ 12 b, 14 Abs. 1, 15 Abs. 1 ZPSBPrO; Uni Marburg: § 4 Abs. 1 b SPBO; Uni Frankfurt a. M.: § 29 Abs. 1 StPrO; Uni Greifswald: § 21 Abs. 1 Nr. 2, 3 PrO; Uni Rostock: § 21 Abs. 1 PrO; Uni Göttingen: §§ 19 Abs. 1, 20 Abs. 6 SPBPrO; Uni Bielefeld: § 42 Abs. 1, 2 StudPrO; Uni Bochum: § 39 Abs. 1 SudPrO; Uni Bonn: § 6 Abs. 1 a SPBPO; Uni Düsseldorf: § 3 Abs. 1 SPBPO; Uni Köln: § 11 Abs. 6 b StudPrO; Uni Münster: § 26 Abs. 1 c PrO; Uni Mainz: § 3 Abs. 2 SPO; Uni Trier: §§ 14 Abs. 1, 15 Abs. 1 TStudPO; Uni Saarbrücken: § 13 Abs. 2 SPBPO; Uni Leipzig: §§ 19 Abs. 2, 23 Abs. 1 PO; Uni Dresden: § 21 Abs. 2 PrüfO; Uni Jena: § 3 Abs. 1 Nr. 1, 3 SBPrüfO.

[4] § 51 Abs. 2 Nr. 5 BaWüJAPrO; § 58 Abs. 2 Nr. 2, Abs. 3 Nr. 5 a –c BayJAPO; § 27 Abs. 3 Nr. 6 a BerJAO; § 27 Abs. 3 Nr. 6 a BbgJAO; § 41 Abs. 1 Nr. 7 BrmJAPG; § 42 Abs. 3 S. 2 Var. 4 HmbJAG; Anlage zu § 1 HsJAO III Nr. 9; § 47 Nr. 5 JAPO M-V; § 39 Abs. 2 i. V. m. § 29 Abs. 1 S. 1 Nr. 4 NJVAO; § 35 Abs. 2 Nr. 5 JAG NRW; § 37 Abs. 2 Nr. 3 RpfJAPO; § 29 Abs. 1 Nr. 4 SaarJAG; § 43 Abs. 3 Nr. 1 SächsJAPO; § 49 Abs. 1 i. V. m. § 38 Abs. 1 Nr. 3 JAPrVO; § 38 Abs. 3 Nr. 5 SH-JAO; § 46 Abs. 3 Nr. 5 a, b i. V. m. § 35 Abs. 3 Nr. 5 Thür JAPO.

[5] § 51 Abs. 2 Nr. 6 BaWüJAPrO; § 58 Abs. 2 Nr. 2, Abs. 3 Nr. 5 d BayJAPO; § 27 Abs. 3 Nr. 6 b BerJAO; § 27 Abs. 3 Nr. 6 b BbgJAO; § 41 Abs. 1 Nr. 7 BrmJAPG; § 42 Abs. 3 S. 2 Var. 5 HmbJAG; Anlage zu § 1 HsJAO III Nr. 15; § 47 Nr. 8 JAPO M-V; § 39 Abs. 2 i. V. m. § 29 Abs. 1 S. 1 Nr. 4 NJVAO; § 35 Abs. 2 Nr. 5 JAG NRW; § 37 Abs. 2 Nr. 4 RpfJAPO; § 29 Abs. 1 Nr. 4 SaarJAG; § 43 Abs. 3 Nr. 1 SächsJAPO; § 49 Abs. 1 i. V. m. § 38 Abs. 1 Nr. 4 JAPrVO; § 38 Abs. 3 Nr. 5 SH-JAO; § 46 Abs. 3 Nr. 5 c i. V. m. § 35 Abs. 3 Nr. 5 Thür JAPO.

[6] § 24 Abs. 1 SGB III; § 2 Abs. 2 Nr. 1 SGB IV.

[7] §§ 7 Abs. 1 Nr. 2, 8 SGB II.

[8] § 51 Abs. 1 Nr. 4 BaWüJAPrO; Anlage zu § 18 BbgJAO A. V.; § 15 Abs. 1 i. V. m. § 5 Abs. 1 Nr. 1 e BrmJAPG; Anlage zu § 1 HsJAO I Nr. 2 e; § 45 Abs. 3 i. V. m. § 11 Abs. 2 Nr. 1 e JAPO M-V; § 16 Abs. 1 Nr. 2 c NJAVO; § 52 Abs. 1 Nr. 1 i. V. m. § 11 Abs. 2 Nr. 6 JAG NRW; Anlage zu § 1 Abs. 2 Nr. 1 RpfJAPO A. II.; § 47 Abs. 2 S. 1 i. V. m. § 14 Abs. 2 Nr. 3 JAPrVO; § 3 Abs. 3 Nr. 5 SH-JAO; § 46 Abs. 2 Nr. 1 i. V. m. § 14 Abs. 2 Nr. 2 d ThürJAPO.

[9] § 51 Abs. 1 Nr. 4 BaWüJAPrO; § 3 Abs. 3 Nr. 5 SH-JAO; § 46 Abs. 2 Nr. 1 i. V. m. § 14 Abs. 2 Nr. 2 d ThürJAPO.

Individualarbeitsrecht[10] zum Pflichtfachstoff des Zweiten Juristischen Staatsexamens. Jedenfalls das arbeitsgerichtliche Urteilsverfahren muss Rechtsreferendaren auf Grund seiner engen Verwandtheit zum Zivilprozess regelmäßig bekannt sein[11]. Der Pflichtfachstoff wird vor allem im Rahmen fünfstündiger Examensklausuren abgeprüft. Der Prüfling soll regelmäßig eine gerichtliche Entscheidung oder einen Anwaltsschriftsatz entwerfen. Dies setzt zunächst eine umfassende Lösung des einem Aktenstücks zugrunde liegenden Sachverhalts voraus. Methodische Stringenz sichert hierbei wiederum die Qualität der Ergebnisse.

II. Fallbearbeitung im Schwerpunktbereich

Fälle aus dem Schwerpunktbereich Arbeitsrecht zeichnen sich dadurch aus, dass sie – den Gegebenheiten der Praxis folgend – eine Vielzahl von Rechtsproblemen aus verschiedenen Teilbereichen des Arbeitsrechts miteinander verbinden. Vom Prüfling wird daher nicht nur erwartet, dass er Einzelfragen und –probleme des kollektiven Arbeitsrechts oder des arbeitsgerichtlichen Verfahrens erörtert. Er muss darüber hinaus in der Lage sein, das Ineinandergreifen der einzelnen Regelungen zu berücksichtigen. Auf Grund des Zusammenwirkens individual- und kollektivrechtlicher Regelungen und deren Einkleidung in prozessuale Formen ist es unabdingbar, dass der zu behandelnde Sachverhalt und die mit ihm verbundenen Rechtsprobleme aufgeteilt werden („Teile und Herrsche!")[12]. Nur die Aufteilung des komplexen Sachverhalts in kleine, handhabbare „Päckchen" sichert die gute Falllösung.

   Am deutlichsten wird die Notwendigkeit einer Aufteilung, wenn die Fallfrage auf den Erfolg eines gerichtlichen Verfahrens abzielt. Die hierbei von Studenten, Referendaren, aber auch allen sonstigen Rechtsanwendern routinemäßig vorgenommene Unterteilung trennt zwischen der Zulässigkeit und der Begründetheit des zu prüfenden Antrags. Eine weitere Unterteilung erfolgt im Rahmen der Zulässigkeit anhand der jeweils anzusprechenden Verfahrensvoraussetzungen. Unter Berücksichtigung der wichtigsten Sachentscheidungsvoraussetzungen könnte eine Untergliederung beispielsweise wie folgt aussehen:

---

[10] § 51 Abs. 1 Nr. 4 BaWüJAPrO; § 3 Abs. 4 Nr. 1 d BerJAO; Anlage zu § 18 BbgJAO A V; § 15 Abs. 1 i. V. m. § 5 Abs. 1 Nr. 1 e BrmJAPG; Anlage zu § 1 HsJAO I Nr. 2 e; § 45 Abs. 3 i. V. m. § 11 Abs. 2 Nr. 1 e JAPO M-V; § 16 Abs. 1 Nr. 2 c NJAVO; § 52 Abs. 1 Nr. 1 i. V. m. § 11 Abs. 2 Nr. 6 JAG NRW; Anlage zu § 1 Abs. 2 Nr. 1 RpfJAPO A II; § 27 Abs. 2 S. 1 i. V. m. § 8 Abs. 2 Nr. 3, 6 SaarJAG; § 43 Abs. 2 i. V. m. § 14 Abs. 3 Nr. 3 SächsJAPO; § 47 Abs. 2 S. 1 i. V. m. § 14 Abs. 2 Nr. 3 JAPrVO; § 3 Abs. 3 Nr. 5 SH-JAO; § 46 Abs. 2 Nr. 1 i. V. m. § 14 Abs. 2 Nr. 2 d ThürJAPO.

[11] So ausdrücklich § 51 Abs. 1 Nr. 4 BaWüJAPrO; § 44 Abs. 2 Nr. 2 d BayJAPO; § 43 Abs. 2 Nr. 1 d SächsJAPO.

[12] Hemmer/Wüst/Ulrici, Zivilprozessrecht im Überblick – Die Assessorkarteikarten, ÜK Nr. 2.

A. Zulässigkeit

I. Ordnungsgemäße Verfahrenseinleitung

II. Rechtsweg

III. Zuständigkeit

IV. Statthaftigkeit des Antrags

V. Parteien/Beteiligte betreffende Sachentscheidungsvoraussetzungen

B. Begründetheit

Die weitere Unterteilung der Begründetheit hängt in besonderem Maße vom konkreten Rechtsschutzziel ab. Wird ein Leistungsbegehren verfolgt, ist die Klage begründet, wenn der behauptete Anspruch besteht. Dies ist der Fall, wenn er entstanden, nicht erloschen und durchsetzbar ist[13]. Wie diese Prüfungspunkte ihrerseits zu untergliedern sind, wird durch das materielle Recht bestimmt. Danach entsteht z. B. ein Anspruch auf Urlaubsabgeltung dadurch, dass ein Arbeitsverhältnis beendet wurde und bei Beendigung noch ein unerfüllter Urlaubsanspruch besteht.

Auf der Ebene des materiellen Rechts greifen vielfach individualrechtliche und kollektivrechtliche Regelungen ineinander. Hierbei gilt es in der Regel drei Fragen zu unterscheiden.

a) Was gilt individualrechtlich?

b) Was gilt kollektivrechtlich?

c) Wie wirken beide Ebenen zusammen?

Verdeutlichen lässt sich diese Aufteilung am Beispiel der Kürzung einer Gratifikation oder einer übertariflichen Zulage[14]. Will der Arbeitgeber für die Zukunft den Anspruch des Arbeitnehmers auf eine Zulage kürzen, ist zunächst zu fragen, ob er hierzu individualrechtlich befugt ist (Frage a.). Dies ist beispielsweise der Fall, wenn ein wirksamer Widerrufsvorbehalt besteht und dieser wirksam ausgeübt wurde. Fällt die Maßnahme in die Zuständigkeit eines Betriebsrats, ist zu klären, ob und inwieweit dieser nach § 87 Abs. 1 Nr. 10 BetrVG zu beteiligen ist (Frage b.). Schließlich ist zu klären, wie sich ein kollektivrechtlicher Mangel, z. B. die unterlassene Beteiligung des Betriebsrats, individualrechtlich auswirkt (Frage c.). Dies führt im vorstehenden Fall zur Diskussion um die Theorie der Wirksamkeitsvoraussetzung.

Schließlich können auch materielles Recht und Prozessrecht auf der Ebene der Begründetheit zusammenwirken. Dies ist insoweit der Fall, als im gerichtlichen Streit nicht nur rechtliche Zweifelsfragen zu entscheiden sind, sondern zuvor der entscheidungserhebliche Sachverhalt zu klären ist. Dies berührt prozessuale Fragen der Beweisermittlung und -verwertung[15].

---

[13] Boemke, Fallsammlung, S. 4 f.
[14] Fallbeispiele bei Boemke, JuS 2008, 241 ff.; Michalski, Arbeitsrecht – 50 Fälle mit Lösungen, Fall 38; Oetker, 30 Klausuren aus dem Arbeitsrecht – Kollektives Arbeitsrecht, 5. Klausur.
[15] Vgl. hierzu Klausur Nr. 7, S. 225, 242 ff.

Die erfolgreiche Fallbearbeitung hängt ganz entscheidend davon ab, dass es gelingt, den komplexen und vielschichtigen Sachverhalt aufzugliedern und zu systematisieren. Die hierbei zu beachtenden Leitlinien sind zwar teilweise allgemeingültiger Natur (Zulässigkeit und Begründetheit), werden im Übrigen aber von den einschlägigen rechtlichen Vorgaben bestimmt. Sie lassen sich dementsprechend stets nur durch die Auslegung der einschlägigen Anspruchsnormen und Tatbestandsvoraussetzungen sowie sachlogische Erwägungen im Einzelfall ermitteln.

III. Klausurschwerpunkte aus dem Schwerpunktbereich

1. Allgemein

Die Klausuren im Schwerpunktbereich orientieren sich an der Vielgestaltigkeit praktischer Fragestellungen. Durch das Zusammenspiel individualrechtlicher, kollektivrechtlicher und prozessualer Regelungen ist eine Vielzahl an sehr unterschiedlichen Fällen denkbar. Gleichwohl lassen sich für die einzelnen Bereiche der Schwerpunktbereichsausbildung mehr oder weniger klassische Probleme identifizieren, welche nachfolgend angerissen werden sollen.

2. Koalitionsrecht

Das Koalitionsrecht umfasst das Recht der Koalitionen, das Tarifvertragsrecht sowie das Arbeitskampf- und Schlichtungsrecht.

a) Recht der Koalitionen

Gegenstand des Rechts der Koalitionen sind Begriff, Gründung, Mitgliedschaft und Betätigung der besonderen Vereinigungen i. S. v. Art. 9 Abs. 3 GG. Das Koalitionsrecht berührt danach verschiedene rechtliche Beziehungen. Zu nennen sind die Beziehungen des Einzelnen sowie der Vereinigung zum Staat und zu Dritten sowie die Beziehung der Mitglieder untereinander sowie zur Vereinigung. Gegenüber Dritten und dem Staat wollen die Vereinigungen i. S. v. Art. 9 Abs. 3 GG vielfach Eingriffe abwehren. Typisch ist insoweit die Kündigungsschutzklage eines Arbeitnehmers, dem gekündigt wurde, weil er im Betrieb für seine Gewerkschaft geworben hat[16]. Denkbar sind auch Ansprüche einer Arbeitnehmervereinigung gegen einen Arbeitgeber auf Zutritt zum Betrieb zum Zweck der Mitgliederwerbung[17]. Außenseiter können ihre Rechte dadurch verletzt sehen, dass Maßnahmen einer Vereinigung ihre Rechtsstellung berühren[18]. Hinsichtlich der verbandsinternen Streitigkeiten sind schließlich Fragen eines Anspruchs auf Aufnahme oder der Ausschluss aus einer Vereinigung als klassisch zu nennen[19].

Zentralnorm des Rechts der Koalitionen ist jeweils Art. 9 Abs. 3 GG, der für Jedermann das Recht garantiert, sich zu Wahrung und Förderung der Arbeits- und

---

[16] Fallbeispiele bei Michalski, Arbeitsrecht – 50 Fälle mit Lösungen, Fall 45; Oetker, 30 Klausuren aus dem Arbeitsrecht – Kollektives Arbeitsrecht, 1. Klausur.

[17] Dazu Klausur Nr. 1, S. 17 ff. sowie Oetker, 30 Klausuren aus dem Arbeitsrecht – Kollektives Arbeitsrecht, 1. Klausur.

[18] Fallbeispiel bei Wank, Übungen im Arbeitsrecht, Fall 13 insb. S. 184.

[19] Vgl. hierzu Hromadka/Maschmann, ArbR 2, § 12 Rn. 50; BGH NJW 1985, 1216.

Wirtschaftsbedingungen zusammenzuschließen. Ein Verbände- oder Koalitionsgesetzbuch (KGB), welches die rechtlichen Beziehungen der Koalitionen regelt, existiert nicht[20]. Die sich aus den genannten Rechtsbeziehungen ergebenden Fragen sind daher unter Rückgriff auf allgemeine zivilrechtliche Vorschriften, allgemeine Rechtsgrundsätze sowie vor allem die Wertungen des Art. 9 Abs. 3 GG zu beantworten.

Die aus einer in Wahrnehmung der Rechte des Art. 9 Abs. 3 GG hervorgegangenen Zusammenschlüsse werden Koalitionen genannt. Auf sie ist das Grundrecht der Koalitionsfreiheit ausgerichtet, weil die Koalitionen selbst Träger des Grundrechts der Koalitionsfreiheit sind[21] und auch der Einzelne sich nur auf Art. 9 Abs. 3 GG berufen kann, wenn Mitgliedschaft oder Betätigung in bzw. für einen besonderen Zusammenschluss i. S. v. Art. 9 Abs. 3 GG betroffen sind. Zentraler Bedeutung kommt daher der Frage zu, was eine Koalition ist. In Einzelpunkten ist diese Frage überaus umstritten, weshalb sich der Koalitionsbegriff ebenfalls als Aufhänger einer Examensklausur eignet[22].

b) Tarifvertragsrecht

Das Tarifvertragsrecht betrifft im Wesentlichen die Frage, inwieweit die normativen Regelungen eines Tarifvertrags auf das konkrete Arbeitsverhältnis Anwendung finden[23]. Diesbezüglich enthält das TVG eine Reihe klarer Vorgaben, die es in der Klausur sauber anzuwenden gilt. Zwar sind hinsichtlich bestimmter Fragen auch zusätzliche Kenntnisse erforderlich, jedoch lassen sich viele Probleme bereits durch fachgerechte Auslegung und Anwendung des Gesetzestextes lösen.

Prüfungsrelevante Vorfrage kann hierbei z. B. sein, ob überhaupt ein wirksamer Tarifvertrag vorliegt. Dies setzt u. a. voraus, dass die vertragsschließenden Parteien überhaupt tariffähig sind. Während die Tariffähigkeit auf der Arbeitgeberseite wenige Probleme bereitet[24], sind bei der Tariffähigkeit von Arbeitnehmervereinigungen mehrere, vom Gesetz nicht explizit geforderte Voraussetzungen umstritten. Insbesondere das Merkmal der sozialen Mächtigkeit ist im Hinblick auf die durch Art. 9 Abs. 3 GG gewährleistete Koalitionsfreiheit nicht unerheblicher Kritik ausgesetzt[25].

Ein weiteres Schlüsselproblem tarifrechtlicher Fallgestaltungen liegt in der konkreten Tarifgeltung. Hierbei bereitet die Grundregel der beiderseitigen Tarifgebun-

---

[20] BAG vom 28.02.2006, NZA 2006, 798, 801; Hromadka/Maschmann, ArbR 2, § 12 Rn. 4.

[21] Vgl. BVerfG vom 26.05.1970, BVerfGE 28, 295, 304; BVerfG vom 26.06.1991, BVerfGE 84, 212, 224; BVerfG vom 03.04.2001, BVerfGE 103, 293, 304; BAG vom 26.04.1988, AP Nr. 101 zu Art. 9 GG Arbeitskampf unter B II 1 der Gründe; AnwK-ArbR/Wilms, Art. 9 GG Rn. 52; Gamillscheg, Kollektives Arbeitsrecht I, S. 181 ff.; Hueck/Nipperdey, Arbeitsrecht II/1, S. 134 ff.; Richardi, Kollektives Arbeitsrecht, § 3 Rn. 11; Rolfs, StudKomm-ArbR, Art. 9 GG Rn. 20.

[22] Dazu Klausur Nr. 1, S. 17 ff. sowie Heckelmann/Franzen, Fälle zum Arbeitsrecht, Fall 18; Schleusener, JuS 2001, 471 ff.

[23] Vgl. Zöllner/Loritz/Hergenröder, Arbeitsrecht, S. 593 f.

[24] Vgl. aber Fallbeispiel bei Schleusener, Jura 2006, 714 ff.

[25] Dazu Klausur 2, S. 49 ff. – Vgl. auch Fallbeispiele bei Heckelmann/Franzen, Fälle zum Arbeitsrecht, Fall 18; Koller/Buchholz, Jura 1983, 148 ff.

denheit zumeist keine Schwierigkeiten[26]. Anspruchvoller sind dagegen die klassischen Problemfelder der Nachbindung (§ 3 Abs. 3 TVG) und der Nachwirkung (§ 4 Abs. 5 TVG)[27]. Zudem sind Fälle mit allgemeinverbindlich erklärten Tarifverträgen (§ 5 TVG) denkbar[28]. Für Betriebsnormen und betriebsverfassungsrechtliche Normen ist außerdem zu beachten, dass diese über § 3 Abs. 2 TVG schon dann auf Arbeitsverhältnisse Anwendung finden, wenn allein der Arbeitgeber tarifgebunden ist[29]. Ein bedeutsames Randproblem in diesem Zusammenhang bildet zudem die individualvertragliche Bezugnahme auf Tarifverträge. Durch solche Bezugnahmen können die Normen eines Tarifvertrags auch ohne „echte" Tarifbindung zur Anwendung gelangen. Im Hinblick auf die Rechtsprechung des BAG besonders klausurrelevant sind hierbei sog. Gleichstellungsabreden, durch die Außenseiter den tarifgebundenen Arbeitnehmern gleichgestellt werden sollen. Schließlich gibt es Klausuren, bei denen mehrere einschlägige Tarifverträge existieren und die Frage zu klären ist, welcher der Tarifverträge Anwendung findet. Hier müssen dann zur Falllösung die Grundsätze über Tarifkonkurrenz und Tarifpluralität angewandt werden[30].

Klausurrelevant ist zudem stets das Zusammenwirken kollektiver und individualrechtlicher Vorschriften. Diesbezüglich regelt das in § 4 Abs. 3 Alt. 2 TVG normierte Günstigkeitsprinzip einen wesentlichen Ausschnitt des Zusammenwirkens des Tarifvertragsrechts zum Individualarbeitsrecht. Problematisch kann insoweit erstens sein, was miteinander verglichen werden muss („Sachgruppenvergleich"), zweitens, ob die individuelle und die tarifliche Regelung überhaupt miteinander verglichen werden können (z. B. mehr Geld gegen weniger Urlaub) und drittens, ob im Einzelfall die individuelle Regelung für den Arbeitnehmer günstiger ist als die Bestimmung des Tarifvertrags[31].

c) Arbeitskampfrecht

Das Arbeitskampfrecht betrifft in erster Linie die Frage, unter welchen Voraussetzungen den Tarifvertragsparteien welche Mittel zur Verfügung stehen, um sich bei der anderen Seite so viel Gehör zu verschaffen, dass beide Parteien auf „Augenhöhe" miteinander verhandeln können (Herstellen der Verhandlungsparität). Klausurrelevant ist neben den praktisch bedeutsamen Streiks auch die Zulässigkeit arbeitgeberseitiger Aussperrungen[32], die als Abwehrkampfmittel einer besonderen

---

[26] Fallbeispiel bei Michalski, Arbeitsrecht – 50 Fälle mit Lösungen, Fall 11. – Vgl. auch Oetker, 30 Klausuren aus dem Arbeitsrecht – Kollektives Arbeitsrecht, 3. Klausur.

[27] Fallbeispiele bei Ehmann/Lambrich, Jura 1999, 135 ff.; Maschmann, Jura 1994, 652 ff.; Oetker, 30 Klausuren aus dem Arbeitsrecht – Kollektives Arbeitsrecht, 8. Klausur; Steffan, JuS 1993, 1027 ff.

[28] Vgl. Fallbeispiel bei Oetker, 30 Klausuren aus dem Arbeitsrecht – Kollektives Arbeitsrecht, 1. Klausur.

[29] Dazu Klausur Nr. 2, S. 49, 85 ff. sowie Ehmann/Balthasar, Jura 1985, 436 ff.

[30] Fallbeispiel bei Oetker, 30 Klausuren aus dem Arbeitsrecht – Kollektives Arbeitsrecht, 9. Klausur.

[31] Dazu Klausur Nr. 2, S. 49, 73 ff. sowie Bittner, Jura 2003, 560 ff.

[32] Fallbeispiele bei Maschmann, Jura 1994, 652 ff.; Michalski, Arbeitsrecht – 50 Fälle mit Lösungen, Fälle 43 und 44; Oetker, 30 Klausuren aus dem Arbeitsrecht – Kollektives Arbeitsrecht, 14. Klausur; Wank, Übungen im Arbeitsrecht, Fall 13.

Quotenregelung unterliegen[33]. Die Zulässigkeit der Aussperrung wird vor allem entscheidungserheblich, wenn ein Arbeitnehmer, der während eines Arbeitskampfs ausgesperrt wurde, vom Arbeitgeber gleichwohl seinen Lohn fordert[34]. Hinsichtlich der Zulässigkeit von Angriffskampfmitteln, typischerweise eines Streiks, lassen sich im Rahmen einer Fallbearbeitung vor allem Probleme der relativen Friedenspflicht, der Tariffähigkeit der zum Streik aufrufenden Kampfpartei oder aber der tariflichen Regelbarkeit des angestrebten Arbeitskampfziels abprüfen[35].

Daneben kommt den Rechtsfolgen von Arbeitskampfmaßnahmen sowohl für die Arbeitsverhältnisse kampfbeteiligter als auch am Arbeitskampf unbeteiligter Arbeitsvertragsparteien Klausurrelevanz zu. Eine zentrale Rolle spielt hierbei die Verteilung des Betriebs- bzw. Arbeitskampfrisikos, die insbesondere dann problematisch sein kann, wenn zwar nur ein Betrieb bestreikt wird, sich aber die Streikfolgen auch auf andere, nicht bestreikte Betriebe erstrecken[36]. Typisch sind etwa Konstellationen, in denen Arbeitnehmer selbst nicht gestreikt haben, aber infolge eines Streiks nicht beschäftigt werden konnten bzw. wurden und nunmehr für diese Zeit Entgelt fordern[37].

Einkleidung von Fragen des Arbeitskampfrechts können sowohl kollektiv- als auch individualrechtliche Fallgestaltungen sein. Möglich ist beispielsweise eine gegen die zum Streik aufrufende Gewerkschaft gerichtete Klage eines Arbeitgebers auf Schadensersatz[38]. Hier geht es regelmäßig nicht um die Zulässigkeit eines Streiks, sondern um die Grenzen des Streikrechts, insbesondere das Einstehenmüssen der Gewerkschaft für Streikexzesse. Denkbar sind aber auch Ansprüche auf Streikbruchprämien[39] oder die Wirksamkeit verhaltensbedingter Kündigungen wegen Nichterbringung der Arbeitsleistung.

3. Betriebsverfassungsrecht

Das Betriebsverfassungsrecht regelt die Mitbestimmung der Arbeitnehmer im Betrieb durch besondere Organe, insbesondere den Betriebsrat. Der Betriebsrat kann durch Wahl in Betrieben mit mindestens fünf wahlberechtigten Arbeitnehmern gewählt werden. Die Frage, wie der maßgebliche Betrieb bestimmt wird, berührt Grundbegriffe des Arbeitsrechts[40]. Die Durchführung des Wahlverfahrens ist detailliert im BetrVG sowie in der hierzu ergangenen WahlO geregelt. Auf Grund der Vielzahl der einschlägigen Normen sind entsprechend vielfältige Verfah-

---

[33] BAG vom 07.06.1988, AP Nr. 107 zu Art. 9 GG Arbeitskampf; BAG vom 10.06.1980, AP Nr. 64 zu Art. 9 GG Arbeitskampf; MünchArbR/Otto, § 285 Rn. 164 ff.; ErfK/Dieterich, Art. 9 GG Rn. 241 ff.

[34] Fallbeispiel bei Heckelmann/Franzen, Fälle zum Arbeitsrecht, Fall 20.

[35] Fallbeispiel bei Koller/Buchholz, Jura 1983, 148 ff.

[36] Dazu Klausur Nr. 3, S. 89 ff. sowie Bittner, JA 2003, 558 ff.; Oetker, 30 Klausuren aus dem Arbeitsrecht – Kollektives Arbeitsrecht, 13. Klausur.

[37] Dazu Klausur Nr. 3, S. 89 ff. sowie Michalski, Arbeitsrecht – 50 Fälle mit Lösungen, Fall 40; Wank, Übungen im Arbeitsrecht, Fall 13.

[38] Vgl. Fallbeispiel bei Steffan, JuS 1993, 1027 ff.

[39] Dazu Klausur Nr. 3, S. 89 ff. sowie Bittner, JA 2003, 558 ff.; Maschmann, Jura 1994, 652 ff.; Oetker, 30 Klausuren aus dem Arbeitsrecht – Kollektives Arbeitsrecht, 12. Klausur.

[40] Dazu Klausur Nr. 4, S. 121 ff.

rensverstöße denkbar. Deren Vorliegen und gerichtliche Geltendmachung, insbesondere im Rahmen einer Wahlanfechtung, gehören zu den Klassikern betriebsverfassungsrechtlicher Klausuren[41].

Über den Betriebsrat sollen die Arbeitnehmer Einfluss auf die Entscheidungen des Arbeitgebers erhalten, wodurch diese sozialer und transparenter werden. Dabei kommen dem Betriebsrat jedoch keine umfassenden Mitwirkungsbefugnisse zu. Vielmehr hat der Gesetzgeber enumerativ Mitbestimmungsrechte unterschiedlicher Intensität geschaffen. Soweit kein Tatbestand einschlägig ist, darf der Arbeitgeber weiterhin allein entscheiden. Diese abschließende Aufzählung der Mitbestimmungstatbestände provoziert Abgrenzungsfragen. Die Auslegung und Anwendung der Mitbestimmungstatbestände rechnet zu den Standardproblemen des Betriebsverfassungsrechts. Zu den klassischen Fallgestaltungen zählen bei der Mitbestimmung in sozialen Angelegenheiten insbesondere die Mitbestimmung bei Fragen der Ordnung des Betriebs und des Verhaltens der Arbeitnehmer im Betrieb (§ 87 Abs. 1 Nr. 1 BetrVG)[42], bei der Lage der Arbeitszeit (§ 87 Abs. 1 Nr. 2 BetrVG)[43], bei Kurzarbeit und Überstunden (§ 87 Abs. 1 Nr. 3 BetrVG)[44], insbesondere der Verlängerung der Arbeitszeit von Teilzeitbeschäftigten, bei technischen Überwachungseinrichtungen (§ 87 Abs. 1 Nr. 6 BetrVG)[45], insbesondere der Verwertung betriebsverfassungswidrig gewonnener Beweismittel im Prozess, und bei Fragen der Lohngestaltung (§ 87 Abs. 1 Nr. 10 BetrVG)[46], insbesondere der Anrechnung von Tariflohnerhöhungen auf übertarifliche Zulagen[47]. Im Rahmen der Mitbestimmung in personellen Angelegenheiten kann der Begriff der Einstellung oder der Versetzung zu problematisieren sein[48]. Von besonderer Bedeutung ist auch die Mitbestimmung nach § 102 Abs. 1 BetrVG bei Kündigungen, weil die fehlerhafte Anhörung zur Unwirksamkeit der Kündigung führt[49].

Typische Handlungsform bei der Wahrnehmung von Mitbestimmungsrechten i. e. S. ist die Betriebsvereinbarung. Durch Betriebsvereinbarungen können die Betriebspartner mit normativer Wirkung Einfluss auf den Inhalt der Arbeitsverhält-

---

[41] Dazu Klausur Nr. 4, S. 121 ff. sowie Michalski, Arbeitsrecht – 50 Fälle mit Lösungen, Fall 46; Oetker, 30 Klausuren aus dem Arbeitsrecht – Kollektives Arbeitsrecht, 15. Klausur.

[42] Fallbeispiele bei v. Hoyningen-Huene, JuS 1983, 785 ff.; Junker, Fälle zum Arbeitsrecht, Fall 9; Michalski, Arbeitsrecht – 50 Fälle mit Lösungen, Fall 47.

[43] Dazu Klausur Nr. 6, S. 191 ff. und das Fallbeispiel bei Junker, Fälle zum Arbeitsrecht, Fall 3.

[44] Dazu Klausur Nr. 6, S. 191 ff. sowie Brossette, Jura 1992, 253 ff.; Oetker, 30 Klausuren aus dem Arbeitsrecht – Individualarbeitsrecht, 21. Klausur.

[45] Dazu Klausur Nr. 7, S. 225 ff. sowie v. Hoyningen-Huene, JuS 1983, 785 ff.; Junker, Fälle zum Arbeitsrecht, Fall 9.

[46] Dazu Klausur Nr. 2, S. 49 ff. und Klausur Nr. 5, S. 153 ff. sowie Boemke, JuS 2008, 241, 243; Junker, Fälle zum Arbeitsrecht, Fall 8; Oetker, 30 Klausuren aus dem Arbeitsrecht – Kollektives Arbeitsrecht, 18. Klausur; Wank, Übungen im Arbeitsrecht, Fall 11.

[47] Fallbeispiel bei Boemke, JuS 2008, 241 ff.

[48] Dazu Klausur Nr. 6, S. 191 ff. sowie die Fallbeispiele bei Heckelmann/Franzen, Fälle zum Arbeitsrecht, Fall 15; v. Hoyningen-Huene, JuS 1993, 126 ff.; Oetker, 30 Klausuren aus dem Arbeitsrecht – Kollektives Arbeitsrecht, 23. und 24. Klausur; Wank, Übungen im Arbeitsrecht, Fall 12.

[49] Dazu Klausur Nr. 8, S. 259 ff. sowie Boemke, Fallsammlung, Klausur Nr. 5; Junker, Fälle zum Arbeitsrecht, Fall 6; Lüke/Mansfeld, JuS 1980, 517 ff.; Oetker, 30 Klausuren aus dem Arbeitsrecht – Kollektives Arbeitsrecht, 21. Klausur; Junker, Fälle zum Arbeitsrecht, Fall 6.

nisse nehmen. Zulässiger Inhalt sowie Grenzen des Abschlusses von Betriebsvereinbarungen bilden einen weiteren Schwerpunkt in der arbeitsgerichtlichen Praxis sowie in Examensklausuren[50]. Zu den absoluten Klassikern des Betriebsverfassungsrechts gehört das in § 77 Abs. 3 BetrVG sowie in § 87 Abs. 1 Einleitungssatz BetrVG geregelte Schnittfeld von Betriebsverfassungs- und Tarifvertragsrecht[51].

Da die Mitbestimmung durch den Betriebsrat die Freiheit des Arbeitgebers einschränkt, neigen Arbeitgeber – infolge Rechtsirrtums oder vorsätzlich – zur Verletzung der Rechte des Betriebsrats. Im Verhältnis der Betriebspartner zueinander wirft dies die Frage nach Sanktionen, insbesondere in Form von Unterlassungsansprüchen auf[52]. Umgekehrt ist der Arbeitgeber mitunter auf eine Mitwirkung des Betriebsrats angewiesen, die dieser ihm verweigert. In diesen Fällen muss der Arbeitgeber seine Rechte gerichtlich durchsetzen, z. B. die Zustimmung des Betriebsrats zu einer personellen Einzelmaßnahme erstreiten[53].

4. *Arbeitsgerichtliches Verfahren*

Das Recht des arbeitsgerichtlichen Verfahrens (Arbeitsprozessrecht) bezeichnet die Vorschriften, welche das rechtsstaatliche Verfahren zur Feststellung, Sicherung und Verwirklichung von Rechten und Rechtsverhältnissen arbeitsrechtlicher Art regeln. Es unterscheidet sich vom materiellen Arbeitsrecht (Individual- und Kollektivarbeitsrecht), welches darüber entscheidet, ob Rechte oder Rechtsverhälnisse bestehen. Anders gewendet verläuft die Trennlinie zwischen materiellem Arbeitsrecht und Arbeitsprozessrecht zwischen dem „Recht haben" und dem „Recht bekommen".

Arbeitsprozessrecht und materielles Arbeitsrecht stehen nicht beziehungslos nebeneinander, sondern sind aufeinander bezogen. Ausgehend davon, dass das materielle Arbeitsrecht darüber entscheidet, welche Rechte und Rechtsverhältnisse bestehen, und das Arbeitsprozessrecht der Feststellung, Sicherung und Verwirklichung bestehender Rechte dient, wird deutlich, dass dem Arbeitsprozessrecht gegenüber dem materiellen Recht eine dienende Funktion zukommt. Dementsprechend ist eine ausschließlich prozessuale Klausur nahezu ausgeschlossen und auch wenig praxisnah. Vielmehr werden prozessuale Fragestellungen typischerweise mit materiell-rechtlichen Fragen verwoben[54]. Beispielhaft ist zu erwähnen, dass die Verletzung betriebsverfassungsrechtlicher Mitwirkungsbefugnisse prozessuale Rechtsfolgen, z. B. in Form eines Beweisverwertungsverbots, zeitigen kann[55].

Die wichtigsten gesetzlichen Regelung zum arbeitsgerichtlichen Verfahren finden sich im ArbGG, welches durch die ZPO und weitere zivilprozessrechtliche

---

[50] Vgl. Oetker, 30 Klausuren aus dem Arbeitsrecht – Kollektives Arbeitsrecht, 21. Klausur.

[51] Fallbeispiele bei Ehmann/Lambrich, Jura 1999, 135 ff.; Heckelmann/Franzen, Fälle zum Arbeitsrecht, Fall 16; Oetker, 30 Klausuren aus dem Arbeitsrecht – Kollektives Arbeitsrecht, 20. Klausur.

[52] Fallbeispiele bei Brossette, Jura 1992, 253 ff.; Ehmann/Lambrich, Jura 1999, 135 ff.; v. Hoyningen-Huene, JuS 1993, 126 ff.; Junker, Fälle zum Arbeitsrecht, Fall 9; Oetker, 30 Klausuren aus dem Arbeitsrecht – Kollektives Arbeitsrecht, 18. Klausur.

[53] Dazu Klausur Nr. 6, S. 191 ff.

[54] Fallbeispiele bei Boemke, Fallsammlung, Klausur Nr. 3; Michalski, Arbeitsrecht – 50 Fälle mit Lösungen, Fall 36; Richardi/Annuß, Arbeitrecht, Fall 18.

[55] Dazu Klausur Nr. 7, S. 225 ff.

Gesetze ergänzt wird. Das ArbGG gilt für die Arbeitsgerichtsbarkeit, welche als eigenständiger Rechtsweg neben dem ordentlichen Rechtsweg und den öffentlich-rechtlichen Rechtswegen steht. Die Abgrenzung der Arbeitsgerichtsbarkeit von den anderen Rechtswegen wird in den §§ 2, 2a ArbGG geregelt. Sich hieraus ergebende Abgrenzungsfragen[56] lassen sich leicht in arbeitsrechtliche Klausuren integrieren, z. B. wenn die Parteien auch darum streiten, ob der Kläger als Arbeitnehmer oder Selbstständiger tätig geworden ist. Weitere geeignete Klausurprobleme sind mit den Besonderheiten des arbeitsgerichtlichen Verfahrens verbunden. Zu diesen zählt etwa, dass arbeitsgerichtliche Entscheidungen im Unterschied zu zivilprozessualen Entscheidungen mit einer Rechtsbehelfsbelehrung zu versehen sind[57]. Hierzu rechnet weiter, dass das arbeitsgerichtliche Verfahren die Statthaftigkeit der Rechtsmittelverfahren abweichend von der ZPO ausgestaltet[58]. Außerdem kennt das arbeitsgerichtliche Verfahren zwei verschiedene Verfahrensarten (Urteils- und Beschlussverfahren). Das Urteilsverfahren (§ 2 Abs. 5 ArbGG) steht insbesondere für die Verfolgung von Individualansprüchen zur Verfügung und weist große Gemeinsamkeiten mit dem normalen Zivilprozess auf. Das Beschlussverfahren (§ 2a Abs. 2 ArbGG) ist vom Gesetzgeber insbesondere für kollektivrechtliche Streitigkeiten (aus der Betriebsverfassung) vorgesehen und weist Gemeinsamkeiten zum Verfahren der freiwilligen Gerichtsbarkeit auf. Es wird wie dieses nicht vom Beibringungs-, sondern vom Untersuchungsgrundsatz geprägt, weil Beschlussverfahren typischerweise Dritt- und öffentliche Interessen berühren. Eine Entscheidung soll daher nur auf einer objektiv festgestellten Tatsachengrundlage erfolgen. Typische Probleme des Beschlussverfahrens sind seine Abgrenzung zum Urteilsverfahren[59], die Ermittlung der Beteiligten[60] sowie die Klärung der Antragsbefugnis[61].

---

[56] Fallbeispiel bei Heckelmann/Franzen, Fälle zum Arbeitsrecht, Fall 14. – Vgl. auch Hromadka/Maschmann, ArbR 2, § 21 Rn. 13 ff.

[57] Siehe dazu Klausur Nr. 9, S. 293 ff.

[58] Siehe dazu Klausur Nr. 9, S. 293 ff.

[59] Vgl. Hromadka/Maschmann, ArbR 2, § 21 Rn. 110 f.; Weyand, Arbeitsrecht, S. 218.

[60] Fallbeispiel bei Junker, Fälle zum Arbeitsrecht, Fall 9.

[61] Fallbeispiel bei Heckelmann/Franzen, Fälle zum Arbeitsrecht, Fall 14. – Siehe dazu auch Klausur Nr. 2, S. 49 ff., Klausur Nr. 4, S. 121 ff. und Klausur Nr. 6, S. 191 ff. sowie Klausur Nr. 8, S. 259 ff.

B. Klausuren

Klausur Nr. 1

Gewerkschaft unter Druck

Wiss. Assistent Rechtsanwalt Dr. Bernhard Ulrici

Sachverhalt

Die Beschäftigten verschiedener, unter dem Dach des DGB zusammengeschlossener Gewerkschaften gründen nach vereinsrechtlichen Regeln den „Verband der Gewerkschaftsbeschäftigten e. V." (VGB). Zweck des Zusammenschlusses ist es, die Rechte der Gewerkschaftsangestellten gegenüber den Gewerkschaften effektiv wahrzunehmen und das bewährte Institut der Tarifautonomie auch innergewerkschaftlich zur Geltung zu bringen. Die Tätigkeit des VGB soll durch Beiträge und Spenden finanziert werden. Zu den satzungsmäßigen Aufgaben des VGB zählen u. a. die Beratung und Vertretung seiner Mitglieder gegenüber ihren Arbeitgebern und vor den Arbeitsgerichten sowie der Abschluss von Tarifverträgen. Als Tarifvertragspartner ist der erst 200 Mitglieder starke VGB bislang nicht anerkannt worden. Der Wille zu Arbeitskampfmaßnahmen wird in der Satzung nicht ausdrücklich bekundet. Insoweit hat sich der Verband noch nicht endgültig festgelegt.

Um neue Mitglieder zu gewinnen, will der VGB sein betriebsfremdes Vorstandsmitglied Willi Winter in die Hauptgeschäftsstelle der Gewerkschaft ver.di entsenden. Willi Winter will dort während der Mittagspause in der Kantine an die ver.di-Angestellten Schriftmaterial verteilen. Ver.di verweigert ihm jedoch den Zutritt, u. a. mit dem Hinweis darauf, dass bekannt sei, dass bereits mehrere VGB-Mitglieder in der ver.di-Hauptgeschäftsstelle arbeiten. Soweit Mitgliederwerbung überhaupt erfolgen soll, können die bei ver.di angestellten VGB-Mitglieder diese Aufgabe übernehmen. Im Übrigen könne Wille Winter vor der Hauptgeschäftsstelle werben.

Aufgabenstellung:

Hat der VGB gegen ver.di einen Anspruch darauf, dass das betriebsfremde VGB-Vorstandsmitglied Willi Winter den begehrten Zutritt zur Hauptgeschäftsstelle erhält?

Bearbeitervermerk:

Gehen Sie davon aus, dass die beabsichtigte Mitgliederwerbung keine Geheimhaltungspflichten berührt und auch nicht zu Betriebsablaufstörungen führt. Berücksichtigen Sie außerdem, dass sämtliche Gewerkschaftsmitarbeiter zugleich Angehörige derjenigen Gewerkschaft sind, für die sie arbeiten.

Vorüberlegungen

Die überaus anspruchsvolle Klausur ist auf das Recht der Koalitionen ausgerichtet. Sie ist dadurch gekennzeichnet, dass es an klaren gesetzlichen Vorschriften zur Lösung der Fallfrage fehlt. Notwendig ist daher, die streitentscheidenden Regelungen zunächst durch Auslegung genereller Vorschriften und Wertungen zu erarbeiten. Hierbei darf der Bearbeiter nicht in eine von Gesetz und allgemeinen Rechtsgrundsätzen abgelöste Interessenabwägung verfallen. Vielmehr muss er eine methodisch stringente Lösung aufzeigen[1].

I. Anspruchsgrundlage

Ver.di steht als Besitzerin der Hauptgeschäftsstelle das Hausrecht zu. Dieses berechtigt sie, Dritte von der Nutzung der Räumlichkeiten auszuschließen (vgl. § 862 BGB), soweit kein Zutrittsrecht besteht. Zu klären ist somit, ob und inwieweit ein Anspruch auf Zutritt zum Betrieb besteht. Eine einfachrechtliche Sondervorschrift besteht insoweit nicht[2]. Insbesondere sind Entstehung, Organisation und Betätigung der Koalitionen nicht in einem „Koalitionsgesetzbuch" geregelt[3]. Rechtsfragen aus diesem Bereich sind daher typischerweise unter Rückgriff auf Art. 9 Abs. 3 GG zu lösen[4]. Dies gilt auch im Hinblick auf die Frage nach den Zugangsrechten einer Koalition zum Zweck der Mitgliederwerbung[5]. Da Grundrechtsnormen jedoch nur generalklauselartige Vorgaben machen, ohne Einzelfragen zu klären, scheiden sie regelmäßig als Anspruchsgrundlage aus[6]. Den grundrechtlichen Wertungen kann allerdings im Wege richterlicher Rechtsfortbildung Rechnung getragen werden. Hierfür müssen aber die verfassungsrechtlichen Voraussetzungen für eine richterliche Rechtsfortbildung vorliegen.

---

[1] Vgl. Richardi, Kollektives Arbeitsrecht, § 3 Rn. 11: „allgemeine Rechtsgrundlagen und anerkannte Methoden rechtswissenschaftlicher Erkenntnis."

[2] BAG vom 28.02.2006, NZA 2006, 798, 801; Boemke, Anm. zu BAG vom 28.02.2006, AR-Blattei, ES 1650 Nr. 23 unter IV 2.

[3] BAG vom 28.02.2006, NZA 2006, 798, 801; Hromadka/Maschmann, ArbR 2, § 12 Rn. 4.

[4] Vgl. Richardi, Kollektives Arbeitsrecht, § 3 Rn. 11.

[5] Vgl. Richardi, Kollektives Arbeitsrecht, § 3 Rn. 12 f.

[6] BVerfG vom 14.11.1995, NZA 1996, 381, 383; BAG vom 28.02.2006, NZA 2006, 798, 800 f. – Vgl. BVerfG vom 17.02.1981, AP Nr. 9 zu Art. 140 GG unter C II 4 a und b der Gründe; Richardi, Anm. zu BAG vom 28.02.2006, AP Nr. 127 zu Art. 9 GG unter I 2.

II. Schutzbereich der Koalitionsfreiheit

Um die Fallfrage inhaltlich unter Rückgriff auf die Koalitionsfreiheit zu lösen, muss der Schutzbereich des Art. 9 Abs. 3 GG (in persönlicher und sachlicher Hinsicht) eröffnet sein.

1. Persönlicher Schutzbereich

In persönlicher Hinsicht schützt Art. 9 Abs. 3 GG zunächst den Einzelnen sowie darüber hinaus auch die in Wahrnehmung der Rechte aus Art. 9 Abs. 3 GG entstandenen Vereinigungen (Koalitionen) selbst[7]. Zu prüfen ist daher, ob der VGB eine Koalition ist. Hierfür müssen die Tatbestandsmerkmale einer Koalition herausgearbeitet werden[8]. Dabei muss beachtet werden, dass der verfassungsrechtliche Koalitionsbegriff des Art. 9 Abs. 3 GG vom arbeitsrechtlichen Koalitionsbegriff zu unterscheiden ist[9].

2. Sachlicher Schutzbereich

In sachlicher Hinsicht schützt Art. 9 Abs. 3 GG seinem Wortlaut nach das Recht, sich zur Förderung der Arbeits- und Wirtschaftsbedingungen zusammenzuschließen. Um diesen Schutz effektiv auszugestalten, wird auch die koalitionsspezifische Betätigung geschützt[10]. Dabei hat das BVerfG in Abgrenzung zu seiner früheren Rechtsprechung zwischenzeitlich klargestellt, dass die Freiheit koalitionsmäßiger Betätigung nicht nur in einem Kernbereich, sondern

---

[7] Vgl. BVerfG vom 26.05.1970, BVerfGE 28, 295, 304; BVerfG vom 26.06.1991, BVerfGE 84, 212, 224; BVerfG vom 03.04.2001, BVerfGE 103, 293, 304; BAG vom 26.04.1988, AP Nr. 101 zu Art. 9 GG Arbeitskampf unter B II 1 der Gründe; AnwK-ArbR/Wilms, Art. 9 GG Rn. 52; Gamillscheg, Kollektives Arbeitsrecht I, S. 181 ff.; Hueck/Nipperdey, Arbeitsrecht II/1, S. 134 ff.; Richardi, Kollektives Arbeitsrecht, § 3 Rn. 11; Rolfs, StudKomm-ArbR, Art. 9 GG Rn. 20.

[8] Vgl. hierzu AnwK-ArbR/Wilms, Art. 9 GG Rn. 43; Dreier/Bauer, GG, Art. 9 Rn. 68, 71 ff.; Höfling, RdA 1999, 182, 183; Gamillscheg, Kollektives Arbeitsrecht I, S. 392 ff.; Hromadka/Maschmann, ArbR 2, § 12 Rn. 6; Hueck/Nipperdey, Arbeitsrecht II/1, S. 82 ff.

[9] Höfling, RdA 1999, 182, 185; Hromadka/Maschmann, ArbR 2, § 12 Rn. 6; Rolfs, StudKomm-ArbR, Art. 9 GG Rn. 7. – A. A. Gamillscheg, Kollektives Arbeitsrecht I, S. 393 f., der den Koalitionsbegriff i. S. v. Art. 9 Abs. 3 GG als durch das einfache Recht, insbesondere das Tarifvertragsrecht, bestimmt ansieht. – A. A. i. E. auch Hueck/Nipperdey, Arbeitsrecht II/1, S. 82 und 102 ff. unter Rückgriff auf eine phänomenologische Begriffsbestimmung.

[10] Vgl. AnwK-ArbR/Wilms, Art. 9 GG Rn. 52; Gamillscheg, Kollektives Arbeitsrecht I, S. 223.

umfassend geschützt ist[11]. Hierdurch verliert der Schutzbereich des Art. 9 Abs. 3 GG seine klaren Grenzen. Dies bereitet insoweit Probleme, als der umfassende Schutzbereich grundsätzlich schrankenlos gewährt wird[12]. Er gerät daher vielfach in Konflikt mit Rechten Dritter und muss mit diesen ausgeglichen werden. Dementsprechend bedarf es vorliegend eines Ausgleichs der Koaltionsfreiheit des VGB mit dem Hausrecht der Gewerkschaft ver.di (Art. 13 und Art. 14 GG)[13].

---

[11] BVerfG vom 14.11.1995, NZA 1996, 381, 382. – Vgl. auch AnwK-ArbR/Wilms, Art. 9 GG Rn. 53.

[12] Kritisch Kemper, in: v. Mangoldt/Klein/Starck, GG, Art. 9 Rn. 86 ff., 115, 117 ff.

[13] Vgl. hierzu aktuell BAG vom 13.12.2005, NZA 2006, 798. – Früher BVerfG vom 17.02.1981, AP Nr. 9 zu Art. 140 GG zu BAG vom 14.02.1978, AP Nr. 26 zu Art. 9 GG.

Lösung

Notwendigkeit einer
Anspruchsgrundlage

Damit der VGB von ver.di notfalls durch ein gerichtliches Verfahren erzwingen kann, Willi Winter den Zutritt zum Betrieb zu gestatten (vgl. § 194 Abs. 1 BGB), bedarf es nach allgemeinen Grundsätzen einer entsprechenden Anspruchsgrundlage zugunsten des VGB (Art. 20 Abs. 3 GG)[14]. Diese ist zunächst im geschriebenen einfachen Recht zu suchen (A). Hilfsweise könnte sich ein entsprechender Anspruch unmittelbar aus Art. 9 Abs. 3 GG ergeben (B). Außerdem ist denkbar, dass ein entsprechener Anspruch im Wege richterlicher Rechtsfortbildung gewonnen werden kann (C).

A. Einfachrechtliches Zutrittsrecht

Betriebsverfassungsrechtliches Zutrittsrecht

Ein einfachrechtlicher Anspruch auf Zutritt folgt zunächst nicht aus § 2 Abs. 2 BetrVG, weil dieser den Zutritt nicht zum Zweck der Mitgliederwerbung gestattet[15]. Auch gibt es kein Koalitionsgesetzbuch bzw. Verbändegesetz, welches die Rechte und Pflichten von Vereinigungen i. S. v. Art. 9 Abs. 3 GG regelt[16].

Abwehr einer
Schutzgesetzverletzung

Allerdings könnte sich ein Zutrittsrecht aus §§ 1004, 823 Abs. 2 BGB analog i. V. m. Art. 9 Abs. 3 GG ergeben. Es entspricht einhelliger Auffassung, dass Art. 9 Abs. 3 GG auf Grund seines Satzes 2 als Schutzgesetz i. S. v. § 823 Abs. 2 BGB in Betracht kommt und somit rechtswidrige Eingriffe in die Koalitionsfreiheit abgewehrt werden können[17]. Notwendig hierfür ist ein rechtswidriger Eingriff in die Koalitionfreiheit des VGB. Dieser könnte in der Verweigerung des Zutritts liegen. Die Verweigerung des Zutritts ist ihrer Natur nach die Verweigerung einer Leistung (Zutrittsgewährung) durch den Hausrechtsinhaber, d. h. ein Unterlassen. Dieses Unterlassen kann nach allgemeinen Grundsätzen nur rechts-

---

[14] Boemke, Anm. zu BAG vom 28.02.2006, AR-Blattei, ES 1650 Nr. 23 unter IV 1.

[15] BAG vom 28.02.2006, NZA 2006, 798, 801; Boemke, Anm. zu BAG vom 28.02.2006, AR-Blattei, ES 1650 Nr. 23 unter IV 2; Rolfs, Stud-Komm-ArbR, § 2 BetrVG Rn. 13. – Vgl. auch BVerfG vom 17.02.1981, AP Nr. 9 zu Art. 140 GG unter C II 4 b der Gründe. – Tendenziell a. A. Hueck/Nipperdey, Arbeitsrecht II/1, S. 146 f.

[16] BAG vom 28.02.2006, NZA 2006, 798, 801; Hromadka/Maschmann, ArbR 2, § 12 Rn. 4.

[17] BAG vom 20.04.1999, NZA 1999, 887, 890 f.; BAG vom 17.02.1998, NZA 1998, 754, 758; AnwK-ArbR/Wilms, Art. 9 GG Rn. 75; Hromadka/Maschmann, ArbR 2, § 12 Rn. 38; Richardi, Kollektives Arbeitsrecht, § 3 Rn. 7.

widrig sein, wenn ein Anspruch auf Zutritt besteht[18]. Dies zeigt, dass sich ausgehend von § 1004 BGB die Frage nach einem Zutrittsrecht nicht beantworten lässt, weil das Bestehen eines Zutrittsanspruchs Voraussetzung für einen Abwehranspruch aus § 1004 BGB ist.

Im geschriebenen einfachen Recht ist eine besondere Anspruchsgrundlage somit nicht zu finden[19].

Keine einfachrechtliche AGL

---

[18] Die Zutrittsverweigerung als solche könnte zudem rechtswidrig sein, wenn sie aus i. S. v. Art. 9 Abs. 3 GG rechtswidrigen Motiven, d. h. nicht koalitionsneutral, erfolgt. Hieraus ergäbe sich allerdings kein Zutrittsrecht, sondern nur ein Recht, die Verweigerung aus unerlaubten Motiven zu unterlassen. Dem Hausrechtsinhaber bliebe es danach unbenommen, den Zutritt aus nicht zu beanstandenden Motiven zu verweigern.

[19] BAG vom 28.02.2006, NZA 2006, 798, 801.

B. Grundgesetzliches Zutrittsrecht

Grundgesetzliches
Zutrittsrecht

Unmittelbar aus Art. 9 Abs. 3 GG folgt ein Zutrittsrecht des VGB gegen ver.di, wenn das vom VGB begehrte Zutrittsrecht vom Schutzbereich des Art. 9 Abs. 3 GG erfasst wird (I) und Art. 9 Abs. 3 GG in seiner Rechtsfolge ein Zutrittsrecht begründet (II).

I. Schutzbereich der Koalitionsfreiheit

Definition Schutzbereich

Das vom VGB begehrte Zutrittsrecht wird von Art. 9 Abs. 3 GG geschützt, wenn der VGB Grundrechtsträger ist (1) und das von ihm begehrte Verhalten vom sachlichen Schutzbereich der Koalitionsfreiheit umfasst wird (2).

1. Grundrechtsträger

a) Ausgangspunkt

Koalition als
Grundrechtsträger

Art. 9 Abs. 3 GG schützt das Recht, sich zur Wahrung der Arbeits- und Wirtschaftsbedingungen zusammenzuschließen. Über diesen im Wortlaut der Vorschrift angelegten Schutz hinaus genießt aber auch der in Wahrnehmung dieses Rechts entstandene Zusammenschluss den Schutz der Koalitionsfreiheit[20]. Umstritten ist insoweit allerdings, ob Zusammenschlüsse i. S. v. Art. 9 Abs. 3 GG originäre Grundrechtsträger sind[21] oder nur als Fortsetzung der Grundrechte ihrer Mitglieder über Art. 19 Abs. 3 GG geschützt werden[22]. Diesem Streit kommt vorliegend jedoch keine Bedeutung zu, weil er sich maßgeblich nur auf das Verhältnis der Koalitionen zu ihren Mitgliedern auswirkt[23]. Im Verhältnis zu außen-

---

[20] BVerfG vom 26.05.1970, BVerfGE 28, 295, 304; BVerfG vom 26.06.1991, BVerfGE 84, 212, 224; BVerfG vom 03.04.2001, BVerfGE 103, 293, 304; AnwK-ArbR/Wilms, Art. 9 GG Rn. 40; Höfling, RdA 1999, 182, 183.

[21] Ganz h. M. in Rspr. und arbeitsr. Schrifttum, vgl. BVerfG vom 26.05.1970, BVerfGE 28, 295, 304; BVerfG vom 26.06.1991, BVerfGE 84, 212, 224; BVerfG vom 03.04.2001, BVerfGE 103, 293, 304; BAG vom 26.04.1988, AP Nr. 101 zu Art. 9 GG Arbeitskampf unter B II 1 der Gründe; AnwK-ArbR/Wilms, Art. 9 GG Rn. 40; Gamillscheg, Kollektives Arbeitsrecht I, S. 181 ff.; Hromadka/Maschmann, ArbR 2, § 12 Rn. 33; Hueck/Nipperdey, Arbeitsrecht II/1, S. 134 ff.; Rolfs, StudKomm-ArbR, Art. 9 GG Rn. 20.

[22] Überwiegend im verfassungsrechtlichen Schrifttum vertretene Bündelungstheorie, vgl. Höfling, RdA 1999, 182, 183; Kemper, in: v. Mangoldt/Klein/Starck, GG, Art. 9 Rn. 119, 136; Sachs/Höfling, GG, Art. 9 Rn. 67, 113.

[23] Praktisch kaum relevante Unterschiede bestehen zudem im Hinblick auf den Grundrechtsschutz ausländischer Koalitionen, vgl. AnwK-ArbR/Wilms, Art. 9 GG Rn. 41.

stehenden Dritten sind die Koalitionen jedenfalls (unmittelbare oder mittelbare) Grundrechtsträger. Dies gilt aber nur
für Vereinigungen i. S. v. Art. 9 Abs. 3 GG. Zu klären bleibt
daher, wann eine Koalition i. S. v. Art. 9 Abs. 3 GG vorliegt
(b) und ob der VGB diese Voraussetzungen erfüllt (c).

b) Koalitionsbegriff

Der Begriff der Koalition i. S. v. Art. 9 Abs. 3 GG wird
nicht ganz einheitlich bestimmt[24]. Wegweisende Bedeutung
kommt in diesem Zusammenhang der Erkenntnis zu, dass
Art. 9 Abs. 3 GG grundgesetzautonom auszulegen ist und
der verfassungsrechtliche Koalitionsbegriff insbesondere
losgelöst von einfachrechtlichen Ausgestaltungen koalitionsrechtlicher Befugnisse zu bestimmen ist[25]. Nicht jede
Koalition i. S. v. Art. 9 Abs. 3 GG ist eine arbeitsrechtliche
Koalition (Gewerkschaft)[26]. Die Anforderungen an Koalitionen i. S. v. Art. 9 Abs. 3 GG sind daher nicht ausgehend von
ihnen im einfachen Recht zugewiesenen Aufgaben, sondern
ausgehend von ihrer verfassungsrechtlichen Bedeutung zu
bestimmen.

> Bestimmung des
> Koalitionsbegriffs

Aus der systematischen Stellung des Art. 9 Abs. 3 GG
folgt zunächst, dass die dort genannten Zusammenschlüsse
Vereinigungen i. S. v. Art. 9 Abs. 1 GG sein müssen[27], die
sich von diesen durch ihre besondere Zweckbestimmung ab-
heben[28]. Eine Koalition i. S. v. Art. 9 Abs. 3 GG ist daher
jede Vereinigung i. S. v. Art. 9 Abs. 1 GG, die intentional
auf die Wahrung und Förderung der Arbeits- und Wirtschaftsbedingungen ausgerichtet ist. Sonstige Anforderungen sind an eine Koalition nicht zu stellen.

> Anforderungen an eine
> Koalition

---

[24] Hromadka/Maschmann, ArbR 2, § 12 Rn. 9; Hueck/Nipperdey,
Arbeitsrecht II/1, S. 82.

[25] Höfling, RdA 1999, 182 f.; Hromadka/Maschmann, ArbR 2, § 12
Rn. 6 ff. – A. A. Gamillscheg, Kollektives Arbeitsrecht I, S. 393 f., der
den Koalitionsbegriff i. S. v. Art. 9 Abs. 3 GG als durch das einfache
Recht, insbesondere das Tarifvertragsrecht, bestimmt ansieht. – A. A.
i. E. auch Hueck/Nipperdey, Arbeitsrecht II/1, S. 82 und 102 ff. unter
Rückgriff auf eine phänomenologische Begriffsbestimmung.

[26] Hromadka/Maschmann, ArbR 2, § 12 Rn. 6; Rolfs, StudKomm-ArbR,
Art. 9 GG Rn. 7. – A. A. Gamillscheg, Kollektives Arbeitsrecht I,
S. 393, 396.

[27] AnwK-ArbR/Wilms, Art. 9 GG Rn. 43; Höfling, RdA 1999, 182, 183;
Hromadka/Maschmann, ArbR 2, § 12 Rn. 10.

[28] Vgl. AnwK-ArbR/Wilms, Art. 9 GG Rn. 43.

c) VGB als Koalition

aa) Vereinigung i. S. v. Art. 9 Abs. 1 GG

Vereinigung i. S. v. Art. 9 Abs. 1 GG ist jeder freiwillige privatrechtliche Zusammenschluss einer Mehrheit natürlicher oder juristischer Personen oder Personenvereinigungen, der auf eine gewisse Dauer angelegt ist, sich einer organisatorischen Willensbildung unterwirft und einen gemeinsamen Zweck verfolgt[29]. Im VGB haben sich bislang ca. 200 Personen freiwillig auf privatrechtlicher Grundlage zusammengeschlossen. Dieser Zusammenschluss reicht auch über eine einmalige Aktion hinaus und ist daher von ausreichender Dauer[30], weil dieses Tatbestandsmerkmal allein der Abgrenzung der Vereinigung zur Versammlung dient. Die Mitglieder unterwerfen sich überdies einer organisierten Willensbildung, was sich darin zeigt, dass sie sich in der Rechtsform eines eingetragenen, also rechtsfähigen Vereins zusammen gefunden haben, der durch seinen Vorstand nach innen und außen vertreten wird[31]. Schließlich verfolgt der Zusammenschluss auch einen gemeinsamen Zweck, namentlich die Unterstützung der Beschäftigten der Gewerkschaften. Der VGB ist eine Vereinigung i. S. v. Art. 9 Abs. 1 GG.

Vereinigung i. S. v. Art. 9 Abs. 1 GG

bb) Wahrung und Förderung der Arbeits- und Wirtschaftsbedingungen

Anforderungen aus dem besonderen Zweck

Zudem müssten sich die Mitglieder des VGB mit dem Zweck zusammengeschlossen haben, die Arbeits- und Wirtschaftsbedingungen zu wahren und zu fördern. Aus den historischen Wurzeln der Koalitionsfreiheit sowie aus der Formulierung „jedermann und für alle Berufe" lässt sich ableiten, dass zunächst erforderlich ist, dass sich Arbeitgeber oder Arbeitnehmer jeweils in dieser Eigenschaft zusammenschließen, um ihre Interessen gegenüber dem sozialen Gegenspieler zu vertreten (1)[32]. Außerdem muss die Vereinigung subjektiv Ziele verfolgen, die sich dem Begriffspaar „Arbeits- und Wirtschaftsbedingungen" zuordnen lassen (2). Schließlich muss die Vereinigung objektiv die hierfür zwingend erforderlichen Voraussetzungen erfüllen (3).

---

[29] AnwK-ArbR/Wilms, Art. 9 GG Rn. 10; Höfling, RdA 1999, 182, 183; Hromadka/Maschmann, ArbR 2, § 12 Rn. 10; Rolfs, StudKomm-ArbR, Art. 9 GG Rn. 6 ff.

[30] Vgl. Hromadka/Maschmann, ArbR 2, § 12 Rn. 11.

[31] Vgl. Hromadka/Maschmann, ArbR 2, § 12 Rn. 12.

[32] Dreier/Bauer, GG, Art. 9 Rn. 67; Hueck/Nipperdey, Arbeitsrecht II/1, S. 103; Rolfs, StudKomm-ArbR, Art. 9 GG Rn. 10.

(1) Zusammenschluss von Arbeitnehmern oder
Arbeitgebern

Der Zusammenschluss der Arbeitnehmer im VGB muss zum Ziel haben[33], ihre Interessen als Arbeitnehmer gegenüber dem sozialen Gegenspieler, d. h. den Arbeitgebern, wahrzunehmen. Zweifel hieran könnten sich daraus ergeben, dass die VGB-Mitglieder Angestellte der DGB-Gewerkschaften sind und Gewerkschaften ihrerseits Arbeitnehmervereinigungen sind. Die Gewerkschaften könnten danach als soziale Gegenspieler ausscheiden. Hierfür ließe sich anführen, dass sie anderenfalls auch in ihrem Auftreten gegenüber Arbeitgebervereinigungen geschwächt würden, wenn sie sich ihrerseits dem Druck einer Arbeitnehmervereinigung ausgesetzt sehen. Allerdings ist davon auszugehen, dass Art. 9 Abs. 3 GG die Koalitionsfreiheit für alle Berufe, mithin auch für Gewerkschaftsangestellte, eröffnet[34]. Diese können nicht per se aus dem Schutzbereich des Art. 9 Abs. 3 GG ausgenommen werden. Auch ist zu berücksichtigen, dass Gewerkschaften ihren eigenen Angestellten mit gegenläufigen Interessen gegenübertreten, weil beide durch den Arbeitsvertrag verbunden sind und bei dessen Ausgestaltung ihre eigenen Interessen jeweils nur zu Lasten der anderen Partei durchsetzen können[35]. Es ist zwischen der Aufgabe einer Gewerkschaft und ihrer Arbeitgeberstellung zu unterscheiden[36]. In ihrer Arbeitgeberstellung sind Gewerkschaften der soziale Gegenspieler zu ihren Angestellten. Dem steht auch nicht entgegen, dass die Gewerkschaften hierdurch in ihrem Kampf mit Arbeitgebern und Arbeitgeberverbänden geschwächt werden könnten. Diesem Umstand kann im Einzelfall dadurch Rechnung getragen werden, dass die Gewerkschaftsbeschäftigten ihre Grundrechte nur unter Berücksichtigung der Grundrechte der Gewerkschaften wahrnehmen können[37]. Er schließt jedoch nicht aus, dass der VGB ein Zusammenschluss von Arbeitnehmern in ihrer Eigenschaft als Arbeitnehmer ist.

Arbeitnehmer- oder Arbeitgeberzusammenschluss

---

[33] Vgl. hierzu Hromadka/Maschmann, ArbR 2, § 12 Rn. 1; Hueck/Nipperdey, Arbeitsrecht II/1, S. 103; Rolfs, StudKomm-ArbR, Art. 9 GG Rn. 10.

[34] Vgl. BAG vom 17.02.1998, NZA 1998, 754, 756.

[35] Vgl. BAG vom 17.02.1998, NZA 1998, 754, 756.

[36] Vgl. BAG vom 17.02.1998, NZA 1998, 754, 756.

[37] Vgl. BAG vom 17.02.1998, NZA 1998, 754, 755, 757 f.

(2) Zweckverfolgungsabsicht

Subjektive Anforderungen

Der VBG verfolgt nach seinen Vorstellungen den Zweck, u. a. seine Mitglieder gegenüber dem Arbeitgeber sowie in arbeitsgerichtlichen Streitigkeiten zu vertreten und langfristig dem bewährten Institut der Tarifautonomie auch im innergewerkschaftlichen Raum Geltung zu verschaffen. Hierdurch will der VGB Einfluss auf die Bedingungen nehmen, unter denen die Beschäftigten der Gewerkschaften abhängige Arbeit leisten. Damit lässt sich der verfolgte Zweck der Wahrung und Förderung der Arbeits- und Wirtschaftsbedingungen[38] zuordnen.

(3) Objektive Zweckerreichungseignung

Objektive Anforderungen

Der VGB kann die Arbeits- und Wirtschaftsbedingungen seiner Mitglieder nur wahren und fördern, wenn er die hierfür zwingenden Grundvoraussetzungen erfüllt. Zu diesen gehört, dass der Verband unabhängig ist, weil anderenfalls die bestehenden Abhängigkeiten die zu wahrenden Interessen der Mitglieder beeinträchtigen könnten[39]. Dies gilt sowohl für eine Abhängigkeit vom sozialen Gegenspieler als auch für eine Abhängigkeit vom Staat oder sonstigen Dritten[40]. Daneben wird teilweise gefordert, dass der Verband eine demokratische Binnenstruktur besitzt[41], über eine ausreichende Durchsetzungskraft verfügt[42] und zum Arbeitskampf bereit ist[43]. Zur Begründung wird jeweils angeführt, dass Koalitionen die Aufgabe zugewiesen ist, durch Abschluss von Tarifverträgen Einfluss auf die Arbeits- und Wirtschaftsbedin-

---

[38] Vgl. zum Begriffspaar AnwK-ArbR/Wilms, Art. 9 GG Rn. 43; Hromadka/Maschmann, ArbR 2, § 12 Rn. 15; Rolfs, StudKomm-ArbR, Art. 9 GG Rn. 11.

[39] Höfling, RdA 1999, 182, 183 f.; Rolfs, StudKomm-ArbR, Art. 9 Rn. 12. – Vgl. BAG vom 17.02.1998, NZA 1998, 754, 755.

[40] Hromadka/Maschmann, ArbR 2, § 12 Rn. 17 ff. und 22; Rolfs, StudKomm-ArbR, Art. 9 Rn. 12 ff. – Vgl. BAG vom 17.02.1998, NZA 1998, 754, 755.

[41] So Gamillscheg, Kollektives Arbeitsrecht I, S. 400 ff.; Hueck/Nipperdey, Arbeitsrecht II/1, S. 101 f. – Dagegen Kemper, in: v. Mangoldt/Klein/Starck, GG, Art. 9 Rn. 55, 99; Rolfs, StudKomm-ArbR, Art. 9 GG Rn. 17.

[42] So Hueck/Nipperdey, Arbeitsrecht II/1, S. 108. – Dagegen BAG vom 17.02.1998, NZA 1998, 754, 755; Gamillscheg, Kollektives Arbeitsrecht I, S. 433; Höfling, RdA 1999, 182, 185.

[43] So Hueck/Nipperdey, Arbeitsrecht II/1, S. 108 ff. – Dagegen AnwK-ArbR/Wilms, Art. 9 GG Rn. 46; Gamillscheg, Kollektives Arbeitsrecht I, S. 426 ff.; Höfling, RdA 1999, 182, 185; Rolfs, StudKomm-ArbR, Art. 9 GG Rn. 18.

gungen zu nehmen[44]. Da Tarifverträge gesetzesgleich gelten, müssen demokratische Mindeststandards beachtet werden. Mächtigkeit und die Bereitschaft zum Arbeitskampf sollen den Abschluss angemessener Tarifverträge sichern. Da Arbeits- und Wirtschaftsbedingungen auch auf anderem Weg als durch den Abschluss von Tarifverträgen gewahrt und gefördert werden können und der Koalitionsbegriff nicht mit der einfachrechtlich ausgestalteten Tariffähigkeit identisch ist, d. h. arbeitsrechtlicher und verfassungsrechtlicher Koalitionsbegriff nicht deckungsgleich sind, ist allein das Merkmal der Unabhängigkeit als Voraussetzung des Koalitionsbegriffs anzuerkennen[45].

Koalitionen müssen danach unabhängig sein, was materiell und nicht formal zu bestimmen ist[46]. Entscheidend ist, ob der VGB in der Lage ist, effektiv und nachhaltig die Interessen seiner Mitglieder gegenüber dem Gegenspieler wahrzunehmen[47]. Der VGB muss hierfür über eine eigene Organisation und Willensbildung verfügen[48]. Zudem muss seine finanzielle Unabhängigkeit gesichert sein[49]. Im Hinblick auf organisatorische und finanzielle Unabhängigkeit ergeben sich aus dem Sachverhalt keine Bedenken. Fraglich ist, ob die Unabhängigkeit im Hinblick auf die Willensbildung dadurch gefährdet ist, dass sämtliche Mitglieder des VGB zugleich Mitglied einer DGB-Gewerkschaft sind und als solche den DGB-Gewerkschaften zur Treue verpflichtet sind. Dies ist im Ergebnis zu verneinen, weil die DGB-Gewerkschaften auf ihre Mitglieder nicht mit dem Ziel einwirken dürfen, deren Willensbildung innerhalb des VGB zu beeinflussen (Art. 9 Abs. 3 S. 2 GG)[50].

Unabhängigkeit

Der VGB ist objektiv in der Lage, die verfassungsrechtlichen Aufgaben und Funktionen einer Koalition zu erfüllen.

Obj. Anforderungen erfüllt

cc) Zwischenergebnis

Der VGB ist eine Koalition i. S. v. Art. 9 Abs. 3 GG und daher Grundrechtsträger.

VGB ist Koalition

---

[44] Hueck/Nipperdey, Arbeitsrecht II/1, S. 102.
[45] Vgl. Höfling, RdA 1999, 182, 185; Hromakda/Maschmann, ArbR 2, § 12 vor Rn. 32 (Übersicht); Rolfs, StudKomm-ArbR, Art. 9 GG Rn. 16 ff.
[46] BAG vom 17.02.1998, NZA 1998, 754, 755.
[47] BAG vom 17.02.1998, NZA 1998, 754, 755.
[48] BAG vom 17.02.1998, NZA 1998, 754, 755.
[49] Hromadka/Maschmann, ArbR 2, § 12 Rn. 16a.
[50] BAG vom 17.02.1998, NZA 1998, 754, 755 f.

2. Sachlicher Schutzbereich

a) Bestimmung des Schutzbereichs

aa) Streitstand

Schutz der
Koalitionsbetätigungsfreiheit

Seinem Wortlaut nach schützt Art. 9 Abs. 3 GG lediglich das Recht, sich zu einer Koalition zusammenzuschließen, d. h. eine solche Vereinigung zu gründen, ihr beizutreten oder fernzubleiben[51]. Es entspricht jedoch allgemeiner Ansicht, dass dieser Schutz sich auch auf den Verbleib in der Koalition und die Betätigung für die Koalition erstreckt[52]. Da die Koaltionsfreiheit nicht nur den Einzelnen, sondern gleichermaßen die Koalition schützt (s. o.[53]), wird auch deren Fortbestand sowie koalitionsmäßige Betätigung garantiert (kollektive Betätigungsfreiheit)[54]. Nur hierdurch erreicht Art. 9 Abs. 3 GG den von ihm bezweckten Schutz. Die Freiheit zur Bildung einer Koalition liefe leer, wenn sich die gegründete Koalition nicht entsprechend ihrem Zweck betätigen dürfte[55].

Umfassender Schutz

Dieser Schutz besteht nach herrschender Ansicht nicht nur im Kernbereich koalitionsmäßiger Betätigung, sondern umfassend[56]. Vom Schutzbereich umfasst ist danach die Betätigung der Koalition zur Wahrung und Förderung der Arbeits- und Wirtschaftsbedingungen. Zur derart geschützten Betätigungsfreiheit[57] zählt auch das Werben der Koalition um neue Mitglieder, weil hierdurch der Bestand der Koalition gesichert[58] und deren Schlagkraft gegenüber dem sozia-

---

[51] BVerfG vom 14.11.1995, NZA 1996, 381, 382.

[52] BVerfG vom 17.02.1981, AP Nr. 9 zu Art. 140 GG unter C II 4 a der Gründe; BAG vom 28.02.2006, NZA 2006, 798, 801; Rolfs, Stud-Komm-ArbR, Art. 9 GG Rn. 24.

[53] Siehe unter B. I. 1. a., S. 24 f.

[54] BVerfG vom 14.11.1995, NZA 1996, 381, 382; BVerfG vom 17.02.1981, AP Nr. 9 zu Art. 140 GG unter C II 4 a der Gründe; BAG vom 28.02.2006, NZA 2006, 798, 801; AnwK-ArbR/Wilms, Art. 9 GG Rn. 52; Hromadka/Maschmann, ArbR 2, § 12 Rn. 40 und 42; Rolfs, StudKomm-ArbR, Art. 9 GG Rn. 31.

[55] Vgl. Gamillscheg, Kollektives Arbeitsrecht I, S. 223.

[56] BVerfG vom 14.11.1995, NZA 1996, 381, 382; AnwK-ArbR/Wilms, Art. 9 GG Rn. 53; Hromadka/Maschmann, ArbR 2, § 12 Rn. 44.

[57] BVerfG vom 17.02.1981, AP Nr. 9 zu Art. 140 GG unter C II 4 a der Gründe; BAG vom 28.02.2006, NZA 2006, 798, 801; Hromadka/ Maschmann, ArbR 2, § 12 Rn. 42. – Nach a. A. (Kemper, in: v. Mangoldt/Klein/Starck, GG, Art. 9 Rn. 112) zählt die Mitgliederwerbung zur Freiheit der Koalitionsbildung.

[58] BVerfG vom 26.05.1970, BVerfGE 28, 295, 304; BVerfG vom 14.11.1995, NZA 1996, 381, 382; BAG vom 28.02.2006, NZA 2006, 798, 801; Richardi, Kollektives Arbeitsrecht, § 3 Rn. 12.

len Gegenspieler erhöht wird[59]. Nach herrschender Ansicht sichert Art. 9 Abs. 3 GG hierbei auch das Recht, autonom darüber zu entscheiden, mit welchen Mitteln die koalitionsmäßige Betätigung verfolgt wird[60].

Nach anderer Ansicht ist der Schutzbereich der Koalitionsfreiheit enger zu bestimmen, weil er seine Konturen verliert, wenn jede erdenkliche Handlung geschützt wird, soweit sie mit dem Ziel erfolgt, die Arbeits- und Wirtschaftsbedingungen zu wahren und zu fördern[61]. Eine derartige Ausuferung des Schutzbereichs ist insbesondere bei einem schrankenlos gewährten Grundrecht wie Art. 9 Abs. 3 GG bedenklich. Nach dieser Ansicht bietet Art. 9 Abs. 3 GG nur insoweit Schutz, als Koalitionen aus koalitionsbezogenen Gründen beeinträchtigt werden[62]. Dagegen vermittelt Art. 9 Abs. 3 GG keinen Schutz vor den allgemeinen, d. h. nicht koalitionsbezogenen Schranken der Rechtsordnung[63]. Danach wird der Zugriff auf fremde Rechte (Eigentum, Besitz usw.) bereits anfänglich nicht vom Schutzbereich der Koalitionsfreiheit umfasst[64].

Schutz nur vor koalitionsspezifischer Beeinträchtigung

bb) Stellungnahme

Zu folgen ist der herrschenden Ansicht, weil nur sie der Bedeutung der Grundrechte ausreichend Rechnung trägt. Einzuräumen ist der Gegenansicht zwar, dass das BVerfG auch im Zusammenhang mit der Kunstfreiheit einen engeren Schutzbereich angedeutet hat, nach dem der Zugriff auf fremdes Eigentum von vornherein nicht dem Schutzbereich des Grundrechts unterfällt, weil Kunst auch ohne Eigentumsverletzungen geschaffen werden kann[65].

Bedeutung des Grundrechts

Allerdings findet sich diese Aussage allein in der kurzen Begründung eines Nichtannahmebeschlusses. Zudem geht

Systematisch-teleologische Auslegung

---

[59] BVerfG vom 14.11.1995, NZA 1996, 381, 382; BAG vom 28.02.2006, NZA 2006, 798, 801.

[60] BVerfG vom 26.06.1991, BVerfGE 84, 212, 224; BAG vom 28.02.2006, NZA 2006, 798, 800, 802; Hromadka/Maschmann, ArbR 2, § 12 Rn. 42.

[61] Kemper, in: v. Mangoldt/Klein/Starck, GG, Art. 9 Rn. 113 ff: Er kritisiert, dass das Verständnis der herrschenden Ansicht letztlich dazu führt, dass die Koalitionen, geschützt durch die Freiheit der Wahl der Mittel, Zugriff auf sämtliche Rechtsgüter des Arbeitgebers aber auch Dritter erhielten, sofern sie nur erklären können, warum dies die Arbeits- und Wirtschaftsbedingungen wahrt oder fördert.

[62] Kemper, in: v. Mangoldt/Klein/Starck, GG, Art. 9 Rn. 113.

[63] Kemper, in: v. Mangoldt/Klein/Starck, GG, Art. 9 Rn. 113.

[64] Kemper, in: v. Mangoldt/Klein/Starck, GG, Art. 9 Rn. 115.

[65] BVerfG vom 19.03.1984, NJW 1984, 1293, 1294. – Ihm folgend Hoffmann, NJW 1985, 237, 238 f.

das BVerfG in anderen Fällen ohne Weiteres davon aus, dass das Interesse auf Nutzung fremder Rechte grundrechtlich geschützt ist. So umfasst nach Ansicht des BVerfG beispielsweise der Schutzbereich der Informationsfreiheit das Interesse ausländischer Mieter am Empfang ausländischer Rundfunkprogramme durch Installation einer Parabolantenne am Eigentum des Vermieters[66]. Dem Umstand, dass dieses Bedürfnis auf andere Weise als durch Nutzung fremder Rechte befriedigt werden kann, misst das BVerfG lediglich im Rahmen der Herstellung praktischer Konkordanz Bedeutung zu[67]. Gerade die Fälle des Empfangs ausländischer Rundfunkprogramme verdeutlichen exemplarisch die entscheidende Schwäche einer Ansicht, welche den Übergriff in eine fremde Rechtssphäre generell dem Schutzbereich eines Grundrechts entzieht. Durch die Einschränkung des Schutzbereichs schieden die Grundrechte insoweit auch als Wertungsmaßstab bei der Auslegung und Anwendung des einfachen Rechts[68] aus. Hierdurch ginge ein wichtiger Maßstab der Rechtsfindung verloren. Insbesondere könnte der Inhalt ausfüllungsbedürftiger Normen nicht mehr unter Rückgriff auf Grundrechte bestimmt werden. Beispielsweise könnte der Mieter in den vorgenannten Fällen seine informationsfreiheitlichen Interessen nicht mehr als solche im Rahmen der Anwendung des einfachen Rechts zur Geltung bringen. Diese Schwäche vermeidet die herrschende Ansicht, wenn sie den Umstand eines Zugriffs auf fremde Rechte nicht auf der Ebene des Schutzbereichs, sondern erst im Rahmen der Eingriffsrechtfertigung berücksichtigt.

Historisch-teleologische Auslegung

Schließlich kann eine Ansicht, die die Bildung und Betätigung einer Koalition nur im Rahmen der allgemeinen Gesetze gewährleistet, keinen Schutz vor verdeckten Behinderungen der Koalitionsfreiheit vermitteln. Eine aus historischer Sicht auf die Kontrolle der Koalitionen gerichtete Vorschrift wie § 54 BGB[69] wäre nach dieser Ansicht nicht an Art. 9 Abs. 3 GG zu messen, weil sie Teil der allgemeinen Gesetze ist. Die sich hieraus ergebende Schutzlücke berücksichtigt nicht die historische Bedeutung der Koalitionsfreiheit.

---

[66] BVerfG vom 24.01.2005, NZM 2005, 252. – Ihm folgend BGH vom 16.05.2007, NZM 2007, 597, 598.

[67] BVerfG vom 24.01.2005, NZM 2005, 252, 253.

[68] Vgl. AnwK-ArbR/Wilms, Vor GG Rn. 23 und Art. 9 GG Rn. 74.

[69] Vgl. BGH vom 11.06.1968, WM 1968, 945.

b) Anwendung des Schutzbereichs

Indem der VGB entschieden hat, dass er neue Mitglieder durch Entsendung eines betriebsfremden Gewerkschaftsbeauftragten werben will, hat er autonom darüber entschieden, wie er sich koalitionsmäßig betätigen will. Diese Entscheidung ist nach herrschender Ansicht vom sachlichen Schutzbereich des Art. 9 Abs. 3 GG umfasst[70]. Die Verweigerung des Zutritts durch ver.di greift in den so umrissenen Schutzbereich ein, weil die Betätigungsmöglichkeiten des VGB beschränkt werden.

Mitgliederwerbung durch Betriebsfremde erfasst

II. Rechtsfolge der Koalitionsfreiheit

Da das vom VGB begehrte Zutrittsrecht zum Zweck der Mitgliederwerbung durch Art. 9 Abs. 3 GG besonders geschützt wird, ist zu klären, ob dieser grundrechtliche Schutz auch konkrete Einzelansprüche des VGB gegen ver.di begründet. Voraussetzung hierfür ist zunächst, dass Art. 9 Abs. 3 GG generell geeignet ist, Rechte und Pflichten Privater untereinander zu begründen (1). Ist dies der Fall, ist weiter zu prüfen, ob diejenigen Voraussetzungen erfüllt sind, unter denen aus einem Grundrecht einklagbare Einzelansprüche folgen (2).

Wirkungen der Koalitionsfreiheit

1. Unmittelbare Drittwirkung

Grundsätzlich binden die Grundrechte allein den Staat in seinen Erscheinungsformen, nicht aber Private (Art. 1 Abs. 3 GG). Da ver.di jedenfalls in der Eigenschaft als Arbeitgeberin nicht (mittelbar) dem Staat zuzurechnen ist, besteht insoweit grundsätzlich keine unmittelbare Grundrechtsbindung[71]. Abweichendes gilt jedoch für das Grundrecht der Koalitionsfreiheit, welches ausweislich des Art. 9 Abs. 3 S. 2 GG nach ganz herrschender Ansicht unmittelbare Dritt-

Grundrechtsverpflichtete

---

[70] BVerfG vom 26.06.1991, BVerfGE 84, 212, 224; BAG vom 28.02.2006, NZA 2006, 798, 800; Hromadka/Maschmann, ArbR 2, § 12 Rn. 43. – Nach anderer Ansicht vermittelt Art. 9 Abs. 3 GG Schutz nur vor koalitionsbezogenen Beschränkungen, vgl. Kemper, in: v. Mangoldt/Klein/Starck, GG, Art. 9 Rn 115 ff. Danach vermittelt Art. 9 Abs. 3 GG Schutz nur im Rahmen der allgemeinen Gesetze, solange diese die Institutsgarantie hinreichend beachten. Nach dieser Ansicht unterfällt der Zutritt zum Betrieb nicht dem Schutzbereich des Art. 9 Abs. 3 GG, weil dieser den Übergriff in das koalitionsneutrale Hausrecht der Unternehmer nicht abdeckt.

[71] Vgl. zur Frage der unmittelbaren oder mittelbaren Bindung der Tarifpartner an die Grundrechte BAG vom 27.05.2004, NZA 2004, 1399; Boemke, FS 50 Jahre BAG, S. 613 ff.; Hromadka/Maschmann, ArbR 2, § 13 Rn. 156 ff.

wirkung entfaltet[72]. Generell ist Art. 9 Abs. 3 GG danach geeignet, unmittelbar Rechte und Pflichten zwischen Privaten zu entfalten.

2. Grundrechte als Anspruchsnormen

Grundrechte grds. keine Anspruchsnormen

Weiter müssten Grundrechte geeignet sein, unmittelbare Ansprüche zu begründen. Art. 9 Abs. 3 GG ist wie die Mehrheit der übrigen Grundrechte zunächst als Freiheitsrecht ausgestaltet und mithin darauf gerichtet, dass der Grundrechtsberechtigte Eingriffe des Staats abwehren kann[73]. Unmittelbare Leistungsansprüche auf Güter Dritter vermitteln die Grundrechte dagegen grundsätzlich nicht[74]. Dies ergibt sich daraus, dass die Gewährung von Leistungsrechten auf die Inanspruchnahme der Güter Dritter in ein Konkurrenzverhältnis zu den Rechten der Dritten tritt[75]. Bei der Ausgestaltung dieses Konkurrenzverhältnisses besteht ein weiter Gestaltungsspielraum[76]. Der Gesetzgeber ist auf Grund des Demokratieprinzips dazu berufen, die konfligierenden Positionen zu bewerten und einen gerechten Ausgleich herzustellen[77]. Die als Abwehrrechte ausgestalteten Grundrechte enthalten hierzu keine hinreichend konkreten Aussagen, weshalb sie als Anspruchsgrundlage ausscheiden[78].

Notwendigkeit praktischer Konkordanz

Dies gilt auch im vorliegenden Zusammenhang, wo das grundrechtlich geschützte Interesse des VGB an einer effektiven Mitgliederwerbung in Widerspruch zum Hausrecht der

---

[72] BAG vom 28.02.2006, NZA 2006, 798, 801; AnwK-ArbR/Wilms, Art. 9 GG Rn. 75; Dreier/Bauer, GG, Art. 9 Rn. 89; Gamillscheg, Kollektives Arbeitsrecht I, S. 191; Sachs/Höfling, GG, Art. 9 Rn. 124; Richardi, Kollektives Arbeitsrecht, § 3 Rn. 7; Rolfs, StudKomm-ArbR, Art. 9 GG Rn. 19. – Umfassend zur Grundrechtswirkung im Arbeitsverhältnis Boemke/Gründel, ZfA 2001, 245 ff.

[73] Vgl. HandBdGR I/Ossenbühl, § 15 Rn. 44 f.

[74] Dreier, GG, Vorb. Rn. 89 f. – Vgl. auch HandBdGR I/Ossenbühl, § 15 Rn. 58 ff.

[75] HandBdGR II/Rüfner, § 40 Rn. 51.

[76] BVerfG vom 10.01.1995, BVerfGE 92, 26, 46; BVerfG vom 17.02.1981, AP Nr. 9 zu Art. 140 GG unter C II 4 a der Gründe; HandBdGR II/Calliess, § 44 Rn. 22, 26, 29 ff. – Vgl. auch AnwK-ArbR/Wilms, Art. 9 GG Rn. 58 ff.

[77] BVerfG vom 17.02.1981, AP Nr. 9 zu Art. 140 GG unter C II 4 a und b der Gründe; BAG vom 28.02.2006, NZA 2006, 798, 802; HandBdGR II/Calliess, § 44 Rn. 26, 33; Hromadka/Maschmann, ArbR 2, § 12 Rn. 44 f.; Richardi, Kollektives Arbeitsrecht, § 3 Rn. 11.

[78] BVerfG vom 14.11.1995, NZA 1996, 381, 383; BAG vom 28.02.2006, NZA 2006, 798, 800 f. – Vgl. BVerfG vom 17.02.1981, AP Nr. 9 zu Art. 140 GG unter C II 4 a und b der Gründe; Dreier, GG, Vorb. Rn. 89 f.

Gewerkschaft ver.di tritt[79]. Das Hausrecht der Gewerkschaft ver.di genießt ebenfalls grundrechtlichen Schutz, weshalb es nicht generell hinter die Koalitionsfreiheit des VGB zurücktreten muss[80]. Vielmehr ist zwischen beiden Grundrechten ein Ausgleich im Wege praktischer Konkordanz herzustellen[81]. Das Ergebnis des gerechten Ausgleichs lässt sich nicht dem Grundgesetz selbst entnehmen, weshalb Art. 9 Abs. 3 GG als Anspruchsgrundlage ausscheidet[82].

III. Zwischenergebnis

Aus Art. 9 Abs. 3 GG lässt sich ein auf die Mitgliederwerbung abzielendes Zutrittsrecht des VGB nicht unmittelbar ableiten, weil sich dem Grundgesetz in dieser Frage keine hinreichend konkrete Rechtsfolgenanordnung entnehmen lässt.

Kein Zutrittsrecht aus Art. 9 Abs. 3 GG

---

[79] BAG vom 28.02.2006, NZA 2006, 798, 802.

[80] BAG vom 28.02.2006, NZA 2006, 798, 800 ff.

[81] BAG vom 28.02.2006, NZA 2006, 798, 802.

[82] BVerfG vom 14.11.1995, NZA 1996, 381, 383; BAG vom 28.02.2006, NZA 2006, 798, 800 f.; Richardi, Anm. zu BAG vom 28.02.2006, AP Nr. 127 zu Art. 9 GG unter I 2 – Vgl. BVerfG vom 17.02.1981, AP Nr. 9 zu Art. 140 GG unter C II 4 a und b der Gründe.

C. Richterliche Rechtsfortbildung

Anspruch im Wege
richterlicher
Rechtsfortbildung

Wie gezeigt wurde, folgt unmittelbar aus dem Grundgesetz kein Zutrittsrecht der Koalitionen. Zugleich wurde aber deutlich, dass nach herrschender Ansicht das Zutrittsrecht als solches grundrechtlichen Schutz genießt und dieser Schutz verkürzt wird, soweit kein Zutrittsrecht besteht. Weiterhin wurde deutlich, dass der Gesetzgeber aufgerufen ist, das Verhältnis der Koalitionen im Hinblick auf ein Zutrittsrecht beim sozialen Gegenspieler auszugestalten, d. h. die konfligierenden Grundrechte im Wege praktischer Konkordanz auszugleichen. Fehlt eine Entscheidung des Gesetzgebers, wie praktische Konkordanz herzustellen ist, könnte die Rechtsprechung berufen sein, anstelle des Gesetzgebers zu entscheiden (I.) und im Wege richterlicher Rechtsfortbildung ein Zutrittsrecht zu gewähren (II.)[83].

I. Befugnis zur richterlichen Rechtsfortbildung

1. Ausgangspunkt

Voraussetzungen
richterlicher
Rechtsfortbildung

Nach Art. 20 Abs. 3 GG sind die Gerichte an Recht und Gesetz gebunden. Auf Grund der im Grundgesetz zum Ausdruck kommenden Gewaltenteilung ist zunächst von einer klaren Rollenverteilung auszugehen. Der Gesetzgeber schafft Gesetze, welche die Rechtsprechung anwendet (vgl. Art. 97 Abs. 1 GG)[84]. Ausgehend hiervon ist es der Rechtsprechung eigentlich verwehrt, selbst rechtsgestaltend tätig zu werden. Diese Aufgabentrennung schützt Gewaltenteilung und Rechtssicherheit[85]. Sie kann jedoch in Widerspruch zum Rechtsstaatsprinzip treten, aus welchem sich ableiten lässt, dass der Staat Gerichte schaffen muss, um bestehende Rechtsstreitigkeiten zu entscheiden. Danach muss ein angerufenes Gericht jeden ihm vorgetragenen Rechtsstreit unter Anwendung des geltenden Rechts entscheiden[86]. Dies führt zu Schwierigkeiten, wenn für einen vom Gericht zu entscheidenden Fall eine gesetzliche Regelung fehlt, aber erforderlich ist. In diesen Fällen sind die Gerichte auf Grund ihrer Bindung an das Recht (Art. 20 Abs. 3 GG) verpflichtet, die

---

[83] Vgl. Richardi, Kollektives Arbeitsrecht, § 3 Rn. 11. – Vgl. auch AnwK-ArbR/Wilms, Art. 9 GG Rn. 60.

[84] Vgl. BAG vom 28.02.2006, NZA 2006, 798, 802; Larenz, Methodenlehre, S. 427.

[85] Vgl. Zippelius, Methodenlehre, S. 82 f.

[86] BAG vom 28.02.2006, NZA 2006, 798, 802; Zippelius, Methodenlehre, S. 82 f.

festgestellte Lücke zunächst durch gesetzesimmanente Rechtsfortbildung, d. h. durch Analogien oder teleologische Reduktionen zu schließen[87]. Ist dies nicht möglich, dürfen die Gerichte aus den Grundwertungen der Rechtsordnung eine gesetzesübersteigende Rechtsfortbildung vornehmen[88]. Dies kommt beispielhaft in § 45 Abs. 4 ArbGG zum Ausdruck[89]. Voraussetzung hierfür ist, dass die Gründe, die für eine Rechtsfortbildung sprechen, schwerer wiegen als die für die Beachtung der Gewaltenteilung und der Rechtssicherheit streitenden Umstände[90]. Um ein Zutrittsrecht der Koalitionen zur Mitgliederwerbung außerhalb des geltenden Rechts zu schaffen, muss somit eine unter Berücksichtigung der Gewaltenteilung regelungsbedürftige Gesetzeslücke bestehen, die sich auch durch anerkannte Methoden der gesetzesimmanenten Rechtsfortbildung nicht schließen lässt. Außerdem ist der Rechtssicherheit hinreichend Rechnung zu tragen.

2. Regelungsbedürftige Gesetzeslücke

Eine regelungsbedürftige Gesetzeslücke liegt vor, wenn der zur Normsetzung berufene Gesetzgeber eine Rechtsfrage bewusst oder unbewusst nicht geregelt hat (a), eine Regelung jedoch erforderlich ist (b).

Regelungsbedürftige Gesetzeslücke

a) Gesetzeslücke

aa) Keine ausdrückliche Regelung

Das Zutrittsrecht der Koalitionen zum Zweck der Mitgliederwerbung ist ebenso wie das übrige Koalitionsrecht, mit Ausnahme des Tarifvertragsrechts, vom Gesetzgeber bislang nicht ausdrücklich kodifiziert worden. Ein Koalitions- oder Verbändegesetz existiert nicht[91]. Eine gesetzliche Regelung folgt auch nicht (im Umkehrschluss) aus § 2 Abs. 2 BetrVG, der (nur) das betriebsverfassungsrechtliche Zutrittsrecht regelt, weil dieser nicht abschließend ist (§ 2 Abs. 3 BetrVG)[92]. Ursächlich für die fehlende ausdrückliche Regelung ist, dass sich der Gesetzgeber bislang nicht in der Lage sah, Einigkeit über den Ausgleich der beteiligten Interessen

Fehlen einer ausdrücklichen Regelung

---

[87] Larenz, Methodenlehre, S. 414, 426; Larenz/Wolf, BGB-AT, § 4 Rn. 78. – Vgl. Richardi, Kollektives Arbeitsrecht, § 3 Rn. 11.

[88] Larenz, Methodenlehre, S. 414, 426; Larenz/Wolf, BGB-AT, § 4 Rn. 83. – Vgl. Richardi, Kollektives Arbeitsrecht, § 3 Rn. 11.

[89] BAG vom 28.02.2006, NZA 2006, 798, 802.

[90] Zippelius, Methodenlehre, S. 83.

[91] BAG vom 28.02.2006, NZA 2006, 798, 801; Hromadka/Maschmann, ArbR 2, § 12 Rn. 4.

[92] BAG vom 28.02.2006, NZA 2006, 798, 801. – Vgl. auch Gamillscheg, Kollektives Arbeitsrecht I, S. 260 f.

zu erzielen. Dementsprechend bejaht das BAG das Vorliegen einer Gesetzeslücke[93].

bb) Inzidente Regelung

Das BAG lässt hierbei allerdings unberücksichtigt, dass eine Gesetzeslücke auch fehlt, wenn vom Gesetzgeber zwar keine ausdrückliche Regelung zu einer Frage getroffen wurde, dieser aber nach seinem Regelungsprogramm den zu entscheidenden Fall inzident mitgeregelt hat. Eine inzidente Regelung durch den Gesetzgeber erfolgt insbesondere dadurch, dass dieser allgemeine Vorschriften schafft, welche generell zur Anwendung kommen sollen, sofern im Einzelfall von ihm keine abweichende Regelung getroffen wird. Ein solches Vorgehen des Gesetzgebers erlangt gerade im Zusammenhang mit dem Koalitionsrecht besondere Bedeutung. Das Koalitionsrecht ist in besonderem Maße auf die Ausgestaltung durch die einfachrechtliche Rechtsordnung angewiesen. Diese Ausgestaltung erfolgt jedoch nicht zwingend durch koalitionsspezifische Sondervorschriften, sondern gleichermaßen durch allgemeine Regelungen, d. h. solche ohne Koalitionsbezug (z. B. §§ 104 ff., 119 ff., 138, 242, 826 BGB)[94]. Eine solche inzidente Regelung ist vorliegend dadurch erfolgt, dass der Gesetzgeber ohne jeglichen Koalitionsbezug dem Eigentümer bzw. Besitzer eines Grundstücks ein Hausrecht (§ 862 BGB) zugewiesen hat. Als Kehrseite dieser Regelung hat er inzident die dem Hausrecht unterliegenden Gegenstände dem Zugriff Dritter entzogen. Daraus folgt, dass nach den Vorstellungen des Gesetzgebers Dritte nicht die (Mit-)Benutzung der dem Hausrecht unterliegenden Gegenstände fordern können[95]. Auf Grund dieser inzidenten Regelung durch den Gesetzgeber besteht keine Gesetzeslücke[96].

cc) Zwischenergebnis

Entgegen der Ansicht des BAG besteht im Hinblick auf das Zutrittsrecht der Koalitionen zum Betrieb keine Gesetzeslücke. Vielmehr hat der Gesetzgeber dem Eigentümer und dem Besitzer ein grundsätzlich umfassendes Selbstbestimmungs-

---

[93] BAG vom 28.02.2006, NZA 2006, 798, 801 f.
[94] Kemper, in: v. Mangoldt/Klein/Starck, GG, Art. 9 Rn. 114.
[95] Kemper, in: v. Mangoldt/Klein/Starck, GG, Art. 9 Rn. 115.
[96] Vgl. Boemke, Anm. zu BAG vom 28.02.2006, AR-Blattei, ES 1650 Nr. 23 unter IV 3 c; Kemper, in: v. Mangoldt/Klein/Starck, GG, Art. 9 Rn. 115. – Vgl. auch Richardi, Anm. zu BAG vom 28.02.2006, AP Nr. 127 zu Art. 9 GG unter I 2.

und Abwehrrecht zugewiesen. Hierdurch hat er zugleich inzident darüber entschieden, dass Dritte – unabhängig vom verfolgten Zweck – auf diese Güter nicht zugreifen dürfen. In Ermangelung einer Gesetzeslücke darf ein Zutrittsrecht nicht im Wege der Rechtsfortbildung gewonnen werden. Hilfsweise soll jedoch unter Beachtung der Ansicht des BAG nachfolgend untersucht werden, ob bei Vorliegen einer Lücke ein Zutrittsrecht bestünde.

b) Regelungsbedürftigkeit

Die nach Ansicht des BAG bestehende Gesetzeslücke ist regelungsbedürftig, wenn eine verfassungsrechtliche Regelungspflicht (aa) besteht, der der zuständige Gesetzgeber nicht entsprochen hat (bb).

Regelungsbedürftigkeit

aa) Verfassungsrechtliche Regelungspflicht

Eine verfassungsrechtliche Regelungspflicht kann sich entweder aus dem Gleicheitsgrundsatz des Art. 3 GG (Vermeidung von Regelungswidersprüchen)[97] oder einer grundrechtlichen Schutzpflicht des Staats[98] ergeben. Grundrechtliche Schutzpflichten folgen aus der objektiv-rechtlichen Seite der Grundrechte i. V. m. dem Rechtsstaatsprinzip[99]. Danach sind alle drei Gewalten verpflichtet, grundrechtsbewehrte Rechtsgüter gegen Ein- und Übergriffe des Staats oder Dritter zu schützen[100]. Eine konkrete Regelungspflicht folgt hieraus, wenn sich grundrechtsbewehrte Rechtsgüter in einer spezifischen Gefährdungslage mit drohenden weiteren Eingriffen befinden[101]. Notwendig ist daher, dass über Einzelfälle hinaus in größerem Ausmaß mit Grundrechtsbeeinträchtigungen zu rechnen ist. Dies ist insbesondere der Fall, wenn die Grundrechtsausübung typischerweise mit dem Rechtskreis Dritter kollidiert[102] und ohne Auflösung des

Bestehen einer Regelungspflicht

---

[97] Regelungswidersprüche lassen sich regelmäßig durch Analogie oder teleologische Reduktion, d h. eine gesetzesimmanente Rechtsfortbildung beseitigen.

[98] BVerfG vom 26.06.1991, NZA 1991, 809, 810; BAG vom 28.02.2006, NZA 2006, 798, 802; Dreier/Bauer, GG, Art. 9 Rn. 102. – Vgl. auch AnwK-ArbR/Wilms, Art. 9 GG Rn. 60; Boemke/Gründel, ZfA 2001, 245, 252 f.

[99] Vgl. Boemke/Gründel, ZfA 2001, 245, 251 f.; HandBdGR II/Calliess, § 44 Rn. 2 f.

[100] HandBdGR II/Calliess, § 44 Rn. 4, 25; HandBdGR I/Schneider, § 18 Rn. 44.

[101] Vgl. HandBdGR I/Schneider, § 18 Rn. 47.

[102] Vgl. Dreier/Bauer, GG, Art. 9 Rn. 102; HandBdGR II/Calliess, § 44 Rn. 25.

Spannungsfelds regelmäßig ein beteiligtes Grundrecht faktisch zurücktreten muss[103].

Regelungspflicht infolge Grundrechtskollision

Danach besteht vorliegend unter Berücksichtigung des
weiten Schutzbereichs der Koalitionsfreiheit eine verfassungsrechtliche Regelungspflicht. Die Koalitionen sind bei
der Ausübung ihres als Teil der koalitionsmäßigen Betätigung geschützten Selbstbestimmungsrechts über das Ob und
Wie der Mitgliederwerbung vielfach auf den Zugriff auf
Rechtsgüter Dritter (Betriebseinrichtungen u. ä.) angewiesen. Gerade die unter Zugriff auf den Arbeitgeberbetrieb
erfolgende Mitgliederwerbung erweist sich als besonders
effektiv. Hierdurch kommt es über den Einzelfall hinaus zu
Grundrechtskollisionen (s. o.[104]). In Ermangelung eines Anspruchs der Koalitionen gegen Dritte muss das Grundrecht
der Koalitionen faktisch stets zurücktreten, weil die Betriebsinhaber jeden von ihnen nicht gestatteten Zutritt nach
§ 862 BGB abwehren könnten.

bb) Untätigkeit des Gesetzgebers

Rücksichtnahme auf Zuständigkeit des Gesetzgebers

Zum Schutz der primären Zuständigkeit des Gesetzgebers
für die Ausgestaltung verfassungsrechtlicher Regelungsauf-
gaben darf die Rechtsprechung die dem Gesetzgeber zustehende Aufgabe erst übernehmen, wenn der Gesetzgeber seine Verpflichtung verletzt hat[105]. Dies ist der Fall, wenn er
eine Schutznorm gar nicht geschaffen hat oder die getroffenen Regelungen und Maßnahmen gänzlich ungeeignet sind,
das gebotene Schutzziel zu erreichen, oder erheblich hinter
diesem zurückbleiben[106]. Zur Aufgabenerfüllung ist dem
Gesetzgeber für die Ermittlung der maßgeblichen Tatsachengrundlage und das Treffen der maßgeblichen Einschätzun-
gen ein angemessener Zeitraum einzuräumen[107]. Danach hat
der Gesetzgeber unter Berücksichtigung der Ansicht des
BAG seinen verfassungsrechtlichen Regelungsauftrag verletzt, weil er eine koordinierende Regelung für das zwischen

---

[103] Vgl. auch BVerfG v. 13.02.2007, NJW 2007, 753, 754 („Die ... Grundrechtskollision kann nicht von einem der Grundrechtsträger nach
seinem Gutdünken bewältigt, sondern nur durch den Gesetzgeber gelöst werden.").

[104] Siehe unter B II 2, S. 34 f.

[105] Larenz, Methodenlehre, S. 427 f. – Vgl. Richardi, Kollektives Arbeitsrecht, § 3 Rn. 11.

[106] BVerfG vom 10.01.1995, BVerfGE 92, 26, 46; HandBdGR I/Ossen-
bühl, § 15 Rn. 62. – Vgl. auch Richardi, Kollektives Arbeitsrecht, § 3
Rn. 11.

[107] Vgl. Larenz/Wolf, BGB-AT, § 4 Rn. 83 („alsbaldige Abhilfe durch
den Gesetzgeber nicht zu erwarten").

der Koalitionsfreiheit und den Grundrechten der Arbeitgeber
bestehende Spannungsfeld trotz mehr als 50-jähriger Geltung des Grundgesetzes nicht getroffen hat[108].

cc) Zwischenergebnis

Die Gesetzeslücke ist regelungsbedürftig.

Hilfsw.: Regelungs-
bedürftigkeit

3. Vorrang der gesetzesimmanenten Rechtsfortbildung

Die festgestellte Regelungslücke dürfte sich nicht durch gesetzesimmanente Rechtsfortbildung, d. h. insbesondere
durch eine Analogie schließen lassen. In Betracht kommt
vorliegend eine Lückenschließung durch eine Analogie zu
§ 2 Abs. 2 BetrVG, der seinerseits ein Zutrittsrecht der Gewerkschaften zur Erfüllung ihrer betriebsverfassungsrechtlichen Aufgaben vorsieht. Neben der bereits festgestellten
Regelungslücke setzt eine Analogie die Vergleichbarkeit des
geregelten und des ungeregelten Sachverhalts voraus. Der
von § 2 Abs. 2 BetrVG geregelte Sachverhalt müsste mithin
mit dem vorliegend zu entscheidenden Sachverhalt vergleichbar sein. Mit § 2 Abs. 2 BetrVG räumt der Gesetzgeber den Gewerkschaften ein Zutrittsrecht ein, damit diese
effektiv die ihnen im BetrVG zugewiesene Unterstützungs-
und Überwachungsfunktion erfüllen können. Das Zutrittsrecht wurde mithin im Interesse der Funktionsfähigkeit der
Betriebsverfassung begründet. Hierzu ist das Zutrittsrecht
zum Zweck der Mitgliederwerbung nicht vergleichbar, weil
in die insoweit vorzunehmende Abwägung der beteiligten
Grundrechte andere Wertungen als z. B. die Kontrolle der
Betriebsverfassung einzustellen sind. Die originären Interessen der Koalitionen sind verschieden von der auch im Interesse der Nichtorganisierten bestehenden Überwachung der
Betriebsverfassung[109]. Eine gesetzesimmanente Rechtsfortbildung ist danach nicht möglich.

Vorrang der
gesetzesimmanenten
Rechtsfortbildung

---

[108] Vgl. BAG vom 28.02.2006, NZA 2006, 798, 800. – Enger Boemke,
Anm. zu BAG vom 28.02.2006, AR-Blattei, ES 1650 Nr. 23 unter
IV 3 c; Richardi, Anm. zu BAG vom 28.02.2006, AP Nr. 127 zu Art. 9
GG unter I 2, die eine Rechtsfortbildung durch das BAG nur insoweit
zulassen wollen, als sich das Nichtbestehen eines Zutrittsrechts als
i. E. verfassungswidrig erweist. – Hiergegen Dieterich, RdA 2007,
110, 112 f.

[109] Vgl. Gamillscheg, Kollektives Arbeitsrecht I, S. 258 f.

4. Wahrung der Rechtssicherheit

Berücksichtigung der
Rechtssicherheit

Schließlich darf der Rechtsfortbildung nicht das Interesse an Rechtssicherheit entgegenstehen. Dies ist der Fall, wenn die mit der Rechtsfortbildung verfolgten Interessen überwiegen.

Beeinträchtigung der
Rechtssicherheit

Die Rechtssicherheit wird beeinträchtigt, wenn die Orientierungsgewissheit der Rechtsunterworfenen auf Grund des Fehlens klarer Rechtsregeln leidet[110]. Formal wird die Rechtssicherheit durch eine Rechtsfortbildung dadurch beeinträchtigt, dass es an einem formalen Gesetzgebungsakt fehlt. Darüber hinaus wird die Rechtssicherheit materiell dadurch beeinträchtigt, dass ein in der Vergangenheit begründetes schutzwürdiges Vertrauen durch die Rechtsfortbildung enttäuscht wird. Derartiges scheidet insoweit aus, als eine Rechtsfortbildung allein zukunftsgerichtet wirkt und die von ihr Betroffenen in der Vergangenheit keine Dispositionen getroffen oder unterlassen haben.

Abwägung

Eine Rechtsfortbildung ist danach nicht ausgeschlossen, weil das verfassungsrechtliche Interesse an einer Regelung (s. o.[111]) das Interesse an Rechtssicherheit überwiegt. Dies ergibt sich daraus, dass die Rechtssicherheit vorliegend nur geringfügig beeinträchtigt wird und das verfassungsrechtliche Interesse am Schutz des Art. 9 Abs. 3 GG dagegen ohne Rechtsfortbildung vollständig vereitelt würde. In formaler Hinsicht wird die Rechtssicherheit nur marginal dadurch beeinträchtigt, dass es an einem formalen Gesetzgebungsakt fehlt. Dass diese Beeinträchtigung nur geringfügig ist, ergibt sich daraus, dass das Koalitionsrecht in besonderem Maße der Ausgestaltung durch Richterrecht unterliegt[112], weshalb für diesen Rechtsbereich eine andere Erwartungshaltung der Rechtsbetroffenen existiert. Auch steht einer Rechtsfortbildung kein materielles Vertrauen entgegen, weil das Zutrittsrecht zum Zweck der Mitgliederwerbung nur zukunftsbezogen wirkt und die betroffenen Unternehmer im Vertrauen auf das Bestehen oder Nichtbestehen eines Zutrittsrechts keine Dispositionen getroffen haben oder treffen konnten.

5. Zwischenergebnis

Keine Befugnis zur
Rechtsfortbildung

Die Voraussetzungen einer richterlichen Rechtsfortbildung liegen in Ermangelung einer Gesetzeslücke nicht vor. Im Gegensatz hierzu geht das BAG von einer Gesetzeslücke aus,

---

[110] Zippelius, Methodenlehre, S. 66 f.
[111] Siehe unter C I 2 b aa, S. 39 f.
[112] Vgl. AnwK-ArbR/Wilms, Art. 9 GG Rn. 58 ff.

welche sich unter Berücksichtigung des weiten Schutzbereichs der Koalitionsfreiheit auch als regelungsbedürftig erweist. Folgt man der Ansicht des BAG, liegen die Voraussetzungen einer gesetzesübersteigenden Rechtsfortbildung vor.

II. Inhalt der richterlichen Rechtsfortbildung

1. Ausgangspunkt

Nach Ansicht des BAG ist die Rechtsprechung vorliegend zur Rechtsfortbildung befugt und auf Grund des verfassungsrechtlichen Regelungsauftrags (s. o.[113]). auch verpflichtet[114]. Ihr obliegt es demnach, die konfligierenden Grundrechte (s. o.[115]) im Wege praktischer Konkordanz in Ausgleich zu bringen[116]. Der angestrebte Ausgleich soll berücksichtigen, dass keines der beteiligten Grundrechte vollständig zurücktreten muss. Vielmehr sollen alle beteiligten Grundrechte möglichst weitgehend zur Geltung gelangen können[117]. Auf diesem Weg gelangt man allerdings in der Regel nicht zu einem alleinvertretbaren, eindeutigen Ergebnis. Vielmehr bedürfen die gegenläufigen Grundrechtspositionen vor ihrem Ausgleich einer Bewertung, für die das Grundgesetz keinen vollständigen Maßstab vorhält. Hierbei besteht ein Spielraum, der zuvorderst dem Gesetzgeber zur Ausfüllung zugewiesen ist[118]. Anderenfalls ließen sich unmittelbar aus den Grundrechten Rechtsfolgen ableiten.

Hilfsw.: Inhalt der Rechtsfortbildung

Sind die Voraussetzungen einer richterlichen Rechtsfortbildung erfüllt, geht der dem Gesetzgeber zustehende Bewertungsspielraum auf den Richter über[119]. Dieser hat allerdings die originäre Zuständigkeit des Gesetzgebers weitestmöglich zu berücksichtigen. Dem Richter steht der Spielraum daher nicht in der gleichen Weise offen, wie dem

Berücksichtigung gesetzlicher Grundwertungen

---

[113] Siehe unter C I 2 b aa, S. 39 f.

[114] Vgl. BAG vom 28.02.2006, NZA 2006, 798, 802; Dieterich, RdA 2007, 110, 112 f.

[115] Siehe unter B II 2, S. 34 f.

[116] Vgl. BAG vom 28.02.2006, NZA 2006, 798, 802; Dieterich, RdA 2007, 110, 111; HandBdGR I/Kokott, § 22 Rn. 60.

[117] Vgl. Dieterich, RdA 2007, 110, 111; HandBdGR I/Kokott, § 22 Rn. 60.

[118] BVerfG vom 17.02.1981, AP Nr. 9 zu Art. 140 GG unter C II 4 a und b der Gründe; BAG vom 28.02.2006, NZA 2006, 798, 802; Hromadka/Maschmann, ArbR 2, § 12 Rn. 44 f.; Larenz, Methodenlehre, S. 428. – Richardi, Anm. zu BAG vom 28.02.2006, AP Nr. 127 zu Art. 9 GG verweist unter II darauf, dass der Richter die notwendigen Bewertungen vielfach nicht vornehmen kann.

[119] BVerfG vom 07.02.1990, NJW 1990, 1469, 1470. – Vgl. auch Boemke/Gründel, ZfA 2001, 245, 252 f.

Gesetzgeber. Vielmehr muss sich der Richter bei seiner Entscheidung an Grundvorstellungen und Wertungen des Gesetzgebers orientieren[120], soweit diese existieren und nicht ihrerseits verfassungswidrig[121] sind.

Notwendigkeit einer Abwägung

Erforderlich ist somit eine Abwägung der Betroffenheit der beteiligten Grundrechte. Hierfür ist zunächst die Betroffenheit der konfligierenden Grundrechte unter Berücksichtigung der Wertungen und Grundvorstellungen des Gesetzgebers zu ermitteln, um im Anschluss hieran einen verhältnismäßigen Ausgleich zu schaffen[122].

2. Bestimmung der Grundrechtsbetroffenheit

Grundrechtsbetroffenheit der Koalition

Wird ein Zutrittsrecht der Koalition zum Zweck der Mitgliederwerbung verneint, beeinträchtigt dies ihr Selbstbestimmungsrecht über das Wie der Mitgliederwerbung (Freiheit der Wahl der Mittel). Diese Beeinträchtigung entfaltet formal nur eine punktuelle Wirkung, weil kein bestimmtes Mittel vorgeschrieben, sondern nur eines von mehreren möglichen Mitteln ausgeschlossen wird. Dementsprechend ist es der Koalition möglich, auf eine Vielzahl anderer Werbeformen auszuweichen. Auch materiell entfaltet diese Beschränkung nur begrenzte Wirkungen. Zwar erscheint die Mitgliederwerbung im Betrieb als besonders effektiv, weil die Arbeitnehmer gerade als solche angesprochen werden können[123]. Allerdings bleibt es den Koalitionen zunächst unbenommen, die Arbeitnehmer in unmittelbarer Nähe zum Arbeitsplatz anzusprechen (vor dem Betrieb). Überdies ist denkbar, dass eine im Betrieb bereits vertretene Koalition neue Mitglieder über ihre betriebsangehörigen Mitglieder wirbt. Die Ablehnung eines Zutrittsrechts wirkt sich demnach insoweit aus, als die Mitgliederwerbung einer möglicherweise besonderen Effektivität beraubt wird, ohne ihr jedoch generell die Wirksamkeit zu entziehen.

Grundrechtsbetroffenheit des Arbeitgebers

Wird der Koalition ein Zutrittsrecht gewährt, beeinträchtigt dies das durch Art. 13 GG und Art. 14 GG geschützte Selbstbestimmungsrecht des Hausrechtsinhabers. Die mögliche Beeinträchtigung der Rechte der Unternehmer sieht das BAG dabei in einer möglichen Gefährdung von Be-

---

[120] Vgl. Larenz/Wolf, BGB-AT, § 4 Rn. 83; Zippelius, Methodenlehre, S. 83. – Vgl. auch Kemper, in: v. Mangoldt/Klein/Starck, GG, Art. 9 Rn. 115.

[121] Vgl. Richardi, Anm. zu BAG vom 28.02.2006, AP Nr. 127 zu Art. 9 GG unter I 2.

[122] Vgl. BVerfG vom 14.11.1995, NZA 1996, 381, 383.

[123] Vgl. BAG vom 08.12.1978, AP Nr. 28 zu Art. 9 GG unter II 1 c der Gründe; BAG vom 14.02.1967, NJW 1967, 843, 845.

triebsgeheimnissen oder des Betriebsfriedens[124]. Hiermit greift die Argumentation des BAG jedoch zu kurz, weil sie letztlich allein das Interesse des Unternehmens an der ungestörten Nutzung seines Betriebs berücksichtigt[125]. Das BAG verkennt, dass das durch Art. 13 GG und Art. 14 GG garantierte Hausrecht eine zweifache Schutzrichtung entfaltet[126]. Das Hausrecht ist nicht allein auf die positive Nutzung durch den Berechtigten ausgerichtet, sondern umfasst auch den Ausschluss aller Dritten. Art. 13 GG zielt auf einen solchen Ausschluss unmittelbar ab. Aber auch für Art. 14 GG ist zu berücksichtigen, dass Eigentumsrechte dem Berechtigten zu seiner Nutzung zugewiesen werden, weil sie auf seiner Leistung beruhen[127]. Diese Dimension des Schutzbereichs wird ohne Hinzutreten weiterer Aspekte bereits dadurch beeinträchtigt, dass der Inhaber des Hausrechts Dritten Zutritt gewähren muss. Im Ergebnis können die Interessen des Unternehmers somit in zweifacher Hinsicht durch ein Zutrittsrecht beeinträchtigt werden. In jedem Fall wird die Ausschließungsfunktion als solche beeinträchtigt. Daneben können die positiven Nutzungsinteressen beeinträchtigt sein.

3. *Ausgleich der Grundrechtspositionen*

a) **Sichtweise des BAG**

Das BAG gelangt auf der Grundlage seiner Ausgangsposition dazu, dass ein Zutrittsrecht für betriebsfremde Gewerkschaftsmitarbeiter zum Zweck der Mitgliederwerbung besteht, sofern durch den konkret begehrten Zutritt nicht Betriebsgeheimnisse oder der Betriebsablauf gestört werden[128]. Diese Ansicht ist insoweit konsequent, als das BAG einen relevanten Grundrechtseingriff beim Hausrechtsinhaber nur in diesen Störungen sieht. Fehlt es an entsprechenden Störungen, werden die Rechte des Unternehmers nicht aus-

Ausgleich nach Ansicht des BAG

---

[124] BAG vom 28.02.2006, NZA 2006, 798, 802. – Vgl. auch Gamillscheg, Kollektives Arbeitsrecht I, S. 259; Hueck/Nipperdey, Arbeitsrecht II/1, S. 146 f.; Richardi, Kollektives Arbeitsrecht, § 3 Rn. 13.

[125] So auch Dieterich, RdA 2007, 110, 111.

[126] Auch BVerfG vom 14.11.1995, NZA 1996, 381, 383, benennt Arbeitsablauf und Betriebsfrieden nur beispielhaft („insbesondere") als gegenläufige Interessen.

[127] Vgl. BVerfG vom 23.01.1990, GRUR 1990, 438, 441; BVerfG vom 03.10.1989, GRUR 1990, 183, 184; BVerfG vom 11.10.1988, NJW 1992, 1303, 1306.

[128] BAG vom 28.02.2006, NZA 2006, 798, 802 f. – So auch Hueck/Nipperdey, Arbeitsrecht II/1, S. 147.

reichend beeinträchtigt, weshalb sich die Koalitionsfreiheit durchsetzt[129].

b) Stellungnahme

Kritik am Vorgehen des BAG

Wie bereits dargelegt wurde, unterliegt das BAG bereits im Ausgangspunkt einem Missverständnis, wenn es die Grundrechtspositionen des Unternehmers auf das positive Nutzen seines Betriebs beschränkt. Hierdurch wird vollständig der Grundrechtsgehalt des Art. 13 GG vernachlässigt[130]. Außerdem wird nicht berücksichtigt, dass Art. 14 GG die ausschließliche Zuordnung eines Eigentumsrechts zu einem Inhaber schützt. Berücksichtigt man dagegen, dass jeder Zutritt durch Dritte das Ausschließungsinteresse des Unternehmers beeinträchtigt, ist auch für den Unternehmer eine Grundrechtsbeeinträchtigung festzustellen.

Alternativvorschlag

Die somit beiderseits festzustellenden Grundrechtsbeeinträchtigungen sind unter Berücksichtigung allgemeiner Wertvorstellungen des Gesetzgebers[131] zu beurteilen, um sie auszugleichen. Zu diesen allgemeinen Wertvorstellungen gehört auf der Ebene des einfachen Rechts, dass das Abwehrinteresse des Hausrechtsinhabers abstrakt höher bewertet wird als Nutzungsinteressen Dritter[132]. Dies kommt in der Methodik der gesetzlichen Gestaltung zum Ausdruck, die das Abwehrrecht (§§ 1004, 862 BGB) als Grundsatz und die Duldungspflicht als Ausnahme vorsieht. Nur durch dieses Verständnis wird zudem der Zuweisungsfunktion des Eigentums Rechnung getragen. Eine abweichende Sichtweise führt dagegen zu einer verfassungsrechtlich möglichen[133], vom Gesetzgeber aber nicht vorgesehenen Sozialisierung

---

[129] Vgl. BAG vom 28.02.2006, NZA 2006, 798, 802 f. – Vgl. auch Gamillscheg, Kollektives Arbeitsrecht I, S. 259; Hueck/Nipperdey, Arbeitsrecht II/1, S. 146 f.

[130] So aber Hueck/Nipperdey, Arbeitsrecht II/1, S. 147 in Fn. 29c.

[131] Vgl. Larenz/Wolf, BGB-AT, § 4 Rn. 83.

[132] Kemper, in: v. Mangoldt/Klein/Starck, GG, Art. 9 Rn. 115. – So i. E., allerdings mit überholter Begründung (Kernbereichsformel), zutreffend auch BAG vom 23.02.1979, AP Nr. 30 zu Art. 9 GG, und BVerfG vom 21.11.1980, AP Nr. 30a zu Art. 9 GG. – Gamillscheg, Kollektives Arbeitsrecht I, S. 254, bezeichnet es allerdings als „lächerlich", dass das BAG in der vorstehenden Entscheidung bloße Abwehrinteressen des Arbeitgebers berücksichtigt hat.

[133] Vgl. hierzu Däubler, Gewerkschaftsrechte im Betrieb, Rn. 272. – In der Argumentation ist unbedingt zu unterscheiden, zu welcher Ausgestaltung der Gesetzgeber verfassungsrechtlich befugt ist und zu welcher Rechtsfindung der Richter angehalten ist. Der Gesetzgeber ist befugt, den Ausgleich der widerstreitenden Grundrechte sowohl durch Schaffung eines verhältnismäßigen Zutrittsrechts als auch durch einen verhältnismäßigen Ausschluss des Zutrittsrechts herzustellen.

des Eigentums. Unter Berufung auf die Verfolgung koalitionsspezifischer Zwecke und den Schutz des Art. 9 Abs. 3
GG könnten die Koalitionen Zugriff auf sämtliche Rechtsgüter Dritter, insbesondere deren Eigentum, begehren. Die jeweiligen Rechtsinhaber könnten den Zugriff nur abwehren,
wenn sie darlegen können, dass das Nutzungsinteresse der
Koalition ihren Nutzungsinteressen widerspricht. Ist dies
nicht der Fall, stünden die einem Inhaber zugewiesenen
Positionen auch den Koalitionen zur Nutzung zur Verfügung[134]. Die Koalitionen würden entgegen der Vorstellung
des Gesetzgebers zum zweiten Inhaber eines Rechts.

Unter Berücksichtigung vorstehender Erwägungen über-   *Hausrecht setzt sich durch*
wiegt die Schwere des Eingriffs in das Hausrecht des Unter-
nehmers, jedenfalls soweit die Koalition nicht zwingend auf
den Zutritt zum Betrieb angewiesen ist.

III. Anwendung der richterlichen Rechtsfortbildung

Das BAG würde unter Anwendung der von ihm herausgear-   *Anwendung der*
beiteten Grundsätze vorliegend dazu gelangen, dass dem   *Rechtsfortbildung des BAG*
VGB das von ihm begehrte Zutrittsrecht zusteht, weil ver.di
keine entgegenstehenden Belange in Gestalt der Gefährdung
von Betriebsgeheimnissen oder drohenden Betriebsablaufstörungen geltend machen kann.

Berücksichtigt man dagegen richtigerweise, dass die Ge-   *Anwendung des eigenen*
währung eines Zutrittsrechts per se grundrechtlich geschütz-   *Lösungsvorschlags*
te Interessen des Hausrechtsinhabers beeinträchtigt und der
Gesetzgeber diesen Abwehrinteressen grundsätzlich Vorrang vor den Nutzungsinteressen Dritter einräumt, besteht
vorliegend kein Zutrittsrecht für den VGB, weil ihm andere
Möglichkeiten zur Grundrechtsausübung zur Verfügung stehen und er daher nicht zwingend darauf angewiesen ist, auf
Rechte Dritter zuzugreifen[135].

---

[134] Dies nimmt i. E. z. B. Richardi, Kollektives Arbeitsrecht, § 3 Rn. 12
an.
[135] I. E. auch Boemke, Anm. zu BAG vom 28.02.2006, AR-Blattei, ES
1650 Nr. 23 unter IV 3; Richardi, Anm. zu BAG vom 28.02.2006, AP
Nr. 127 zu Art. 9 GG.

D. Ergebnis

Ergebnis: Kein Zutrittsrecht

Folgt man dem BAG, steht dem VGB das begehrte Zutrittsrecht zu. Nach vorzugswürdiger Ansicht besteht ein solches Zutrittsrecht jedoch nicht, weil es an einer entsprechenden Anspruchsgrundlage fehlt. Eine einfachrechtliche Grundlage existiert nicht. Auch aus den Grundrechten lässt sich ein entsprechender Anspruch nicht ableiten. Schließlich lässt sich ein Zutrittsrecht vorliegend nicht im Wege richterlicher Rechtsfortbildung gewinnen, weil es an einer Gesetzeslücke fehlt. Überdies müsste ein Zutrittsrecht jedenfalls insoweit ausscheiden, als eine Koalition bereits im Betrieb vertreten ist.

Klausur Nr. 2

Eine kreative Gewerkschaft

Prof. Dr. Burkhard Boemke

Sachverhalt

Die 2003 gegründete Creative Gewerkschaft Personaldienstleistung e. V. (CGP) hat sich zur Aufgabe gesetzt, die Belange der bei Personaldienstleistungsunternehmen beschäftigten Mitarbeiter zu fördern und zu wahren. Ihr satzungsmäßiger Organisationsbereich erstreckt sich räumlich auf das Gebiet der Bundesrepublik Deutschland. Fachlich ist die CGP für alle Arbeitnehmer, die von Personaldienstleistungsunternehmen einem Entleiher im Rahmen des Arbeitnehmerüberlassungsgesetzes überlassen werden, zuständig. Laut ihrer Satzung hat die CGP es sich zum Ziel gesetzt, ihre Mitglieder gewerkschaftlich zu organisieren, um ihre berufs- und tarifpolitischen sowie ihre rechtlichen und sozialen Belange zu vertreten und zu fördern. Um dieses Ziel zu erreichen, stellt sich die CGP insbesondere die Aufgabe, Tarifverhandlungen zu führen und Tarifverträge abzuschließen, gegebenenfalls unter Einsatz aller zulässigen Mittel des Arbeitskampfs. Streiks sollen nur nach vorausgegangener Urabstimmung erfolgen. Die CGP bekennt sich zum freiheitlich-demokratischen Rechtsstaat und ist weltanschaulich sowie parteipolitisch unabhängig. Sie erkennt das geltende Tarifrecht an. Die Arbeit der CGP finanziert sich über Mitgliedsbeiträge, die sich der Höhe nach auf 0,5 % der monatlichen Grundvergütung belaufen. Von den ca. 750.000 bei Personaldienstleistern beschäftigten Mitarbeitern sind ca. 10.000 Mitglied in der CGP. In der Vergangenheit hat die CGP im ganzen Bundesgebiet mit Arbeitgeberverbänden oder einzelnen Arbeitgebern ca. 100 Anschlusstarifverträge sowie 50 eigenständige Tarifverträge abgeschlossen. Außerdem vereinbarte sie rund 200 Firmentarifverträge. Die CGP beschäftigt 43 Mitarbeiterinnen und Mitarbeiter, darunter 14 hauptamtliche Gewerkschaftssekretäre. Daneben sind für die CGP insgesamt 498 Gewerkschaftsmitglieder ehrenamtlich tätig.

Der Leiter des Tarifressorts I. M. Sekretär (S) ist Arbeitnehmer des Personaldienstleisters Minimumpower (M), der

Mitglied des Interessenverbands Notorischer Zeitarbeitgeber (INZ) ist. S ist als einziger Mitarbeiter der CGP von seinem Arbeitgeber für die Tätigkeit bei der CGP freigestellt worden, erhält aber weiterhin seine Vergütung von M. Als Leiter des Tarifressorts ist er innerhalb einer mehrköpfigen Tarifkommission für den Abschluss von Tarifverträgen zuständig.

1. IG Metall, die nach ihrer Satzung nur für Betriebe der Metall- und Elektroindustrie zuständig ist, und ver.di, die eine satzungsmäßige Zuständigkeit für sämtliche Dienstleistungsbetriebe hat, haben vor dem örtlich zuständigen Arbeitsgericht beantragt festzustellen, dass CGP keine tariffähige Gewerkschaft ist. Wie wird das Arbeitsgericht entscheiden?

2. Nach dem zwischen CGP und INZ vereinbarten Tarifvertrag beträgt der Urlaubsanspruch sechs Wochen im Kalenderjahr. Der als Mitglied der CGP tarifgebundene L. A. Nehmer (N) hat mit seinem ebenfalls tarifgebundenen A. B. Geber (G) arbeitsvertraglich vereinbart, dass er nur fünf Wochen Urlaub im Kalenderjahr hat und stattdessen ein Urlaubsgeld in Höhe von 500 € erhält. Der tarifliche Monatslohn von N beträgt 1.500 €. G möchte wissen, ob N nur fünf Urlaubswochen im Jahr zustehen?

3. Zum 01.01.2008 wird die tarifliche Monatsarbeitszeit von 160 auf 150 Stunden gesenkt. Zwischen den Tarifvertragsparteien ist vereinbart, dass „die Arbeitszeitverkürzung bei vollem Lohnausgleich erfolgen soll und nicht zu einer Lohnkürzung führen darf". N hatte zu seinem Tariflohn bisher eine Leistungszulage von 1 € pro Stunde, insgesamt also 1.660 € brutto erhalten. Für Januar 2008 zahlt G ihm lediglich 1.650 € aus, weil jener die Leistungszulage nur für 150 Stunden bezahlt. N meint, er könne weitere 10 € verlangen, weil die Arbeitszeitverkürzung bei vollem Lohnausgleich zu erfolgen habe.

4. Zum 29.02.2008 scheidet N bei G aus dem Arbeitsverhältnis aus, weil er mit K. Unde (U), in dessen Betrieb er vom 01.07.2007 bis 31.01.2008 überlassen worden war, ein Arbeitsverhältnis mit Wirkung ab dem 01.03.2008 eingegangen ist. Nach dem Arbeitsvertrag ist eine Arbeitszeit von 40 Stunden pro Woche vereinbart. Der im Betrieb von U errichtete Betriebsrat verweigert am 01.02.2008 die Zustimmung zur Einstellung form- und

fristgerecht, weil nach dem einschlägigen, mit der IG Metall geschlossenen Tarifvertrag der Metallindustrie nur 18% der Beschäftigten länger als die vereinbarte tarifliche Regelarbeitszeit von 35 Stunden arbeiten dürfen. Diese Grenze werde durch die Einstellung von N überschritten. U wendet ein, dass zwar er selbst, aber nicht N tarifgebunden sei, so dass der Zustimmungsverweigerungsgrund nicht eingreife. Außerdem lasse sich noch gar nicht absehen, ob der Grenzwert zum maßgeblichen Stichtag überschritten werde.

Die tarifliche Regelung lautet:

„Der Arbeitgeber teilt dem Betriebsrat jeweils zum Ende eines Kalenderhalbjahres die Beschäftigten mit verlängerter individueller regelmäßiger wöchentlicher Arbeitszeit mit, deren Anzahl 18 % aller Beschäftigten des Betriebes nicht übersteigen darf."

Hat der Betriebsrat die Zustimmung zu Recht verweigert?

Für die Prüfung sind das Vorliegen einer mitbestimmungspflichtigen Einstellung nach § 99 BetrVG sowie die Rechtswirksamkeit der Tarifklausel zu unterstellen.

Vorüberlegungen

Gegenstand der sehr umfangreichen Klausur sind zahlreiche Probleme des Tarifvertragsrechts.

I. Nur ein wirksamer Tarifvertrag kann normative Geltung erlangen. Voraussetzung hierfür ist, dass er von tariffähigen Parteien geschlossen wurde. Vorliegend begehren etablierte Gewerkschaften, dass einer kleineren Arbeitnehmerkoalition diese Fähigkeit gerichtlich abgesprochen wird. Mit diesem Begehren werden sie Erfolg haben, wenn ihr Vorgehen prozessual zulässig und sachlich begründet ist.

In prozessualer Hinsicht eröffnen §§ 2a Abs. 1 Nr. 4, 97 ArbGG ein Verfahren, in dem mit Wirkung für und gegen jeden über die Tariffähigkeit einer Arbeitnehmerkoalition entschieden werden kann. Dieses kann allerdings nicht von Jedermann eingeleitet werden. Vielmehr schränkt § 97 Abs. 1 ArbGG den Kreis der Antragsberechtigten ein. Gewerkschaften untereinander sind nur antragsbefugt, wenn zwischen ihnen ein „Konkurrenzverhältnis" besteht. Nur unter dieser Voraussetzung erkennt der Gesetzgeber ihr Interesse an der Klärung der Tariffähigkeit an.

Innerhalb der Begründetheitsprüfung muss zunächst erarbeitet werden, welche Anforderungen an eine tariffähige Arbeitnehmerkoalition (Gewerkschaft) zu stellen sind. Hierbei sind die Vorgaben des Art. 9 Abs. 3 GG zu beachten. Regelmäßig lässt sich aus dieser Norm eine Antwort auf die Frage ableiten, ob ein umstrittenes Merkmal zu Recht als Voraussetzung der Tariffähigkeit benannt wird. Ist in rechtlicher Hinsicht geklärt, welche Anforderungen an die Tariffähigkeit zu stellen sind, ist der konkrete Sachverhalt hieran zu messen. In diesem Zusammenhang bedarf der Klärung, wie ein Gericht die Merkmale der Tariffähigkeit feststellen kann. Hierfür hat die Rechtsprechung Indizien ermittelt, auf deren Vorliegen der Sachverhalt zu überprüfen ist. Daneben kann dem Umstand Bedeutung zukommen, dass auf Grund der besonderen Regelungen im Bereich der Arbeitnehmerüberlassung (§ 3 Abs. 1 Nr. 3, § 9 Nr. 2 AÜG) im Einzelfall geringere Anforderungen an die Tariffähigkeit gestellt werden können.

II. Für Frage 2 ist von entscheidender Bedeutung, ob sich der Urlaubsanspruch des Arbeitnehmers nach seinem individuellen Arbeitsvertrag oder nach einem Tarifvertrag richtet. Hierüber entscheidet § 4 TVG. Findet der Tarifvertrag kraft beiderseitiger Tarifbindung Anwendung (§ 4 Abs. 1 S. 1 TVG), dann gilt er unmitelbar und zwingend. Eine Abweichung durch Individualvertrag ist nach § 4 Abs. 3 TVG nur zulässig, wenn die arbeitsvertraglichen Bestimmungen für den Arbeitnehmer günstiger sind. Entscheidend ist danach vorliegend, ob die arbeitsvertragliche Abmachung, wonach ein höheres Urlaubsgeld bei kürzerem Urlaubsanspruch gewährt wird, eine gegenüber dem Tarifvertrag günstigere Abmachung enthält. Zur Klärung dieser Frage muss geklärt werden, wie und nach welchen Maßstäben der Günstigkeitsvergleich vorzunehmen ist. Die in diesem Zusammenhang vielfach bestehenden Streitfragen sind durch Auslegung des § 4 Abs. 3 TVG, insbesondere unter Rückgriff auf dessen Telos zu klären.

III. Wie sich eine bei vollem Lohnausgleich (Besitzstandswahrung) tariflich vereinbarte Arbeitszeitverkürzung auf die Höhe einer übertariflichen Zulage auswirkt, ist Gegenstand der dritten Fallfrage. Entscheidend ist insoweit, ob sich die Besitzstandsklausel des Tarifvertrags nur auf den Tariflohn oder aber auch auf übertarifliche Zulagen erstreckt. Hierzu bedarf es der Auslegung, wobei zu beachten ist, dass Tarifverträge im Zweifel so auszulegen sind, dass sie mit höherrangigem Recht vereinbar sind (Parallele zur verfassungskonformen Auslegung einfachen Gesetzesrechts). Zu klären ist somit, welche Wirkungen die Besitzstandsklausel im Hinblick auf übertarifliche Zulagen entfalten darf. Die herrschende Ansicht geht dabei davon aus, dass übertarifliche Zulagen nicht tariflich festgeschrieben werden können.

IV. Im vierten Komplex geht es um die Zustimmungsverweigerung des Betriebsrats zu einer Einstellung. Zu klären ist dabei, ob ein Zustimmungsverweigerungsgrund i. S. v. § 99 Abs. 2 BetrVG bestand. Ein solcher kann sich vorliegend aus § 99 Abs. 2 Nr. 1 BetrVG ergeben, wenn die geplante Einstellung auf Grund der Überschreitung der tariflichen Regelarbeitszeit gegen die im Tarifvertrag hierfür vorgesehene Quote verstößt. Ein entsprechender Verstoß setzt zunächst voraus, dass der vorliegende Sachverhalt überhaupt der tariflichen Regelung unterfällt. Dies erscheint zweifelhaft, weil der einzustellende Arbeitnehmer seinerseits nicht tarifgebunden ist. Seine Tarifbindung ist allerdings entbehrlich, wenn es um die Anwendung einer Betriebsnorm geht (vgl. § 3 Abs. 2 TVG). Hinsichtlich der tariflichen Beschäftigungsquote ist daher zu klären, ob es sich um eine Inhaltsnorm oder eine Betriebsnorm handelt. Ist die Tarifnorm danach als Betriebsnorm anwendbar, ist zu prüfen, ob inhaltlich ein Verstoß gegeben ist. Nach Auslegung und Anwendung der Tarifnorm scheidet ein Verstoß danach im Ergebnis aus.

Lösung

A. Tariffähigkeit der CGP

Die Anträge der IG Metall und der ver.di haben Erfolg, wenn sie zulässig (I.) und begründet (II.) sind.

Erfolgsvoraussetzungen

I. Zulässigkeit

1. Rechtsweg zu den Arbeitsgerichten

Zunächst müsste der Rechtsweg zu den Arbeitsgerichten eröffnet sein. Dies ist gemäß § 2a Abs. 1 Nr. 4, Abs. 2 i. V. m. § 97 ArbGG der Fall, wenn in der vorliegenden Streitigkeit eine Entscheidung über die Tariffähigkeit und / oder die Tarifzuständigkeit einer Vereinigung begehrt wird. Unter Vereinigung werden dabei sowohl Arbeitnehmer- als auch Arbeitgebervereinigungen verstanden. Da nur tariffähige Arbeitnehmerkoalitionen Gewerkschaften i. S. v. § 2 Abs. 1 TVG sein können, ist das Begehren der Antragsteller dahingehend auszulegen, dass Streitgegenstand die Tariffähigkeit der CGP ist. Das Arbeitsgericht ist daher gemäß § 2a Abs. 1 Nr. 4, Abs. 2 i. V. m. § 97 ArbGG ausschließlich im Beschlussverfahren zuständig.

Streit um Tariffähigkeit

2. Antragsbefugnis

Weiterhin müsste sowohl die IG Metall als auch die ver.di antragsbefugt sein.

Antragsbefugnis

a)   Voraussetzungen gemäß § 97 Abs. 1 ArbGG

Die Antragsbefugnis der Antragsteller könnte sich aus § 97 Abs. 1 ArbGG ergeben. Danach wird das Verfahren nach § 2a Abs. 1 Nr. 4 ArbGG auf Antrag einer räumlich und sachlich zuständigen Arbeitnehmervereinigung eingeleitet. IG Metall und ver.di sind danach antragsbefugt, wenn sie als Arbeitnehmervereinigung räumlich und sachlich tarifzuständig sind. Die Tarifzuständigkeit bestimmt sich nach dem Zuständigkeitsbereich derjenigen Vereinigung, deren Tariffähigkeit umstritten ist[1]. Der räumliche und sachliche Zuständigkeitsbereich der antragstellenden Vereinigungen muss sich zumindest teilweise mit den Zuständigkeitsbereichen der Vereinigung decken, deren Tariffähigkeit bestritten

Anforderungen an die Antragsbefugnis

---

[1]   BAG vom 28.03.2006, AP Nr. 4 zu § 2 TVG Tariffähigkeit = NZA 2006, 1112, 1114; BAG vom 29.06.2004, AP Nr. 10 zu § 97 ArbGG 1979 = NZA 2004, 1236, 1237; Oetker/Krause/Jacobs, Tarifvertragsrecht, § 2 Rn. 167.

wird[2]. Überdies ist für die Antragsberechtigung erforderlich, dass die antragstellende Vereinigung selbst tariffähig ist[3], wobei hinsichtlich der etablierten DGB-Gewerkschaften IG Metall und ver.di vom Vorliegen der Tariffähigkeit auszugehen ist. Schließlich ist die sachliche Tarifzuständigkeit zu prüfen, und zwar getrennt für IG Metall und ver.di.

b) IG Metall

Antragsbefugnis der IG-Metall

Die Tarifzuständigkeit umfasst den betrieblichen, fachlichen, räumlichen und persönlichen Bereich, innerhalb dessen eine Tarifpartei Tarifverträge abschließen können soll[4]. Die Tarifzuständigkeit wird einseitig und autonom durch die Verbandssatzung bestimmt. Laut Sachverhalt ist die IG Metall satzungsmäßig lediglich für Metall- und Elektrobetriebe zuständig, d. h. für Betriebe, deren Tätigkeitsgegenstand im Bereich der Metall- und Elektroindustrie liegt[5]. Die Tätigkeit von Personaldienstleistungsunternehmen ist hingegen dem Dienstleistungsgewerbe zuzurechnen[6]. Selbst wenn sich der Personaldienstleister auf die Überlassung von Arbeitnehmern in einem bestimmten Wirtschaftsbereich, z. B. in der Metallindustrie spezialisiert hat, kommt es für die Tarifzuständigkeit nicht auf die Tätigkeit des Kundenbetriebs, sondern ausschließlich auf die Tätigkeit des Personaldienstleisters an[7]. Da die IG Metall nicht für das Dienstleistungsgewerbe zuständig ist, deckt sich ihr sachlicher Zuständigkeitsbereich nicht mit dem der CGP. Sie ist demnach nicht antragsbefugt.

c) Ver.di

Antragsbefugnis der ver.di

Hingegen ist ver.di ihrer Satzung nach für den Dienstleistungsbereich zuständig. Ihr Zuständigkeitsbereich deckt sich daher sachlich mit dem der CGP. Ver.di ist demnach antragsbefugt.

---

[2] BAG vom 14.12.2004, AP Nr. 1 zu § 2 TVG Tariffähigkeit = NZA 2005, 697, 699.

[3] BAG vom 14.12.2004, AP Nr. 1 zu § 2 TVG Tariffähigkeit = NZA 2005, 697, 699.

[4] Konzen, FS Richardi, 617, 620.

[5] Zu diesem so genannten Industrieverbandsprinzip vgl. nur Preis, KollArbR, S. 56 f.

[6] LAG Hamm vom 01.02.1996, EzAÜG § 622 BGB Nr. 2; Ankersen, NZA 2003, 421, 424.

[7] LAG Hamm vom 01.02.1996, EzAÜG § 622 BGB Nr. 2.

3. Feststellungsinteresse

Ver.di müsste an der begehrten Feststellung ein rechtliches Interesse i. S. v. § 256 Abs. 2 ZPO haben. Dieses ergibt sich schon daraus, dass die rechtskräftige Entscheidung über die Tariffähigkeit Wirkung für und gegen alle hat[8].

Feststellungsinteresse

4. Zwischenergebnis

Der Antrag der ver.di ist zulässig, der der IG Metall dagegen mangels Antragsbefugnis unzulässig.

Nur Antrag der ver.di zulässig

II. Begründetheit

Der zulässige Antrag der ver.di wäre begründet, wenn die CGP nicht tariffähig wäre. Die Tariffähigkeit der CGP ist nur dann gegeben, wenn diese eine Koalition i. S. v. Art. 9 Abs. 3 GG ist und die sonstigen, für eine tariffähige Gewerkschaft i. S. v. § 2 Abs. 1 TVG erforderlichen Voraussetzungen vorliegen.

Begründetheits-voraussetzungen

1. Arbeitnehmerkoalition i. S. v. Art. 9 Abs. 3 GG

Der Begriff der Koalition ist der Ausgangspunkt für die Bestimmung der tariffähigen Verbände. Nur eine Koalition i. S. v. Art. 9 Abs. 3 GG kann auf Arbeitnehmerseite Gewerkschaft sein[9]. Gemäß Art. 9 Abs. 3 GG sind Koalitionen Vereinigungen mit dem besonderen Zweck der Wahrung und Förderung der Arbeits- und Wirtschaftsbedingungen.

CGP als Koalition

a) Vereinigung

Die CGP müsste eine Vereinigung sein. Mit dem Begriff der Vereinigung knüpft Art. 9 Abs. 3 GG an Art. 9 Abs. 1 GG an, der darunter Vereine und Gesellschaften versteht. Der Begriff des Vereins ist lediglich einfachgesetzlich in § 2 Abs. 1 VereinsG definiert, gibt aber den grundgesetzlichen Vereinigungsbegriff richtig wieder[10]. Danach ist ein Verein ohne Rücksicht auf die Rechtsform jede Vereinigung, zu der sich eine Mehrheit natürlicher oder juristischer Personen für längere Zeit zu einem gemeinsamen Zweck freiwillig zusammengeschlossen und einer organisierten Willensbildung unterworfen hat[11].

CGP als Vereinigung

[8] BAG vom 06.06.2000, AP Nr. 55 zu § 2 TVG = NZA 2001, 160, 161; BAG vom 14.12.2004, AP Nr. 1 zu § 2 TVG Tariffähigkeit = NZA 2005, 697, 699; BAG vom 28.03.2006, AP Nr. 4 zu § 2 TVG Tariffähigkeit = NZA 2006, 1112, 1114.
[9] Hromadka/Maschmann, ArbR 2, § 12 Rn. 6; Preis, KollArbR, S. 69.
[10] Günther/Franz, JuS 2006, 788, 789.
[11] Jarass/Pieroth, GG, Art. 9 Rn. 3.

Dauerhafter, freiwilliger
Zusammenschluss mit
organisierter Willensbildung

Mit dem Merkmal der Dauerhaftigkeit soll die Vereinigung als Dauerverband von der Versammlung als Augenblicksverband abgegrenzt werden[12]. Der Zusammenschluss soll sich nicht in einer Einmalaktion (z. B. Protestdemonstration) erschöpfen, sondern die Mitglieder müssen über die einmalige (Gründungs-) Versammlung hinaus weiter verbunden bleiben[13]. Da der Zusammenschluss freiwillig erfolgen muss, scheiden sämtliche öffentlich – rechtliche (z. B. Kammern) oder privatrechtliche Zwangsverbände (z. B. Betriebsrat, Sprecherausschuss) als Koalitionen aus[14]. Schließlich müssen die Mitglieder der Vereinigung einer organisierten Willensbildung unterworfen sein. Damit ist nicht erforderlich, dass die Vereinigung korporativ verfasst, d. h. vom Bestand der Mitglieder unabhängig, sein muss[15]. Es genügt die Möglichkeit einer Gesamtwillensbildung, der das einzelne Mitglied unterworfen ist[16].

CGP als eingetragener
Verein

Als eingetragener Verein (e. V.) ist CGP ein auf Dauerhaftigkeit ausgerichteter freiwilliger Zusammenschluss seiner Mitglieder, die sich der gemeinsamen Willensbildung unterworfen haben. CGP erfüllt die Voraussetzungen der Vereinigung.

b) Zweck: Wahrung und Förderung der Arbeits- und Wirtschaftsbedingungen

Wahrung und Förderung der
Arbeits- und
Wirtschaftsbedingungen

Um Koalition zu sein, müsste die CGP als besonderen Zweck die Wahrung und Förderung der Arbeits- und Wirtschaftsbedingungen verfolgen (Art. 9 Abs. 3 GG). Arbeitsbedingungen beziehen sich auf das Arbeitsverhältnis selbst (z. B. Arbeitszeit, Arbeitsschutz, Lohnbedingungen etc.), während Wirtschaftsbedingungen auch einen wirtschafts- und sozialpolitischen Bezug haben (z. B. Arbeitsplatzgarantien, Investitionen, Unternehmensverbindungen)[17]. Das Be-

---

[12] Günther/Franz, JuS 2006, 788, 789; Hromadka/Maschmann, ArbR 2, § 12 Rn. 11; Löwisch/Rieble, TVG, § 2 Rn. 11.

[13] Gamillscheg, Kollektives Arbeitsrecht I, S. 396; Hromadka/Maschmann, ArbR 2, § 12 Rn. 11; Löwisch/Rieble, TVG, § 2 Rn. 11. – A. A. Däubler/Däubler, TVG, Einl. Rn. 94.

[14] Günther/Franz, JuS 2006, 788, 789; Hromadka/Maschmann, ArbR 2, § 12 Rn. 14; Löwisch/Rieble, TVG, § 2 Rn. 13; Gamillscheg, Kollektives Arbeitsrecht I, S. 406.

[15] Hromadka/Maschmann, ArbR 2, § 12 Rn. 12; Löwisch/Rieble, TVG, § 2 Rn. 12. – A. A. Schaub, ArbR-Hdb., § 187 Rn. 8; Zöllner/Loritz/Hergenröder, Arbeitsrecht, S. 95.

[16] Günther/Franz, JuS 2006, 788, 789; Hromadka/Maschmann, ArbR 2, § 12 Rn. 12; Löwisch/Rieble, TVG, § 2 Rn. 12.

[17] ErfK/Dieterich, Art. 9 GG Rn. 23; Günther/Franz, JuS 2006, 873; Schaub, ArbR-Hdb., § 187 Rn. 18.

griffspaar ist als funktionale Einheit zu verstehen. Es geht um die Durchsetzung der Gesamtheit der Bedingungen, unter denen abhängige Arbeit geleistet und eine sinnvolle Ordnung des Arbeitslebens ermöglicht wird[18]. Keine Koalitionen sind daher Vereinigungen, die sich ausschließlich im wirtschaftspolitischen Bereich (Kartellrecht, Außenwirtschaftsrecht, Steuerrecht) betätigen (Bsp. Konsumvereine oder Wirtschaftsverbände)[19]. Koalitionen auf Arbeitnehmerseite sollen dabei die sozialpolitischen Interessen der Arbeitnehmer gegenüber den Arbeitgebern, Koalitionen auf Arbeitgeberseite diejenigen Interessen der Arbeitgeber gegenüber den Arbeitnehmern durchsetzen.

Der besondere Zweck von CGP ist vorliegend ausreichend in deren Satzung niedergelegt. Danach hat es sich CGP zur Aufgabe gesetzt, die berufs- und tarifpolitischen sowie die rechtlichen und sozialen Belange ihrer Mitglieder, notfalls auch mit Mitteln des Arbeitskampfes, durchzusetzen.

Ausreichende Satzungsregelung bei CGP

c) Folgerungen aus der besonderen Zwecksetzung

Damit der satzungsgemäß festgesetzte Zweck auch tatsächlich effektiv umgesetzt werden kann, müssen zusätzliche Voraussetzungen gegeben sein. Eine effektive Wahrnehmung der Interessen der jeweiligen Mitglieder ist den Koalitionen nur möglich, wenn sie frei und unabhängig vom sozialen Gegenspieler und sonstigen dritten Mächten wie Staat, Kirche oder Parteien sind. Überdies wird gefordert, dass die Koalitionen überbetrieblich organisiert sind, wobei umstritten ist, ob es sich dabei um ein für eine Gewerkschaft konstitutives Merkmal oder lediglich um eine Indiztatsache für deren Unabhängigkeit handelt.

Objektive Eignung zur Zweckerreichung

aa) Freiheit und Unabhängigkeit vom sozialen Gegenspieler

CGP müsste gegnerunabhängig sein. Das Merkmal ist nicht im formalen, sondern im materiellen Sinn zu verstehen[20]. Es bedeutet für eine Koalition, die die Arbeits- und Wirtschaftsbedingungen ihrer Mitglieder durch den Abschluss von Tarifverträgen wahren und fördern will, dass sie vom tariflichen Gegenspieler unabhängig genug sein muss, um die Interessen ihrer Mitglieder wirksam und nachhaltig vertreten zu können. Sie muss über ihre eigene Organisation und ihre

Gegnerunabhängig

---

[18] ErfK/Dieterich, Art. 9 GG Rn. 23; Preis, KollArbR, S. 23.

[19] Hromadka/Maschmann, ArbR 2, § 12 Rn. 15; Schaub, ArbR-Hdb, § 187 Rn. 17.

[20] BAG vom 17.02.1998, AP Nr. 87 zu Art. 9 GG = NZA 1998, 754, 755.

Willensbildung selbst entscheiden können[21]. An der erforderlichen Unabhängigkeit fehlt es, wenn die Abhängigkeit vom sozialen Gegenspieler in der Struktur der Arbeitnehmervereinigung angelegt und verstetigt und die eigenständige Interessenwahrnehmung der Tarifvertragspartei durch personelle Verflechtungen, auf organisatorischem Weg oder durch wesentliche finanzielle Zuwendungen ernsthaft gefährdet ist[22].

Gegnerunabhängigkeit durch wesentliche Zuwendungen gefährdet

Die Gegnerunabhängigkeit der CGP könnte zweifelhaft sein, weil der Leiter des Tarifressorts S ein vergütet freigestellter Mitarbeiter des im tarifzuständigen Arbeitgeberverband INZ organisierten Personaldienstleisters M ist. Dadurch, dass S während seiner Tätigkeit für die CGP weiterhin von seinem Arbeitgeber vergütet wird, könnte eine Abhängigkeit von S entstanden sein, die diesen in einen Loyalitätskonflikt bringt und die Interessenwahrnehmung auf Seiten der CGP beeinträchtigt. Eine Gegnerabhängigkeit ist in einer solchen Konstellation aber erst dann gegeben, wenn die Abhängigkeit eines einzelnen Gewerkschaftsmitglieds von seinem Arbeitgeber auch zu einer Abhängigkeit der Gewerkschaft als Verband führt. Dagegen spricht vorliegend zum einen, dass die Vergütung des S keine wesentliche finanzielle Zuwendung für die CGP als Verband darstellt. Die CGP finanziert sich hauptsächlich durch die Beiträge ihrer Mitglieder. Bei einer Zahl von ca. 10.000 Mitgliedern und Mitgliedsbeiträgen von 0,5% des Monatseinkommens fällt die an S gezahlte Vergütung nicht derart ins Gewicht, dass man von einer Abhängigkeit sprechen könnte. Finanzielle Mittel, welche die Gewerkschaften von den Arbeitgebern beziehen, stellen ihre Unabhängigkeit erst dann in Frage, wenn befürchtet werden muss, dass die eine Seite durch die Androhung der Zahlungseinstellung die Willensbildung der anderen Seite beeinflussen kann[23]. Im Fall der Einstellung der Vergütungszahlung durch M wäre die CGP auf Grund ihres Finanzvolumens in der Lage, die Vergütung für S selbst aufzubringen. Eine Beeinflussung der CGP durch Zahlungseinstellung scheidet daher aus.

---

[21] BAG vom 17.02.1998, AP Nr. 87 zu Art. 9 GG = NZA 1998, 754, 755; BAG vom 20.04.1999, AP Nr. 28 zu § 1 TVG Tarifverträge: Rundfunk = NZA 1999, 1339, 1341; BAG vom 14.12.2004, AP Nr. 1 zu § 2 TVG Tariffähigkeit = NZA 2005, 697, 700.

[22] BAG vom 14.12.2004, AP Nr. 1 zu § 2 TVG Tariffähigkeit = NZA 2005, 697, 700; Schaub, ArbR-Hdb, § 187 Rn. 14.

[23] Däubler/Peter, TVG, § 2 Rn. 31; Löwisch/Rieble, TVG, § 2 Rn. 16.

Zum anderen ergibt sich auch aus der Struktur der CGP, dass etwaige Loyalitätskonflikte einzelner Mitarbeiter nicht zwangsläufig zu einer Beeinträchtigung der Willensbildung des Gesamtverbandes führen müssen. Zwar hat S als Leiter des Tarifressorts eine gerade für den Abschluss von Tarifverträgen zentrale Position inne, allerdings ist er aber auch in eine mehrköpfige Tarifkommission eingebunden. Es besteht daher nicht die Gefahr, dass er sich über deren Köpfe hinweg beim Abschluss von Tarifverträgen dem einseitigen Diktat der Arbeitgeberseite unterwirft.

Unabhängigkeit des Gesamtverbands nicht gefährdet

Im Ergebnis ist die vergütete Freistellung des S nicht ausreichend, um die Gegnerunabhängigkeit der CGP als Verband in Zweifel zu ziehen[24].

CGP unabhängig

bb) Unabhängigkeit von Dritten

Da die Koalitionen primär die Ziele ihrer Mitglieder verfolgen müssen und nicht anderer Institutionen, dürfen sie nicht von Dritten, wie z. B. Kirchen oder Parteien, abhängig sein[25]. Laut Satzung ist die CGP weltanschaulich sowie parteipolitisch unabhängig. Die erforderliche Unabhängigkeit von Dritten ist gewahrt.

Unabhängigkeit von Parteien und Kirchen

cc) Überbetriebliche Organisation

Hinsichtlich der überbetrieblichen Organisation ist umstritten, ob es sich dabei um ein für eine Gewerkschaft konstitutives Merkmal oder lediglich um eine Indiztatsache für deren Unabhängigkeit handelt[26]. Das Merkmal soll sicherstellen, dass eine Arbeitnehmervereinigung ihren Wirkungskreis nicht auf den Bereich einer Unternehmensgruppe oder einen Konzern begrenzt. Andernfalls bestünde die Gefahr, dass der Mitgliederbestand der Arbeitnehmervereinigung von den Personalentscheidungen eines Arbeitgebers abhängig ist. Insoweit ist die überbetriebliche Organisation ein notwendiges Element der Unabhängigkeit der Arbeitnehmervereinigung[27].

Überbetrieblichkeit

Der Wirkungskreis der CGP beschränkt sich aber nicht auf ein bestimmtes Unternehmen oder einen bestimmten

CGP überbetrieblich organisiert

---

[24] Siehe dazu: BAG vom 14.12.2004, AP Nr. 1 zu § 2 TVG Tariffähigkeit = NZA 2005, 697, 701; LAG Hessen vom 08.08.2003, ArbuR 2004, 478.

[25] Däubler/Peter, TVG, § 2 Rn. 36; Hromadka/Maschmann, ArbR 2, § 12 Rn. 22.

[26] Vgl. dazu Däubler/Peter, TVG, § 2 Rn. 51 f.; ErfK/Dieterich, Art. 9 GG Rn. 25; Preis, KollArbR, S. 28.

[27] Hümmerich/Holthausen, NZA 2006, 1070, 1071; Schaub, ArbR-Hdb, § 187 Rn. 15.

Konzern, sondern erfasst sämtliche Personaldienstleister im gesamten Bundesgebiet. CGP ist demnach überbetrieblich organisiert.

d) Zwischenergebnis

CGP ist eine Arbeitnehmerkoalition i. S. v. Art. 9 Abs. 3 GG.

2. Besondere Voraussetzungen für Tariffähigkeit

Als Arbeitnehmerkoalition wäre CGP aber nach herrschender Meinung und ständiger Rechtsprechung erst dann eine Gewerkschaft, wenn sie weitere tarifrechtliche Anforderungen erfüllt. Nur die tariffähige Koalition ist Gewerkschaft[28]. Um tariffähig zu sein, soll eine Koalition demokratisch organisiert und tarifwillig sein, das geltende staatliche Tarif-, Schlichtungs- und Arbeitskampfrecht anerkennen sowie hinreichend sozial mächtig und leistungsfähig sein.

a) Verfassungsrechtlicher Rahmen und Herleitung

Diese von der herrschenden Meinung und Rechtsprechung gestellten zusätzlichen Anforderungen für die Tariffähigkeit einer Arbeitnehmerkoalition könnten eine Beschränkung der kollektiven Betätigungsgarantie aus Art. 9 Abs. 3 GG und daher mit dem Grundrecht auf Koalitionsfreiheit unvereinbar sein.

aa) Beeinträchtigung der kollektiven Betätigungsgarantie

Der als Doppelgrundrecht ausgestaltete Art. 9 Abs. 3 GG schützt neben der Freiheit des Einzelnen zur koalitionsspezifischen Tätigkeit auch die Freiheit der Koalitionen an sich, also ihren Bestand, ihre organisatorische Ausgestaltung und ihre koalitionsspezifische Betätigung[29]. Persönlich umfasst der Schutzbereich nicht nur tariffähige Koalitionen, sondern auch Vereinigungen, die die Tariffähigkeit erst anstreben[30]. Zur geschützten koalitionsspezifischen Betätigung gehören u. a. der Abschluss von Tarifverträgen sowie eine effektive Mitgliederwerbung[31]. Da § 2 TVG grundsätzlich nur den tariffähigen Koalitionen die Befugnis zum Abschluss wirk-

---

[28] Hromadka/Maschmann, ArbR 2, § 12 Rn. 6.

[29] ErfK/Dieterich, Art. 9 GG Rn. 39; Preis, KollArbR, S. 32, 37 f.

[30] BAG vom 17.02.1998, AP Nr. 87 zu Art. 9 GG = NZA 1998, 754, 755; BAG vom 28.03.2006, AP Nr. 4 zu § 2 TVG Tariffähigkeit = NZA 2006, 1112, 1116; Hromadka/Maschmann, ArbR 2, § 12 Rn. 7, 42.

[31] Zu letzterem: BVerfG vom 14.11.1995, AP Nr. 80 zu Art. 9 GG = NZA 1996, 381, 382.

samer Tarifverträge zugesteht, entfällt diese Form der koalitionsspezifischen Betätigung für nichttariffähige Koalitionen. Zudem wird ihnen eine effektive Mitgliederwerbung jedenfalls faktisch erheblich erschwert, weil sie nicht mit bereits geschlossenen oder demnächst zu schließenden Tarifverträgen, sondern allenfalls mit der Chance werben können, dass sie möglicherweise in Zukunft tariffähig werden[32]. Darin liegt eine Beeinträchtigung der kollektiven Betätigungsgarantie[33].

bb) Rechtfertigung der Beeinträchtigung im Interesse einer funktionstüchtigen Tarifautonomie

Diese Beschränkung der Koalitionsfreiheit bedarf einer Rechtfertigung, welche sich daraus ergeben könnte, dass ein Funktionieren der Tarifautonomie sichergestellt werden soll. Das vorbehaltlos gewährte Grundrecht der Koalitionsfreiheit besteht nicht schrankenlos. Wie alle vorbehaltlos gewährten Grundrechte kann es durch die Grundrechte Dritter und durch andere Verfassungsrechtsgüter begrenzt werden, wobei zwischen den widerstreitenden Grundrechtspositionen praktische Konkordanz herzustellen ist[34]. Darüber hinaus bedarf die Koalitionsfreiheit der Ausgestaltung durch die Rechtsordnung, soweit das Verhältnis der Tarifvertragsparteien zueinander berührt wird, die beide den Schutz von Art. 9 Abs. 3 GG genießen[35]. Eine solche Ausgestaltung stellt das TVG dar[36]. Durch das TVG ist der Gesetzgeber seinem verfassungsmäßigen Auftrag, ein Tarifvertragssystem zur Verfügung zu stellen, nachgekommen. Allerdings ist es nicht Sinn der Koalitionsfreiheit, dass der Gesetzgeber schlechthin jede Koalition zum Abschluss von Tarifverträgen zulässt. Vielmehr steht Tarifautonomie von Verfassungs wegen nur solchen Koalitionen zu, die in der Lage sind, den von der staatlichen Rechtsordnung frei gelassenen Raum des Arbeitslebens durch Tarifverträge sinnvoll zu ge-

Rechtfertigung der Grundrechtsbeschränkung durch Sicherung einer funktionierenden Tarifautonomie

---

[32] BVerfG vom 14.11.1995, AP Nr. 80 zu Art. 9 GG = NZA 1996, 381, 382; BAG vom 28.03.2006, AP Nr. 4 zu § 2 TVG Tariffähigkeit = NZA 2006, 1112, 1116.

[33] BAG vom 28.03.2006, AP Nr. 4 zu § 2 TVG Tariffähigkeit = NZA 2006, 1112, 1116.

[34] BVerfG vom 26.06.1991, AP Nr. 117 zu Art. 9 GG Arbeitskampf = NZA 1991, 809, 811; BVerfG vom 24.04.1996, AP Nr. 2 zu § 57a HRG = NZA 1996, 1157 ff.; Hromadka/Maschmann, ArbR 2, § 12 Rn. 44.

[35] BVerfG vom 26.06.1991, AP Nr. 117 zu Art. 9 GG Arbeitskampf = NZA 1991, 809, 811; Gamillscheg, Kollektives Arbeitsrecht I, S. 143 f.

[36] Hromadka/Maschmann, ArbR 2, § 12 Rn. 45; Preis, KollArbR, S. 44.

stalten[37]. Diese Beschränkung ergibt sich aus der Funktion
der Tarifautonomie, die darin besteht, die strukturelle Unter-
legenheit der einzelnen Arbeitnehmer beim Abschluss von
Tarifverträgen durch kollektives Handeln auszugleichen und
damit ein annähernd gleichgewichtiges Aushandeln der Löhne und Arbeitsbedingungen zu ermöglichen[38]. Die erhöhten
Anforderungen an die Tariffähigkeit von Koalitionen sind
daher im Interesse einer funktionierenden Tarifautonomie
gerechtfertigt[39].

b) Die Voraussetzungen im Einzelnen

aa) Demokratische Organisation

Notwendigkeit einer
demokratischen
Organisation

Die CGP müsste zunächst demokratisch organisiert sein. Die
Mitglieder müssen die Möglichkeit haben, unmittelbar oder
mittelbar an der Willensbildung der Koalition mitzuwir-
ken[40]. Das Kriterium der innerdemokratischen Willensbildung soll die Funktionsfähigkeit einer freiheitlich struktu-
rierten Tarifautonomie gewährleisten. Das Recht des einzelnen Mitglieds auf Mitwirkung bei der Meinungs- und
Willensbildung soll gesichert und damit die notwendige
Repräsentativität garantiert werden[41]. Begründet wird das
Erfordernis der demokratischen Organisation insbesondere
durch die besondere Wirkung von Tarifverträgen. Gemäß § 4
Abs. 1 TVG haben Tarifverträge unmittelbare und zwingende Wirkung gegenüber den Tarifunterworfenen. Diese besondere normative Wirkung von Tarifverträgen bedarf einer
besonderen Legitimation der Tarifvertragsparteien innerhalb
der ihnen vom Gesetzgeber übertragenen Rechtssetzungs-
macht[42]. Diese Legitimation ergibt sich zum einen daraus,
dass sich die Mitglieder durch Erwerb der Mitgliedschaft
bei dem tarifschließenden Verband der Verbandsautonomie

---

[37] BAG vom 28.03.2006, AP Nr. 4 zu § 2 TVG Tariffähigkeit = NZA
2006, 1112, 1116. Siehe dazu auch: Boemke, FS 50 Jahre Bundesarbeitsgericht, S. 613, 627; Däubler/Peter, TVG, § 2 Rn. 4.

[38] BVerfG vom 26.06.1991, AP Nr. 117 zu Art. 9 GG Arbeitskampf =
NZA 1991, 809, 811; BAG vom 28.03.2006, AP Nr. 4 zu § 2 TVG
Tariffähigkeit = NZA 2006, 1112, 1116. Siehe dazu auch: Boemke, FS
50 Jahre Bundesarbeitsgericht, S. 613, 627.

[39] BAG vom 28.03.2006, AP Nr. 4 zu § 2 TVG Tariffähigkeit = NZA
2006, 1112, 1116.

[40] Henssler, Tariffähigkeit von Gewerkschaften, S. 17; Hromadka/
Maschmann, ArbR 2, § 12 Rn. 23.

[41] Hümmerich/Holthausen, NZA 2006, 1070, 1071; vgl. Däubler/Peter,
TVG, § 2 Rn. 8; Gamillscheg, Kollektives Arbeitsrecht I, S. 401.

[42] Boemke, FS 50 Jahre Bundesarbeitsgericht, S. 613, 627; Preis,
KollArbR, S. 29.

unterwerfen[43]. Zudem muss gesichert sein, dass die Mitglieder an der zur Zwangswirkung führenden Willensbildung gleichberechtigt und effektiv teilnehmen können[44]. Das BAG stellt geringe Anforderungen an die demokratische Binnenstruktur. Sofern die Statuten einer Arbeitnehmervereinigung grundsätzlich die Gleichheit der Mitglieder und deren Teilnahme am innerverbandlichen Willensbildungsprozess vorsehen, besteht nach seiner Ansicht kein Grund, die Tariffähigkeit der Arbeitnehmervereinigung wegen etwaiger Defizite in der demokratischen Binnenstruktur in Frage zu stellen.

Laut Sachverhalt ist CGP ein eingetragener Verein und damit demokratisch organisiert. Darüber hinaus haben die Mitglieder die Möglichkeit, über Streiks direkt per Urabstimmung abzustimmen.

Urabstimmung als Beispiel für demokratische Struktur

bb) Tarifwilligkeit

Überdies müsste CGP tarifwillig sein. Erforderlich dafür ist eine Satzungsbestimmung, wonach der Abschluss von Tarifverträgen zu den Aufgaben des Verbandes zählt[45]. Begründet wird dieses Erfordernis zum einen damit, dass es Sache der autonomen Entscheidung einer Vereinigung ist, ob sie den Abschluss von Tarifverträgen zu ihrem Aufgabenkreis zählt[46]. Zum anderen dient sie der Rechtssicherheit von neu beitretenden Mitgliedern, die sich vergewissern können, ob sie sich mit dem Beitritt der Tarifnormsetzung ausliefern[47].

Notwendigkeit der Tarifwilligkeit

CGP hat es sich laut ihrer Satzung insbesondere zur Aufgabe gesetzt, Tarifverhandlungen zu führen und Tarifverträge abzuschließen. Sie ist daher tarifwillig.

Tarifwilligkeit der CGP

cc) Anerkennung des geltenden Tarif-, Schlichtungs-   und Arbeitskampfrechts

Grundlage für eine funktionierende Tarifautonomie ist, dass die daran beteiligten Tarifvertragspartner das geltende Tarif-, Schlichtungs- und Arbeitskampfrecht anerkennen. An

Notwendigkeit der Anerkennung des Tarifrechts

---

[43] Boemke, FS 50 Jahre Bundesarbeitsgericht, S. 613, 627; Gamillscheg, Kollektives Arbeitsrecht I, S. 559.

[44] Däubler/Däubler, TVG, Einl. Rn. 92; Löwisch/Rieble, TVG, § 2 Rn. 30.

[45] Hromadka/Maschmann, ArbR 2, § 12 Rn. 28; Löwisch/Rieble, TVG, § 2 Rn. 57.

[46] Hromadka/Maschmann, ArbR 2, § 12 Rn. 28; Löwisch/Rieble, TVG, § 2 Rn. 57.

[47] Hromadka/Maschmann, ArbR 2, § 12 Rn. 28; Hümmerich/Holthausen, NZA 2006, 1070, 1071; Löwisch/Rieble, TVG, § 2 Rn. 57.

dem aus Tarifvertrag, Schlichtung und Arbeitskampf gebildeten Konfliktlösungs- und Steuerungssystem soll sich nur beteiligen können, wer die Spielregeln einhält[48].

CGP erkennt Tarifrecht an

CGP erkennt in ihrer Satzung das geltende Tarifrecht an und verfolgt ihr Ziel des Abschlusses von Tarifverhandlungen nur mit den zulässigen Mitteln des Arbeitskampfes. Sie unterwirft sich zudem der geltenden Rechtsordnung.

dd) Soziale Mächtigkeit und organisatorische Leistungsfähigkeit

Notwendigkeit sozialer Mächtigkeit

Schließlich müsste die CGP hinreichend sozial mächtig und leistungsfähig sein.

(1) Soziale Mächtigkeit

(1.1) Herleitung und Definition

Soziale Mächtigkeit zum Schutz der Tarifunterworfenen

Nach ständiger Rechtsprechung des BAG[49] muss eine Arbeitnehmervereinigung soziale Mächtigkeit besitzen, um sicherzustellen, dass der soziale Gegenspieler Verhandlungsangebote nicht übergehen kann. Nur bei einer entsprechenden Durchsetzungskraft gegenüber dem sozialen Gegenspieler kann die Tarifautonomie effektiv gewährleistet werden. Dies gilt insbesondere mit Blick auf die besondere Stellung des Tarifvertrags im Gefüge arbeitsvertraglicher Normen. Ein besonderes Gewicht erlangen Tarifverträge durch die gesetzliche Verankerung von Tariföffnungsklauseln. Beispielsweise gestatten im Bereich der Arbeitnehmerüberlassung § 3 Abs. 1 Nr. 3 S. 2 und 3 sowie § 9 Nr. 2 Hs. 3 und 4 AÜG es den Tarifvertragsparteien, Abweichungen vom Schlechterstellungsverbot (auch equal-pay-Gebot)[50] auch zum Nachteil der Arbeitnehmer zu vereinbaren[51].

Soziale Mächtigkeit als Grundlage der Richtigkeitsgewähr tariflicher Regelungen

Die gesetzliche Konzeption beruht auf der Annahme, dass Tarifverträge ein größeres „Richtigkeitsvertrauen" genießen als der Arbeitsvertrag des Einzelnen. Sie bieten eine

---

[48] Däubler/Peter, TVG, § 2 Rn. 50; Hümmerich/Holthausen, NZA 2006, 1070, 1071.

[49] BAG vom 25.11.1986, AP Nr. 36 zu § 2 TVG = NZA 1987, 492, 493; BAG vom 06.06.2000, AP Nr. 55 zu § 2 TVG = NZA 2001, 160, 162; BAG vom 14.12.2004, AP Nr. 1 zu § 2 TVG Tariffähigkeit = NZA 2005, 697, 701; BAG vom 28.03.2006, AP Nr. 4 zu § 2 TVG Tariffähigkeit = NZA 2006, 1112, 1115.

[50] Siehe dazu: Boemke/Lembke, AÜG, § 9 Rn. 14, 40 ff.; AnwK-ArbR/Ulrici, § 3 AÜG Rn. 24 ff.

[51] Boemke/Lembke, AÜG, § 9 Rn. 109; AnwK-ArbR/Ulrici, § 3 AÜG Rn. 40 ff.

materielle Richtigkeitsgewähr[52]. Dies kann aber nur insofern gelten, als die tarifvertraglichen Regelungen einem Verhandlungsgleichgewicht der Tarifvertragsparteien entspringen. Nur dann kann gewährleistet werden, dass die vereinbarten tariflichen Regelungen den Interessen beider Seiten gerecht werden und keiner Seite ein unzumutbares Übergewicht vermittelt werden kann. Die vermutete Richtigkeitsgewähr von Tarifverträgen erfordert damit vor allem auf Seiten der Arbeitnehmervereinigungen, die Anerkennung der Tariffähigkeit von einer gewissen Durchsetzungskraft und Mächtigkeit abhängig zu machen[53].

Grundsätzlich ist die soziale Mächtigkeit einer Arbeitnehmervereinigung nur dann anzunehmen, wenn sie so viel Druck ausüben kann, dass sich die Arbeitgeberseite veranlasst sieht, sich auf Verhandlungen über eine tarifliche Regelung von Arbeitsbedingungen einzulassen. Die Arbeitnehmervereinigung muss von ihrem sozialen Gegenspieler ernst genommen werden, so dass die Arbeitsbedingungen nicht einseitig von der Arbeitgeberseite festgelegt, sondern tatsächlich ausgehandelt werden[54]. Ob eine Arbeitnehmervereinigung eine solche Durchsetzungsfähigkeit besitzt, muss auf Grund aller Umstände im Einzelfall festgestellt werden. Allerdings dürfen mit Blick auf eine unverhältnismäßige Einschränkung oder Aushöhlung der Koalitionsfreiheit gemäß Art. 9 Abs. 3 GG keine zu hohen Anforderungen gestellt werden. Durchsetzungsfähigkeit gegenüber dem sozialen Gegenspieler zur Teilnahme an einer sinnvollen Ordnung des Arbeitslebens kann daher nicht bedeuten, dass die Arbeitnehmerkoalition die Chance des vollständigen Siegens haben muss. Es muss nur erwartet werden können, dass sie vom Gegner überhaupt ernst genommen wird, so dass die Regelung der Arbeitsbedingungen nicht dem Diktat einer Seite entspringt[55].

Anforderungen an die soziale Mächtigkeit

---

[52] BAG vom 24.03.2004, AP Nr. 59 zu § 138 BGB = NZA 2004, 971, 973; BAG vom 28.03.2006, AP Nr. 4 zu § 2 TVG Tariffähigkeit = NZA 2006, 1112, 1116; Gamillscheg, Kollektives Arbeitsrecht I, S. 285.

[53] BAG vom 28.03.2006, AP Nr. 4 zu § 2 TVG Tariffähigkeit = NZA 2006, 1112, 1116.

[54] BAG vom 28.03.2006, AP Nr. 4 zu § 2 TVG Tariffähigkeit = NZA 2006, 1112, 1116; Däubler/Peter, TVG, § 2 Rn. 10.

[55] BAG vom 14.12.2004, AP Nr. 1 zu § 2 TVG Tariffähigkeit = NZA 2005, 697, 701; BAG vom 28.03.2006, AP Nr. 4 zu § 2 TVG Tariffähigkeit = NZA 2006, 1112, 1115.

(1.2) Indizien für eine soziale Mächtigkeit

Feststellung der sozialen
Mächtigkeit durch Indizien;
Organisationsgrad

Ein Indiz für die Beurteilung der sozialen Mächtigkeit einer Arbeitnehmerkoalition ist deren Mitgliederzahl. Die Organisationsstärke ist dabei im Verhältnis zu dem von der Arbeitnehmerkoalition selbst gewählten räumlichen und fachlichen Organisationsbereich zu bewerten[56]. Das BAG geht insofern von einer unteilbaren Tariffähigkeit aus. Eine partielle, auf bestimmte Regionen, Berufskreise oder Branchen beschränkte Tariffähigkeit gibt es nicht[57]. Die Arbeitnehmervereinigung muss die entsprechende soziale Mächtigkeit in einem zumindest nicht unerheblichen Teil des beanspruchten Zuständigkeitsbereichs besitzen[58]. Von den ca. 750.000 bundesweit bei Personaldienstleistern beschäftigten Mitarbeitern sind laut Sachverhalt ca. 10.000 Mitglied in der CGP. Dies ergibt einen Organisationsgrad von ca. 1,3%. Angesichts dieses sehr geringen Organisationsgrades könnte die soziale Mächtigkeit der CGP zweifelhaft sein. Zwar billigt das BAG[59] auch Gewerkschaften mit einer nur kleinen Zahl von Mitgliedern u. U. eine soziale Mächtigkeit zu. Es fordert dazu aber, dass es sich bei den organisierten Arbeitnehmern um Spezialisten in Schlüsselstellungen handelt, die von der Arbeitgeberseite im Falle eines Arbeitskampfes kurzfristig überhaupt nicht oder nur schwer ersetzt werden können[60]. Nur dann sei es auch Arbeitnehmervereinigungen mit einer geringen Mitgliederzahl möglich, empfindlichen Druck auf den Arbeitgeber auszuüben[61]. Mangels entsprechender Angaben im Sachverhalt erfüllt die CGP diese Anforderungen nicht.

---

[56] BAG vom 14.12.2004, AP Nr. 1 zu § 2 TVG Tariffähigkeit = NZA 2005, 697, 701; BAG vom 28.03.2006, Nr. 4 zu § 2 TVG Tariffähigkeit = NZA 2006, 1112, 1121.

[57] BAG vom 28.03.2006, Nr. 4 zu § 2 TVG Tariffähigkeit = NZA 2006, 1112, 1118. – A. A. zugunsten einer relativen Tariffähigkeit Löwisch/Rieble, TVG, § 2 Rn. 37 ff.

[58] BAG vom 28.03.2006, Nr. 4 zu § 2 TVG Tariffähigkeit = NZA 2006, 1112, 1118.

[59] BAG vom 06.06.2000, AP Nr. 55 zu § 2 TVG = NZA 2001, 160, 162; BAG vom 14.12.2004, AP Nr. 1 zu § 2 TVG Tariffähigkeit = NZA 2005, 697, 701.

[60] BAG vom 06.06.2000, AP Nr. 55 zu § 2 TVG = NZA 2001, 160, 162; BAG vom 14.12.2004, AP Nr. 1 zu § 2 TVG Tariffähigkeit = NZA 2005, 697, 701; BAG vom 28.03.2006, NZA 2006, 1112, 1119; vgl. Gamillscheg, Kollektives Arbeitsrecht I, S. 431.

[61] BAG vom 14.12.2004, AP Nr. 1 zu § 2 TVG Tariffähigkeit = NZA 2005, 697, 701.

Allerdings könnte die soziale Mächtigkeit trotz des geringen Organisationsgrads unter Beachtung der für die Zeitarbeit geltenden rechtlichen Rahmenbedingungen zu bejahen sein. Mit der Anordnung des „equal pay" und „equal treatment" in § 3 Abs. 1 Nr. 3 S. 2 und 3 sowie § 9 Nr. 2 Hs. 3 und 4 AÜG hat der Gesetzgeber Mindestarbeitsbedingungen ab dem ersten Tag der Überlassung geschaffen, von denen nur durch Tarifvertrag oder auf Grund eines Tarifvertrags abgewichen werden darf. Damit hat der Gesetzgeber einen faktischen Tarifzwang für die Zeitarbeitsbranche geschaffen[62]. Es liegt damit im ureigensten Interesse der Personaldienstleistungsunternehmen, auf die Arbeitnehmerseite zuzugehen. Will der Personaldienstleister seinen Leiharbeitnehmern nicht dieselben Arbeitsbedingungen gewähren, wie sie für vergleichbare Stammarbeitnehmer im Kundenbetrieb gelten, muss er den Weg über eine abweichende tarifvertragliche Regelung wählen. Angesichts dessen ist die Arbeitnehmerseite kraft Gesetzes bereits mit einer gewissen Mächtigkeit ausgestattet. Entsprechend den Anforderungen des BAG an die soziale Mächtigkeit ist bereits durch die gesetzliche Regelung sichergestellt, dass die Arbeitgeber Verhandlungsangebote der Gewerkschaften nicht übergehen können[63]. Es liegt in ihrem eigenen Interesse, die Gewerkschaften ernst zu nehmen und in gleichberechtigte Verhandlungen einzutreten. Insofern kompensieren die für die Zeitarbeit geltenden Rahmenbedingungen den geringen Organisationsgrad der CGP[64].

Überdies könnte die Zahl der bereits in der Vergangenheit durch die CGP abgeschlossenen Tarifverträge die soziale Mächtigkeit indizieren. Hat eine Arbeitnehmervereinigung schon in nennenswertem Umfang Tarifverträge abgeschlossen, belegt dies regelmäßig ihre Durchsetzungskraft und Leistungsfähigkeit. Durch den Abschluss von Tarifverträgen in nennenswertem Umfang ist dokumentiert, dass die Arbeitnehmervereinigung vom sozialen Gegenspieler wahrgenommen und zumindest für so gewichtig erachtet wird, dass es „die Mühe lohnt", mit ihr Vereinbarungen über Arbeitsbedingungen abzuschließen.

Berücksichtigung der besonderen Regelungen im Bereich des AÜG

Indizwirkung bisheriger Tarifabschlüsse

---

[62] Ankersen, NZA 2003, 421, 424; Hümmerich/Holthausen/Welslau, NZA 2003, 7, 10;

[63] Boemke, BB Die erste Seite 2004, Nr. 3. – Im Ergebnis ebenso Brors, BB 2006, 101, 102, die allerdings unzutreffende Folgerungen aus dieser Erkenntnis zieht.

[64] Ankersen, NZA 2003, 421, 424.

Relevanz bisheriger
Tarifabschlüsse im Bereich
des AÜG

Die CGP hat mit den in der Vergangenheit abgeschlossenen 50 Anschlusstarifverträgen sowie 100 eigenständigen und 200 Firmentarifverträgen in nennenswertem Umfang Tarifverträge abgeschlossen. Allerdings gibt es Stimmen in der Rechtsprechung[65] und Literatur[66], die für den Bereich der Zeitarbeitsbranche die Indizwirkung der in der Vergangenheit abgeschlossenen Tarifverträge verneinen. Insoweit wird in erster Linie argumentiert, dass der Tarifabschluss in der Praxis dazu genutzt wurde, nicht die Arbeitsbedingungen für die Arbeitnehmer zu verbessern, sondern unter den gesetzlichen Mindeststandard zu senken. Eine besondere Durchsetzungsfähigkeit sei hierfür nicht erforderlich[67]. Dies spricht letztlich aber dafür, dass im Bereich der Personaldienstleistungsbranche auf Grund der gesetzlichen Bestimmungen geringere Anforderungen an die soziale Mächtigkeit zu stellen sind, weil hier auf Grund der gesetzlichen Bestimmungen das Interesse an einem Tarifabschluss primär auf Arbeitgeberseite liegt, die Arbeitnehmervereinigung also kraft Gesetzes in einer Position ist, in der sie vom Arbeitgeber oder Arbeitgeberverband ernst genommen wird. Im Ergebnis ist die CGP somit hinreichend sozial mächtig.

(2) Organisatorische Leistungsfähigkeit

Notwendigkeit
organisatorischer
Leistungsfähigkeit

Schließlich müsste die CGP ausreichend leistungsfähig sein. Leistungsfähigkeit setzt in tatsächlicher Hinsicht eine ausreichende Finanzkraft und eine hinreichende Personal- und Sachmittelausstattung voraus[68]. Die hinreichende organisatorische Leistungsfähigkeit garantiert eine funktionierende Tarifautonomie. Die Gewerkschaft muss von ihrem organisatorischen Aufbau her in der Lage sein, die ihr gestellten Aufgaben zu erfüllen[69]. Zum einen erfordert der Abschluss von Tarifverträgen Vorbereitungen. So sind die wirtschaftlichen Entwicklungen und sonstigen Rahmenbedingungen zu beobachten und zu prognostizieren, um daraus Tarifforderungen zu entwickeln. Zum anderen muss auch die tatsächliche Durchführung eines Tarifvertrags überwacht und abgesichert werden. Das Verhandlungsergebnis muss verbandsintern vermittelt und durchgesetzt

---

[65] ArbG Osnabrück vom 15.01.2007, ArbuR 2007, 182.
[66] Böhm, DB 2003, 2598; Brors, BB 2006, 101, 102.
[67] Brors, BB 2006, 101, 102.
[68] Däubler/Peter, TVG, § 2 Rn. 15; Löwisch/Rieble, TVG, § 2 Rn. 54.
[69] BAG vom 14.12.2004, AP Nr. 1 zu § 2 TVG Tariffähigkeit = NZA 2005, 697, 702; BAG vom 28.03.2006, AP Nr. 4 zu § 2 TVG = NZA 2006, 1112, 1117.

werden[70]. Dies erfordert eine gewisse organisatorische Leistungsfähigkeit. Meist wird eine leistungsfähige Organisation einen hauptamtlichen Mitarbeiterapparat erfordern. Unabdingbare Voraussetzung ist die Beschäftigung hauptamtlicher Mitarbeiter aber nicht. Es ist nicht von vornherein ausgeschlossen, eine leistungsfähige Organisation auf der Grundlage ehrenamtlicher Mitarbeit aufzubauen[71].

Eine nennenswerte Anzahl bereits abgeschlossener Tarifverträge indiziert regelmäßig auch die organisatorische Fähigkeit zu deren Vorbereitung und Abschluss. Dies gilt zwar nicht uneingeschränkt für die Fähigkeit, die tatsächliche Durchführung eines Tarifvertrags zu überwachen und abzusichern. Allerdings sind keine zu hohen Anforderungen zu stellen. Die organisatorische Leistungsfähigkeit entfällt nicht schon dann, wenn eine Arbeitnehmervereinigung personell nicht in der Lage ist, die tatsächliche Einhaltung der von ihr geschlossenen Tarifverträge jederzeit und überall vor Ort effektiv zu überwachen. Vielmehr genügt es, wenn diese Möglichkeit im Bedarfsfall gewährleistet wird[72]. *(Randnotiz: Indizwirkung bisheriger Tarifabschlüsse)*

Die CGP hat 43 reguläre Mitarbeiter, darunter 14 hauptamtliche Gewerkschaftssekretäre. Überdies kann sie auf 498 ehrenamtliche Gewerkschaftmitglieder zurückgreifen. Dieser Mitarbeiterstab ist ausreichend, um auf den Abschluss von Tarifverträgen hinzuwirken und ihre Durchsetzung zu überwachen. Überdies entfaltet der Abschluss der Vielzahl von Tarifverträgen in der Vergangenheit die Vermutung einer ausreichenden organisatorischen Leistungsfähigkeit. *(Randnotiz: Indizwirkung ehrenamtlicher Mitarbeiter)*

ee) Zwischenergebnis

CGP erfüllt alle Voraussetzungen einer tariffähigen Arbeitnehmerkoalition, insbesondere ist CGP sozial mächtig und organisatorisch leistungsfähig. *(Randnotiz: CGP sozial mächtig)*

3. Ergebnis

CGP ist eine tariffähige Gewerkschaft, so dass der Antrag von ver.di als unbegründet abzuweisen ist. *(Randnotiz: Antrag der ver.di ist unbegründet)*

---

[70] BAG vom 28.03.2006, AP Nr. 4 zu § 2 TVG = NZA 2006, 1112, 1117; Gamillscheg, Kollektives Arbeitsrecht I, S. 432.
[71] BAG vom 14.12.2004, AP Nr. 1 zu § 2 TVG Tariffähigkeit = NZA 2005, 697, 703; BAG vom 28.03.2006, AP Nr 4 zu § 2 TVG = NZA 2006, 1112, 1117.
[72] BAG vom 28.03.2006, AP Nr. 4 zu § 2 TVG = NZA 2006, 1112, 1120.

B. Umfang des Urlaubsanspruchs

Anspruchsvoraussetzungen

Ein Anspruch auf sechs Urlaubswochen könnte sich für N aus dem Arbeitsverhältnis i. V. m. dem zwischen der CGP und der INZ vereinbarten Tarifvertrag ergeben.

I. Tarifgeltung

Beiderseitige
Tarifgebundenheit

Die Anwendbarkeit der tariflichen Regelungen auf das zwischen N und G bestehende Arbeitsverhältnis könnte sich hier aus § 4 Abs. 1 S. 1 TVG ergeben. Danach gelten die Rechtsnormen eines Tarifvertrags betreffend Arbeitsverhältnisse unmittelbar und zwingend zwischen den beiderseits Tarifgebundenen. Tarifbindung besteht gemäß § 3 Abs. 1 TVG für die Mitglieder der Tarifvertragsparteien.

Tarifbindung von N und A

N gehört der tarifschließenden Gewerkschaft CGP, G dem tarifschließenden Arbeitgeberverband INZ an. Als Mitglieder der Tarifparteien sind beide somit an den Tarifvertrag gebunden. Auf Grund des Tarifvertrags besteht daher nach § 4 Abs. 1 S. 1 TVG für N grundsätzlich ein Anspruch auf sechs Wochen Urlaub im Jahr.

II. Abweichende vertragliche Regelung

Abweichungen vom
Tarifvertrag bei Tarifbindung

Für N würde jedoch nur ein Anspruch auf fünf Urlaubswochen bestehen, wenn die entsprechende Regelung im Arbeitsvertrag der Tarifregelung vorgehen würde.

1. Zulässigkeit einer Abweichung vom Tarifvertrag

Grundsatz: Zwingende
Wirkung des Tarifvertrags

Tarifnormen wirken nach § 4 Abs. 1 S. 1 TVG grundsätzlich zwingend. Dies bedeutet, dass arbeitsvertragliche Vereinbarungen, die von den tariflich vorgegebenen Arbeitsbedingungen abweichen, unwirksam sind oder zumindest für die Laufzeit des Tarifvertrags von den tariflichen Bestimmungen verdrängt werden[73].

Ausnahmen: Öffnungs-
klausel und Günstigkeits-
prinzip

Allerdings gestattet § 4 Abs. 3 TVG abweichende Vereinbarungen zwischen Arbeitgeber und Arbeitnehmer[74]

[73] BAG vom 21.09.1989, AP Nr. 43 zu § 77 BetrVG 1972 = NZA 1990, 351, 354; ErfK/Franzen, § 4 TVG Rn. 2; Fuchs/Reichold, Tarifvertragsrecht, Rn. 216; Preis, KollArbR, S. 118; Rolfs, StudKomm-ArbR, § 4 TVG Rn. 5; Wiedemann/Wank, § 4 Rn. 369.

[74] Zur Abweichung vom Tarifvertrag durch die Betriebsparteien vgl. BAG vom 20.04.1999, AP Nr 89 zu Art 9 GG = JuS 2000, 306 f. mit Anm. Boemke; v. Hoyningen-Huene/Meier-Krenz, ZfA 1988, 293, 301 ff.; GK-BetrVG/Kreutz, § 77 Rn. 94 ff., 145 ff.; Möschel, BB 2002, 1314 f.; Raab, ZfA 2004, 371, 375 f.; Waltermann, ZfA 2005, 505 ff.

dann, wenn die Tarifvertragsparteien im Tarifvertrag eine solche Individualabrede gestattet haben (= Öffnungsklausel) oder aber abweichende Regelungen zugunsten des Arbeitnehmers vereinbart werden. Der Tarifvertrag von CGP und INZ enthält keine Öffnungsklausel. In Betracht zu ziehen ist aber, dass die einzelvertragliche Regelung für N im Vergleich zum Tarifvertrag günstiger ist, weil ihm diese Absprache zwar eine Woche weniger Urlaub, dafür aber ein Urlaubsgeld in Höhe von 500 € gewährt.

2. Günstigkeitsprinzip (§ 4 Abs. 3 Alt. 2 TVG)

a) Vergleichsgegenstand

Im Rahmen des vorzunehmenden Günstigkeitsvergleichs ist zunächst festzustellen, was miteinander daraufhin verglichen werden soll, ob es für den Arbeitnehmer günstiger ist.

Gegenstands des Günstigkeitsvergleichs

aa) Einzelvergleich

In Betracht kommt zunächst ein isolierter Vergleich der einzelnen Komponenten, d. h. zwischen erstens der Urlaubsdauer im Arbeitsvertrag (5 Wochen) gegenüber der im Tarifvertrag (6 Wochen) sowie zweitens dem vom Arbeitsvertrag gewährten Urlaubsgeld gegenüber keinem Urlaubsgeld nach Tarifvertrag. Das Ergebnis eines solchen Einzelvergleichs wäre eindeutig. Hinsichtlich der Urlaubsdauer bliebe es für N beim tarifvertraglichen Anspruch auf 6 Wochen. Außerdem würde ihm das Urlaubsgeld auf Grund der Verpflichtung aus dem Arbeitsvertrag gewährt. Bei einem solchen Ansatz würden aber einheitliche Regelungen, die sachlich zusammengehören, auseinander gerissen. Im konkreten Fall gewährt der Arbeitgeber das Urlaubsgeld nur deswegen, weil der Arbeitnehmer seinerseits auf eine Woche Tarifurlaub „verzichtet". Die Unwirksamkeit der Regelung über die Urlaubshöhe müsste nach dem Rechtsgedanken aus § 139 BGB auch zur Unwirksamkeit der Regelung über das Urlaubsgeld führen. Ein isolierter Vergleich der einzelnen Regelungsgegenstände in Form eines „Rosinenpickens" kommt daher aus Rechtsgründen nicht in Betracht[75].

Kein „Rosinenpicken"

bb) Gesamtvergleich

Ist ein Einzelvergleich nicht möglich, bietet es sich scheinbar an, die beiden kompletten Regelungswerke Arbeits- und Tarifvertrag vollumfänglich miteinander zu vergleichen. Ein

Keine „Apfel mit Birnen"

---

[75] Brox/Rüthers/Henssler, ArbR, Rn. 686; ErfK/Franzen, § 4 TVG Rn. 36; Löwisch/Rieble, TVG, § 4 Rn. 301; Raab, ZfA 2004, 371, 384.

solcher Gesamtvergleich ist aber schon auf Grund der umfassenden und völlig unterschiedlichen Regelungsgegenstände nicht praktikabel („Äpfel mit Birnen")[76]. Zudem führt ein Gesamtvergleich dazu, dass entweder nur noch der Tarif- oder der Arbeitsvertrag Geltung beanspruchen könnte. Dies trägt der Schutzfunktion des Tarifvertrags nicht angemessen Rechnung[77], die einzelne Abweichungen vom Tarifvertrag zugunsten des Arbeitnehmers gerade zulässt. Ein Gesamtvergleich ist deshalb ebenfalls abzulehnen[78].

cc) Sachgruppenvergleich

Gleiche sachliche
Regelunsgegenstände

Der Günstigkeitsvergleich beschränkt sich daher nach zutreffender herrschender Meinung und ständiger Rechtsprechung auf Sachgruppen, deren Regelungen im Tarifvertrag und der abweichenden Abmachung denselben Gegenstand betreffen[79]. Dies ist der Fall, wenn die Regelungen in einem inneren sachlichen Zusammenhang stehen[80]. Ob vergleichbare Regelungsgegenstände betroffen sind, beurteilt sich anhand eines objektiven Maßstabs nach der Verkehrsanschauung[81]. Die Urlaubsdauer und die Höhe des Urlaubsgeldes betreffen bereits begrifflich den Urlaub als den ihnen gemeinsamen Regelungsgegenstand. Ein innerer Sachzusammenhang zwischen beiden ist gegeben, so dass die Bestimmungen einem weiteren Vergleich zugänglich sind[82].

---

[76] Vgl. BAG vom 20.04.1999, AP Nr. 89 zu Art. 9 GG = NZA 1999, 887, 893; Däubler/Deinert, TVG, § 4 Rn. 654; Junker, ArbR, § 8 Rn. 528; Preis, KollArbR, S. 121.

[77] Däubler/Deinert, TVG, § 4 Rn. 654; Fuchs/Reichold, Tarifvertragsrecht, Rn. 222.

[78] ErfK/Franzen, § 4 TVG Rn. 36; Raab, ZfA 2004, 371, 384 f.; Wiedemann/Wank, § 4 Rn. 470.

[79] BAG vom 20.04.1999, AP Nr. 89 zu Art. 9 GG = NZA 1999, 887, 893; BAG vom 23.05.1984, AP Nr. 9 zu § 339 BGB = NZA 1984, 255, 256; ErfK/Franzen, § 4 TVG Rn 38; Gamillscheg, Kollektives Arbeitsrecht I, S. 583.

[80] ErfK/Franzen, § 4 TVG Rn. 38; Hromadka/Maschmann, ArbR 2, § 13 Rn. 290; Schaub, ArbR-Hdb, § 204 Rn. 40.

[81] LAG München vom 04.05.1990, DB 1990, 2273; LAG Baden-Württemberg, DB 1989, 2028 f. mit Anm. Buchner; ErfK/Franzen, § 4 TVG Rn 38; Hromadka/Maschmann, ArbR 2, § 13 Rn. 290; Löwisch/Rieble, TVG, § 4 Rn. 302; Wiedemann/Wank, § 4 Rn. 472. – A. A. Schliemann, NZA 2003, 122, 125, der im Fall sogenannter betrieblicher Bündnisse für Arbeit für eine subjektiv-innere Regelungsverknüpfung plädiert.

[82] ErfK/Franzen, § 4 TVG Rn. 38; Hromadka/Maschmann, ArbR 2, § 13 Rn. 290.

b) Vergleichsmaßstab

Das Ergebnis des Günstigkeitsvergleichs hängt weiterhin davon ab, nach welchem Vergleichsmaßstab beurteilt werden soll, ob also sechs Wochen Urlaub ohne zusätzliches Urlaubsgeld gegenüber nur fünf Wochen Urlaub bei einem Urlaubsgeld von 500 € günstiger sind. Insoweit könnte auf die individuelle Sichtweise des konkret betroffenen Arbeitnehmers (N) abgestellt werden oder aber eine objektivierte Betrachtung erfolgen.

Objektiver oder subjektiver Vergleichsmaßstab

aa) Subjektiver Maßstab

Der Gedanke der Privatautonomie legt zunächst nahe, auf den Willen des konkret betroffenen Arbeitnehmers abzustellen. Der Arbeitnehmer soll geschützt werden und kann daher am besten beurteilen, ob eine vertragliche Regelung für ihn günstiger ist oder nicht[83]. Hierfür soll sich auch die Regelungssystematik von § 4 Abs. 3 TVG anführen lassen, der in Alt. 1 auf den Willen der Tarifvertragsparteien abstelle und dementsprechend in Alt. 2 den Vorrang des Willens der Arbeitsvertragsparteien postuliere[84]. Vor der Gefahr tatsächlich ungünstigerer Abreden könne der Arbeitnehmer nicht geschützt werden, weil diese Gefahr einer jeden privatautonom geschlossenen Vereinbarung innewohne[85]. Da sich N unter Beachtung eines subjektiven Maßstabs bei bestehender Tarifbindung für die abweichende Urlaubsregelung im Arbeitsvertrag entschieden hat, wäre diese Regelung als die für ihn günstigere anzusehen. Er hätte einen Anspruch auf fünf Urlaubswochen bei einem Urlaubsgeld i. H. v. 500 € aus dem Arbeitsvertrag.

Maßgeblichkeit des konkreten Arbeitnehmerwillens?

bb) Objektiver Maßstab

Unter Beachtung eines objektiven Vergleichsmaßstabes ist demgegenüber darauf abzustellen, wie ein verständiger Arbeitnehmer unter Berücksichtigung der Umstände des Einzelfalls die Bestimmung des Arbeitsvertrags im Vergleich zu der des Kollektivvertrags einschätzt[86]. Nach dem Sinn des Günstigkeitsprinzips sei die Heranziehung eines objektiven Maßstabs geboten, weil es bei einer subjektiven Perspektive

Kräfteunterlegenheit ausgleichen

---

[83] Adomeit, NJW 1984, 26, 27; Krauss, DB 2000, 1962, 1963.
[84] Krauss, DB 2000, 1962, 1965.
[85] Krauss, DB 2000, 1962, 1963.
[86] LAG München vom 04.05.1990, DB 1990, 2273; LAG Baden-Württemberg, DB 1989, 2028 f. mit Anm. Buchner; Däubler/Deinert, TVG, § 4 Rn. 689; Hromadka/Maschmann, § 13 Rn. 291; Löwisch/Rieble, TVG, § 4 Rn. 310; Wiedemann/Wank, § 4 Rn. 451.

letztlich zu einem generellen Vorrang des Arbeitsvertrages käme[87]. Dies sei aber nicht mit der durch Art. 9 Abs. 3 GG garantierten Funktion des Tarifvertrags zu vereinbaren[88]. Der Tarifvertrag soll den einzelnen Arbeitnehmer schützen, indem er mittels der Schaffung von Mindestarbeitsbedingungen[89] die strukturelle Kräfteunterlegenheit gegenüber dem Arbeitgeber auszugleichen versucht. Diese Funktion würde unterlaufen, wenn es beim Günstigkeitsvergleich wiederum auf die Beurteilung des konkreten Arbeitnehmers ankäme[90].

Leerlaufen der zwingenden Wirkung

Dieser Auffassung, die den Günstigkeitsvergleich nach objektiven Kriterien vornehmen will, ist zu folgen. Stellt man lediglich auf den subjektiven Willen des Arbeitnehmers ab, dann würde die in § 4 Abs. 1 Satz 1 TVG angeordnete zwingende Wirkung der Tarifnormen leer laufen. Damit würde zugleich § 4 Abs. 4 S. 1 TVG ausgehebelt, der zur Sicherung tarifvertraglich begründeter Rechte die Möglichkeit eines Verzichts nur in die Hände der Tarifvertragsparteien legt[91].

cc) Zwischenergebnis Vergleichsmaßstab

Objektiver Vergleichsmaßstab

Daher ist der Vergleich der Bestimmungen zu Urlaubsdauer und Urlaubsentgelt anhand eines objektiven Vergleichsmaßstabs vorzunehmen.

c) Formelles oder materielles Günstigkeitsverständnis

Formelles oder materielles Günstigkeitsverständnis

Die Beurteilung der Frage, ob für einen verständigen Arbeitnehmer in der Rolle des N die arbeitsvertragliche Urlaubsregelung günstiger wäre, hängt davon ab, ob einem formellen oder materiellen Günstigkeitsverständnis gefolgt wird.

aa) Formelles Günstigkeitsverständnis

Nicht lediglich rechtlich vorteilhaft

Denkbar wäre ein formelles Verständnis der Günstigkeit in dem Sinne, dass die abweichende arbeitsvertragliche Regelung für den Arbeitnehmer eine reine Besserstellung[92] bewirken müsste. Diese ist dann gegeben, wenn die arbeitsvertragliche Urlaubsregelung lediglich rechtlich vorteilhaft, vergleichbar § 107 BGB, wäre. Da N jedoch seinen Rechtsanspruch aus § 4 Abs. 1 S. 1 TVG auf die sechste vom Tarif-

---

[87] Insoweit auch ablehnend Federlein, Jahrbuch des Arbeitsrechts 2004, 81; Niebler/Schmiedl, BB 2001, 1632, 1634.

[88] BAG vom 20.04.1999, AP Nr. 89 zu Art. 9 GG = JuS 2000, 306 f. mit Anm. Boemke; Junker, ArbR, § 8 Rn. 530.

[89] Siehe oben unter B II 2 a, S. 73 ff.

[90] Däubler/Deinert, TVG, § 4 Rn. 686 f.

[91] Preis, KollArbR, S. 120.

[92] Vgl. Wiedemann/Wank, § 4 Rn. 440.

vertrag gewährte Urlaubswoche verlieren würde, wäre die individualvertragliche Bestimmung nicht lediglich rechtlich vorteilhaft. Wegen der geringeren Urlaubsdauer wäre mit dem Arbeitsvertrag zugleich eine Verschlechterung verbunden. Es bliebe beim tarifvertraglichen Anspruch.

bb) Materielles Günstigkeitsverständnis

Ein materielles Günstigkeitsverständnis könnte dazu führen, dass die vertragliche Regelung auch dann als günstiger zu erachten ist, wenn der Arbeitnehmer zwar einerseits auf eine Rechtsposition verzichtet, insgesamt aber besser steht.

(1) Einbeziehung kompensatorischer Regelungen

Für die Einbeziehung kompensatorischer Regelungen spricht, dass dem Arbeitnehmer durch den Tarifvertrag eine Gesamtposition an Rechten verschafft wird, die nur insgesamt nicht verschlechtert werden darf. Problematisch ist aber, wie bei einer teilweisen Verbesserung und gleichzeitiger Verschlechterung eines Regelungsbereiches ein sicheres Kriterium für die Bewertung der Günstigkeit gefunden werden kann[93]. Gerade im vorliegenden Fall ist es zweifelhaft, ob die Zahlung des zusätzlichen Urlaubsgelds den Urlaubsverlust gegenüber dem Tarifvertrag kompensieren kann. Ob 500 € Urlaubsgeld eine geringere Urlaubsdauer aufwiegen können, lässt sich aus objektiver Arbeitnehmerperspektive nicht feststellen. Während der eine Arbeitnehmer auf Grund seiner individuellen Lebenssituation mehr Geld als günstiger empfinden mag, bevorzugt ein anderer den mit einer längeren Urlaubsdauer verbundenen Freizeitgewinn.

Kompensation Urlaubsdauer durch Urlaubsgeld?

(2) Besserstellung durch Arbeitsvertrag

Lässt sich aber nicht feststellen, ob eine vom Tarifvertrag abweichende Regelung den Arbeitnehmer tatsächlich besser stellt, bleibt es beim Vorrang des Tarifvertrags. Dies folgt zum einen daraus, dass die abweichende Vereinbarung nicht nur die tarifvertragliche Regelung ausgleichen soll, sondern der Wortlaut des § 4 Abs. 3 2. Alt. TVG eine „günstigere" Abmachung verlangt[94]. Zudem bildet das Günstigkeitsprinzip in systematischer Hinsicht eine Ausnahme zur Grundregel des § 4 Abs. 1 S. 1 TVG, nach der Tarifverträge für die tarifgebundenen Parteien zwingende Geltung haben

Vorrang der Tarifregelung bei Unklarheit

---

[93] Vgl. Wiedemann/Wank, § 4 Rn. 468 f.
[94] BAG vom 12.04.1972, AP Nr. 13 zu § 4 TVG Günstigkeitsprinzip = BB 1972, 979; Gamillscheg, Kollektives Arbeitsrecht I, S. 857; Löwisch/Rieble, TVG, § 4 Rn. 317.

sollen[95]. Diesem Ausnahmecharakter wird aber nur dann ausreichend Rechnung getragen, wenn sich die Günstigkeit fassbar darstellt[96]. Da nicht ersichtlich ist, welche Regelung für den Arbeitnehmer günstiger ist, bleibt es somit auch bei einem materiellen Günstigkeitsverständnis beim tarifvertraglichen Urlaubsanspruch.

d) Günstigkeit durch Wahlrecht

Wahlrecht als Rechtsvorteil

Die Günstigkeit der arbeitsvertraglichen Regelung lässt sich aber möglicherweise durch ein dem Arbeitnehmer eingeräumtes Wahlrecht zwischen individualrechtlicher Abrede und Tarifvertrag begründen. Für die Günstigkeit eines solchen Wahlrechts spricht, dass auf diesem Weg der privatautonomen Entscheidung des konkret betroffenen Arbeitnehmers besser Rechnung getragen werden könnte. Es stünde in seiner freien Entscheidung, ob er in den Schutzbereich des Tarifvertrags einbezogen bleiben möchte oder nicht[97]. Andererseits schützt ihn das Wahlrecht nicht vor dem Verlust der tarifvertraglich ausgehandelten Mindestarbeitsbedingungen. Auch bei einer Rückkehroption ist zweifelhaft, ob für denjenigen Arbeitnehmer, der sich erst einmal gegen die tarifliche Regelung entschieden hat, bei der Ausübung des Wahlrechts wegen des Kräfteungleichgewichts gegenüber seinem Arbeitgeber von einer tatsächlichen Entscheidungsfreiheit gesprochen werden kann[98], so dass ein Wahlrecht letztlich nur eine Subjektivierung des Günstigkeitsvergleichs bedeuten würde.

Kein Wahlrecht für N

Der Streit muss im vorliegenden Fall nicht entschieden werden. Schon aus Gründen der Transparenz kann nur ein dem Arbeitnehmer ausdrücklich eingeräumtes Wahlrecht seine Rechtsstellung verbessern. Da hier der Arbeitsvertrag kein solches Wahlrecht von N vorsieht, wird er durch die arbeitsvertragliche Abrede nicht besser gestellt.

---

[95] Vgl. für das Verhältnis von Betriebsvereinbarung zum Arbeitsvertrag BAG vom 27.01.2004, AP Nr. 166 zu § 112 BetrVG 1972 = NZA 2004, 667, 669.

[96] Vgl. ErfK/Franzen, § 4 TVG Rn. 40; Preis, KollArbR, S. 121.

[97] Buchner, ZfA 2004, 229, 241; Löwisch, BB 1991, 59, 62; Löwisch/Rieble, TVG, § 4 Rn. 318 ff.; Rieble, ZfA 2004, 1, 56 f.; für Wahlrecht bei Rückkehroption auch ErfK/Franzen, § 4 TVG Rn. 41.

[98] Buschmann, NZA 1990, 387 f.; Däubler/Deinert, TVG, § 4 Rn. 691 a, 711; Wiedemann, FS-Wißmann, 185, 192; Wiedemann/Wank, § 4 Rn. 492.

e) Zwischenergebnis Günstigkeitsvergleich

Die zwischen N und G vereinbarte Urlaubsabrede ist nicht günstiger als die tarifvertragliche Regelung.

Individualabrede nicht günstiger

III. Ergebnis

Die arbeitsvertragliche Vereinbarung ist für N nicht günstiger als der Tarifvertrag. Daher verbleibt es bei der tariflichen Regelung, nach der N Anspruch auf sechs Urlaubswochen im Kalenderjahr hat.

Geltung der Tarifregelung

C. Anspruch von N auf 10 €

Anspruchsvoraussetzungen

N könnte von G Zahlung weiterer 10 € verlangen, wenn sein Monatslohn insgesamt 1.660 € und nicht – wie von G bezahlt – 1.650 € betragen würde.

I. Grundlohnanspruch nach Tarifvertrag in Höhe von 1.500 €

Grundlohnanspruch aus Tarifvertrag

Nach dem kraft beidseitiger Tarifbindung anwendbaren Tarifvertrag (§ 4 Abs. 1 Satz 1 TVG) steht N gegen G ein Tariflohnanspruch von 1.500 € bei einer monatlichen Arbeitszeit von 150 Stunden ab dem 01.01.2008 zu. Damit sein Anspruchsbegehren in vollem Umfang begründet ist, müssten ihm weitere 160 € aus einer arbeitsvertraglichen Vereinbarung über übertarifliche Lohnzahlung zustehen.

II. Übertarifliche Zulagen

1. Aus dem Arbeitsvertrag

Anspruch auf übertarifliche Zulage

Nach dem Arbeitsvertrag steht N zusätzlich zur Zahlung des Tariflohns eine Leistungszulage von 1 € pro gearbeiteter Stunde zu. Bei einer Monatsarbeitszeit von 150 Stunden errechnet sich daraus eine monatliche Zulage von 150 € und damit ein Gesamtlohnanspruch in Höhe der von G gezahlten 1.650 €.

2. Auf Grund tariflicher Effektivklausel

a) Besitzstandswahrung

Höhe der übertariflichen Zulage; Besitzstandswahrung

Der Anspruch auf eine monatliche Zulage in Höhe von insgesamt 160 € könnte sich jedoch aus dem Tarifvertrag ergeben. In diesem war nämlich die Arbeitszeit von 160 Stunden auf 150 Stunden im Monat gekürzt worden und zugleich festgelegt, dass „die Arbeitszeitverkürzung bei vollem Lohnausgleich erfolgen soll und nicht zu einer Lohnkürzung führen darf". Infolge der Arbeitszeitverkürzung arbeitet N nur noch 150 anstelle von 160 Stunden, was eine Kürzung der zulagefähigen Arbeitszeiten zur Folge hat. Bei nur noch 150 Monatsstunden errechnet sich nur noch eine Zulage von 150 € anstelle bisher gezahlter 160 € bei 160 Monatsstunden. Aus der tariflichen Regelung, dass die Arbeitszeitverkürzung bei vollem Lohnausgleich zu erfolgen habe, kann N daher Fortzahlung der Zulage in ungekürzter Höhe von 160 € verlangen, wenn sich die Tarifregelung auch auf die außertarifliche Zulage bezieht.

b) Auslegung

aa) Wortlaut

Die Auslegung des normativen Teils von Tarifverträgen folgt nach ständiger Rechtsprechung den für die Auslegung von Gesetzen geltenden Regeln. Dabei ist zunächst vom Tarifwortlaut auszugehen, wobei der maßgebliche Sinn der Erklärung zu erforschen ist, ohne am Buchstaben zu haften[99]. Bei dem Wortlaut „voller Lohnausgleich" stellt sich die Frage, was unter „Lohn" zu verstehen ist. Jedenfalls fällt hierunter eindeutig der Tariflohn. Es könnte aber auch der effektiv vom Arbeitgeber gezahlte Lohn gemeint sein, so dass arbeitsvertraglich vereinbarte übertarifliche Zulagen ebenfalls darunterfallen würden. Insoweit ist der Wortlaut nicht eindeutig.

Kein eindeutiger Wortlaut der Tarifregelung

bb) Wille der Tarifpartner

Bei einem nicht eindeutigen Tarifwortlaut ist der wirkliche Wille der Tarifvertragsparteien zu berücksichtigen, soweit er in den tariflichen Normen seinen Niederschlag gefunden hat. Abzustellen ist hierbei auf den tariflichen Gesamtzusammenhang, weil dieser Anhaltspunkte für den wirklichen Willen der Tarifvertragsparteien liefert und nur so Sinn und Zweck der Tarifnorm zutreffend ermittelt werden können[100].

Erheblichkeit des Willens der Tarifpartner

Sinn und Zweck der Regelung ist es, dass Arbeitnehmer durch die tarifvertraglich vereinbarte Arbeitszeitverkürzung keine finanziellen Nachteile erleiden. Die Arbeitszeitverkürzung führt notwendigerweise zu einer Kürzung der für erbrachte Arbeitsstunden gezahlten Leistungszulagen und damit zu einem finanziellen Nachteil für den Arbeitnehmer. Dies spricht zunächst dafür, dass der wirkliche Parteiwille dahingeht, auch die bisherige Leistungszulage tariflich abzusichern. Die Auslegung nach dem Willen der Tarifvertragsparteien würde somit eine Erfassung der Leistungszulage von der Klausel nahe legen.

Ermittlung des Willens der Tarifpartner

---

[99] BAG vom 22.01.1960, AP Nr. 96 zu § 1 TVG Auslegung; BAG vom 10.09.1962, AP Nr. 115 zu § 1 TVG Auslegung = NJW 1963, 76; BAG vom 26.04.1966, AP Nr. 117 zu § 1 TVG Auslegung = MDR 1966, 876; BAG vom 04.11.1970, AP Nr. 119 zu § 1 TVG Auslegung = BB 1971, 566; BAG vom 30.09.1970, AP Nr. 121 zu § 1 TVG Auslegung; BAG vom 11.12.1974, AP Nr. 124 zu § 1 TVG Auslegung.

[100] ErfK/Franzen, § 1 TVG Rn. 95; Löwisch/Rieble, § 1 Rn. 560, 599.

cc) Gesetzeskonforme Auslegung

Allerdings wäre dieses Auslegungsergebnis nur dann maßgeblich, wenn es mit zwingendem höherrangigen Recht in Einklang steht. Es ist nämlich im Zweifel davon auszugehen, dass sich die Tarifvertragsparteien als Normgeber an die Rechtsordnung halten und Regelungen treffen wollen, die rechtsbeständig sind[101].

Versteht man die Tarifklausel in dem Sinne, dass auch die übertarifliche Lohnzulage trotz Arbeitszeitverkürzung in voller Höhe weitergezahlt werden soll, dann läge eine so genannte begrenzte Effektivklausel vor[102]. Solche begrenzten Effektivklauseln werden von Teilen der Literatur als zulässig angesehen, weil den Tarifpartnern nach Art. 9 Abs. 3 GG die Tarifgestaltung vorbehaltlos gewährt wurde und sie die Arbeits- und Wirtschaftsbedingungen umfassend regulieren können[103]. Demgegenüber halten das BAG[104] und die herrschende Lehre[105] auch begrenzte Effektivklauseln für unwirksam, weil die Effektivklausel im Ergebnis dazu führe, dass durch den Tarifvertrag unterschiedliche Löhne für die tarifunterworfenen Arbeitnehmer festgeschrieben würden.

dd) Unzulässigkeit der begrenzten Effektivklausel

Für die letztgenannte Auffassung spricht, dass sich der Regelungsauftrag der Tarifpartner auf die Regelung tariflicher Arbeitsbedingungen bezieht. Mit der Festschreibung von übertariflichen Zulagen wird dieser Gestaltungsspielraum überschritten, weil schon begrifflich außertarifliche Arbeitsbedingungen nicht Gegenstand des Tarifvertrags sein können.

c) Zwischenergebnis

Eine Tarifregelung, die auch die übertarifliche Zulage einer Besitzstandsgarantie in Form des „vollen Lohnausgleichs" unterwirft, wäre als begrenzte Effektivklausel unwirksam.

---

[101] Oetker/Krause/Jacobs, Tarifvertragsrecht, § 4 Rn. 191 m. w. Nachw.

[102] ErfK/Franzen, § 1 TVG Rn. 63; Heckelmann/Franzen, Fälle zum Arbeitsrecht, Fall 19, S. 260; Löwisch/Rieble, TVG, § 1 Rn. 824.

[103] Kempen/Zachert, TVG, § 4 Rn. 385.

[104] BAG vom 14.02.1968, AP Nr. 7 zu § 4 TVG Effektivklausel = BB 1968, 665, 666; BAG vom 16.09.1987, AP Nr. 15 zu § 4 TVG Effektivklausel = NZA 1988, 29 ff.; BAG vom 21.07.1993, AP Nr. 144 zu TVG § 1 Auslegung = NZA 1994, 181 ff.

[105] Däubler/Deinert, TVG, § 4 Rn. 797; Gamillscheg, Kollektives Arbeitsrecht I, S. 869 f.; Löwisch/Rieble, TVG, § 1 Rn. 828 f.

Die Tarifklausel kann sich daher nur auf die Festschreibung des Tariflohns beziehen.

3. Ergebnis

Die Höhe der Zulage richtet sich allein nach der arbeitsvertraglichen Vereinbarung. N steht daher nur eine monatliche Zulage in Höhe von 150 € zu, so dass er keinen Anspruch auf weitere 10 € Zulage hat.

Anspruch besteht nicht

D. Zustimmungsverweigerung durch Betriebsrat

I. Voraussetzungen der Zustimmungsverweigerung

Liegt ein Zustimmungsverweigerungsgrund vor?

Der Betriebsrat hätte seine Zustimmung zu Recht verweigert, wenn ein Zustimmungsverweigerungsgrund nach § 99 Abs. 2 BetrVG vorliegt. In Betracht kommt hier eine Zustimmungsverweigerung nach § 99 Abs. 2 Nr. 1 BetrVG wegen Verstoßes gegen eine Bestimmung in einem Tarifvertrag, nämlich der tariflichen Besetzungsklausel. Dies setzt wiederum voraus, dass die betriebliche Besetzungsregelung auf das Arbeitsverhältnis Anwendung findet (II.) und die Einstellung von N mit einer Wochenarbeitszeit von 40 Stunden dieser tariflichen Besetzungsregelung widerspricht (III.).

II. Anwendbarkeit der Tarifnorm auf Arbeitsverhältnis

1. Anwendbarkeit der tariflichen Regelung

Zustimmungsverweigerung wegen Verstoßes gegen Tarifvertrag

Nach § 99 Abs. 2 Nr. 1 BetrVG kann der Betriebsrat die Zustimmung zu einer Einstellung u. a. dann verweigern, wenn die Maßnahme gegen eine Bestimmung in einem Tarifvertrag verstößt. Da mit diesem Zustimmungsverweigerungsrecht dem Betriebsrat Gelegenheit gegeben werden soll, Maßnahmen die Zustimmung zu verweigern, die gegen höherrangiges Recht verstoßen[106], berechtigt ein Tarifverstoß nur dann zur Zustimmungsverweigerung, wenn der Tarifvertrag auch auf das Arbeitsverhältnis anwendbar ist[107].

2. Anwendungsvoraussetzungen

a) Anwendbarkeit als Inhalts-/Abschlussnorm

Anwendbarkeit der Tarifnorm als Inhalts- oder Abschlussnorm

Nach § 4 Abs. 1 TVG gelten die Rechtsnormen des Tarifvertrags, die den Inhalt, den Abschluss oder die Beendigung von Arbeitsverhältnissen regeln, nur zwischen den beiderseits Tarifgebundenen. Nach dem Sachverhalt besteht eine Tarifbindung von U. N ist zwar Mitglied einer Gewerkschaft, nämlich der CGP, dies reicht aber für die Tarifbindung nicht aus. Eine Tarifbindung besteht nämlich nach § 3

---

[106] Vgl. § 99 Abs. 2 Nr. 1 BetrVG; vgl. ErfK/Kania, § 99 BetrVG Rn. 24.
[107] Richardi/Thüsing, BetrVG, § 99 Rn. 290.

Abs. 1 TVG nur, wenn der Arbeitnehmer Mitglied der Tarifvertragspartei, also der tarifschließenden Gewerkschaft ist.
Dies war hier die für die Metallindustrie zuständige Gewerkschaft IG Metall, deren Mitglied N nicht ist. Als Inhalts-
bzw. Abschlussnorm über das Arbeitsverhältnis würde die
tarifliche Besetzungsklausel mangels beiderseitiger Tarifbindung keine Anwendung finden und daher ein etwaiges
Abweichen von dieser Bestimmung kein Zustimmungsverweigerungsrecht begründen[108].

b) Anwendbarkeit als Betriebsnorm

Etwas anderes würde aber gelten, falls es sich bei der Tarifregelung um eine Betriebsnorm handelt. Gemäß § 3 Abs. 2
BetrVG gelten Rechtsnormen des Tarifvertrags über betriebliche Fragen für alle Betriebe, deren Arbeitgeber tarifgebunden sind. Auf eine Tarifgebundenheit des Arbeitnehmers
kommt es in diesem Fall nicht an. Als Betriebsnorm würde
die Besetzungsklausel dementsprechend auch unmittelbar
und zwingend für den Betrieb von U gelten[109].

Anwendbarkeit der Tarifnorm als Betriebsnorm

3. Einordnung der tariflichen Besetzungsklausel

a) Abgrenzungsgrundsätze

Ein Zustimmungsverweigerungsrecht kommt daher nur dann
in Betracht, wenn die tarifliche Besetzungsklausel nicht als
Inhalts-, sondern als Betriebsnorm einzuordnen wäre. Beide
sind voneinander zu unterscheiden[110]. Inhaltsnormen sind
alle Bestimmungen, die nach dem Willen der Tarifvertragsparteien den Inhalt von Arbeitsverhältnissen regeln sollen[111].
Sie müssen den Inhalt der geregelten Arbeitsverhältnisse[112],
also die Rechte und Pflichten der Parteien eines Arbeitsverhältnisses[113], betreffen. Betriebsnormen regeln demgegenüber das betriebliche Rechtsverhältnis zwischen Arbeitgeber
und der gesamten Belegschaft als Kollektiv[114], weshalb § 3

Definition Betriebsnorm

---

[108] Vgl. dazu Richardi/Thüsing, BetrVG, § 99 Rn. 290.
[109] Vgl. dazu Richardi/Thüsing, BetrVG, § 99 Rn. 290.
[110] Zu dieser schwierigen Abgrenzungsfrage vgl. BAG vom 20.03.1991,
       AP Nr. 20 zu § 4 TVG Tarifkonkurrenz unter B I = BB 1991, 1861,
       1862; Kempen/Zachert, TVG, § 4 Rn. 160.
[111] Kempen/Zachert, TVG, § 1 Rn. 60; Wiedemann/Thüsing, TVG, § 1
       Rn. 409.
[112] Wiedemann/Thüsing, TVG, § 1 Rn. 409.
[113] Däubler/Reim, TVG, § 1 Rn. 290.
[114] BAG vom 17.06.1997, AP Nr. 2 zu § 3 TVG Betriebsnormen = NZA
       1998, 213, 214; ErfK/Franzen, § 1 TVG Rn. 45; Löwisch/Rieble,
       TVG, § 1 Rn. 105.

Abs. 2 TVG nur auf die Tarifgebundenheit des Arbeitgebers und nicht auf die Gewerkschaftszugehörigkeit Einzelner abstellt. Betriebsnormen müssen folglich Regelungen sein, die aus tatsächlichen oder rechtlichen Gründen eine einheitliche Geltung unabhängig von einer eventuellen Gewerkschaftszugehörigkeit erfordern. Eine einheitliche Geltung aus tatsächlichen Gründen ist dabei dann erforderlich, wenn eine individualvertragliche Regelung des Sachverhalts zwar nicht unbedingt naturwissenschaftlich unmöglich ist, aber wegen evident sachlogischer Unzweckmäßigkeit ausscheidet[115]. Dies ist der Fall bei Regelungen, die unmittelbar die Organisation und Gestaltung des Betriebs betreffen, wie zum Beispiel Regelungen über die Zusammensetzung des Mitarbeiterkreises in qualitativer (Besetzungsregelung) und quantitativer (Quote) Hinsicht[116]. Ob sich im Einzelfall eine konkrete Tarifbestimmung primär mit dem einzelnen Arbeitsverhältnis befasst und damit Inhaltsnorm, Abschlussnorm oder Beendigungsnorm ist, oder ob die Zusammensetzung des Betriebskollektivs ihr Inhalt ist und damit eine Betriebsnorm i. S. v. § 3 Abs. 2 TVG vorliegt, ist letztlich eine Auslegungsfrage[117].

b) Subsumtion

Argumente für eine Inhaltsnorm

Für die Einordnung als Inhaltsnorm könnte vordergründig sprechen, dass die 18-Prozent-Regelung die Frage betrifft, in welchem Umfang der Arbeitgeber eine über die tarifliche Regelarbeitszeit hinausgehende Wochenarbeitszeit vereinbaren darf. Die Wochenarbeitszeit als solche betrifft aber typischerweise den Umfang der Leistungspflicht des Arbeitnehmers und somit den Inhalt des Arbeitsverhältnisses[118].

Argumente für eine Betriebsnorm

Allerdings haben die Tarifpartner mit der Bestimmung nicht unmittelbar die individuelle Arbeitszeit einzelner Arbeitnehmer geregelt. Die Quote bezieht sich vielmehr auf einen kollektiven Tatbestand und gibt dem Arbeitgeber die

---

[115] BAG vom 21.01.1987, AP Nr. 46 zu Art. 9 GG; BAG vom 27.04.1988, AP Nr. 4 zu § 1 BeschFG = NZA 1988, 771; BAG vom 26.04.1990, AP Nr. 57 zu Art. 9 GG = NZA 1990, 850, 853; BAG vom 07.11.1995, AP Nr. 1 zu § 3 TVG Betriebsnormen = NZA 1996, 1214, 1215; BAG vom 17.06.1997, AP Nr. 2 zu § 3 TVG Betriebsnormen = NZA 1998, 213, 214; Säcker/Oetker, Tarifautonomie, S. 141 ff.

[116] BAG vom 17.06.1997, AP Nr. 2 zu § 3 TVG Betriebsnormen = NZA 1998, 213, 214; LAG Niedersachsen vom 28.5.1998 = NZA-RR 1998, 362, 363.

[117] BAG vom 21.01.1987, AP Nr. 47 zu Art. 9 GG = NZA 1987, 233, 234; BAG vom 21.01.1987, AP Nr. 46 zu Art. 9 GG = DB 1987, 492; Dieterich, Betriebliche Normen, S. 44.

[118] Vgl. Hromadka, AuA 1998, 73, 74.

Berechtigung, in einer bestimmten Anzahl von Fällen die tarifliche Regelarbeitszeit überschreiten zu dürfen. Es geht insoweit um die Verteilung des kollektiven Arbeitszeitvolumens[119]. Die Regelung betrifft die Belegschaft des Betriebs als solche und nicht die Einzelarbeitsverhältnisse, was für das Vorliegen einer Betriebsnorm spricht.

Diese Festsetzung allein für Gewerkschaftsmitglieder tariflich zu regeln, wäre unmöglich. Die Belegschaft insgesamt kann im Verhältnis zu den nichtorganisierten Arbeitnehmern nicht anders zusammengesetzt werden als im Verhältnis zu den Organisierten[120]. Die 18-Prozent-Klausel betrifft eine Frage der Betriebsgestaltung[121] und erfordert deshalb aus tatsächlichen Gründen eine einheitliche Geltung im gesamten Betrieb. Bei der Klausel handelt es sich folglich nicht um eine Inhaltsnorm, sondern um eine Betriebsnorm i. S. d. § 3 Abs. 2 TVG.

Zwingender Kollektivbezug

4. Zwischenergebnis

Bei der tariflichen Besetzungsregelung handelt es sich um eine Betriebsnorm, die auf Grund einseitiger Tarifbindung des Arbeitgebers gemäß § 3 Abs. 2 TVG auf das Arbeitsverhältnis zwischen U und N Anwendung findet.

Tarifnorm gilt nach § 3 Abs. 2 TVG

III. Verstoß gegen Tarifnorm

Ein Widerspruchsrecht des Betriebsrats nach § 99 Abs. 2 Nr. 1 BetrVG besteht, wenn die Einstellung von N mit einer wöchentlichen Arbeitszeit von 40 Stunden gegen eine Tarifvertragsbestimmung verstößt, also die personelle Maßnahme selbst durch sie untersagt wird[122]. Dies wäre nur der Fall, wenn die tarifliche Besetzungsklausel eine Beschäftigung von N im Umfang von 40 Wochenstunden untersagen würde. Hierfür könnte sprechen, dass mit der Einstellung von N die im Tarifvertrag festgelegte Quote, die die Beschäftigung von mehr als 18% der Beschäftigten mit einer längeren als der tariflichen Regelarbeitszeit untersagt, überschritten würde.

Vorliegen eines Verstoßes gegen die Tarifnorm

---

[119] BAG vom 17.06.1997, AP Nr 2 zu § 3 TVG Betriebsnormen = NZA 1998, 213, 214; LAG Niedersachsen vom 28.05.1998 = NZA-RR 1998, 362, 363.
[120] Wiedemann/Oetker, TVG, § 3 Rn. 183.
[121] Däubler, Tarifvertragsrecht, Rn. 708. – Die Parallele zu den Lehrlingsskalen zieht im vorliegenden Zusammenhang auch Neumann, NZA 1990, 961, 963. Zweifelnd jedoch Richardi, DB 1990, 1613, 1614.
[122] BAG vom 17.06.1997, AP Nr. 2 zu § 3 TVG Betriebsnormen = NZA 1998, 213, 215.

Auslegung und Anwendung
der Tarifnorm

Allerdings untersagt der Tarifvertrag nicht generell die Überschreitung der Beschäftigungsquote, sondern verpflichtet den Arbeitgeber in erster Linie, dem Betriebsrat jeweils zum Ende eines Kalenderhalbjahres die Zahl abweichender Vereinbarungen mitzuteilen. Da die Tarifvertragsparteien die Quote nur in Verbindung mit der halbjährlichen Mitteilungspflicht in den Tarifvertrag eingebracht haben, muss der Arbeitgeber die Quote jeweils nur zu diesem Termin erreichen. Überschreitet er sie zwischenzeitlich, so ist das unschädlich, wenn er sie rechtzeitig bis zum nächsten Stichtag wieder zurückführen kann. Wie er dies erreicht, bleibt ihm überlassen[123]. Die Einstellung von N zum 01.03.2008 verstößt daher auch dann nicht gegen die Tarifregelung, wenn damit vorübergehend die Quote überschritten wird. Ein Verstoß gegen eine Tarifnorm ist nicht gegeben.

IV. Ergebnis zu D.

Zustimmungsverweigerung
war rechtswidrig

Ein Zustimmungsverweigerungsgrund gemäß § 99 Abs. 2 Nr. 1 BetrVG lag nicht vor. Der Betriebsrat hat die Zustimmung zu Unrecht verweigert.

---

[123] BAG vom 17.06.1997, AP Nr. 2 zu § 3 TVG Betriebsnormen = NZA 1998, 213, 215; LAG Niedersachsen vom 28.05.1998 = NZA-RR 1998, 362, 363, 365.

Klausur Nr. 3

Streik in der Druckindustrie

Prof. Dr. Burkhard Boemke

Sachverhalt

Der Betrieb der Druck-GmbH (D) in Leipzig wurde während eines Tarifkonflikts in der sächsischen Druckindustrie im Frühjahr 2008 am 23.04.2008 ab 18.30 Uhr für unbefristete Zeit bestreikt. D entschloss sich daraufhin, mit einer Ersatzmannschaft die Produktion einer reduzierten Ausgabe der Tageszeitung für den Folgetag zu beginnen. Der Streik wurde um 21.00 Uhr für beendet erklärt, wobei sich die Gewerkschaft aber einen erneuten Streikaufruf noch für dieselbe Nacht vorbehielt. Daraufhin bot Arbeitnehmer Marquard B. (M), der regulär mit der Produktion der Tageszeitung befasst gewesen wäre und am Streik teilgenommen hatte, D seine Arbeitsleistung an. Wie alle anderen streikenden Kollegen behielt sich M allerdings vor, im Falle eines erneuten Streikaufrufs in dieser Nacht seine Arbeit wiederum niederzulegen. D weigerte sich daraufhin, M und dessen am Streik beteiligten Kollegen während der Nachtschicht noch zu beschäftigen, weil er die Produktion der Notausgabe sicherstellen müsse. Bei der Herstellung der Notausgabe führten die wenigen anwesenden Arbeitnehmer trotz des Zeitdrucks freiwillig Arbeiten durch, in die sie bisher nie eingewiesen worden waren und die nach den Arbeitsverträgen auch nicht geschuldet waren. Nach Schichtende versprach D allen Mitarbeitern, die an der Produktion der reduzierten Notausgabe beteiligt waren, die Zahlung einer Ausgleichsprämie in Höhe von 30 € mit dem Mai-Gehalt, um hierdurch die mit der Herstellung der Notausgabe verbundenen Mehrbelastungen der arbeitenden Arbeitnehmer auszugleichen. Die Mitarbeiter zeigten sich hierüber hocherfreut und gegenüber D dankbar. Der im Betrieb von D gewählte Betriebsrat reklamiert daraufhin sein Mitbestimmungsrecht aus § 87 Abs. 1 Nr. 10 BetrVG.

In der Folgezeit wurde der Betrieb von D mit zahlreichen Kurzstreiks überzogen, d. h. es fanden jeweils kurzfristig und ohne Angabe eines Endzeitpunkts in einzelnen Abteilungen und Schichten zu verschiedenen Zeiten Arbeitsniederlegungen von unterschiedlicher Dauer statt. Nachdem auch die Produktion einer Fernsehzeitschrift am 14.05.2008 von einem ganztägigen Streik betroffen war, vergab D die Arbeiten für die Produktion der nächsten Zeitschrift vom 21.05.2008 nach außerhalb. Obwohl sein Betrieb an diesem Tag nicht bestreikt wurde, verweigerte er seinen Arbeitnehmern, die im Betrieb erschienen waren, darunter auch M, Beschäftigung und Lohnzahlung.

1. M verlangt von D Entgelt für den 23.04.2008 und den 21.05.2008. Zu Recht?

2. An dem Streik am 14.05.2008 hatte sich auch Uschi O. beteiligt, der allerdings für die Zeit vom 1.5.– 31.05.2008 Erholungsurlaub gewährt worden war. Kann Uschi O. für den 14.05.2008 Arbeitslohn verlangen?

3. Infolge des Streiks am 14.05.2008 konnte der „Saxonia-Kurier", der in Sachsen von D und in Thüringen, wo bereits ein neuer Entgelttarifvertrag geschlossen wurde, vom Druckereiunternehmen V. R. Leger (V) verteilt wird, nicht produziert werden. D und V mussten daher ihre als Arbeitnehmer angestellten Verteiler am 15.05.2008 unverrichteter Dinge nach Hause schicken. Die bei D als Zeitungsverteilerin angestellte Gaby G. sowie der bei V als Zeitungsverteiler angestellte Hark B. (H), die ihre Arbeitsleistung ordnungsgemäß angeboten hatten, verlangen für diesen Tag ihren Lohn.

4. D möchte wissen, ob der bei ihm gebildete Betriebsrat hinsichtlich der Ausgleichsprämie ein Mitbestimmungsrecht hat und ob er verpflichtet ist, Diana K. (K), die an der Produktion der Notausgabe mitgewirkt hatte, die Ausgleichsprämie auszuzahlen.

Wie ist die Rechtslage?

Vorüberlegungen

Der Fall betrifft verschiedene, examensrelevante Problem-stellungen aus dem Bereich des Arbeitskampfrechts.

I. Im ersten Teil geht es um die Verteilung des Arbeits-kampfrisikos, nämlich die Frage, ob der Arbeitgeber ei-nem Arbeitnehmer auch dann den Lohn fortzahlen muss, wenn er ihn aus arbeitskampfbedingten Gründen nicht beschäftigen kann oder will. Grundsätzlich trägt der Ar-beitgeber das so genannte Betriebsrisiko, d. h. er hat un-ter dem Gesichtspunkt des Annahmeverzugs dem Ar-beitnehmer, der seine Arbeitsleistung anbietet, den Lohn abweichend von § 326 Abs. 1 BGB trotz Nichtleistung der Arbeit zu zahlen, selbst wenn er den Arbeitnehmer nicht oder nicht wirtschaftlich sinnvoll beschäftigen kann (§ 615 BGB). Aus Gründen der verfassungsrecht-lich gebotenen Arbeitskampfparität machen Rechtspre-chung und herrschende Lehre hiervon dann eine Ausnah-me, wenn die Pflicht zur Lohnfortzahlung zu einer Ver-schiebung der Kampfparität führen würde. Nach den Grundsätzen der Arbeitskampfrisikolehre entfällt die Lohnzahlungspflicht des Arbeitgebers auch gegenüber leistungsbereiten und –willigen Arbeitnehmern, wenn ihm deren Beschäftigung auf Grund einer rechtmäßigen Arbeitskampfmaßnahme tatsächlich unmöglich oder zu-mindest wirtschaftlich unzumutbar wird. Anhand des konkreten Falls ist bezüglich zweier Fallgestaltungen zu beurteilen, ob die tatbestandlichen Voraussetzungen der Arbeitskampfrisikolehre vorliegen. Zum einen geht es um die Verpflichtung zur Beschäftigung von Arbeitneh-mern, die an einem Streik teilgenommen haben, der im Laufe einer Schicht beendet wird, wenn der Arbeitgeber sich entschlossen hat, die anfallenden Arbeiten mit einer Ersatzmannschaft durchzuführen. Zum anderen geht es um die Lohnansprüche von Arbeitnehmern, die von ei-nem Arbeitgeber deswegen nicht beschäftigt werden, weil dieser wegen eines bloß befürchteten Streiks be-stimmte Arbeiten ausgelagert hat.

II. Die zweite Fragestellung greift einen Teilaspekt aus dem arbeitskampfrechtlichen Spektrum auf. Es geht um die Teilnahme von Arbeitnehmern im Erholungsurlaub am Arbeitskampf. Hier gilt es zu erkennen, dass durch die Gewährung von Erholungsurlaub der Arbeitnehmer von der bestehenden Arbeitspflicht befreit wird. Gleichwohl ist eine Streikteilnahme von beurlaubten Arbeitnehmern möglich, weil durch die Streikteilnahme die Hauptleistungspflichten aus dem Arbeitsverhältnis suspendiert werden und damit die Arbeitspflicht, von welcher der Arbeitnehmer befreit werden sollte, für diesen Zeitraum von vornherein nicht mehr besteht.

III. Im dritten Komplex geht es um die Auswirkungen des Arbeitskampfs auf nicht unmittelbar an den Arbeitskampfmaßnahmen beteiligte Arbeitnehmer. Dabei ist das Ergebnis noch relativ eindeutig für diejenigen Arbeitnehmer, die zwar in anderen Betriebsabteilungen, aber gleichwohl noch in dem vom Arbeitskampf betroffenen Betrieb beschäftigt werden. Hier können die Grundsätze der Arbeitskampfrisikolehre uneingeschränkte Anwendung finden und damit zum Fortfall des Entgeltanspruchs führen, wenn dem Arbeitgeber die Beschäftigung unmöglich oder wirtschaftlich unzumutbar ist. Schwieriger zu beurteilen und umstrittener sind die Fälle, in denen es zu Störungen im Arbeitsablauf in Betrieben kommt, die zwar branchenmäßig-betrieblich, nicht aber räumlich-örtlich dem umkämpften Tarifgebiet angehören. Die Rechtsprechung geht auch hier den Weg über die Grundsätze der Kampfparität, wobei sich zur Konkretisierung unter Berücksichtigung der Gesetzesbindung (Art. 20 Abs. 3 GG) eine Orientierung an § 146 SGB III anbietet. Danach kommt eine Verschiebung des Lohnzahlungsrisikos auf mittelbar vom Arbeitskampf betroffene Arbeitnehmer, deren Beschäftigungsbetrieb zwar nicht dem räumlichen, aber dem fachlichen Geltungsbereich des umkämpften Tarifvertrags zuzuordnen ist, nur in Betracht, wenn erstens in diesem Tarifgebiet eine Forderung erhoben wurde, die einer Hauptforderung des Arbeitskampfs nach Art und Umfang gleich ist, und wenn zweitens das Arbeitskampfergebnis aller Voraussicht nach in dem räumlichen Geltungsbereich des nicht umkämpften Tarifvertrags im Wesentlichen übernommen wird.

IV. Der letzte Teil behandelt die Auslobung so genannter Streikbrecherprämien. Hier geht es zunächst um die Mitbestimmung des Betriebsrats nach § 87 Abs. 1 Nr. 10 BetrVG. Zwar liegen dessen tatbestandliche Voraussetzungen im konkreten Fall vor; fraglich ist aber die Einschränkung des Mitbestimmungsrechts wegen des Arbeitskampfbezugs der Prämie. Die Rechtsprechung lehnt nämlich eine Mitbestimmung bei Arbeitskampfmaßnahmen wegen der durch Art. 9 Abs. 3 GG garantierten freien Wahl der Arbeitskampfmittel ab. Danach sind echte Streikbrecherprämien, die gezahlt werden, um Arbeitnehmer zur Weiterarbeit trotz Streiks zu motivieren, mitbestimmungsfrei. Zu erkennen ist allerdings, dass nach Abschluss des Arbeitskampfs ausgelobte Prämien dieses Privileg nicht mehr genießen, so dass die Leistungszusage im konkreten Fall der Mitbestimmung unterlag.

Im Anschluss hieran stellt sich die Frage nach dem Anspruch auf die Prämie für die Mitarbeiter, die trotz des Streiks gearbeitet haben. Die Leistungszusage an die Mitarbeiter könnte nämlich die streikenden Mitarbeiter wegen ihres grundrechtlich garantierten Streikrechts aus Art. 9 Abs. 3 GG diskriminieren und damit eine unzulässige Maßregelung nach § 612a BGB darstellen. Die Folgefrage, ob der Verstoß gegen das Maßregelungsverbot zur Unwirksamkeit der Leistungszusage oder aber zu einem Leistungsanspruch der ausgenommenen Mitarbeiter führt, stellt sich im vorliegenden Fall allerdings nicht, wenn der Arbeitgeber durch die Prämienzahlung ausschließlich die mit der Arbeit während des Streiks verbundenen höheren Belastungen ausgleichen wollte. Allerdings ist dann auf die Auswirkungen des betriebsverfassungswidrigen Verhaltens des Arbeitgebers auf den Zahlungsanspruch der Mitarbeiter, denen der Arbeitgeber die Prämie versprochen hatte, einzugehen. Nach der Theorie der Wirksamkeitsvoraussetzung sind nämlich rechtsgeschäftliche Maßnahmen, die der Arbeitgeber ohne die erforderliche Mitwirkung des Betriebsrats vornimmt, unwirksam. Allerdings sollen nach einer in der Literatur vertretenen Auffassung Ausnahmen von diesem Grundsatz bei Maßnahmen gelten, die den Arbeitnehmer begünstigen. Allerdings ist diese Auffassung nur schwer mit dem Sinn und Zweck der Mitbestimmung gemäß § 87 Abs. 1 Nr. 10 BetrVG zu vereinbaren, die gerade auch der innerbetrieblichen Lohngerechtigkeit dient. Daher bietet sich eine Lösung an, die den Arbeitgeber hinsichtlich des Zulagenvolumens an die Zusage bindet und dessen konkrete Verteilung der Mitbestimmung des Betriebsrats unterwirft. Auf dieser Grundlage sind aber Zahlungsansprüche des einzelnen Mitarbeiters ausgeschlossen, solange der Betriebsrat noch nicht von seinem Mitbestimmungsrecht Gebrauch gemacht hat.

Lösung

A. Lohnansprüche von M

Anspruchsvoraussetzungen

M hat gegen D einen Anspruch auf Lohnzahlung für den 23.04.2008 und den 21.05.2008 aus § 611 BGB i. V. m. dem Arbeitsverhältnis[1], wenn der Anspruch entstanden, nicht wieder untergegangen und durchsetzbar ist.

I.   Anspruch entstanden

Anspruch mit Begründung des Arbeitsverhältnisses entstanden

Mit Abschluss des Arbeitsvertrags ist der Anspruch auf den Arbeitslohn für den 23.04.2008 und den 21.05.2008 zunächst einmal entstanden.

II. Anspruch untergegangen

1.   „Ohne Arbeit kein Lohn" (§ 326 Abs. 1 S. 1 Hs. 1 BGB)

Ohne Leistung keine Gegenleistung

Der Anspruch auf den Arbeitslohn könnte aber nach der allgemeinen, in § 326 Abs. 1 Hs. 1 BGB normierten Regel „ohne Leistung keine Gegenleistung" – bzw. konkreter für das Arbeitsverhältnis „ohne Arbeit kein Lohn" – entfallen sein, wenn M die Erbringung der geschuldeten Arbeitsleistung unmöglich geworden wäre. M hat an den betreffenden Tagen nicht gearbeitet; die Arbeitsleistung ist wegen ihres Fixschuldcharakters im Allgemeinen auch nicht nachholbar[2]. Mit Nichtleistung der Arbeit zum vereinbarten Zeitpunkt tritt daher Unmöglichkeit ein, so dass der Vergütungsanspruch nach der Grundregel des § 326 Abs. 1 S. 1 Hs. 1 BGB wieder erloschen wäre.

2.   Annahmeverzug von D (§ 615 BGB)

a)   Tatbestandsvoraussetzungen

Annahmeverzug gemäß §§ 293 ff. BGB

Trotz Nichtleistung der Arbeit könnte der Anspruch im konkreten Fall ausnahmsweise nach § 615 BGB aufrecht erhalten worden sein[3]. Danach behält der Dienstverpflichte-

---

[1] § 615 BGB gewährt keinen Anspruch auf Arbeitslohn, sondern erhält nur einen entstandenen Lohnanspruch trotz Nichtleistung der Arbeit aufrecht.

[2] Beuthien, RdA 1972, 20, 21; Boemke, ArbR, § 9 Rn. 88, 92; Hromadka/Maschmann, ArbR 1, § 6 Rn. 128, § 8 Rn. 2 f.; Preis, IndArbR, S. 497 f.

[3] Zur Anwendbarkeit von § 615 BGB in den Fällen, in denen mit Nichtannahme der Arbeitsleistung zugleich Unmöglichkeit eintritt siehe Boemke, Fallsammlung, S. 68 ff.

te seinen Anspruch auf die Vergütung, ohne zur Nachleistung verpflichtet zu sein, wenn der Dienstberechtigte mit der Annahme der Dienste in Verzug kommt. Ob D in Annahmeverzug gekommen ist, bestimmt sich nach §§ 293 ff. BGB.

b) Leistungsbereitschaft und -willigkeit des Schuldners (§ 297 BGB)

Aus § 297 BGB ergibt sich, dass der Gläubiger nur dann in Annahmeverzug geraten kann, wenn der Schuldner willens und in der Lage ist, die geschuldete Leistung zu erbringen. Hinsichtlich des 23.04.2008 hat M in der Zeit von 18.00 – 21.00 Uhr an einem Streik teilgenommen, seine Arbeitsleistung also zurückgehalten, um im Rahmen eines Arbeitskampfs Druck auf die Arbeitgeberseite auszuüben. Für diesen Zeitraum bestand keine Leistungsbereitschaft von M.

Keine Arbeitsbereitschaft von M am 23.04.2008 bis 21.00 Uhr

Ab 21.00 Uhr hat M am 23.04.2008 seine Arbeitskraft D im Betrieb angeboten. Es ist also für den 23.04.2008 ab 21.00 Uhr sowie für den 21.05.2008 von Leistungsbereitschaft und –willigkeit von M auszugehen.

Leistungsbereitschaft und -willigkeit im Übrigen

c) Ordnungsgemäßes Leistungsangebot (§§ 294 ff. BGB)

M hat nach Beendigung des Streiks am 23.04.2008 um 21.00 Uhr seine Arbeitsleistung angeboten und ist auch am 21.05.2008 pünktlich im Betrieb zur Arbeit erschienen. Er hat also seine Arbeitsleistung tatsächlich i. S. v. § 294 BGB angeboten.

Tatsächliches Leistungsangebot

d) Nichtannahme der Arbeitsleistung durch D (§ 293 BGB)

D hat gegenüber M sowohl am 23.04.2008 als auch am 21.05.2008 erklärt, dass er ihn an diesen Tagen nicht beschäftigen werde. Er hat damit die tatsächlich angebotene Arbeitsleistung nicht angenommen.

Annahmeverweigerung durch D

e) Zwischenergebnis

Die Voraussetzungen des Annahmeverzugs liegen vor. Nach allgemeinen Grundsätzen bliebe daher der Lohnanspruch von M für den 23.04.2008 ab 21.00 Uhr und für den 21.05.2008 trotz Nichtleistung der Arbeit gemäß § 615 Satz 1 BGB erhalten.

Annahmeverzug gegeben

3. Verdrängung von § 615 BGB durch die Arbeitskampfrisikolehre

Besonderheiten bei
arbeitskampfbedingtem
Annahmeverzug?

Allerdings hat D die Nichtbeschäftigung von M in Zusammenhang mit arbeitskampfbedingten Maßnahmen verweigert. Die Anwendung von § 615 BGB im konkreten Fall könnte daher nach den Grundsätzen der so genannten Arbeitskampfrisikolehre mit der Folge ausgeschlossen sein, dass trotz Nichtannahme der angebotenen Arbeitsleistung durch D als Arbeitgeber abweichend von § 615 Satz 1 BGB der Entgeltanspruch nicht aufrechterhalten wird.

a) Arbeitskampfrisikolehre

Verdrängung von § 615 BGB
bei Störungen der
Kampfparität

Es entspricht gefestigter Rechtsauffassung, dass in Fällen, in denen der Arbeitgeber die Belegschaft oder einzelne Arbeitnehmer aus arbeitskampfbedingten Gründen nicht beschäftigt oder sogar nicht beschäftigen kann, der Lohnanspruch des Arbeitnehmers nicht in jedem Falle erhalten bleibt, sondern nach arbeitskampfrechtlichen Grundsätzen entfällt. Während die ganz frühe Rechtsprechung für Erhalt oder Fortfall des Entgeltanspruchs noch darauf abhob, aus welcher Sphäre die Störung kam[4], stellt das BAG in langjähriger Rechtsprechung nunmehr auf den Paritätsgedanken ab[5]. Nach § 615 Satz 1 und 3 BGB trägt zwar grundsätzlich der Arbeitgeber das Betriebs- und Wirtschaftsrisiko; dieser Grundsatz könne aber bei arbeitskampfbedingten Störungen nur gelten, soweit dies nicht zu einer Verschiebung der Kampfparität führe[6]. Diese Auffassung knüpft an den zutreffenden Gedanken an, dass aus der durch Art. 9 Abs. 3 GG verfassungsrechtlich garantierten Tarifautonomie zugleich die Verpflichtung des Staates folgt, die Rahmenbedingungen für ein Funktionieren der Tarifautonomie zu schaffen. Da-

---

[4] RG vom 06.02.1923, RGZ 106, 272 ff.; RAG vom 20.06.1928, ARS 3, S. 116 ff.; BAG vom 08.02.1957, AP Nr. 2 zu § 615 BGB Betriebsrisiko; BAG vom 24.01.1958, AP Nr. 4 zu § 615 BGB Betriebsrisiko.

[5] BAG vom 22.12.1980, AP Nr. 70 zu Art. 9 GG Arbeitskampf = NJW 1981, 937, 938; BAG vom 22.12.1980, AP Nr. 71 zu Art. 9 GG Arbeitskampf = NJW 1981, 942; BAG vom 11.08.1992, AP Nr. 124 zu Art. 9 GG Arbeitskampf = NZA 1993, 39, 40; BVerfG vom 04.07.1995, AP Nr. 4 zu § 116 AFG = NZA 1995, 754, 756; Ehmann/Schnauder, Jura 1983, 238 ff.; Kissel, Arbeitskampfrecht, § 33 Rn. 9 ff; Kreßel, NZA 1995, 1121, 1123 f.; Schaub/Linck, ArbR-Hdb, § 101, Rn. 17.

[6] BAG vom 22.12.1980, AP Nr. 70 zu Art. 9 GG Arbeitskampf = NJW 1981, 937 f.; MünchKomm/Henssler, BGB, § 615 Rn. 104; Kissel, Arbeitskampfrecht, § 33 Rn. 18 ff.; Schaub/Linck, ArbR-Hdb, § 101 Rn. 17.

nach müssen rechtliche Rahmenbedingungen bestehen, die
ein abstraktes Verhandlungsgleichgewicht der sozialen Gegenspieler garantieren, so dass nicht eine der Tarifvertragsparteien von vornherein der anderen ihren Willen aufzwingen kann[7].

Die Kampfparität wäre zum Nachteil der Arbeitgeberseite verschoben, wenn der unmittelbar von einer Arbeitskampfmaßnahme betroffene Arbeitgeber solchen Arbeitnehmern das Entgelt fortzahlen müsste, die leistungsbereit
und -willig sind, die er aber infolge einer Arbeitskampfmaßnahme nicht oder nicht wirtschaftlich sinnvoll beschäftigen
kann[8]. Im Ergebnis würde dies nämlich dazu führen, dass die
Arbeitgeberseite den Arbeitskampf der Arbeitnehmerseite
mitfinanzieren müsste. Diejenigen Arbeitnehmer, die in den
Genuss des Vorteils des Arbeitskampfs durch neue (ver-
besserte) Tarifbedingungen kommen (können), müssen auch
die damit in Zusammenhang stehenden Nachteile tragen
(Partizipationsgedanke)[9]. Daher entfällt nach den Grundsätzen der Arbeitskampfrisikolehre die Lohnzahlungspflicht
des Arbeitgebers auch gegenüber leistungsbereiten und
-willigen Arbeitnehmern, wenn ihm deren Beschäftigung
auf Grund einer rechtmäßigen Arbeitskampfmaßnahme tatsächlich unmöglich oder zumindest wirtschaftlich unzumutbar wird[10].

*Arbeitgeber muss
Arbeitskampf nicht
mitfinanzieren*

---

[7] BAG (GS) vom 21.04.1971, AP Nr. 43 zu Art. 9 GG Arbeitskampf
unter III B 1 = NJW 1971, 1668, 1669; BAG vom 10.06.1980, AP
Nr. 64 zu Art. 9 GG Arbeitskampf = NJW 1980, 1642, 1646 f.; BVerfG
vom 26.06.1991, AP Nr. 117 zu Art. 9 GG Arbeitskampf = NJW 1991,
2549, 2551; BVerfG vom 04.07.1995, AP Nr. 4 zu § 116 AFG = NZA
1995, 754, 755; Buchner, RdA 1986, 16; Kissel, Arbeitskampfrecht,
§ 32 Rn. 1 ff.; Löwisch, Arbeitskampf- und Schlichtungsrecht, 170.1.
Rn. 64 f.; Otto, Arbeitskampf- und Schlichtungsrecht, § 2 Rn. 54,
64 ff.
[8] BVerfG vom 04.07.1995, AP Nr. 4 zu § 116 AFG = NZA 1995, 754,
756 f.; Boemke, JuS 1999, 1138 f.; Dütz, ArbR, Rn. 680; Hromadka/
Maschmann, ArbR 2, § 14 Rn. 115; Kissel, Arbeitskampfrecht, § 33
Rn. 30; Reichold, JuS 1996, 1049, 1057.
[9] BVerfG vom 04.07.1995, AP Nr. 4 zu § 116 AFG = NZA 1995, 754,
756 f.; BAG vom 22.03.1994, AP Nr. 130 zu Art. 9 GG Arbeitskampf
= NZA 1994, 1097, 1099; Dütz, ArbR, Rn. 680; Hromadka/Masch-
mann, ArbR 2, § 14 Rn. 115; Otto, Arbeitskampf- und Schlichtungsrecht, § 16 Rn. 29; Reichold, JuS 1996, 1049, 1057.
[10] BAG vom 15.12.1998, AP Nr. 154 zu Art. 9 GG Arbeitskampf = NZA
1999, 550, 552; Boemke, ArbR, § 5 Rn. 170; ErfK/Dieterich, Art. 9
GG Rn. 146; Hromadka/Maschmann, ArbR 1, § 8 Rn. 47; Münch-
ArbR/Otto, § 290 Rn. 29; Reichold, JuS 1996, 1049, 1057.

b) Anwendbarkeit auf konkreten Sachverhalt

aa) 23.04.2008

Beschäftigung tatsächlich möglich

Der Lohnanspruch würde für den 23.04.2008 vollständig entfallen, wenn D die Beschäftigung von M tatsächlich unmöglich gewesen ist. Zwar hatte D für die Erstellung einer Notausgabe nur eine Ersatzmannschaft eingeplant, die Arbeit an der Notausgabe war jedoch zu diesem Zeitpunkt weder entfallen noch hatte sich D verpflichtet, die Arbeitnehmer der Ersatzmannschaft für die gesamte Nachtschicht in Anspruch zu nehmen. D hätte daher M beschäftigen können, so dass keine tatsächliche Unmöglichkeit gegeben war[11].

Beschäftigung tatsächlich zumutbar

Die erneute Beschäftigung von M könnte jedoch D unzumutbar gewesen sein. Unzumutbarkeit ist gegeben, wenn die Beschäftigung zwar technisch möglich, aber betriebswirtschaftlich sinnlos ist[12]. D hatte sich im konkreten Fall entschieden, nur eine reduzierte Ausgabe der Tageszeitung für den Folgetag zu produzieren. Diese Entscheidung ist eine von Art. 9 Abs. 3 GG gedeckte Gegenmaßnahme, mit der D als Arbeitgeber streikbedingte Betriebsstörungen möglichst gering halten will. D war daher berechtigt, sich auf die Produktion der Notausgabe zu beschränken und wegen des Aktualitätsbezugs deren Erscheinen am nächsten Morgen sicherzustellen. Demnach wäre ihm eine Beschäftigung von M nur zuzumuten gewesen, wenn M erstens fachlich im Rahmen der Produktion der Notausgabe hätte eingesetzt werden können und zweitens trotz der Beschäftigung von M die termingerechte Fertigstellung der begonnenen Notausgabe sichergestellt gewesen wäre. Ob und in welchem Umfang eine Beschäftigung der regulär an der Produktion der Tageszeitung beteiligten Mitarbeiter, die am Streik teilgenommen hatten, möglich gewesen wäre, lässt sich dem Sachverhalt nicht entnehmen. Nach allgemeinen Grundsätzen trägt derjenige, der sich auf die Unzumutbarkeit der Erfüllung von Pflichten beruft, die Darlegungs- und Beweislast für das Vorliegen der Tatbestandsvoraussetzun-

---

[11] Vgl. BAG vom 12.11.1996, AP Nr. 147 zu Art. 9 GG Arbeitskampf = NZA 1997, 393, 395 f.; BAG vom 17.02.1998, AP Nr. 152 zu Art. 9 GG Arbeitskampf = NZA 1998, 896, 898 f.; BAG vom 15.12.1998, AP Nr. 154 zu Art. 9 GG Arbeitskampf = NZA 1999, 550, 551 f.; ErfK/ Dieterich, Art. 9 GG Rn. 147.

[12] Gamillscheg, Kollektives Arbeitsrecht I, S. 1246; Hromadka/Maschmann, ArbR 1, § 8 Rn. 47.

gen[13]. Da der Sachverhalt hierzu keine Angaben macht, ist
davon auszugehen, dass D eine Beschäftigung von M möglich gewesen wäre.

Eine Beschäftigung von M wäre D aber nur zuzumuten   Beschäftigung wegen
gewesen, wenn auch bei dessen Beschäftigung das Erschei-   unsicherer
nen der Notausgabe sichergestellt gewesen wäre. Hierbei ist   Leistungsbereitschaft von M
zu berücksichtigen, dass M sich die Ausübung seines Streik-   unzumutbar
rechts für die Nacht vorbehalten hatte und es während der
Nachtschicht besonders schwierig gewesen wäre, im Fall einer erneuten Arbeitsniederlegung kurzfristig wieder Aus-
hilfskräfte heranzuziehen oder auf andere Weise den Betrieb
wenigstens in dem Umfang aufrechtzuerhalten, der zur ter-
mingerechten Fertigstellung der begonnenen Notausgabe erforderlich war. Insoweit war es D nicht zuzumuten, für den
Rest der Schicht auf eine Heranziehung der arbeitswilligen
Ersatzmannschaft zu verzichten und das Erscheinen der Zei-
tung auf diese Weise von der unsicheren Arbeitsbereitschaft
von M und seinen streikbereiten Kollegen abhängig zu machen[14].

Für den 23.04.2008 war D über den Streikzeitraum hin-   § 615 BGB nicht anwendbar
aus eine Beschäftigung unzumutbar, so dass insoweit § 615
Satz 1 BGB keine Anwendung findet. Vielmehr hat nach den
Grundsätzen der Arbeitskampfrisikolehre insoweit M das
Beschäftigungsrisiko mit der Folge zu tragen, dass es bei der
Anwendung von § 326 Abs. 1 BGB verbleibt. Infolge Nicht-
leistung der Arbeit steht M also für den begehrten Zeitraum
kein Lohnanspruch zu.

bb) 21.05.2008

Der Lohnanspruch würde für den 21.05.2008 vollständig   Beschäftigung von M
entfallen, wenn D die Beschäftigung von M auch an diesem   wirtschaftlich nicht sinnvoll
Tag aus arbeitskampfbedingten Gründen tatsächlich unmög-
lich oder zumindest unzumutbar gewesen ist. Unmöglichkeit
oder Unzumutbarkeit könnte hier deswegen gegeben sein,
weil D die für den 21.05.2008 vorgesehene Produktion der
Fernsehzeitschrift „nach außerhalb" vergeben hatte. Damit
war eine sinnvolle Beschäftigung der Mitarbeiter nicht mehr
möglich und daher zumindest wirtschaftliche Unzumutbar-

---

[13] BGH vom 17.02.1970, BGHZ 53, 245, 250 = NJW 1970, 946 ff.; BGH
vom 14.01.1991, BGHZ 113, 222, 224 f. = NJW 1991, 1052 ff.; BGH
vom 10.06.2002, NJW 2002, 2862; Baumbach/Lauterbach/Albers/
Hartmann, ZPO, Anh § 286 Rn. 10; Rosenberg/Schwab/Gottwald,
ZPR, § 114 Rn. 7; Thomas/Putzo, ZPO, vor § 284 Rn. 23.

[14] So auch für einen vergleichbaren Sachverhalt BAG vom 15.12.1998,
AP Nr. 154 zu Art. 9 GG Arbeitskampf = NZA 1999, 550, 551 f.

keit gegeben. Dies führt aber nur dann zum Fortfall der Entgeltzahlungspflicht, wenn es sich bei der Vergabe der Produktion um eine arbeitskampfbedingte Maßnahme handelte, weil nach § 615 Satz 1 und 3 BGB der Arbeitgeber das allgemeine Beschäftigungsrisiko trägt, also das Risiko, dass der Arbeitseinsatz der Mitarbeiter wirtschaftlich sinnvoll erfolgen kann.

Keine arbeitskampfbedingte Produktionsverlagerung

Die Vergabe der Produktion nach außerhalb war deswegen nicht arbeitskampfbedingt, weil sie nicht als Gegenmaßnahme zu einem für diesen Tag angekündigten Streik von Arbeitnehmerseite erfolgte. Für den 21.05.2008 waren nämlich weder Arbeitskampfmaßnahmen angekündigt noch wurde an diesem Tag gestreikt. Die Produktionsvergabe nach außen erfolgte vielmehr deshalb, weil in der Vorwoche die Produktion der Fernsehzeitschrift von Streikmaßnahmen betroffen war. Insofern war diese Verlagerung durch D zwar arbeitskampfmotiviert, sie erfolgte aber nicht als Reaktion auf eine konkret bevorstehende Arbeitskampfmaßnahme. Solche, über eine konkrete Arbeitskampfmaßnahme hinausgehenden Reaktionen führen nur dann zu einer Verlagerung des Beschäftigungsrisikos, wenn ein Zuwarten dem Arbeitgeber nicht zumutbar ist. Das ist dann der Fall, wenn sich eine Arbeitsniederlegung und die vom Arbeitgeber hiergegen ergriffenen Maßnahmen auf Grund der besonderen tatsächlichen Gegebenheiten des Einzelfalls zwangsläufig auf weitere betriebliche Abläufe auswirken, obwohl diese durch den Streik nicht unmittelbar beeinträchtigt werden. Diese überschießende Wirkung ist dann ausnahmsweise noch der Risikosphäre der Arbeitnehmer zuzurechnen, weil ein enger zeitlicher und organisatorischer Zusammenhang zwischen den tatsächlich streikbetroffenen und den sich an sie anschließenden Arbeiten besteht[15].

Keine Tagesaktualität von Fernsehzeitungen

Zu einer Verlagerung des Beschäftigungsrisikos in Abweichung von § 615 Satz 1 und 3 BGB kann dies aber nur dann führen, wenn diese Maßnahme unter Berücksichtigung der Umstände des gesamten Arbeitskampfgeschehens erforderlich war, um die Produktion der Fernsehzeitschrift sicherzustellen[16]. Dies ist dann der Fall gewesen, wenn es D bei einem kurzfristig ausgerufenen Streik nicht mehr möglich gewesen wäre, die Produktion der Fernsehzeitschrift so sicherzustellen, dass auch eine wirtschaftliche Verwertung

---

[15] BAG vom 15.12.1998, AP Nr. 155 zu Art. 9 GG Arbeitskampf = NZA 1999, 552, 553 f.

[16] Vgl. allgemein hierzu BAG vom 15.12.1998, AP Nr. 155 zu Art. 9 GG Arbeitskampf = NZA 1999, 552, 553 f.

des Produkts möglich gewesen wäre. Die Produktion einer Fernsehzeitung ist anders als bei Tageszeitungen nicht auf die Nacht vor der Auslieferung und damit auf einen Zeitraum beschränkt, innerhalb dessen kurzfristige Reaktionen auf Streikmaßnahmen kaum mehr möglich sind. Fernsehzeitschriften werden anders als Tageszeitungen nicht bereits dann unverkäuflich, wenn sich ihr Erscheinen um einen Tag oder wenige Tage verzögert. Insofern wäre es D zuzumuten gewesen, zunächst abzuwarten, ob die Produktion der Fernsehzeitschrift von einem Arbeitskampf tatsächlich betroffen ist, ehe er Maßnahmen zur Sicherstellung der Produktion hätte ergreifen dürfen[17].

Für den 21.05.2008 war D eine Beschäftigung von M möglich und zumutbar, so dass die Grundsätze der Arbeitskampfrisikolehre nicht eingreifen und es bei der Anwendung von § 615 Satz 1 BGB bleibt. Trotz Nichtleistung der Arbeit steht M also für den 21.05.2008 der Lohnanspruch zu.

§ 615 BGB bleibt anwendbar

III. Ergebnis

M kann nicht für den 23.04.2008, aber für den 21.05.2008 seinen Arbeitslohn verlangen.

Lohn nur für den 21.05.2008

---

[17] So auch für einen vergleichbaren Sachverhalt BAG vom 15.12.1998, AP Nr. 155 zu Art. 9 GG Arbeitskampf = NZA 1999, 552, 553 f.

B. Lohnanspruch von Uschi O. für den 14.05.2008

Anspruchsvoraussetzungen

U hat gegen D einen Anspruch auf Lohnzahlung für den 14.05.2008 aus § 611 BGB i. V. m. dem Arbeitsverhältnis, wenn der Anspruch entstanden, nicht wieder untergegangen und durchsetzbar ist.

I. Anspruch entstanden

Anspruch mit Begründung des Arbeitsverhältnisses entstanden

Mit der Begründung des Arbeitsverhältnisses ist der Anspruch auf die Vergütung auch für den 14.05.2008 zunächst einmal entstanden.

II. Anspruch untergegangen

1. „Ohne Arbeit kein Lohn" (§ 326 Abs. 1 S. 1 Hs. 1 BGB)

Ohne Leistung keine Gegenleistung

Der Anspruch auf den Arbeitslohn könnte aber nach der allgemeinen, in § 326 Abs. 1 Hs. 1 BGB normierten Regel „ohne Leistung keine Gegenleistung" – bzw. konkreter für das Arbeitsverhältnis „ohne Arbeit kein Lohn" – entfallen sein, weil U an dem betreffenden Tag keine Arbeitsleistung erbracht hat. Mit Nichtleistung der Arbeit zum vereinbarten Zeitpunkt tritt Unmöglichkeit ein, so dass der Vergütungsanspruch nach der Grundregel des § 326 Abs. 1 S. 1 Hs. 1 BGB wieder erloschen wäre[18].

2. Bezahlter Erholungsurlaub

Entgeltfortzahlung bei Erholungsurlaub

Für den 14.05.2008 könnte sich vorliegend ein Anspruch auf Arbeitsentgelt abweichend von § 326 Abs. 1 BGB aus §§ 1, 11 BUrlG[19] ergeben. Die Voraussetzungen der Fortzahlung des Arbeitsentgelts (nach Maßgabe des § 11 BUrlG) trotz

---

[18] Siehe schon oben A II 1, S. 94.

[19] Urlaubsentgelt ist die Fortzahlung der Arbeitsvergütung für die Urlaubszeit, so dass der Anspruch auf Urlaubsentgelt mit dem Lohnanspruch identisch ist: BAG vom 01.12.1983, AP Nr. 15 zu § 7 BUrlG Abgeltung = NZA 1984, 194, 195; BAG vom 08.03.1984, AP Nr. 14 zu § 3 BUrlG Rechtsmissbrauch = NZA 1984, 197; Boemke, ArbR, § 5 Rn. 145, 147; ErfK/Dörner, § 11 BUrlG Rn. 1; Ihmels, JZ 1983, 18; Leinemann/Linck, Urlaubsrecht, § 1 BUrlG Rn. 11 ff.; Weber, RdA 1995, 229; Widera, DB 1988, 756. Er ist nicht, wie die Vertreter der sog. Einheitstheorie (vgl. Neumann/Fenski, BUrlG, § 1 Rn. 68 ff.; Zöllner/Loritz/Hergenröder, Arbeitsrecht, § 17 IV 1, S.188) zu Unrecht annehmen, Bestandteil des Urlaubsanspruchs nach § 1 BUrlG.

Nichtleistung der Arbeit liegen vor, weil U von D wirksam Erholungsurlaub gewährt worden war[20].

3. Suspendierung durch Streikteilnahme

Allerdings kann nur ein bestehender Vergütungsanspruch aufrechterhalten werden. Im vorliegenden Fall könnte der nach allgemeinen Grundsätzen bestehende Entgeltanspruch von U infolge ihrer Streikteilnahme entfallen sein. Nach allgemeiner Auffassung hat zwar der Streikaufruf einer Gewerkschaft noch keine unmittelbaren Auswirkungen auf das Arbeitsverhältnis[21]; er berechtigt aber den Arbeitnehmer am Streik teilzunehmen[22]. Die Streikteilnahme hat zwar auf den Bestand des Arbeitsverhältnisses als solches keine Auswirkungen[23]; sie führt aber dazu, dass für die Dauer der Streikteilnahme die Hauptleistungspflichten aus dem Arbeitsverhältnis suspendiert werden, also für den Zeitraum der Streikteilnahme keine Arbeitspflicht des Arbeitnehmers, aber auch keine Vergütungspflicht des Arbeitgebers besteht[24]. Da die Streikteilnahme die Hauptleistungspflichten aus dem Arbeitsverhältnis insgesamt suspendiert, steht das Streikrecht,

Ruhen der Hauptleistungspflichten infolge Streikteilnahme

---

[20] Vgl. hierzu BAG vom 08.03.1984, AP Nr. 14 zu § 3 BUrlG Rechtsmißbrauch = NZA 1984, 197; BAG vom 24.10.1989, AP Nr. 29 zu § 11 BUrlG = NZA 1990, 486, 487; Leinemann/Linck, Urlaubsrecht, § 1 BUrlG Rn. 26.

[21] BAG vom 15.01.1991, AP Nr. 114 zu Art. 9 GG Arbeitskampf = NZA 1991, 604, 605 f.; Gamillscheg, Kollektives Arbeitsrecht I, S. 992 f., 1012 f.; Schaub/Koch, ArbR-Hdb, § 193 Rn. 28. Dementsprechend muss der Arbeitgeber auch während eines Streiks den im Urlaub befindlichen Arbeitnehmern das Arbeitsentgelt fortzahlen: BAG vom 09.02.1982, AP Nr. 16 zu § 11 BUrlG = NJW 1982, 2087 f.; BAG vom 31.05.1988, AP Nr. 58 zu § 1 FeiertagslohnzahlungsG = NZA 1988, 887 f.; Steffen, AR-Blattei SD 1640.2 Rn. 100 ff.; Otto, Arbeitskampf- und Schlichtungsrecht, § 7 Rn. 32.

[22] ErfK/Dieterich, Art. 9 GG Rn. 171; Gamillscheg, Kollektives Arbeitsrecht I, S. 992 f.; Kissel, Arbeitskampfrecht, § 42 Rn. 12; Schaub/Koch, ArbR-Hdb, § 193 Rn. 28.

[23] BAG (GS) vom 21.04.1971, AP Nr. 43 zu Art. 9 GG Arbeitskampf unter III A = NJW 1971, 1668, 1670; ErfK/Dieterich, Art. 9 GG Rn. 192; Kissel, Arbeitskampfrecht, § 42 Rn. 12, § 46 Rn. 1; Otto, Arbeitskampf- und Schlichtungsrecht, § 8 Rn. 15 ff.; Schaub/Koch, ArbR-Hdb, § 194 Rn. 2.

[24] BAG v. 22.03.1994 AP Nr. 130 zu Art. 9 GG Arbeitskampf = NZA 1994, 1097, 1098 f.; BAG 20.12.1995 AP Nr. 141 zu Art. 9 GG Arbeitskampf unter II 1 = NZA 1996, 491; BAG vom 26.07.2005, AP Nr. 170 zu Art. 9 GG Arbeitskampf = NZA 2005, 1402, 1404; Boemke, ArbR, § 12 Rn. 4; ErfK/Dieterich, Art. 9 GG Rn. 192 f.; Kissel, Arbeitskampfrecht, § 42 Rn. 12, § 46 Rn. 1; Otto, Arbeitskampf- und Schlichtungsrecht, § 8 Rn. 15 ff., § 14 Rn. 1 ff.; Preis, KollArbR, S. 331 f.; Schaub/Koch, ArbR-Hdb, § 194 Rn. 2 f.

dessen Ausübung zur Suspendierung der Hauptleistungspflichten führt, auch solchen Mitarbeitern zu, denen die Erbringung der Hauptleistungspflichten aus tatsächlichen Gründen unmöglich ist (z. B. Arbeitsunfähigkeit)[25] oder die aus rechtlichen Gründen nicht zur Arbeitsleistung verpflichtet sind (z. B. Urlaub)[26]. Beteiligt sich ein Arbeitnehmer am Streik, dem für die Zeit des Arbeitskampfs Urlaub gewährt worden war, dann ruhen auch in diesem Fall auf Grund der Streikteilnahme die beiderseitigen Hauptpflichten aus dem Arbeitsverhältnis, so dass ein Anspruch auf Urlaubsentgelt entfällt[27].

Streikteilnahme von U

Im vorliegenden Fall hatte sich U laut Sachverhalt am 14.05.2008 an dem ganztägigen Streik beteiligt. Daher waren für diesen Tag die Hauptleistungspflichten aus dem Arbeitsverhältnis suspendiert, so dass für diesen Tag kein Anspruch auf Lohnzahlung bestand, der trotz Nichtleistung der Arbeit hätte aufrecht erhalten werden können.

III. Ergebnis

Keine Entgeltfortzahlung

U kann für den 14.05.2008 keinen Arbeitslohn verlangen.

---

[25] BAG vom 15.01.1991, AP Nr. 114 zu Art. 9 GG Arbeitskampf = NZA 1991, 604, 605; BAG vom 01.10.1991, AP Nr. 121 zu Art. 9 GG Arbeitskampf = NZA 1992, 163; Brox/Rüthers, Arbeitskampfrecht, Rn. 663; Gamillscheg, Kollektives Arbeitsrecht I, S. 997; Kissel, Arbeitskampfrecht, § 42 Rn. 49; Löwisch, Arbeitskampf- und Schlichtungsrecht, 170.2. Rn. 284; Schaub/Koch, ArbR-Hdb, § 194 Rn. 10.

[26] BAG vom 15.01.1991, AP Nr. 114 zu Art. 9 GG Arbeitskampf = NZA 1991, 604, 606; ErfK/Dieterich, Art. 9 GG Rn. 206 ff.; Kissel, Arbeitskampfrecht, § 42 Rn. 50; Löwisch, Arbeitskampf- und Schlichtungsrecht, 170.2. Rn. 288; Steffen, AR-Blattei SD 1640.2 Rn. 103.

[27] BAG vom 09.02.1982, AP Nr. 16 zu § 11 BUrlG = NJW 1982, 2087, 2088; BAG vom 15.01.1991, AP Nr. 114 zu Art. 9 GG Arbeitskampf = NZA 1991, 604, 605 f.; BAG vom 01.10.1991, AP Nr. 121 zu Art. 9 GG Arbeitskampf = NZA 1992, 163; GK-BUrlG/Bleistein, § 1 Rn. 147; Leinemann/Linck, Urlaubsrecht, § 1 BUrlG Rn. 195 f., § 11 BUrlG Rn. 83 f.; Löwisch, Arbeitskampf- und Schlichtungsrecht, 170.3.1. Rn. 22; Löwisch/Rieble, AR-Blattei, SD 170.2 Rn. 284.

C. Lohnansprüche von G und H

G bzw. H stünde der Anspruch auf Lohnzahlung für den 15.05.2008 aus § 611 BGB i. V. m. dem Arbeitsverhältnis[28] zu, wenn der Anspruch entstanden, nicht wieder untergegangen und durchsetzbar ist.

Anspruchsvoraussetzungen

I. Lohnanspruch von G

1. Allgemeine Grundsätze

Nach dem oben zum Anspruch von M Dargelegten ist auch für G der Anspruch auf Entgelt für den 15.05.2008 mit Abschluss des Arbeitsvertrags zunächst einmal entstanden. Dieser Anspruch wird trotz Nichtleistung der Arbeit an diesem Tag entgegen § 326 Abs. 1 BGB nach allgemeinen Grundsätzen gemäß § 615 S. 1 und 3 BGB aufrecht erhalten, weil D die angebotene Arbeitsleistung nicht angenommen hatte.

Lohnanspruch bei Annahmeverzug

2. Verdrängung von § 615 BGB durch die Arbeitskampfrisikolehre

Allerdings hat D die Beschäftigung von G in Zusammenhang mit arbeitskampfbedingten Maßnahmen verweigert. Die Anwendung von § 615 BGB im konkreten Fall könnte daher nach den Grundsätzen der so genannten Arbeitskampfrisikolehre mit der Folge ausgeschlossen sein, dass trotz Nichtannahme der angebotenen Arbeitsleistung durch D als Arbeitgeber abweichend von § 615 Satz 1 BGB der Entgeltanspruch nicht aufrechterhalten wird.

Verdrängung von § 615 BGB durch Arbeitskampfrisikolehre

Wie oben dargelegt verdrängen die Grundsätze der Arbeitskampfrisikolehre die allgemeine Regelung des § 615 BGB im Bereich des umkämpften Tarifgebiets, wenn andernfalls die Kampfparität nicht mehr gewahrt wäre. Die Kampfparität wäre zum Nachteil der Arbeitgeberseite verschoben, wenn der unmittelbar von einer Arbeitskampfmaßnahme betroffene Arbeitgeber solchen Arbeitnehmern das Entgelt fortzahlen müsste, die leistungsbereit und -willig sind, die er aber infolge einer Arbeitskampfmaßnahme nicht oder nicht wirtschaftlich sinnvoll beschäftigen kann[29].

Kein Lohnanspruch bei Teilarbeitskampf im Betrieb

---

[28] § 615 BGB gewährt keinen Anspruch auf Arbeitslohn, sondern erhält nur einen entstandenen Lohnanspruch trotz Nichtleistung der Arbeit aufrecht, vgl. Boemke, ArbR, § 5 Rn. 157.

[29] BVerfG vom 04.07.1995, AP Nr. 4 zu § 116 AFG = NZA 1995, 754, 756 f.; Boemke, JuS 1999, 1138 f.; Dütz, ArbR, Rn. 680; Hromadka/Maschmann, ArbR 2, § 14 Rn. 115; Kissel, Arbeitskampfrecht, § 33 Rn. 30; Reichold, JuS 1996, 1049, 1057.

Daher ist nach allgemeiner Auffassung der Arbeitgeber, dessen Betrieb unmittelbar von einer Streikmaßnahme betroffen ist, nicht zur Lohnzahlung an nicht streikende Arbeitnehmer verpflichtet, die er infolge der Streikfolgen nicht oder zumindest nicht wirtschaftlich sinnvoll beschäftigen kann[30].

Beschäftigung der Zeitungszusteller unzumutbar

Im konkreten Fall war der Druckereibetrieb von D am 14.05.2008 bestreikt worden, so dass der Saxonia-Kurier nicht produziert werden konnte. Daher war die Beschäftigung derjenigen Mitarbeiter, die für D dieses Druckerzeugnis verteilen sollten, zumindest wirtschaftlich nicht sinnvoll. Die Nichtbeschäftigung dieser Mitarbeiter, einschließlich G, war unmittelbare Folge einer Arbeitskampfmaßnahme. Da G auch dem (teil-)bestreikten Betrieb angehörte, entfiel nach den Grundsätzen der Arbeitskampfrisikolehre ihr Lohnanspruch.

3. Ergebnis

Kein Lohnanspruch

G steht für den 15.05.2008 kein Lohnanspruch gegen D zu.

II. Lohnanspruch von H

1. Allgemeine Grundsätze

Lohnanspruch bei Annahmeverzug

Nach dem oben zum Anspruch von G dargelegten, steht H der Anspruch auf Entgelt für den 15.05.2008 zu, soweit er nicht ausnahmsweise das Risiko der Nichtbeschäftigung durch seinen Arbeitgeber V nach den Grundsätzen der Arbeitskampfrisikolehre zu tragen hat.

2. Verdrängung von § 615 BGB durch die Arbeitskampfrisikolehre

a) Arbeitskampfbedingte Nichtbeschäftigung in räumlich anderem Tarifgebiet

Drittwirkung des Arbeitskampfs

Im Verhältnis zwischen D und G musste G das Beschäftigungsrisiko tragen, weil sie infolge eines (Teil-)Streiks im

---

[30] BAG vom 22.12.1980, AP Nr. 70 zu Art. 9 GG Arbeitskampf = NJW 1981, 937, 938 f.; BAG vom 22.12.1980, AP Nr. 71 zu Art. 9 GG Arbeitskampf = NJW 1981, 942; BAG vom 15.12.1998, AP Nr. 154 zu Art. 9 GG Arbeitskampf = NZA 1999, 550, 552; BAG vom 31.01.1995, AP Nr. 135 zu Art. 9 GG = NZA 1995, 958, 959; Boemke, ArbR, § 5 Rn. 170; ErfK/Dieterich, Art. 9 GG Rn. 146; Hromadka/Maschmann, ArbR 1, § 8 Rn. 47; Kissel, Arbeitskampfrecht, § 33 Rn. 32 ff.; Reichold, JuS 1996, 1049, 1057.

Betrieb von D nicht beschäftigt werden konnte. Fraglich ist, ob sich an dieser Risikoverteilung etwas ändert, weil H in einem Betrieb beschäftigt wird, der nicht unmittelbar von einem Streik betroffen war und räumlich sogar zu einem anderen Tarifgebiet gehört als der Betrieb von D.

In diesem Zusammenhang ist umstritten, nach welchen Kriterien sich die Lohnzahlungspflicht bestimmt, wenn Arbeitnehmer infolge einer Fernwirkung eines Arbeitskampfs in einem fachlich gleichen, aber räumlich anderem Tarifgebiet nicht (wirtschaftlich sinnvoll) beschäftigt werden können. Die Rechtsprechung[31] will unter Zustimmung von Teilen der Lehre die Verteilung des Lohnrisikos auf Grundlage des Paritätsgedankens vornehmen[32]. Demgegenüber will eine abweichende Auffassung in der Literatur bei Fernwirkungen eines Arbeitskampfs ausnahmslos § 615 BGB anwenden und damit den Arbeitgeber das Risiko der Lohnzahlung tragen lassen[33]. Danach stünde H der Entgeltanspruch zu. Nach anderer Meinung im Schrifttum soll der Arbeitgeber immer dann von dem Lohnzahlungsrisiko entlastet werden, wenn der arbeitskampfbedingte Arbeitsausfall für ihn unter Anlegung wirtschaftlicher Kriterien unvermeidbar ist[34]. Nach dieser Auffassung würde V – vergleichbar mit D – ebenfalls vom Lohnfortzahlungsrisiko entlastet.

Meinungsstand

b) Grundsatz der Kampfparität

Im Rahmen des Streitentscheids ist zu berücksichtigen, dass nach Art. 9 Abs. 3 GG der Gesetzgeber verpflichtet ist, ein funktionierendes Tarifvertragssystem zur Verfügung zu stel-

Führt Fernwirkung zur Störung der Kampfparität?

---

[31] BAG vom 22.12.1980, AP Nr. 70 zu Art. 9 GG Arbeitskampf = NJW 1981, 937, 938 f.; BAG vom 22.12.1980, AP Nr. 71 zu Art. 9 GG Arbeitskampf = NJW 1981, 942; BAG vom 12.11.1996, AP Nr. 147 zu Art. 9 GG Arbeitskampf = NZA 1997, 393, 395; BAG vom 15.12.1998, AP Nr. 155 zu Art. 9 GG Arbeitskampf = NZA 1999, 550, 551.

[32] Boemke, ArbR, § 5 Rn. 173; ErfK/Dieterich, Art. 9 GG Rn. 143 f.; Gamillscheg, Kollektives Arbeitsrecht I, S. 1255; KassArbR/Kalb, 8.2. Rn. 354; Kissel, Arbeitskampfrecht, § 33 Rn. 122 ff.; Löwisch/Bittner, AR-Blattei SD 170.3.2 Rn. 1 ff., 36 ff.; MünchArbR/Otto, § 290 Rn. 12 ff.; Otto, Arbeitskampf- und Schlichtungsrecht, § 16 Rn. 28; Reichold, JuS 1996, 1049, 1057; Rolfs, StudKomm-ArbR, § 615 BGB Rn. 25.

[33] Däubler/Bieback/Colneric, Arbeitskampfrecht, Rn. 614; Mayer, BB 1990, 2482, 2487; Trittin, DB 1990, 321 f.

[34] Adomeit, NJW 1987, 33, 34 f.; Lieb, NZA 1990, 289, 293; Picker, JZ 1979, 285, 293 f.; ders. JZ 1985, 693, 699; Richardi, JuS 1984, 825, 835 f.; Seiter, Staatsneutralität, S. 76, 367; ders., DB 1981, 578, 580 f.; Staudinger/Richardi, BGB, § 615 Rn. 245 ff.

len[35]. Hierzu gehört es, dass im Rahmen von Tarifvertragsverhandlungen abstrakt-generelle Kampfparität besteht, also
nicht eine Seite der anderen ihren Willen aufzwingen kann[36].
Mit diesem verfassungsrechtlichen Gebot wäre es unvereinbar, arbeitskampfbedingte Leistungsstörungen für die Vergü-
tungsseite immer nach § 615 BGB zu beurteilen[37]. Dies
könnte nämlich in bestimmten Konstellationen dazu führen,
dass ein Arbeitskampf für die Arbeitgeberseite in finanziel-
ler Hinsicht nicht mehr führbar ist, insbesondere wenn ein
begrenzter Schwerpunktstreik die Beschäftigung zahlreicher
weiterer Arbeitnehmer wirtschaftlich unzumutbar machen
würde. Umgekehrt verlangt der Gedanke der Verhandlungsparität es nicht, dass Arbeitnehmer allein deshalb ihren Entgeltanspruch verlieren, weil ihr Arbeitgeber sie als Folge
eines Arbeitskampfs nicht beschäftigen kann, obwohl sie
weder vom Ergebnis des Arbeitskampfs partizipieren noch
der Fortbestand der Entgeltzahlungspflicht ihres Arbeitgebers sich in irgendeiner Form auf die umkämpften Tarifverhandlungen auswirken kann. Zu folgen ist daher im Grundsatz der Auffassung des BAG, wonach das Lohnrisiko unter
Berücksichtigung der Grundsätze der Kampfparität zu verteilen ist. Eine Abweichung von § 615 BGB unter Anwendung der Grundsätze der Arbeitskampfrisikolehre ist daher
geboten, wenn die Fernwirkungen eines Arbeitskampfs unmittelbar oder mittelbar zu Störungen des Kräfteverhältnis-
ses führen können.

---

[35] BAG (GS) vom 21.04.1971, AP Nr. 43 zu Art. 9 GG Arbeitskampf
    unter III B 1 = NJW 1971, 1668, 1669; BAG vom 10.06.1980, AP
    Nr. 64 zu Art. 9 GG Arbeitskampf = NJW 1980, 1642, 1646 f.; BVerfG
    vom 26.06.1991, AP Nr. 117 zu Art. 9 GG Arbeitskampf = NJW 1991,
    2549, 2551; BVerfG vom 02.03.1993, AP Nr. 126 zu Art. 9 GG
    Arbeitskampf = NJW 1993, 1379, 1380; BVerfG vom 04.07.1995, AP
    Nr. 4 zu § 116 AFG = NZA 1995, 754, 755; Buchner, RdA 1986, 16;
    ErfK/Dieterich, Art. 9 GG Rn. 102; Kissel, Arbeitskampfrecht, § 32
    Rn. 1 ff.; Löwisch, Arbeitskampf- und Schlichtungsrecht, 170.1.
    Rn. 64 ff.; Otto, Arbeitskampf- und Schlichtungsrecht, § 2 Rn. 54, 64.
[36] BVerfG vom 26.06.1991, AP Nr. 117 zu Art. 9 GG Arbeitskampf =
    NJW 1991, 2549, 2551; BVerfG vom 04.07.1995, AP Nr. 4 zu § 116
    AFG = NZA 1995, 754, 756; Buchner, RdA 1986, 16; ErfK/Dieterich,
    Art. 9 GG Rn. 134; Kissel, Arbeitskampfrecht, § 32 Rn. 1 ff.; Löwisch,
    Arbeitskampf- und Schlichtungsrecht, 170.1. Rn. 64 ff.; Otto, Arbeits-
    kampf- und Schlichtungsrecht, § 2 Rn. 54, 64.
[37] BAG vom 22.12.1980, AP Nr. 70 zu Art. 9 GG Arbeitskampf = NJW
    1981, 937, 938; ErfK/Dieterich, Art. 9 GG Rn. 143 f.

c) Orientierung an § 146 SGB III

Fraglich ist aber, wann im Einzelfall eine solche Störung der Kampfparität anzunehmen ist, die einer Anwendung von § 615 BGB entgegensteht[38]. Die Einzelheiten hierzu sind umstritten. So wird teilweise eine wirtschaftliche Abhängigkeit oder eine koalitionspolitische Verbundenheit des mittelbar betroffenen Arbeitgebers von bzw. mit dem Arbeitgeber oder Arbeitgeberverband gefordert, der unmittelbar von der Streikmaßnahme betroffen ist[39]. Die Rechtsprechung will in erster Linie darauf abstellen, wie die Position der im Kampf befindlichen sozialen Gegenspieler beeinflusst wird, wenn der mittelbar betroffene Arbeitgeber zur Lohnzahlung verpflichtet bleibt[40]. Unter Berücksichtigung der Bindung an Recht und Gesetz gemäß Art. 20 Abs. 3 GG bietet sich eine Orientierung an § 146 SGB III an. Diese Bestimmung betrifft zwar unmittelbar nur das Ruhen von Arbeitslosengeld bei Arbeitskämpfen, sie ist aber Ausfluss der allgemeinen arbeitskampfrechtlichen Grundsätze der Staatsneutralität und der Kampfparität[41]. Sie bringt zum Ausdruck, in welchen Fällen der Gesetzgeber es für gerechtfertigt und erforderlich hält, das Lohnzahlungsrisiko mittelbar vom Arbeitskampf betroffene Arbeitnehmer treffen zu lassen. Daher kann, wenn die Voraussetzungen von § 146 Abs. 3 SGB III vorliegen, von einer Paritätsverschiebung regelmäßig ausgegangen werden. Liegen dessen Voraussetzungen nicht vor, ist regelmäßig eine Paritätsverschiebung ausgeschlossen, soweit sich nicht aus den konkreten Umständen des Einzelfalls etwas anderes ergibt.

Paritätsstörung bei mittelbarer Betroffenheit

Nach § 146 Abs. 3 Satz 1 Nr. 2 SGB III kommt eine Verschiebung des Lohnzahlungsrisikos auf mittelbar vom Arbeitskampf betroffene Arbeitnehmer, deren Beschäftigungsbetrieb zwar nicht dem räumlichen, aber dem fachlichen Geltungsbereich des umkämpften Tarifvertrags zuzuordnen ist, nur in Betracht, wenn erstens in diesem Tarifgebiet eine Forderung erhoben wurde, die einer Hauptforderung des Arbeitskampfs nach Art und Umfang gleich ist, und wenn das Arbeitskampfergebnis aller Voraussicht nach in dem

Keine gleichartige Hauptforderung

---

[38] Siehe dazu BAG vom 12.11.1996, AP Nr. 147 zu Art. 9 GG Arbeitskampf = NZA 1997, 393, 395; ErfK/Dieterich, Art. 9 GG Rn. 134 ff.; Kissel, Arbeitskampfrecht, § 33 Rn. 127 ff.

[39] Löwisch/Bittner, AR-Blattei SD 170.3.2 Rn. 1 ff., 36 ff.

[40] BAG vom 22.12.1980, AP Nr. 70 zu Art. 9 GG Arbeitskampf = NJW 1981, 937, 939 f.

[41] Gagel/Bepler, SGB III, Vor § 146 Rn. 1; Kissel, Arbeitskampfrecht, § 33 Rn. 144 f.; Niesel/Düe, SGB III, § 146 Rn. 3; Wissing/Mutschler/Bartz, SGB III, § 146 Rn. 8.

räumlichen Geltungsbereich des nicht umkämpften Tarifvertrags im Wesentlichen übernommen wird. Der Betrieb von V ist wie der von D ebenfalls ein Druckereiunternehmen; er gehört somit demselben fachlichen, aber einem anderen räumlichen Tarifgebiet an. Allerdings war für Thüringen bereits ein neuer Entgelttarifvertrag vereinbart worden, so dass es an der zweiten Voraussetzung fehlt, nämlich dass in diesem Tarifgebiet vergleichbare Forderungen erhoben worden sind und das Arbeitskampfergebnis des umkämpften Tarifvertrags in diesem Tarifgebiet im Wesentlichen übernommen werden wird.

Arbeitskampfrisikolehre greift nicht ein

Anhaltspunkte dafür, dass die Grundsätze der Tarifautonomie im konkreten Fall abweichend von der Risikoverteilung in § 146 Abs. 3 Satz 1 Nr. 2 SGB III eine Anwendung der Grundsätze der Arbeitskampfrisikolehre fordern, gibt der Sachverhalt nicht. Daher wird § 615 Satz 1 und 3 BGB, soweit es um die Nichtbeschäftigung von H durch V als mittelbare Folge des Arbeitskampfes bei D geht, nicht durch Grundsätze des Arbeitskampfrechts verdrängt.

3. Ergebnis

Lohnanspruch besteht

Der Lohnanspruch von H gegen V wird trotz Nichtleistung der Arbeit am 15.05.2008 gemäß § 615 Satz 1 und 3 BGB aufrecht erhalten.

D. Ausgleichsprämie

I. Mitbestimmungsrecht des Betriebsrats

Der Betriebsrat hat hinsichtlich der Verteilung der „Ausgleichsprämie" nach § 87 Abs. 1 Nr. 10 BetrVG ein Mitbestimmungsrecht, soweit es sich hierbei um eine Angelegenheit der betrieblichen Lohngestaltung handelt und das Mitbestimmungsrecht nicht ausgeschlossen ist, weil es sich bei der Leistungsgewährung um eine Maßnahme des Arbeitskampfs handelt.

Voraussetzungen des
Mitbestimmungsrechts

1. Betriebliche Lohngestaltung (§ 87 Abs. 1 Nr. 10 BetrVG)

Ein Mitbestimmungsrecht des Betriebsrats bei der Gewährung der Ausgleichsprämie könnte gemäß § 87 Abs. 1 Nr. 10 BetrVG bestehen. Dies setzt voraus, dass es sich hierbei um eine Frage der betrieblichen Lohngestaltung i. S. v. § 87 Abs. 1 Nr. 10 BetrVG handelt. Durch die Mitbestimmung nach § 87 Abs. 1 Nr. 10 BetrVG bei Fragen der betrieblichen Lohngestaltung soll die innerbetriebliche Lohngerechtigkeit sichergestellt werden[42]. Es geht hierbei um die Angemessenheit und Durchsichtigkeit des innerbetrieblichen Lohngefüges sowie die Gewährleistung der Gleichbehandlung der Arbeitnehmer bei kollektiver Lohngestaltung[43]. Der Begriff des Lohns ist danach im weitesten Sinne zu verstehen[44]. Erfasst werden sämtliche Geldleistungen und geldwerten Leistungen, die im Rahmen des Arbeitsverhältnisses erbracht werden, auch soweit sie nicht unmittelbar Gegenleistung für

Weiter Lohnbegriff

---

[42] BAG vom 10.06.1986, AP Nr. 22 zu § 87 BetrVG 1972 Lohngestaltung = NZA 1987, 30; BAG vom 13.01.1987, AP Nr. 26 zu § 87 BetrVG 1972 Lohngestaltung mit Anm. Gaul = NZA 1987, 386; BAG vom 11.06.2002, AP Nr. 113 zu § 87 BetrVG 1972 Lohngestaltung = NZA 2003, 570; BAG vom 29.07.2003, AP Nr. 18 zu § 87 BetrVG 1972 Sozialeinrichtung = NZA 2004, 1344, 1345; BAG vom 02.03.2004, AP Nr. 31 zu § 3 TVG = NZA 2004, 852; Boemke, ArbR, § 5 Rn. 65; DKK/Klebe, BetrVG, § 87 Rn. 241; Fitting, BetrVG, § 87 Rn. 408; Hromadka/Maschmann, ArbR 2, § 16 Rn. 473; Rolfs, Stud-Komm-ArbR, § 87 BetrVG Rn. 56.

[43] BAG (GS) vom 03.12.1991, AP Nr. 51 zu § 87 BetrVG 1972 Lohngestaltung = NZA 1992, 749, 755; BAG vom 28.02.2006, AP Nr. 127 zu § 87 BetrVG 1972 Lohngestaltung = NZA 2006, 1426, 1427; Boemke, ArbR, § 5 Rn. 65; DKK/Klebe, BetrVG, § 87 Rn. 241.

[44] BAG vom 10.06.1986, AP Nr. 22 zu § 87 BetrVG 1972 Lohngestaltung = NZA 1987, 30; BAG vom 30.01.1990, AP Nr. 41 zu § 87 BetrVG 1972 Lohngestaltung = NZA 1990, 571, 573; Fitting, BetrVG, § 87 Rn. 412; GK-BetrVG/Wiese, § 87 Rn. 821 ff.

die Erbringung der Arbeitsleistung sind[45]. Auch die Gewährung von Sonderzuwendungen als Anerkennung für besonderes Engagement fällt daher unter den Mitbestimmungstatbestand[46].

Mitbestimmungsrecht bei Sonderzulagen

Damit ist grundsätzlich ein Mitbestimmungsrecht des Betriebrats bei der Gewährung von Sonderzulagen, wie z. B. der Zahlung von Anerkennungs- oder Ausgleichsprämien, gegeben.

2. Kollektiver Tatbestand

Keine Mitbestimmung bei individueller Lohngestaltung

Das Mitbestimmungsrecht könnte ausgeschlossen sein, wenn es sich bei der Gewährung der Ausgleichsprämie um eine individuelle Einzelfallentscheidung handelt. Das Mitbestimmungsrecht aus § 87 Abs. 1 Nr. 10 BetrVG soll nämlich die innerbetriebliche Lohngerechtigkeit sicherstellen. Daher besteht es nur bei kollektiven Regelungsfragen, während die individuelle Lohngestaltung, die mit Rücksicht auf besondere Umstände des einzelnen Arbeitsverhältnisses getroffen wird und bei der kein innerer Zusammenhang zur Entlohnung anderer Arbeitnehmer besteht, mitbestimmungsfrei ist[47].

Mitbestimmung bei leistungsbezogenen Zulagen

Das Vorliegen eines kollektiven Tatbestands bestimmt sich nicht danach, ob es sich nur um eine Einmalzahlung oder eine Zahlung an einen einzelnen Arbeitnehmer handelt[48]; entscheidend ist vielmehr, ob ein innerer Zusammenhang mit der Entlohnung anderer Arbeitnehmer besteht[49].

---

[45] BAG vom 10.06.1986, AP Nr. 22 zu § 87 BetrVG 1972 Lohngestaltung = NZA 1987, 30; BAG vom 30.01.1990, AP Nr. 41 zu § 87 BetrVG 1972 Lohngestaltung = NZA 1990, 571, 573; BAG vom 14.6.1994, AP Nr. 69 zu § 87 BetrVG 1972 Lohngestaltung = NZA 1995, 543, 544; Boemke, ArbR, § 5 Rn. 64; Fitting, BetrVG, § 87 Rn. 412; Richardi, BetrVG, § 87 Rn. 734.

[46] BAG vom 29.02.2000, AP Nr. 105 zu § 87 BetrVG Lohngestaltung = NZA 2000, 1066, 1067; Boemke, ArbR, § 5 Rn. 61, 64; Hromadka/Maschmann, ArbR 2, § 16 Rn. 474; ErfK/Kania, § 87 BetrVG Rn. 96; Richardi, BetrVG, § 87 Rn. 736; Rolfs, StudKomm-ArbR, § 87 Rn. 58.

[47] BAG (GS) vom 03.12.1991, AP Nr. 51 zu § 87 BetrVG 1972 Lohngestaltung NZA 1992, 749, 756; BAG vom 29.02.2000, AP Nr. 105 zu § 87 BetrVG Lohngestaltung = NZA 2000, 1066, 1067; Richardi, BetrVG, § 87 Rn. 20; Rolfs, StudKomm-ArbR, § 87 Rn. 7; GK-BetrVG/Wiese, § 87 Rn. 15.

[48] BAG vom 29.02.2000, AP Nr. 105 zu § 87 BetrVG Lohngestaltung = NZA 2000, 1066, 1067; DKK/Klebe, BetrVG, § 87 Rn. 16; Hromadka/Maschmann, ArbR 2, § 16 Rn. 429; ErfK/Kania, § 87 BetrVG Rn. 6; GK-BetrVG/Wiese, § 87 Rn. 15.

[49] BAG vom 29.02.2000, AP Nr. 105 zu § 87 BetrVG Lohngestaltung = NZA 2000, 1066, 1067; Hromadka/Maschmann, ArbR 2, § 16 Rn. 429; GK-BetrVG/Wiese, § 87 Rn. 16.

Dies ist typischerweise bei Zahlungen zu bejahen, die nach Leistungsgesichtspunkten erfolgen, insbesondere wenn besondere Anstrengungen zusätzlich honoriert werden sollen. Im Interesse der innerbetrieblichen Lohngerechtigkeit hat der Betriebsrat nämlich zu kontrollieren, ob das Zuwendungskriterium höherrangigem Recht entspricht, insbesondere nicht Mitarbeiter unter Verstoß gegen Differenzierungsverbote oder den allgemeinen arbeitsrechtlichen Gleichbehandlungsgrundsatz unzulässig ausgegrenzt werden. Die Bemessung zusätzlicher Zahlungen nach der Qualität der Arbeitsleistung setzt stets eine irgendwie definierte Normal- oder Mindestleistung voraus, auf deren Grundlage erst festgestellt werden kann, ob und inwieweit eine Arbeitsleistung einen höheren Wert hat. Darüber hinaus hat der Betriebsrat mitzuentscheiden, ob der Kreis der Zulagenempfänger nach den abstrakten Vorgaben richtig bestimmt ist, d. h. ob sämtliche Arbeitnehmer, die solche Zusatzleistungen erbracht haben, auch berücksichtigt worden sind.

Demnach liegt bei der Gewährung von Ausgleichsprämien für Streikbrecherarbeiten ein kollektiver Tatbestand vor[50]. Das Mitbestimmungsrecht des Betriebsrats würde nach allgemeinen Grundsätzen bestehen.

Kollektiver Tatbestand gegeben

3. Kein Mitbestimmungsrecht bei Arbeitskampfmaßnahmen

Aus dem verfassungsrechtlich durch Art. 9 Abs. 3 GG geschützten Grundsatz der freien Wahl der Arbeitskampfmittel folgt allerdings, dass der Betriebsrat durch Mitbestimmungsrechte nicht auf Arbeitskampfmaßnahmen Einfluss nehmen darf. Eine Einschränkung von Mitbestimmungsrechten des Betriebsrats bei Maßnahmen zur Abwehr von Folgen eines Arbeitskampfs oder einzelner Arbeitskampfmaßnahmen kommt dementsprechend nach ständiger Rechtsprechung[51] und ganz herrschender Lehre[52] in Betracht, wenn die Mitbestimmung des Betriebsrats unmittel-

Streikbrecherprämie als mitbestimmungsfreie Arbeitskampfmaßnahme

---

[50] LAG Hamm vom 16.09.1997, 13 TaBV 33/97, AiB 1998, 588 f. mit Anm. Kettner.

[51] BAG vom 14.02.1978, AP Nr. 57 zu Art. 9 GG Arbeitskampf = NJW 1978, 2054; BVerfG vom 07.04.1997, AP Nr. 11 zu Art. 100 GG = NZA 1997, 773, 774; BAG vom 10.12.2002, AP Nr. 59 zu § 80 BetrVG 1972 = NZA 2004, 223, 225 f.

[52] Brox/Rüthers, Arbeitskampfrecht, Rn. 437 ff.; Hess/Schlochauer/Glaubitz, BetrVG, § 74 Rn. 28; v. Hoyningen-Huene, DB 1989, 1466, 1469; MünchArbR/Matthes, § 331 Rn. 15 ff.; Reuter, AuR 1973, 1, 5; Richardi, BetrVG, § 74 Rn. 33 ff.; Seiter, RdA 1979, 393, 397; Seiter, DB 1981, 578, 583 f.

bar und zwangsläufig zur Folge hätte, dass die Freiheit des Arbeitgebers, Arbeitskampfmaßnahmen zu ergreifen oder Folgen eines Arbeitskampfs zu begegnen, ernsthaft beeinträchtigt würde[53]. In diesem Sinne stellt die Zahlung einer Anerkennungs- oder auch Streikbrecherprämie mit dem Ziel, Arbeitnehmer dazu zu bewegen, nicht an einem Streik teilzunehmen, ein rechtmäßiges Arbeitskampfmittel dar[54].

Mibestimmung bei Prämien nach Streikende

Hätte D eine echte Streikbrecherprämie ausgelobt, um die Mitarbeiter zu motivieren, trotz des Streiks zu arbeiten, wäre dies als echte Arbeitskampfmaßnahme mitbestimmungsfrei gewesen[55]. Im konkreten Fall hat D die Prämie allerdings erst nach Abschluss des Streiks am 23.04.2008 denjenigen Mitarbeitern versprochen, die trotz des Streiks gearbeitet haben. Eine solche Maßnahme ist weder als Druckausübung auf die streikführende Gewerkschaft noch als Motivationsmittel für die Arbeitnehmer, sich nicht an dem Streik zu beteiligen, geeignet, weil sie für eine in der Vergangenheit liegende Leistung gezahlt werden soll. Es handelt sich damit nicht um eine von Art. 9 Abs. 3 GG gedeckte Arbeitskampfmaßnahme, sondern eine nach allgemeinen Grundsätzen zu beurteilende Leistungsprämie, welche der Mitbestimmung des Betriebsrats nach § 87 Abs. 1 Nr. 10 BetrVG unterliegt[56].

---

[53] BAG vom 10.02.1988, AP Nr. 5 zu § 98 BetrVG 1972 = NZA 1988, 549, 551; BAG vom 19.02.1991, AP Nr. 26 zu § 95 BetrVG 1972 = NZA 1991, 565, 566 f.; BAG vom 10.12.2002, AP Nr. 59 zu § 80 BetrVG 1972 = NZA 2004, 223, 225 f.

[54] BAG vom 28.07.1992, AP Nr. 123 zu Art. 9 GG Arbeitskampf = NZA 1993, 267, 268 f.; BAG vom 13.07.1993, AP Nr. 127 zu Art. 9 GG Arbeitskampf = NZA 1993, 1135, 1138; Belling, NZA 1990, 214; Gaul, NJW 1994, 1025 ff.; v. Hoyningen-Huene, DB 1989, 1466, 1469 f.; Kissel, Arbeitskampfrecht, § 42 Rn. 124; Rolfs, DB 1994, 1237, 1240; Schaub/Koch, ArbR-Hdb, § 194 Rn. 17; Staudinger/ Richardi, BGB, § 612a Rn. 18.

[55] BAG vom 28.07.1992, AP Nr. 123 zu Art. 9 GG Arbeitskampf = NZA 1993, 267, 268 f.; BAG vom 13.07.1993, AP Nr. 127 zu Art. 9 GG Arbeitskampf = NZA 1993, 1135, 1137 f.; v. Hoyningen-Huene, DB 1989, 1466, 1469; ErfK/Kania, Einl § 74 BetrVG Rn. 13; Kissel, Arbeitskampfrecht, § 42 Rn. 124; Rolfs, DB 1994, 1237 ff.; Schaub/ Koch, ArbR-Hdb, § 194 Rn. 18; Staudinger/Richardi, BGB, § 612a Rn. 18.

[56] BAG vom 04.08.1987, AP Nr. 88 zu Art. 9 GG Arbeitskampf = NZA 1988, 61 f.; BVerfG vom 11.04.1988, AP Nr. 88a zu Art. 9 GG Arbeitskampf = NZA 1988, 473; BAG vom 11.08.1992, AP Nr. 124 zu Art. 9 GG Arbeitskampf = NZA 1993, 41 f.; BAG vom 13.07.1993, AP Nr. 127 zu Art. 9 GG Arbeitskampf = NZA 1993, 1135, 1137 f.; LAG Hamm vom 16.09.1997, 13 TaBV 33/97, AiB 1998, 588 f. mit Anm. Kettner.; Boemke, ArbR, § 5 Rn. 64; v. Hoyningen-Huene, DB 1989, 1466, 1469 f.; Kissel, Arbeitskampfrecht, § 42 Rn. 126; Schaub/Koch, ArbR-Hdb, § 194 Rn. 17; Staudinger/Richardi, BGB, § 612a Rn. 18.

II. Zahlungsanspruch von D

1. Anspruchsgrundlage

K könnte gegen D einen Anspruch auf Zahlung der Ausgleichsprämie von 30 € aus einer Zusatzvereinbarung zum Arbeitsverhältnis haben (§§ 311 Abs. 1, 241 Abs. 1 BGB). Da das Arbeitsverhältnis ein Schuldverhältnis ist, für das die allgemeinen bürgerlich-rechtlichen Regelungen gelten[57], können Leistungsansprüche nicht durch eine einseitige Zusage des Arbeitgebers begründet werden, sondern bedürfen einer vertraglichen Vereinbarung[58]. Der Anspruch besteht, wenn eine entsprechende Vereinbarung zustande gekommen und rechtswirksam ist.

Anspruchsvoraussetzungen

2. Zustandekommen der Vereinbarung

Die vertragliche Vereinbarung kommt nach allgemeinen Grundsätzen der Rechtsgeschäftslehre durch einen Antrag der einen und dessen Annahme durch die andere Seite zustande. D hat im Anschluss an die Nachtschicht den Mitarbeitern, die trotz des Streiks gearbeitet haben, eine Ausgleichsprämie von 30 € versprochen, also ein entsprechendes Angebot unterbreitet. Die Mitarbeiter haben sich laut Sachverhalt gegenüber D hocherfreut und dankbar gezeigt und damit den Antrag angenommen.

Antrag und Annahme

3. Wirksamkeit der Vereinbarung

a) Verstoß gegen Maßregelungsverbot (§ 612a BGB)

Der Wirksamkeit der Vereinbarung zwischen K und D könnte zunächst das Maßregelungsverbot des § 612a BGB entgegenstehen. Ein Verstoß gegen § 612a BGB hätte nämlich grundsätzlich zur Folge, dass dem Maßregelungsverbot zuwiderlaufende Rechtsgeschäfte nach § 134 BGB nichtig sind[59].

Unzulässigkeit von Maßregelungen

Die Regelung des § 612a BGB verbietet es dem Arbeitgeber, Arbeitnehmer im Vergleich zu anderen weniger güns-

Schlechterstellung streikender Arbeitnehmer

---

[57] Boemke, Schuldvertrag und Arbeitsverhältnis, S. 203; Preis, IndArbR, S. 31 f., Dütz, ArbR, Rn. 183; ErfK/Preis, § 611 BGB Rn. 3 ff.; MünchArbR/Richardi, § 8 Rn. 1 ff.; Soergel/Kraft, BGB, vor § 611 Rn. 15, 22.

[58] Boemke, ArbR, § 3 Rn. 38 ff.; ErfK/Preis, § 611 BGB Rn. 3, 7.

[59] Staudinger/Richardi, BGB, § 612a Rn. 19. Etwas anderes kann jedoch dann gelten, wenn die Prämie bereits ausgezahlt wurde: BAG vom 04.08.1987, AP Nr. 88 zu Art. 9 GG Arbeitskampf = NZA 1988, 61, 62; Staudinger/Richardi, BGB, § 612a Rn. 22; vgl. auch BAG vom 13.11.1985, AP Nr. 136 zu Art. 3 GG = NZA 1986, 321, 323.

tig zu behandeln, weil diese in zulässiger Weise ihre Rechte ausüben bzw. ausgeübt haben[60]. Indem D nur denjenigen Arbeitnehmern die Prämie zahlt, die an der Notausgabe mitgewirkt haben, stehen diese besser als die Arbeitnehmer, die von ihrem Streikrecht Gebrauch gemacht haben. Im Umkehrschluss folgt daraus, dass sie infolge der Streikteilnahme schlechter behandelt werden als diejenigen, die auf ihr Streikrecht verzichtet haben. Eine solche Ungleichbehandlung verstößt nur dann nicht gegen das Maßregelungsverbot, wenn sie durch einen zulässigen sachlichen Grund gerechtfertigt ist.

Streikteilnahme kein zulässiger Differenzierungsgrund

Soweit die Auslobung der Prämie vor oder noch während des Streiks erfolgt und hierdurch die Fortführung des Betriebs gesichert werden soll, stellt dies nach überwiegender Auffassung ein zulässiges Arbeitskampfmittel dar. Hierin wird zugleich ein zulässiger sachlicher Grund zur Differenzierung gesehen. Somit wird in diesen Fällen trotz der Ungleichbehandlung kein Verstoß gegen das Maßregelungsverbot angenommen[61]. Wird die Prämienzahlung allerdings erst nach Ende des Streiks zugesagt, kann sich der Arbeitgeber nicht mehr darauf berufen, durch die Zusagen der Prämien die Folgen des Streiks abwenden zu wollen. Vielmehr wird lediglich an die Streikteilnahme angeknüpft. Dies stellt jedoch kein zulässiges Differenzierungskriterium dar. Somit verstößt eine nach Streikende gegebene Prämienzusage regelmäßig gegen § 612a BGB[62]. Etwas anderes gilt nur dann, wenn der Zweck der Prämienzahlung darin besteht, zusätzliche Belastungen auszugleichen, die durch die Arbeit während des Arbeitskampfs entstehen.

Prämie als Ausgleich für streikbedingte zusätzliche Belastungen

Vorliegend hat D erst nach Beendigung der Arbeitsniederlegung die Ausgleichsprämie zugesagt. Folglich wäre in der Prämiengewährung grundsätzlich eine Maßregelung der streikenden Arbeitnehmer zu sehen. Allerdings kann auch

---

[60] MünchKomm/Müller-Glöge, BGB, § 612a Rn. 19; vgl. auch Boemke, ArbR, § 5 Rn. 132.

[61] BAG vom 13.07.1993, AP Nr. 127 zu Art. 9 GG Arbeitskampf = NZA 1993, 1135, 1137; Belling/v. Steinau-Steinrück, DB 1993, 534, 538; v. Hoyningen-Huene, DB 1989, 1466, 1470; Preis, KollArbR, S. 327f; Schaub/Koch, ArbR-Hdb, § 194 Rn. 17; Staudinger/Richardi, BGB, § 612a Rn. 18. – A. A. MünchArb/Otto, § 287 Rn. 49.

[62] BAG vom 04.08.1987, AP Nr. 88 zu Art. 9 GG Arbeitskampf = NZA 1988, 61, 62; BAG vom 17.09.1991, AP Nr. 120 zu Art. 9 GG Arbeitskampf = NZA 1992, 164, 165; BAG vom 11.08.1992, AP Nr. 124 zu Art. 9 GG Arbeitskampf = NZA 1993, 39, 41f; Boemke, ArbR, § 5 Rn. 132; Preis, KollArbR, § 123, S. 328; Schaub/Koch, ArbR-Hdb, § 194 Rn. 17; Staudinger/Richardi, BGB, § 612a Rn. 18.

eine nachträglich zugesagte Prämie zulässig sein, wenn hierdurch lediglich Mehrbelastungen ausgeglichen werden sollen[63]. Vorliegend wollte D durch die Zahlung der Ausgleichsprämie gerade die mit der Produktion der Notausgabe einhergehenden höheren Belastungen, insbesondere die Übernahme unbekannter und nicht geschuldeter Tätigkeiten ausgleichen. Der als Ausgleich zugesagte Betrag steht auch im angemessenen Verhältnis zur geleisteten Mehrbelastung. Folglich kann nicht davon ausgegangen werden, dass D neben dem Ausgleich der Mehrbelastung auch eine Maßregelung der streikenden Arbeitnehmer erreichen wollte. Rechtlich betrachtet hat D bei der Differenzierung nicht an die Streikteilnahme angeknüpft, sondern die Auszahlung davon abhängig gemacht, dass die Arbeitnehmer besonderen körperlichen und psychischen Mehrbelastungen ausgesetzt waren. Aus der Tatsache, dass die Mehrbelastungen zwangsläufig nur die nicht streikenden Arbeitnehmer treffen und somit auch nur diese in den Genuss der Zulage kommen konnten, lässt sich jedoch keine Maßregelung der streikenden Arbeitnehmer ableiten. Vielmehr ist die Differenzierung sachlich gerechtfertigt.

b) Unwirksamkeit wegen fehlender Mitbestimmung

Gleichwohl könnte die Vereinbarung unwirksam sein, wenn die unterbliebene Mitbestimmung dazu führt, dass die Vereinbarung als verbindliche Leistungszusage gegenüber K unwirksam wäre.

Fehlende Mitbestimmung als Unwirksamkeitsgrund?

aa) Theorie der Wirksamkeitsvoraussetzung

Nach zutreffender Auffassung hat der Betriebsrat nicht lediglich einen Anspruch gegen den Arbeitgeber auf Beachtung seines Mitbestimmungsrechts (Theorie der erzwingbaren Mitbestimmung)[64], sondern die Mitbestimmung des Betriebsrats ist so genannte Wirksamkeitsvoraussetzung für rechtsgeschäftliches Handeln des Arbeitgebers[65]. Einseitige rechtsgeschäftliche Maßnahmen des Arbeitgebers sind ebenso wie einzelvertragliche Vereinbarungen ohne ordnungs-

Unwirksamkeit mitbestimmungswidrigen Arbeitgeberhandelns

---

[63] BAG vom 28. 7. 1992, AP Nr. 123 zu Art. 9 GG Arbeitskampf = NZA 1993, 267, 269; Gaul NJW 1994, 1025, 1026; v. Hoyningen-Huene, DB 1989, 1466, 1470; MünchArb/Otto, § 287 Rn. 51.

[64] So aber Richardi, DB 1971, 621, 626 ff.

[65] Ganz h. M.: BAG vom 20.08.1991, AP Nr. 50 zu § 87 BetrVG 1972 Lohngestaltung unter II 2 e = NZA 1992, 225, 226; BAG (GS) vom 03.12.1991, AP Nr. 51 zu § 87 BetrVG 1972 Lohngestaltung = NZA 1992, 749; Boemke, ArbR, § 5 Rn. 67; Hanau, RdA 1973, 281, 289 f.; GK-BetrVG/Wiese, § 87 Rn. 95 ff.

gemäße Beteiligung des Betriebsrats unwirksam[66] bzw. sie kommen wegen eines Verstoßes gegen die Mitbestimmungsrechte des Betriebsrats rechtlich nicht zum Tragen[67]. Dies ist für Maßnahmen, die den Arbeitnehmer nicht lediglich begünstigen, weitgehend anerkannt.

bb) Rechtsfolge des Mitbestimmungsverstoßes

Kein Vorteil aus mitbestimmungswidrigem Verhalten für Arbeitgeber

Nach der Theorie der Wirksamkeitsvoraussetzung wäre also die Leistungszusage von D an K unwirksam, so dass diese hierauf keinen Anspruch stützen könnte. Von Teilen der Literatur wird dieses Ergebnis als unbillig empfunden, weil dem Arbeitgeber keine Vorteile aus einem betriebsverfassungswidrigen Verhalten erwachsen dürften. Demnach könnten die Arbeitnehmer auf eine mitbestimmungswidrige Leistungszusage zumindest solange Ansprüche stützen, bis diese Abmachung durch eine mitbestimmungskonforme Regelung ersetzt worden sei[68]. Folgt man dieser Auffassung, hätte K trotz der Mitbestimmungswidrigkeit der Leistungszusage einen Anspruch auf die zusätzliche Prämie.

Ausschluss des Leistungsanspruchs

Nach der Rechtsprechung des BAG kommt dem Arbeitnehmer die Sanktion der Rechtsunwirksamkeit bei Maßnahmen zugute, mit denen ein Eingriff des Arbeitgebers in Ansprüche des Arbeitnehmers verbunden ist. Hingegen soll die Verletzung des Mitbestimmungsrechts nicht geeignet sein, Ansprüche des Arbeitnehmers zu begründen, die vor der mitbestimmungspflichtigen Maßnahme nicht bestanden und selbst bei Beachtung des Mitbestimmungsrechts nicht entstanden wären[69]. Eine Leistungszusage unter Verletzung des Mitbestimmungsrechts des Betriebsrats wäre danach rechtsunwirksam[70].

---

[66] BAG vom 16.09.1986, AP Nr. 17 zu § 77 BetrVG 1972 unter C III 4 = NZA 1987, 168; BAG (GS) vom 03.12.1991, AP Nr. 51 zu § 87 BetrVG 1972 Lohngestaltung = NZA 1992, 749; Boemke, ArbR, § 5 Rn. 67; Löwisch/Kaiser, BetrVG, § 87 Rn. 14; GK-BetrVG/Wiese, § 87 Rn. 119.

[67] Vgl. auch Richardi, NZA 1992, 961, 963, der insoweit von einem Anwendungsvorrang spricht.

[68] Blomeyer, NZA 1996, 337, 341; Däubler, AuR 1984, 1, 12; v. Hoyningen-Huene, DB 1987, 1426, 1430; ders., RdA 1992, 355, 361; Hromadka, NZA 1996, 337, 341; MünchArbR/Matthes, § 333 Rn. 5; Richardi, ZfA 1976, 1, 35 ff.; ders., RdA 1983, 278, 284.

[69] BAG vom 20.08.1991, AP Nr. 50 zu § 87 BetrVG 1972 Lohngestaltung = NZA 1992, 225, 227; BAG vom 28.09.1994, AP Nr. 68 zu § 87 BetrVG 1972 Lohngestaltung = NZA 1995, 277, 279.

[70] BAG vom 04.05.1982, AP Nr. 6 zu § 87 BetrVG 1972 Altersversorgung unter 2 = DB 1982, 2579 f.; Buchner, DB 1983, 877, 881 f.; Dieterich, NZA 1984, 273, 277; Hanau, RdA 1973, 281, 290 f.; Leinemann, DB 1985, 1394, 1397; Pfarr, BB 1983, 2001, 2008 f.; GK-BetrVG/Wiese, § 87 Rn. 752.

cc) Festlegung des Dotierungsrahmens

Eine Problemlösung muss sich davon leiten lassen, dass einerseits dem Arbeitgeber aus der Verletzung des Mitbestimmungsrechts kein Vorteil erwachsen darf, andererseits aber auch dem Sinn und Zweck des Mitbestimmungsrechts des Betriebrats Rechnung getragen wird. Sinn und Zweck der Mitbestimmung im Rahmen von § 87 Abs. 1 Nr. 10 BetrVG ist die Wahrung der innerbetrieblichen Lohngerechtigkeit. Besteht im Betrieb ein Betriebsrat, dann kann der Arbeitgeber seine Vorstellung von der Verteilungsgerechtigkeit gerade nicht mehr einseitig durchsetzen. Er muss sich mit dem Betriebsrat einigen. Erst dann kann er, wenn er die individual-rechtliche Möglichkeit wählt, dieses Verteilungskonzept in vertragliche Ansprüche umsetzen[71]. Hat der Arbeitgeber Arbeitnehmern Sonderzuwendungen ohne Beteiligung seines Betriebsrats oder in Widerspruch zu betriebsverfassungsrechtlichen Regelungen zugesagt, dann steht diesem kein durchsetzbarer Individualanspruch zu. Andernfalls würde gegen den Sinn und Zweck der Mitbestimmung bei Fragen der Lohngestaltung (§ 87 Abs. 1 Nr. 10 BetrVG) verstoßen, wonach über die Mittelverteilung nicht der Arbeitgeber allein, sondern dieser nur gemeinsam mit seinem Betriebsrat entscheiden kann. Damit wäre es unvereinbar, dem Arbeitnehmer auf Grund der mitbestimmungswidrigen Zusage einen durchsetzbaren Leistungsanspruch gegen den Arbeitgeber zu geben.

Kein individueller Leistungsanspruch

Allerdings darf dem Arbeitgeber aus seinem betriebsverfassungswidrigen Verhalten kein Vorteil entstehen. Insoweit ist auch zu berücksichtigen, dass der Betriebsrat zwar kein Mitbestimmungsrecht hinsichtlich des Zuwendungsvolumens hat, sondern nur über die Verteilungsgrundsätze mitentscheiden kann[72]; bei der Bestimmung des Dotierungsrahmens für Sonderzuwendungen ist der Arbeitgeber aber an individualvertragliche Zusagen gebunden[73]. Diese geben

Mitbestimmung über Verteilungsgrundsätze

---

[71] BAG (GS) vom 16.09.1986, AP Nr. 17 zu § 77 BetrVG 1972 = NZA 1987, 168, 169. – Vgl. auch LAG Baden-Württemberg vom 13.03.2003, 11 Sa 106/02: Die Umsetzung eines ohne Beteiligung des Betriebsrats eingeführten neuen Vergütungssystems durch einzelvertragliche Entgeltregelungen führt zu deren Unwirksamkeit.

[72] BAG vom 08.12.1981, AP Nr. 1 zu § 87 BetrVG 1972 Prämie unter B II 1 mit Anm. Hilger = DB 1982, 1276; BAG vom 14.06.1994, AP Nr. 69 zu § 87 BetrVG 1972 Lohngestaltung unter II 1 = NZA 1995, 543, 544; Boemke, ArbR, § 5 Rn. 65; Löwisch/Kaiser, BetrVG, § 87 Rn. 156 ff.

[73] BAG vom 17.06.1998, AP Nr. 49 zu § 2 KSchG 1969 = NZA 1998, 1225, 1230; GK-BetrVG/Wiese, § 87 Rn. 835.

den Mindestdotierungsrahmen vor[74]. Das Betriebsverfassungsrecht gibt dem Arbeitgeber nicht die Möglichkeit, den Umfang zugesagter Leistungen einseitig zu reduzieren[75]. Die Leistungszusage des Arbeitgebers behält also insoweit ihre Bedeutung, wie sie eine Verpflichtung des Arbeitgebers zur Leistungsgewährung begründet. Diese Verpflichtung besteht aber in Betrieben mit Betriebsrat nicht gegenüber dem einzelnen Arbeitnehmer, sondern gegenüber der Belegschaft insgesamt in dem Sinne, dass hierdurch der Mindestbetrag festgelegt wird, den der Arbeitgeber auf Grund von Vereinbarungen mit dem Betriebsrat an die Arbeitnehmer auszukehren hat.

4. Konsequenzen

Kein Anspruch auf
Sonderzuwendung

Danach ist die Zusage von D an K nur als Zusage wirksam, diesen Mindestbetrag unter Mitbestimmung des Betriebsrats an die Belegschaft zu verteilen. Mangels Mitbestimmung des Betriebsrats kann K aber nicht Zahlung an sich selbst verlangen. Dieser Lösung steht auch nicht das Günstigkeitsprinzip entgegen, das auch im Verhältnis zwischen Betriebsvereinbarung und Arbeitsvertrag gilt[76]. Das Günstigkeitsprinzip besagt nämlich nur, dass eine rangniedrigere Regelung sich im Verhältnis zur ranghöheren durchsetzt, wenn die rangniedrigere Regelung für den Arbeitnehmer günstiger ist. Voraussetzung für die Anwendung des Günstigkeitsprinzips ist aber, dass die Vereinbarung dem Arbeitnehmer einen durchsetzbaren Leistungsanspruch gewährt, an dem es mangels Beteiligung des Betriebsrats hier gerade fehlt.

5. Ergebnis

Kein Anspruch

K hat gegen D keinen Anspruch auf Zahlung der Ausgleichsprämie in Höhe von 30 €.

---

[74] Vgl. ErfK/Kania, § 87 BetrVG Rn. 108; GK-BetrVG/Wiese, § 87 Rn. 863.

[75] GK-BetrVG/Wiese, § 87 Rn. 842.

[76] BAG (GS) vom 16.09.1986, AP Nr. 17 zu § 77 BetrVG 1972 = NZA 1987, 168, 171; BAG (GS) vom 07.11.1989, AP Nr. 46 zu § 77 BetrVG 1972 = NZA 1990, 816, 819; BAG vom 14.08.2001, AP Nr. 85 zu § 77 BetrVG 1972 = NZA 2002, 276, 278; Boemke, ArbR, § 5 Rn. 74; Fitting, BetrVG, § 77 Rn. 196; GK-BetrVG/Kreutz, § 77 Rn. 234 ff.; Richardi, BetrVG, § 77 Rn. 141 ff.

Klausur Nr. 4

Betriebsratswahl im Prinzenhof

Rechtsanwalt Dr. Joachim Luke

Sachverhalt

A.

Am 20.08.2007 fand in einem Nebenraum des Leipziger Hotels „Prinzenhof" eine Versammlung der dort beschäftigten Arbeitnehmer statt. Von den insgesamt 51 im Hotel beschäftigten Arbeitnehmern waren 36 anwesend. Sie alle waren auf Grund eines Zettels gekommen, der zuvor zwei Wochen im Personalraum des Hotels aushing. Dieser Aushang enthielt die Einladung zu einer *„Betriebsversammlung"* unter Angabe von Ort und Zeit, nannte als einzigen Tagesordnungspunkt *„Errichtung eines Betriebsrats"* und war mit *„Addi, Bert* und *Claus"* unterschrieben. Ebenfalls gekommen sind die sechs Arbeitskräfte, welche in der Wäscherei angestellt sind. Diese hatte der „Prinzenhof", der in Form der Prinzenhof Benno Reich & Co. KG geführt wird, vor einigen Jahren im Rahmen eines Outsourcings als Wäscherei Prinzenhof GmbH gegründet. Sie wird in den Kellerräumen des Hotels betrieben und reinigt ausschließlich die Hotelwäsche. Geschäftsführer der GmbH ist Benno Reich, der zugleich Hoteldirektor ist. Die Arbeitnehmer der Wäscherei helfen, wenn Not am Mann ist, auch im Hotelbetrieb mit. Umgekehrt helfen die Hotelbeschäftigten in Eilfällen in der Wäscherei. Nicht erschienen sind dagegen die fünf Arbeitnehmer, die im Weingut *„Goldener Reiter"* in Radebeul (ca. 100 Kilometer von Leipzig entfernt) beschäftigt werden. Das Weingut wird von der Prinzenhof Benno Reich & Co. KG selbst betrieben; etwa 90% der Produktion werden an das Hotel abgeliefert. Chef vor Ort ist der angestellte Winzermeister Willi Weinstein, der das Tagesgeschäft des Weinguts führt. Lohnbuchhaltung, Personalplanung und Vertrieb sowie überregionales Marketing für das Weingut werden dagegen in Leipzig erledigt. Zu diesem Zweck fährt Willi Weinstein einmal wöchentlich nach Leipzig, um sich mit Benno Reich zu besprechen.

In der Versammlung am 20.08.2007 hat Addi Ast die Anwesenden zunächst über die Aufgaben eines Betriebsrats und die Durchführung der Betriebsratswahl informiert. Sodann wurden er selbst, Claus Claasen, Dieter Dünn, Friedrich Freund und Thea Treu als Wahlvorstand vorgeschlagen. Bei der folgenden – per Handheben durchgeführten – Wahl, an der sich auch die Mitarbeiter der Wäscherei beteiligten, wurden Addi mit 22, Claus mit 20 und Dieter mit 19 Stimmen gewählt. Friedrich Freund erhielt 16 und Thea Treu nur zwei Stimmen.

Am 22.08.2007 trafen sich Addi, Claus und Dieter als Wahlvorstand und legten im Wahlausschreiben als Termin für die Betriebsratswahl den 26.09.2007 fest, um noch vor den Herbstferien klare Verhältnisse zu schaffen. Am so bestimmten Termin wurde die Betriebsratswahl durchgeführt. Die amerikanische Mitarbeiterin Vanessa Venus, die seit dem 15.09.2007 im Hotel als Fitnesstrainerin arbeitet, war allerdings weder auf der Wählerliste aufgeführt noch hat sie mitgewählt. Ihr war sowieso nicht klar, worum es dort ging, weil sie nur Englisch spricht. Erneut wählten die Beschäftigten der Wäscherei mit. Die im Weingut tätigen Arbeitnehmer wurden dagegen nicht beteiligt. Vom Wahlvorstand wurde am Wahlabend zum Abschluss festgestellt, dass Addi Ast, der seit dem 02.05.2007 im Hotel beschäftigte Egon Ehrlich, Claus Claasen, Friedrich Freund und Gerald Gut als Betriebsratsmitglieder gewählt wurden. Die drei nächstplazierten Bewerber haben vier, sechs bzw. acht Stimmen weniger erreicht. Eine der insgesamt drei am 22.08.2007 im Hotel beschäftigten Frauen wurde nicht gewählt.

Benno Reich ist der Ansicht, dass man von ihm nicht erwarten kann, er werde mit einem „*Pseudobetriebsrat*" zusammenzuarbeiten. Um mehr handele es sich vorliegend nicht, weil schon gar kein Wahlvorstand gewählt worden sei. Auch seien Fristen nicht eingehalten worden. Darauf komme es aber letztlich nicht an, denn jedenfalls hätten die Wäschereibeschäftigten nicht mitwählen dürfen. Die Angestellten im Weingut seien dagegen zu Unrecht nicht beteiligt worden. Er wendet sich daher am 08.10.2007 im Namen der Prinzenhof Benno Reich & Co. KG mit einem Schriftsatz gegen den „*Betriebsrat der Prinzenhof Benno Reich & Co. KG, bestehend aus den Herren Addi Ast, Claus Claassen, Egon Ehrlich, Friedrich Freund und Gerald Gut*" an das Arbeitsgericht Leipzig und stellt den Antrag „*festzustellen, dass die Betriebsratswahl im Hotel Prinzenhof Benno Reich & Co. KG vom 26.09.2007 unwirksam ist*". Hat der Antrag Erfolg?

B.

Benno Reich möchte den Betrieb zum 31.03.2008 stilllegen. Er kommt am 01.12.2007 zu Ihnen und möchte wissen, ob das ordentliche Kündigungsrecht gegenüber Addi, Bert und Claus ausgeschlossen ist, weil diese Betriebsratsmitglieder bzw. an der Betriebsratswahl beteiligt gewesen sind, und ob und wie er den Betriebsrat an dem Ausspruch einer ordentlichen Kündigung gegenüber diesen Mitarbeitern beteiligen muss. Wie ist die Rechtslage?

Bearbeitervermerk: Eine rechtskräftige Entscheidung im Wahlanfechtungsverfahren ist vor Ausspruch der Kündigungen nicht zu erwarten.

Vorüberlegungen

Der umfangreiche Sachverhalt wird von einer Vielzahl einzelner und nicht unbedingt zusammengehöriger Probleme bestimmt. Insgesamt sind mehr als 15 Detailprobleme zu behandeln. Die perfekte Lösung kann in einem solchen Fall zwar nur schwer erreicht werden. Andererseits eröffnet der Sachverhalt durch seine Problemfülle jedem Examenskandidaten ausreichend Raum, um zumindest eine befriedigende Klausurlösung zu erstellen.

I. Frage A: Rechtmäßigkeit einer Betriebsratswahl

In der ersten Frage geht es um die Grundlagen der Betriebsratswahl, insbesondere um Fragen des Betriebsbegriffs, der Wählbarkeit und der gerichtlichen Überprüfbarkeit der Wahl. Entscheidend ist die Subsumtion von Begriffen wie Betrieb, Unternehmen, Betriebsteil und gemeinsamer Betrieb gemäß den Vorschriften der §§ 1, 3 und 4 BetrVG.

Der Betriebsbegriff ist maßgeblich für die Frage, für welche organisatorische Einheit der Betriebsrat gebildet wird und wer mitwählen darf. Zurückgehend auf *Jacobi*[1] ist nach nahezu allgemeiner Ansicht ein Betrieb die organisatorische Einheit, innerhalb derer der Unternehmer allein oder mit seinen Arbeitnehmern und mit Hilfe von sächlichen und immateriellen Mitteln bestimmte arbeitstechnische Zwecke fortgesetzt verfolgt[2]. Aus dem Erfordernis der organisatorischen Einheit folgt, dass ein Betrieb nicht ohne Weiteres zu zwei oder mehr Unternehmen gehören kann. Allerdings können unter bestimmten Voraussetzungen gleichwohl auch mehrere Unternehmen einen gemeinsamen Betrieb in diesem Sinne unterhalten[3].

---

[1] Jacobi, Betrieb und Unternehmen als Rechtsbegriffe (1926), S. 9 = FS Ehrenberg (1927), S. 1, 9.

[2] BAG vom 22.06.2005, AP Nr. 21 zu § 1 BetrVG 1972 Gemeinsamer Betrieb unter B II 1 der Gründe; BAG vom 31.05.2000, AP Nr. 12 zu § 1 BetrVG 1972 Gemeinsamer Betrieb; BAG vom 14.09.1988, AP Nr. 9 zu § 1 BetrVG 1972; Boemke, Betriebsratswahl, § 2 Rn. 2; v. Hoyningen-Huene, BetrVR, § 3 Rn. 4; Hromadka/Maschmann, ArbR 2, § 16 Rn. 54; Hueck/Nipperdey, Arbeitsrecht I, S. 91 ff., 93. – Kritisch Richardi, BetrVG, § 1 Rn. 19 ff.

[3] BAG vom 22.06.2005, AP Nr. 23 zu § 1 BetrVG 1972 Gemeinsamer Betrieb unter B II 1 der Gründe; BAG vom 24.01.1996, AP Nr. 8 zu § 1 BetrVG 1972 Gemeinsamer Betrieb; Boemke, Betriebsratswahl, § 2 Rn. 44 ff.; v. Hoyningen-Huene, BetrVR, § 3 Rn. 7; Hromadka/ Maschmann, ArbR 2, § 16 Rn. 55 f.; Zöllner/Loritz/Hergenröder, Arbeitsrecht, S. 473.

Das Unternehmen ist demgegenüber die Organisations-
form, in der der Arbeitgeber tätig ist[4]. Vereinfacht gesagt
ist also der Betrieb die tatsächliche Organisationseinheit, in
der ein arbeitstechnischer Zweck verfolgt wird und für die
das BetrVG gilt[5]. Das Unternehmen ist dagegen je nach
Unternehmensform im AktG, GmbHG, HGB oder im
BGB geregelt und verfolgt wirtschaftliche oder ideelle
Zwecke[6].

Ein weiterer Schwerpunkt des Falles liegt in den Wahlvorschriften der §§ 7–20 BetrVG, die durch die Erste Verordnung zur Durchführung des Betriebsverfassungsgsetzes
(Wahlordnung – WO)[7] ergänzt werden. Für die Falllösung ist
von § 19 Abs. 1 BetrVG auszugehen und zu prüfen, ob nach
dem Sachverhalt Verstöße gegen die Vorschriften über das
Wahlrecht, die Wählbarkeit und das Wahlverfahren vorliegen[8]. Innerhalb der Vorschriften über das Wahlverfahren
sollte man chronologisch[9] vorgehen, um keine Verfahrensfehler zu übersehen.

II. Frage B: Besonderer Kündigungsschutz im Betriebsverfassungsgesetz

Der zweite Teil des Falls betrifft den besonderen Kündigungsschutz des § 15 KSchG. Durch diese Vorschrift sind
die Arbeitnehmer, die sich im Zusammenhang mit dem Betriebsrat, einschließlich der Betriebsratswahl, engagieren,
vor Kündigungen geschützt. Beachtenswert sind hier die Unterschiede im Detail. Insbesondere ist hinsichtlich der Kündigungen zwischen den einzelnen Arbeitnehmern anhand
§ 15 Abs. 1, Abs. 3 und Abs. 3a KSchG zu unterscheiden.

---

[4] BAG vom 15.01.1991, AP Nr. 21 zu § 113 BetrVG 1972 = NZA 1991,
    681, 683; Hromadka/Maschmann, ArbR 1, § 3 Rn. 53; Hueck/Nipper-
    dey, Arbeitsrecht I, S. 96 f.; GK-BetrVG/Oetker, § 111 Rn. 10;
    MünchArbR/Richardi, § 31 Rn. 20; Zöllner/Loritz/Hergenröder,
    Arbeitsrecht, S. 458 f.
[5] ErfK/Eisemann, § 1 BetrVG Rn. 8.
[6] Boemke, Betriebsratswahl, § 2 Rn. 2; Richardi, BetrVG, § 1 Rn. 18. –
    Vgl. auch Hromadka/Maschmann, ArbR 1, § 3 Rn. 51 und 53; Hueck/
    Nipperdey, Arbeitsrecht I, S. 96 f.; Nikisch, Arbeitsrecht I, S. 156;
    Zöllner/Loritz/Hergenröder, Arbeitsrecht, S. 459.
[7] Erste Verordnung zur Durchführung des Betriebsverfassungsgsetzes
    (Wahlordnung – WO) vom 11.12.2001. – Vgl. Richardi/Thüsing,
    BetrVG, WO Vorbem. Rn. 1 f.
[8] Vgl. Aufbauschemata § 2 A, S. 324.
[9] Vgl. zum Ablauf einer Betriebsratswahl in 37 Schritten Boemke,
    Betriebsratswahl, § 3 Rn. 2 ff.

Zudem sind auch Wertungswidersprüche zu bedenken, die sich aus der scheinbar einfachen Formulierung des § 15 Abs. 4 KSchG ergeben[10].

---

[10] BAG vom 13.08.1992, AP Nr. 32 zu § 15 KSchG 1969 unter II 3 der Gründe; BAG vom 22.09.2005, AP Nr. 59 zu § 15 KSchG 1969 unter B III 1 der Gründe; AnwK-ArbR/Bröhl, § 15 KSchG Rn. 52; v. Hoyningen-Huene/Linck, KSchG, § 15 Rn. 166 f.

Lösung

A. Überprüfung der Betriebsratswahl

Das Arbeitsgericht Leipzig wird dem Antrag der Prinzenhof Benno Reich & Co. KG (Prinzenhof) entsprechen, wenn dieser zulässig (I.) und begründet (II.) ist.

Erfolgsvoraussetzungen

I. Zulässigkeit

Der Antrag ist zulässig, wenn die allgemeinen (1.-4.) und besonderen (5. und 6.) Sachurteilsvoraussetzungen vorliegen.

Zulässigkeit des Antrags

1. Rechtsweg und Verfahrensart

Der Arbeitsrechtsweg könnte nach § 2a Abs. 1 Nr. 1 ArbGG eröffnet sein. Danach entscheiden die Arbeitsgerichte über Angelegenheiten aus dem BetrVG. Bei dem von Benno Reich gestellten Antrag geht es um die Klärung der Rechtsstellung eines im BetrVG vorgesehenen Organs. Betroffen ist somit eine Angelegenheit aus dem BetrVG, weshalb der Arbeitsrechtsweg eröffnet ist[11]. Nach § 2a Abs. 2 ArbGG entscheiden die Arbeitsgerichte dabei im Beschlussverfahren gemäß den §§ 80 ff. ArbGG.

Rechtsweg

2. Ordnungsgemäße Antragsstellung

Das arbeitsgerichtliche Beschlussverfahren wird nach § 81 Abs. 1 ArbGG durch einen Antrag eingeleitet. Dieser dient im Hinblick auf den auch im Beschlussverfahren geltenden Dispositionsgrundsatz der Bestimmung des Verfahrensgegenstands, weshalb er gemäß § 80 Abs. 2 ArbGG den in § 253 Abs. 1 Nr. 2 ZPO geregelten Anforderungen an die Bestimmtheit genügen muss[12]. Das Gericht muss erkennen können, was genau der Antragsteller begehrt[13].

Notwendigkeit eines bestimmten Antrags

Der Antrag des Prinzenhof, der darauf gerichtet ist, *„festzustellen, dass die Betriebsratswahl unwirksam ist"*, ist insoweit problematisch, als weder das ArbGG noch das BetrVG diesen Wortlaut verwenden. So kennt das BetrVG die Anfechtung der Betriebsratswahl und regelt diese in § 19 BetrVG. Wird die Betriebsratswahl erfolgreich angefochten, entfällt der Betriebsrat mit Wirkung für die Zu-

Bestimmung des Antragsinhalts

---

[11] Vgl. § 2a Abs. 1 Nr. 1 ArbGG; AnwK-ArbR/Krasshöfer, § 2a ArbGG Rn. 12; Germelmann/Matthes/Prütting/Müller-Glöge, § 2a Rn. 42.

[12] ErfK/Eisemann, § 81 ArbGG Rn. 3; AnwK-ArbR/Treber, § 81 ArbGG Rn. 3.

[13] Germelmann/Matthes/Prütting/Müller-Glöge, § 81 Rn. 8.

kunft[14]. Rechtshandlungen des Betriebsrats in der Vergangenheit bleiben wirksam[15]. Daneben hat die Rechtsprechung die Nichtigkeit der Betriebsratswahl entwickelt[16]. Diese ist bei besonders schweren Verstößen gegen die Wahlgrundsätze gegeben[17] und zeitigt im Unterschied zur Anfechtbarkeit Rechtsfolgen auch für die Vergangenheit[18]. Vor diesem Hintergrund muss entschieden werden, was der Antragsteller vorliegend begehrt.

Auslegung des Antrags

Einem juristischen Laien, dem durch die Auslegung seines Begehrens geholfen werden soll[19], ist der Unterschied zwischen Anfechtung und Nichtigkeit der Betriebsratswahl regelmäßig nicht bekannt. Für ihn zählt nur das Ziel seines Antrags. Der Wortlaut der Antragstellung ist daher nur von untergeordneter Bedeutung. Der Antragsteller bringt vorliegend zum Ausdruck, dass es sich beim gewählten Betriebsrat um einen „Pseudobetriebsrat", d. h. ein rechtlich nie existentes Nullum handelt. Jedenfalls will der Arbeitgeber aber erreichen, dass der Betriebsrat seine Tätigkeit einstellen soll. Der Antrag des Reich kann somit dahingehend ausgelegt werden, dass vorrangig die Nichtigkeit der Betriebsratswahl als weitergehende Rechtsfolge festgestellt und hilfsweise die Betriebsratswahl angefochten werden soll[20]. So verstanden sind die Anträge des Benno Reich hinreichend bestimmt.

3. Örtliche Zuständigkeit

örtliche Zuständigkeit

Die örtliche Zuständigkeit ergibt sich für beide Rechtsschutzziele aus § 82 S. 1 ArbGG, weil diese Vorschrift sowohl für die Anfechtung der Betriebsratswahl als auch für

---

[14] ErfK/Eisemann, § 19 BetrVG Rn. 8; GK-BetrVG/Kreutz, § 19 Rn. 131; Zöllner/Loritz/Hergenröder, Arbeitsrecht, S. 479.

[15] ErfK/Eisemann, § 19 BetrVG Rn. 9; GK-BetrVG/Kreutz, § 19 Rn. 124.

[16] So schon BAG vom 02.03.1955, AP Nr. zu § 18 BetrVG = BB 1955, 317, 318 unter Fortführung der bereits zum BRG 1920 allgemein anerkannten Grundsätze; Boemke, Betriebsratswahl, § 5 Rn. 2; GK-BetrVG/Kreutz, § 19 Rn. 131; Zöllner/Loritz/Hergenröder, Arbeitsrecht, S. 479.

[17] So schon BAG vom 02.03.1955, AP Nr. zu § 18 BetrVG = BB 1955, 317, 318; Boemke, Betriebsratswahl, § 5 Rn. 65; GK-BetrVG/Kreutz, § 19 Rn. 131 f. – Vgl. ErfK/Eisemann, § 19 BetrVG Rn. 15; Zöllner/Loritz/Hergenröder, Arbeitsrecht, S. 479.

[18] Boemke, Betriebsratswahl, § 5 Rn. 77; GK-BetrVG/Kreutz, § 19 Rn. 139 f.

[19] Vgl. Germelmann/Matthes/Prütting/Müller-Glöge, § 81 Rn. 34.

[20] Vgl. GK-BetrVG/Kreutz, § 19 Rn. 144; Zöllner/Loritz/Hergenröder, Arbeitsrecht, S. 480 (Rangverhältnis von Nichtigkeit und Anfechtbarkeit).

die Feststellung ihrer Nichtigkeit gilt[21]. Danach ist das Arbeitsgericht Leipzig örtlich zuständig, weil sich der Prinzenhof in Leipzig befindet.

4. Beteiligten- und Prozessfähigkeit

a) Grundsatz

Der Parteifähigkeit im Urteilsverfahren entspricht die Beteiligtenfähigkeit im Beschlussverfahren[22]. Beteiligtenfähig ist danach, wer rechtsfähig ist[23]. Sie wird nach §§ 80 Abs. 2, 46 Abs. 2 ArbGG i. V. m. § 495 ZPO in § 50 ZPO sowie ergänzend in § 10 ArbGG geregelt. Prozessfähigkeit ist die Fähigkeit, Prozesshandlungen selbst wirksam vor- oder entgegennehmen zu können[24]. Nach §§ 495, 51, 52 ZPO i. V. m. §§ 80 Abs. 2, 46 Abs. 2 ArbGG ist prozessfähig, wer in der Lage ist, sich selbst oder durch einen selbst gewählten Vertreter durch Rechtsgeschäft zu binden.

Beteiligten- und Prozessfähigkeit

b) Die Prinzenhof Benno Reich & Co. KG

Die Prinzenhof Benno Reich & Co. KG ist nach §§ 161 Abs. 2, 124 Abs. 1 HGB teilrechtfähig und somit beteiligtenfähig. Sie kann als juristisches Gebilde allerdings nicht selbst handeln und ist daher nicht prozessfähig. Sie wird daher innerprozessual von ihrem Komplementär Benno Reich gemäß §§ 161 Abs. 2, 125, 170 HGB vertreten und kann durch diesen handeln.

der Prinzenhof Benno Reich & Co. KG

c) Der Betriebsrat

Der Antrag des Prinzenhof richtet sich gegen den gewählten Betriebsrat. Dieser und nicht die einzelnen Betriebsratsmitglieder sind bei einer Gesamtanfechtung Anfechtungsgegner[25]. Seine Beteiligtenfähigkeit folgt aus § 10 ArbGG i.V.m. §§ 1, 7 ff BetrVG. Dem Betriebsrat fehlt zwar generell die Rechtsfähigkeit[26]. Allerdings sind ihm, insbesondere im BetrVG, zahlreiche Rechte zugewiesen worden[27]. Aus

des Betriebsrats

---

[21] Vgl. GK-BetrVG/Kreutz, § 19 Rn. 143; Richardi/Thüsing, BetrVG, § 19 Rn. 81 für die Anwendung der §§ 80 ff. bei Nichtigkeit.

[22] Hromadka/Maschmann, ArbR 2, § 21 Rn. 117.

[23] Germelmann/Matthes/Prütting/Müller-Glöge, § 10 Rn. 17; Hromadka/Maschmann, ArbR 2, § 21 Rn. 117.

[24] Hromadka/Maschmann, ArbR 2, § 21 Rn. 116.

[25] Boemke, Betriebsratswahl, § 5 Rn. 47; GK-BetrVG/Kreutz, § 19 Rn. 96.

[26] AnwK-ArbR/Kloppenburg, § 1 BetrVG Rn. 64; MünchArbR/ v. Hoyningen-Huene, § 299 Rn. 19.

[27] Hromadka/Maschmann, ArbR 2, § 16 Rn. 74; GK-BetrVG/Wiese, § 1 Rn. 77.

diesem Grund ist der Betriebsrat zur Wahrnehmung dieser Rechte beteiligtenfähig[28]. Der Betriebsrat ist jedoch als juristisches Gebilde nicht handlungsfähig. Für die Entgegennahme der Zustellung in einem arbeitsgerichtlichen Verfahren wird er durch seine Organe vertreten. Nach § 26 Abs. 3 BetrVG ist insoweit der Betriebsratsvorsitzende zuständig[29].

5. Antragsbefugnis

Antragsbefugnis

Gesetzlich nicht ausdrücklich geregelte Sachentscheidungsvoraussetzung ist die Antragsbefugnis[30]. Diese entspricht der aktiven Prozessführungsbefugnis des Urteilsverfahrens[31] und dient dem Ausschluss von Popularanträgen[32]. Wäre die Antragsbefugnis nicht Sachentscheidungsvoraussetzung, könnte im vorliegenden Zusammenhang jedermann die Arbeitsgerichte mit der Überprüfung der Rechtmäßigkeit einer Betriebsratswahl befassen. Dies widerspricht dem Anliegen des § 19 Abs. 2 S. 1 BetrVG, aus dem sich entnehmen lässt, dass im Verfahren der Wahlanfechtung[33] nur ein begrenzter Kreis zur Anrufung der Arbeitsgerichte berufen sein soll.

bei Wahlanfechtung

Die Antragsbefugnis ist grundsätzlich gegeben, wenn der Antragsteller durch die begehrte Entscheidung in seiner Rechtsstellung unmittelbar betroffen wird[34]. Erweiterungen und Beschränkungen dieses Kreises können sich aus besonderer gesetzlicher Anordnung ergeben[35]. Im vorliegenden Zusammenhang regelt § 19 Abs. 2 BetrVG, wer eine Betriebsratswahl anfechten darf. Anfechtungsberechtigt ist danach insbesondere der Arbeitgeber. Arbeitgeber in diesem Sinne ist dasjenige Unternehmen, für dessen Betrieb der Betriebsrat gewählt wurde[36]. Wird für mehrere Unternehmen

---

[28] AnwK-ArbR/Kloppenburg, § 1 BetrVG Rn. 70. – Vgl. auch GK-BetrVG/Kreutz, § 19 Rn. 96.

[29] Fitting, § 26 Rn. 36; Richardi/Thüsing, BetrVG, § 26 Rn. 40.

[30] Hromadka/Maschmann, ArbR 2, § 21 Rn. 119; Schwab/Weth, § 81 ArbGG Rn. 49 und 52. – A. A. GK-BetrVG/Kreutz, § 19 BetrVG Rn. 57 und 145.

[31] AnwK-ArbR/Treber, § 81 ArbGG Rn. 11; Schwab/Weth, § 81 ArbGG Rn. 51.

[32] AnwK-ArbR/Treber, § 81 ArbGG Rn. 11.

[33] Die Nichtigkeit der Wahl kann über den in § 19 Abs. 2 BetrVG genannten Personenkreis hinaus von jedermann geltend gemacht werden, der hieran ein berechtigtes Interesse besitzt, BAG vom 28.11.1977, AP Nr. 6 zu § 19 BetrVG 1972; GK-BetrVG/Kreutz, § 19 Rn. 145.

[34] Ankersen, JuS 1995, 862, 863; Hromadka/Maschmann, ArbR 2, § 21 Rn. 119; Schwab/Weth, § 81 ArbGG Rn. 54 f.

[35] Vgl. Schwab/Weth, § 81 ArbGG Rn. 54.

[36] GK-BetrVG/Kreutz, § 19 Rn. 73; Richardi/Thüsing, BetrVG, § 19 Rn. 41.

ein gemeinsamer Betriebsrat gewählt, ist danach die gemeinsame Leitungsstelle anfechtungsberechtigt[37]. Soweit geltend gemacht wird, dass ein gemeinsamer Betrieb nicht besteht, ist jedes betroffene Unternehmen anfechtungsberechtigt[38]. Da der Betriebsrat vorliegend einheitlich für das Hotel Prinzenhof gewählt wurde, ist die Prinzenhof Benno Reich & Co. KG als Betriebsinhaberin anfechtungsberechtigt und kann auch die Nichtigkeit der Betriebsratswahl[39] geltend machen.

6. Antragsfrist

Eine bestimmte Antragsfrist, welche die Zulässigkeit des Antrags berührt, existiert nicht, insbesondere ist § 19 Abs. 2 Satz 2 BetrVG keine prozessuale Antrags-, sondern eine materiell-rechtliche Ausschlussfrist[40].

Antragsfrist

7. Zwischenergebnis

Der von Benno Reich für die Prinzenhof Benno Reich & Co. KG gestellte Antrag ist zulässig.

Zulässigkeit (+)

II. Begründetheit

Der Antrag der Prinzenhof Benno Reich & Co. KG ist begründet, soweit die Betriebsratswahl nichtig (1.) oder jedenfalls anfechtbar (2.) ist.

Begründetheit

1. Nichtigkeit der Betriebsratswahl

a) Grundsätze zur Nichtigkeit der Wahl

Die Nichtigkeit einer Betriebsratswahl ist gesetzlich nicht geregelt[41]. Sie kommt nur in besonderen Ausnahmefällen in Betracht, in denen gegen wesentliche Grundsätze des Wahlrechts in einem so hohen Maße verstoßen worden ist, dass

Nichtigkeit der Betriebsratswahl

---

[37] GK-BetrVG/Kreutz, § 19 Rn. 73. – Vgl. auch BAG vom 29.05.1991, BAGE 68, 74, 78 (gemeinsame Anträge aller Vertragsarbeitgeber).

[38] Vgl. Schmädicke/Glaser/Altmüller, NZA-RR 2005, 393, 395.

[39] Vgl. Boemke, Betriebsratswahl, § 5 Rn. 76. – Vgl. auch BAG vom 28.11.1977, AP Nr. 6 zu § 19 BetrVG 1972; GK-BetrVG/Kreutz, § 19 Rn. 145.

[40] BAG vom 26.10.1979, AP Nr. 5 zu § 9 KSchG 1969; Boemke, Betriebsratswahl, § 5 Rn. 52; GK-BetrVG/Kreutz, § 19 Rn. 76; Zöllner/Loritz/Hergenröder, Arbeitsrecht, S. 479.

[41] Vgl. schon BAG vom 02.03.1955, AP Nr. zu § 18 BetrVG = BB 1955, 317, 318 unter Fortführung der bereits zum BRG 1920 allgemein anerkannten Grundsätze; Boemke, Betriebsratswahl, § 5 Rn. 2; GK-BetrVG/Kreutz, § 19 Rn. 131; Zöllner/Loritz/Hergenröder, Arbeitsrecht, S. 479.

nicht einmal der Anschein einer dem Gesetz entsprechenden Wahl vorliegt[42]. Das Bundesarbeitsgericht hat diesen Begriff geprägt, um bei ganz schwerwiegenden Verstößen unabhängig von der Frist des § 19 Abs. 2 Satz 2 BetrVG[43] aber auch von Formvorschriften die Wahl für ungültig erklären zu können. Zudem ist der Arbeitgeber bei Nichtigkeit der Wahl auch nicht gezwungen mit diesem Gremium zusammenzuarbeiten und kann es rechtlich negieren[44]. Er hätte für den Fall, dass die Nichtigkeit der Wahl schon vor ihrer Durchführung feststeht, auch die Möglichkeit, sie durch einstweilige Verfügung verbieten zu lassen[45]. Das Gesetz geht nämlich in § 19 BetrVG davon aus, dass selbst dann, wenn gegen wesentliche Vorschriften über das Wahlrecht, die Wählbarkeit oder das Wahlverfahren verstoßen worden ist, das Anfechtungsverfahren der Regelfall sein soll. Erforderlich für die Nichtigkeit ist demnach ein besonders grober und offensichtlicher Verstoß gegen wesentliche gesetzliche Wahlregeln[46]. Die Wahl muss „den Stempel der Nichtigkeit auf der Stirn tragen"[47].

b) Besonders schwerer Rechtsverstoß

aa) Nichtigkeit wegen Wahl ohne Wahlvorstand

Wahl ohne Wahlvorstand

Ein Anknüpfungspunkt für die Nichtigkeit der Wahl könnte zunächst das Vorbringen des Reich sein, es sei schon gar kein Wahlvorstand gewählt worden[48]. Bei einer Betriebsratswahl ohne Wahlvorstand und ohne geordnetes Verfahren wäre ein grober Verstoß gegen Wahlgrundsätze gegeben[49].

---

[42] BAG v. 11.04.1978, AP Nr. 8 zu § 19 BetrVG 1972; BAG vom 02.03.1955, AP Nr. zu § 18 BetrVG = BB 1955, 317, 318; Boemke, Betriebsratswahl, § 5 Rn. 65; ErfK/Eisemann, § 19 BetrVG Rn. 15; Richardi/Thüsing, BetrVG, § 19 Rn. 72.

[43] BAG vom 02.03.1955, AP Nr. zu § 18 BetrVG = BB 1955, 317, 318. – Vgl. Boemke, Betriebsratswahl, § 5 Rn. 76; Fitting, § 19 Rn. 8.

[44] Vgl. Boemke, Betriebsratswahl, § 5 Rn. 77; GK-BetrVG/Kreutz, § 19 Rn. 139 f.

[45] LAG München vom 03.08.1988, BB 1989, 147; Boemke, Betriebsratswahl, § 5 Rn. 82; AnwK-ArbR/Podewin, § 19 BetrVG Rn. 27.

[46] Boemke, Betriebsratswahl, § 5 Rn. 65; MünchArbR/Joost, § 304 Rn. 290; GK-BetrVG/Kreutz, § 19 Rn. 132 f.

[47] BAG vom 17.01.1987, AP Nr. 1 zu § 1 BetrVG 1972; BAG vom 19. 11. 2003, AP Nr. 55 zu § 19 BetrVG 1972; Boemke, Betriebsratswahl, § 2 Rn. 3; Richardi/Thüsing, BetrVG, § 19 Rn. 72.

[48] Vgl. Boemke, Betriebsratswahl, § 5 Rn. 73; GK-BetrVG/Kreutz, § 19 Rn. 137.

[49] BAG vom 12.10.1961, AP Nr. 84 zu § 611 BGB Urlaubsrecht = NJW 1962, 268; Boemke, Betriebsratswahl, § 5 Rn. 69 und 73; GK-BetrVG/Kreutz, § 19 Rn. 137.

Dies zeigt auch die Existenz des § 14a BetrVG, der selbst im Kleinbetrieb noch ein bestimmtes Wahlverfahren vorschreibt.

Vorliegend wurde auf einer Versammlung der Belegschaft des Prinzenhofs ein dreiköpfiges Gremium gewählt. Dieses Gremium hat im weiteren Verlauf die Betriebsratswahl in Orientierung an den gesetzlichen Wahlvorschriften vorbereitet und geleitet. Ein Wahlvorstand bestand zumindest nach außen hin, so dass nicht von einer Wahl ohne Wahlvorstand gesprochen werden kann. Eine fehlerhafte Wahl des Wahlvorstands könnte danach nur zur Anfechtbarkeit der Wahl führen[50].

Bestehen eines Wahlvorstands

bb) Nichtigkeit wegen Verkennung des Betriebsbegriffs

Ein weiterer Nichtigkeitsgrund könnte in einer willkürlichen oder offensichtlichen Verkennung des Betriebsbegriffs liegen[51]. Dies ist z. B. dann der Fall, wenn ohne Begründung einzelne Abteilungen eines Betriebes von der Wahl ausgeklammert würden[52] oder in einem Betrieb von der Belegschaft für einen „objektiv gesehen" eigenständigen Betrieb eine Betriebsratswahl organisiert werden würde, obgleich für diesen Betrieb bereits zusammen mit einem anderen Betrieb ein Betriebsrat gewählt worden war[53]. Eine bloß fahrlässige Verkennung des Betriebsbegriffs kann dagegen nicht zur Nichtigkeit der Betriebsratswahl führen, weil die Bestimmung des konkreten Betriebs aus rechtlichen und tatsächlichen Gründen im Einzelfall sehr problematisch sein kann[54].

offensichtliche Verkennung des Betriebsbegriffs

Vorliegend wurden zwar möglicherweise nicht alle Arbeitnehmer des Betriebs zur Betriebsversammlung geladen und an der Betriebsratswahl beteiligt. Für die Nichtbeteiligung der im Weingut beschäftigen Arbeitnehmer streiten aber auf Grund der großen Entfernung nachvollziehbare Gründe. Auch wurde der Betriebsbegriff nicht willkürlich und offensichtlich ausgeweitet, weil Hotel und Wäscherei – trotz unterschiedlicher Rechtsträgerschaft – einheitlich geleitet wurden, was sich insbesondere in der Personenidentität

Subsumtion

---

[50] Siehe unten A II 2 c cc 1, S. 142 ff.

[51] ArbG Kiel vom 20.03.2002, AP Nr. 17 zu § 1 BetrVG 1972; Boemke, Betriebsratswahl, § 5 Rn. 66. – Vgl. auch GK-BetrVG/Kreutz, § 19 Rn. 137.

[52] Hess/Schlochauer/Glaubitz, § 19 Rn. 18.

[53] ArbG Regensburg vom 20.09.1989 = BB 1990, 852; vgl. auch LAG Hamm vom 18.09.1996, AP Nr. 10 zu § 1 BetrVG 1972 Gemeinsamer Betrieb = BB 1996, 2622; Boemke, Betriebsratswahl, § 5 Rn. 68; GK-BetrVG/Kreutz, § 19 Rn. 137.

[54] GK-BetrVG/Kreutz, § 19 Rn. 138.

des Geschäftsführers der Wäscherei Prinzenhof GmbH und des Direktors des Hotels zeigt. Eine willkürliche und offensichtliche Verkennung des Betriebsbegriffs ist danach jedenfalls nicht gegeben.

cc) Nichtigkeit wegen Verstoß gegen § 13 Abs. 1 BetrVG

Wahl zur falschen Zeit

Nichtig könnte die Wahl schließlich wegen Verstoßes gegen § 13 Abs. 1 BetrVG sein. Die Wahl eines Betriebsrats außerhalb des regelmäßigen Wahlzeitraums, ohne dass eine der Ausnahmeregelungen des § 13 Abs. 2 BetrVG vorgelegen hat, ist als Nichtigkeitsgrund anerkannt[55]. Der Grund liegt darin, dass die Einheitlichkeit der bundesweit stattfindenden Betriebsratswahlen geschützt werden soll. Allerdings wurde vorliegend nicht grundlos vom regelmäßigen Wahlrhythmus abgewichen, weil hier die Ausnahme des § 13 Abs. 2 Nr. 6 BetrVG, die erstmalige Betriebsratswahl, vorliegt. Bei der erstmaligen Wahl soll eine wahlfreudige Belegschaft nicht bis auf den nächsten Regeltermin warten müssen.

dd) Nichtigkeit wegen Vielzahl von Verstößen

Kein Umschlag der Quantität in die Qualität

Nach der früheren Rechtsprechung des BAG konnte auch die Häufung von Verstößen, die für sich genommen lediglich eine Anfechtung der Betriebsratsahl rechtfertigen würden, zu einer Nichtigkeit der Betriebsratswahl führen[56]. Diese Rechtsprechung berücksichtigte jedoch nicht hinreichend, dass die gesetzlich nicht ausdrücklich geregelte Nichtigkeitsfolge nur eintreten kann, wenn bei der Wahl des Betriebsrats so grob und offensichtlich gegen Wahlvorschriften verstoßen wurde, dass auch nur von dem Anschein einer dem Gesetz entsprechenden Wahl nicht mehr gesprochen werden kann und dies jedem mit den betrieblichen Verhältnissen vertrauten Dritten sofort ohne weiteres erkennbar ist. Handelt es sich bei den einzelnen Verstößen um Mängel, die jeder für sich genommen zwar die Anfechtung der Betriebsratswahl rechtfertigen, nicht aber die Wahl als nichtig erkennen lassen, so kann weder die addierte Summe der Fehler noch eine Gesamtwürdigung zur Nichtigkeit führen[57].

---

[55] Boemke, Betriebsratswahl, § 5 Rn. 72; Fitting, BetrVG, § 19 Rn 5; Richardi/Thüsing, BetrVG, § 19 Rn 74. – Vgl. auch GK-BetrVG/Kreutz, § 19 Rn. 137.

[56] BAG vom 27.04.1976, AP Nr. 4 zu § 19 BetrVG 1972. – Vgl. auch Richardi/Thüsing, BetrVG, § 19 Rn. 74. – Weitere Nachweise aus der Instanzrechtsprechung bei GK-BetrVG/Kreutz, § 19 Rn. 135.

[57] BAG vom 19.11.2003, AP Nr 54 zu § 19 BetrVG 1972 = NZA 2004, 395, 397 f.; Boemke, Betriebsratswahl, § 5 Rn. 65; GK-BetrVG/Kreutz, § 19 Rn. 135.

c) Zwischenergebnis

Auch weitere besonders schwere Verstöße gegen wesentliche Wahlvorschriften sind nicht ersichtlich. Insgesamt kann
dem Vorgang daher nicht der Anschein einer gesetzmäßigen
Wahl abgesprochen werden. Die Betriebsratswahl ist nicht
nichtig. Der auf eine entsprechende Feststellung gerichtete
Antrag ist unbegründet.

Keine Nichtigkeit der Wahl

2. Anfechtbarkeit der Betriebsratswahl

Die Wahl des Betriebsrats ist gemäß § 19 BetrVG anfechtbar, wenn sie innerhalb der Anfechtungsfrist (a) von einem
Anfechtungsberechtigten (b) durch einen Antrag beim Arbeitsgericht angefochten wird und ein Anfechtungsgrund
besteht (c).

*Anfechtungs-
voraussetzungen*

a) Wahrung der Anfechtungsfrist

Die Zwei-Wochen-Frist des § 19 Abs. 2 Satz 2 BetrVG zur
Wahlanfechtung beginnt mit Bekanntgabe des Wahlergebnisses zu laufen. Da das Wahlergebnis am Abend des Wahl-
tags, 26.09.2007, bekannt gegeben wurde, begann die Frist
nach § 187 Abs. 1 BGB i. V. m. §§ 80 Abs. 1 ArbGG, 222
Abs. 1 ZPO am 27.09.2007 um 0 Uhr zu laufen und endete
gemäß § 188 Abs. 2 BGB am 10.10.2007 um 24 Uhr. Die
Wahlanfechtung durch den am 08.10.2007 eingereichten
Anfechtungsschriftsatz erfolgte danach fristgerecht.

Anfechtungsfrist

b) Anfechtungsberechtigung

Die Anfechtungsberechtigung des Arbeitgebers ist in § 19
Abs. 2 S. 1 BetrVG ausdrücklich vorgesehen (s. o.[58]).

Anfechtungsberechtigung

c) Anfechtungsgrund

aa) Allgemeine Voraussetzungen

Ein Anfechtungsgrund besteht nach § 19 Abs. 1 BetrVG,
wenn gegen wesentliche Vorschriften über das Wahlrecht
(aa), die Wählbarkeit (bb) oder das Wahlverfahren (cc) verstoßen wurde und eine Berichtigung nicht erfolgt ist. Liegt
ein solcher Verstoß vor, hat die Wahlanfechtung ausnahmsweise dann keinen Erfolg, wenn hierdurch das Wahlergebnis
nicht geändert oder beeinflusst werden konnte[59]. Dabei muss
das Arbeitsgericht infolge der Regelung des § 83 Abs. 1 S. 1

*Beachtung der
Anfechtungsgründe von
Amts wegen*

---

[58] Siehe unter A I 5, S. 130.
[59] Boemke, Betriebsratswahl, § 5 Rn. 40 f.; GK-BetrVG/Kreutz, § 19
Rn. 40; Richardi/Thüsing, BetrVG, § 19 Rn. 31; Zöllner/Loritz/Her-
genröder, Arbeitsrecht, S. 479.

ArbGG alle in Betracht kommenden Verstöße von Amts wegen berücksichtigen, unabhängig davon, ob die Beteiligten
sich auf einen Verstoß berufen[60].

bb) Verstöße gegen das Wahlrecht

Verstoß gegen das Wahlrecht

Ein Verstoß gegen das (aktive) Wahlrecht liegt vor, wenn an
der Wahl Arbeitnehmer teilgenommen haben, die nicht
wahlberechtigt waren (1) oder wahlberechtigte Arbeitnehmer von der Wahl ausgeschlossen wurden (2)[61].

(1) Teilnahme nicht wahlberechtigter Arbeitnehmer

Teilnahme Nichtberechtigter

Die Wäschereimitarbeiter könnten nicht wahlberechtigt gewesen sein. Wahlberechtigt sind nach § 7 BetrVG alle voll-
jährigen Arbeitnehmer des Betriebs. Daher hätten die Wäschereimitarbeiter nur dann an der Wahl beteiligt werden
dürfen, wenn sie zum Betrieb Hotel Prinzenhof gehören. Betrieb ist die organisatorische Einheit, innerhalb derer ein Unternehmen allein oder mit seinen Arbeitnehmern mit Hilfe
von technischen und immateriellen Mitteln bestimmte arbeitstechnische Zwecke fortgesetzt verfolgt[62]. Letztere dürfen sich nicht auf die Produktion von Eigenbedarf beschränken[63]. Betrieb ist danach zunächst das Hotel, welches eine
Zusammenfassung von Personal und Sachmitteln unter einer
einheitlichen Leitung darstellt. Entscheidend ist, ob zum
maßgeblichen Betrieb auch die Wäscherei zählt.

Beteiligung mehrerer Unternehmen

Dagegen könnte sprechen, dass die Wäscherei nicht von
der Prinzenhof Benno Reich & Co. KG als Inhaber des Hotels, sondern von der Wäscherei Prinzenhof GmbH geleitet
wird. Das Unternehmen ist jedoch nur die Organisations-
form, in der eine natürliche oder juristische Person wirtschaftlich tätig wird. Demgegenüber ist der Betrieb eine organisatorische Einheit zur Verfolgung arbeitstechnischer
Zwecke, die unter einer einheitlichen Leitung steht. Daher
kann ein Betrieb auch von mehreren Unternehmen betrieben

---

[60] BAG vom 13.10.2004, NZA 2005, 480, 482; BAG vom 04.10.1977,
AP Nr. 2 zu § 18 BetrVG 1972; ErfK/Eisemann, § 19 BetrVG Rn. 10;
GK-BetrVG/Kreutz, § 19 Rn. 106.

[61] GK-BetrVG/Kreutz, § 19 Rn. 22.

[62] BAG vom 22.06.2005, AP Nr. 21 zu § 1 BetrVG 1972 Gemeinsamer
Betrieb unter B II 1 der Gründe; BAG vom 31.05.2000, AP Nr. 12 zu
§ 1 BetrVG 1972 Gemeinsamer Betrieb; BAG vom 14.09.1988, AP
Nr. 9 zu § 1 BetrVG 1972; Boemke, Betriebsratswahl, § 2 Rn. 2;
v. Hoyningen-Huene, BetrVR, § 3 Rn. 4; Hromadka/Maschmann,
ArbR 2, § 16 Rn. 54; Hueck/Nipperdey, Arbeitsrecht I, S. 91 ff., 93. –
Kritisch Richardi, BetrVG, § 1 Rn. 19 ff.

[63] Boemke, Betriebsratswahl, § 2 Rn. 2; ErfK/Eisemann, § 1 BetrVG
Rn. 8.

werden[64], wie dies in ständiger Rechtsprechung des BAG anerkannt wurde und für den Bereich der Betriebsverfassung nunmehr ausdrücklich in § 1 Abs. 2 BetrVG klargestellt wurde. Ein gemeinsamer Betrieb mehrerer Unternehmen liegt vor, wenn zwei oder mehrere Unternehmen die in einer Betriebsstätte vorhandenen sachlichen und immateriellen Mittel zur Verfolgung eines einheitlichen oder mehrerer arbeitstechnischer Zwecke zusammenfassen, ordnen und gezielt einsetzen und der Einsatz der menschlichen Arbeitskraft von einem einheitlichen Leitungsapparat gesteuert wird[65].

Nach § 1 Abs. 2 Nr. 2 BetrVG wird das Vorliegen eines gemeinsamen Betriebs vermutet, wenn die Spaltung eines Unternehmens zur Folge hat, dass von einem Betrieb ein oder mehrere Betriebsteile einem an der Spaltung beteiligten Unternehmen zugeordnet werden, ohne dass sich dabei die Organsiation des betroffenen Betriebs wesentlich ändert. Im konkreten Fall wurde die Wäscherei im Rahmen von Outsourcing-Prozessen vor mehreren Jahren aus der Prinzenhof Benno Reich & Co. KG ausgegliedert und von der zu diesem Zwecke gegründeten Prinzenhof GmbH übernommen. Hotelleitung und Geschäftsführung der GmbH sind in der Person von Benno Reich identisch. Es findet ein gegenseitiger Arbeitnehmeraustausch statt, so dass die Voraussetzungen des Vermutungstatbestands nach § 1 Abs. 2 Nr. 2 BetrVG erfüllt sind. *(Vermutung eines gemeinsamen Betriebs)*

Darüber hinaus wird nach § 1 Abs. 2 Nr. 1 BetrVG ein gemeinsamer Betrieb vermutet, wenn zur Verfolgung arbeitstechnischer Zwecke die Betriebsmittel sowie die Arbeitnehmer von den Unternehmen gemeinsam eingesetzt werden. Da sich Wäscherei und Hotel im selben Gebäude befinden und die Wäscherei durch das Reinigen der Wäsche das Hotel fördert, werden immaterielle und sachliche Mittel zusammengefasst und zielgerichtet eingesetzt. Ein gemein *(Gemeinsame Zweckverfolgung)*

---

[64] BAG vom 22.06.2005, AP Nr. 23 zu § 1 BetrVG 1972 Gemeinsamer Betrieb unter B II 1 der Gründe; BAG vom 24.01.1996, AP Nr. 8 zu § 1 BetrVG 1972 Gemeinsamer Betrieb; Boemke, Betriebsratswahl, § 2 Rn. 44 ff.; v. Hoyningen-Huene, BetrVR, § 3 Rn. 7; Hromadka/ Maschmann, ArbR 2, § 16 Rn. 55 f.; Zöllner/Loritz/Hergenröder, Arbeitsrecht, S. 473.

[65] BAG vom 22.06.2005, AP Nr. 23 zu § 1 BetrVG 1972 Gemeinsamer Betrieb unter B II 1 der Gründe; BAG vom 09.02.2000, DB 2000, 384 (juris, Rz. 34); BAG vom 24.01.1996, AP Nr. 8 zu § 1 BetrVG 1972 Gemeinsamer Betrieb; Boemke, Betriebsratswahl, § 2 Rn. 45; ErfK/ Eisemann, § 1 BetrVG Rn. 14; Richardi, BetrVG, § 1 Rn. 69; GK-BetrVG/Kraft/Franzen, § 1 Rn. 46 ff.

samer, zielgerichteter Einsatz ist vorliegend gegeben, weil der Kern der Arbeitnehmer wiederholt wechselseitig eingesetzt wurde.

tatsächliche einheitliche Leitung

Die Vermutung für das Bestehen eines gemeinsamen Betriebs kann allerdings widerlegt werden. Dafür ist der Nachweis erforderlich, dass jedes Unternehmen seine Arbeitnehmer selbst einsetzt, soweit es um das die Arbeitsleistung konkretisierende Weisungsrecht geht[66]. Hierfür gibt der Sachverhalt aber keine Anhaltspunkte. Vielmehr kann im konkreten Fall sogar tatsächlich eine einheitliche Leitungsmacht angenommen werden, weil der Geschäftsführer der Wäscherei Prinzenhof GmbH mit dem geschäftsführenden Gesellschafter der Prinzenhof Benno Reich & Co. KG personenidentisch ist und nach dem Sachverhalt ohne Rücksicht auf die Tätigkeitsbereiche Arbeitnehmer des Hotelbetriebs in der Wäscherei einsetzt und umgekehrt. Dies ist exakt die einheitliche Leitungsmacht, von der § 1 Abs. 1 BetrVG bereits ausgeht.[67]

gemeinsamer Betrieb besteht

Da ein gemeinsamer Betrieb besteht, sind die Wäschereibeschäftigten zu Recht an der Wahlvorstandswahl und der nachfolgenden Betriebsratswahl beteiligt worden.

(2) Nichtbeteiligung wahlberechtigter Arbeitnehmer

Ausschluss Wahlberechtigter

Eine fehlerhafte Nichtbeteiligung könnte zunächst darin liegen, dass die Mitarbeiter des Weinguts nicht beteiligt wurden (2.1). Ein weiterer Fehler könnte in der Nichteinbeziehung der Vanessa Venus (2.2) liegen.

(2.1) Nichtbeteiligung der Arbeitnehmer im Weingut

Nichtbeteiligung des Weinguts

Die Arbeitnehmer des Weinguts wären zu Recht nicht an der Wahl beteiligt worden, wenn das Weingut selbst betriebsratsfähig und nicht ein Betriebsteil des Hotels ist. Betrieb ist eine organisatorische Einheit zur Verfolgung arbeitstechnischer Zwecke, die unter einer einheitlichen Leitung steht[68]. Dabei kommt es für das Vorliegen einer organisatorischen Einheit weniger auf die Verfolgung eines gemeinsamen arbeitstechnischen Zwecks als vielmehr auf das Bestehen eines einheitlichen Leitungsapparats an, der die

---

[66] GK-BetrVG/Kraft/Franzen, § 1 Rn. 54; Richardi, BetrVG, § 1 Rn. 75. – Vgl. auch ErfK/Eisemann, § 1 BetrVG Rn. 14, wonach die nur formelle Ausübung des Weisungsrechts der Vermutung eines gemeinsamen Betriebs nicht entgegensteht.

[67] BAG vom 11.02.2004, AP Nr 22 zu § 1 BetrVG 1972 Gemeinsamer Betrieb = NZA 2004, 618.

[68] Siehe unter A II 2 c bb 1, S. 136.

maßgeblichen mitbestimmungsrelevanten Entscheidungen einheitlich trifft[69]. Für die Einordnung des Weinguts in den Hotelbetrieb könnte hier sprechen, dass Lohnbuchhaltung und Personalplanung zentral vom Leipziger Hotel aus vorgenommen und gesteuert werden. Allerdings ist für das Tagesgeschäft und somit insbesondere die sozialen Angelegenheiten i. S. v. § 87 Abs. 1 Nr. 10 BetrVG vor Ort im Weingut der Winzermeister Weinstein verantwortlich. Insofern werden wichtige, die Durchführung des Betriebs des Weinguts betreffende Angelegenheiten in Radebeul erledigt, was für die Eigenständigkeit des Weinguts im betriebsverfassungsrechtlichen Sinne sprechen könnte.

Ob das Weingut ein eigenständiger Betrieb i. S. v. § 1 Abs. 1 BetrVG ist, kann jedoch dahinstehen, wenn das Weingut zumindest die Voraussetzungen des selbstständigen Betriebsteils i. S. v. § 4 Abs. 1 Satz 1 Nr. 1 BetrVG erfüllt, weil solche Betriebsteile kraft Gesetzs als selbstständige Betriebe gelten. Voraussetzung ist, dass es sich bei dem Weingut um einen Betriebsteil handelt, der die Voraussetzungen des § 1 Abs. 1 Satz 1 BetrVG erfüllt und räumlich weit vom Hautpbetrieb entfernt ist. *(Weingut als betriebsratsfähiger Betriebsteil)*

Betriebsteile sind auf den Zweck des Hauptbetriebs ausgerichtete und in dessen Organisation eingegliederte Betriebsbereiche. Sie erfüllen Aufgaben, die sich von denen der anderen Abteilungen i. d. R. erkennbar unterscheiden, aber in ihrer Zielsetzung dem arbeitstechnischen Zweck des Betriebs dienen[70]. Weiter müssen sie ansatzweise über eine den Einsatz der Arbeitnehmer bestimmende Leitung verfügen, die in Teilen das Weisungsrecht des Arbeitgebers ausübt[71]. Diese Voraussetzungen liegen im konkreten Fall vor, weil die Weinproduktion in erster Linie der Belieferung des Hotels dient und mit dem Winzermeister Weinstein vor Ort eine zentrale Leitung besteht, die wichtige, die Belgschaft betreffende Angelegenheiten koordiniert und regelt. *(Begriff des Betriebsteils)*

Weitere Voraussetzung ist, dass der Betriebsteil selbst betriebsratsfähig ist, also in der Regel mindestens fünf ständige *(Betriebsratsfähigkeit des Betriebsteils)*

[69] Boemke, Betriebsratswahl, § 2 Rn. 2; ErfK/Eisemann, § 1 BetrVG Rn. 14; GK-BetrVG/Kraft/Franzen, § 1 Rn. 38 f.; Richardi, BetrVG, § 1 Rn. 66.
[70] Boemke, Betriebsratswahl, § 2 Rn. 9; ErfK/Eisemann, § 4 BetrVG Rn. 2; GK-BetrVG/Kraft/Franzen, § 4 Rn. 4.
[71] BAG vom 20.06.1995, AP Nr. 8 zu § 4 BetrVG 1972 = NZA 1996, 276; BAG vom 19.02.2002, AP Nr. 13 zu § 4 BetrVG 1972 = NZA 2002, 1300, 1301; Boemke, Betriebsratswahl, § 2 Rn. 10; GK-BetrVG/Kraft/Franzen, § 4 Rn. 4.

Räumlich weit entfernt

wahlberechtigte Arbeitnehmer beschäftigt werden, von denen drei wählbar sind[72]. Mit fünf ständig Beschäftigten wird dieser Schwellenwert im Weingut erreicht.

Die Selbstständigkeit des Weinguts im Sinne des BetrVG wäre daher gegeben, wenn dieses vom Hotel in Leipzig räumlich weit entfernt wäre. Ob der Betriebsteil räumlich weit entfernt ist (§ 4 Abs. 1 S. 1 Nr. 1 BetrVG), bestimmt sich nicht allein nach der objektiven Entfernung. Vielmehr ist darauf abzustellen, ob die Entfernung eine persönliche Berührung zwischen den Belegschaftsangehörigen unmöglich macht, ob der Betriebsrat in der Lage ist, seine Aufgaben und Befugnisse auch in den Betriebsteilen wahrzunehmen und die dort beschäftigten Arbeitnehmer zu betreuen, und ob die in den Betriebsteilen beschäftigten Arbeitnehmer die Möglichkeit haben, mit dem Betriebsrat Kontakt aufzunehmen.[73] Die erforderliche Nähebeziehung ist nach der Rechtsprechung dann nicht mehr gegeben, wenn die Entfernung zwischen Betrieb und Betriebsteil mehr als 70 Kilometer beträgt oder aber mit den zur Verfügung stehenden Verkehrsmitteln mehr als eine Stunde Fahrzeit erforderlich ist[74]. In diesem Fall kann der Betriebsrat des Hauptbetriebs die Interessen der Belegschaftsmitglieder des Betriebsteils nicht mehr ordnungsgemäß wahrnehmen. Da die Entfernung von Leipzig nach Radebeul 100 Kilometer beträgt und zudem ein guter Teil der Strecke über Landstraße zurückgelegt werden muss, besteht eine räumlich weite Entfernung zwischen Hotel und Weingut i. S. v. § 4 Abs. 1 Satz 1 BetrVG.

Weingut betriebsverfassungsrechtlich selbstständig

Auch als Betriebsteil des Hotels wäre das Weingut eine betriebsverfassungsrechtlich selbstständige Organisationseinheit i. S. v. § 4 Abs. 1 Satz 1 Nr. 1 BetrVG. Die Arbeitnehmer des Weinguts waren daher bei der Wahl im Hotel Prinzenhof nicht wahlberechtigt.

(2.2) Nichtbeteiligung von Vanessa Venus

Wahlberechtigung von Vanessa Venus

Ein Verstoß gegen das Wahlrecht könnte in der Nichtbeteiligung von Vanessa Venus liegen. Dies wäre der Fall, wenn sie nach § 7 Satz 1 BetrVG aktiv wahlberechtigt gewesen und

---

[72] GK-BetrVG/Kraft/Franzen, § 4 Rn. 9.

[73] BAG vom 24.02.1976, AP Nr. 2 zu § 4 BetrVG 1972; BAG vom 19.02.2002, AP Nr. 13 zu § 4 BetrVG 1972 = NZA 2002, 1300, 1301; Boemke, Betriebsratswahl, § 2 Rn. 16; GK-BetrVG/Kraft/Franzen, § 4 Rn. 10 f.

[74] Vgl. hierzu die Rechtsprechungsbeispiele bei Boemke, Betriebsratswahl, § 2 Rn. 17 f.; GK-BetrVG/Kraft/Franzen, § 4 Rn. 13 f.

gleichwohl nicht zur Wahl zugelassen worden ist[75]. Wahlberechtigt sind nach § 7 Satz 1 BetrVG alle Arbeitnehmer des Betriebs, die das 18. Lebensjahr vollendet haben. Vanessa Venus wird seit dem 15.09.2007 im Hotel beschäftigt, von ihrer Volljährigkeit ist mangels abweichender Angaben im Sachverhalt auszugehen. Sie war damit wahlberechtigt.

Das Wahlrecht könnte aber im konkreten Fall deswegen ausgeschlossen sein, weil nach § 2 Abs. 3 WahlO das aktive Wahlrecht nur solchen Arbeitnehmern zusteht, die in die Wählerliste eingetragen sind. Vanessa Venus war, obwohl die Voraussetzungen von § 7 Satz 1 BetrVG vorlagen, nicht in der Wählerliste aufgeführt. Nach verbreiteter Ansicht soll dies zum Ausschluss des aktiven Wahlrechts führen und eine Wahlanfechtung nur zulässig sein, wenn dieser Mangel gemäß § 4 Abs. 1 WahlO durch Einspruch innerhalb von zwei Wochen seit Erlass des Wahlausschreibens geltend gemacht wurde[76]. Der Grund hierfür wird in der praktischen Handhabung der Betriebsratswahl und ihrer Anfechtung gesehen. Hiergegen spricht aber, dass die Regeln der WO denen des BetrVG untergeordnet sind. Die WO kann dem Arbeitnehmer ein nach den gesetzlichen Regelungen bestehendes Wahlrecht nicht nehmen. Der rechtzeitige Einspruch ist damit keine Voraussetzung dafür, dass nach Durchführung der Wahl unter Berufung auf einen Verstoß gegen das Wahlrecht die Wahl angefochten werden darf. Das Vorliegen dieses Anfechtungsgrunds richtet sich allein nach § 7 BetrVG[77].

Trotz Verstoßes gegen das Wahlrecht ist die Anfechtung ausnahmsweise dann ausgeschlosen, wenn der Fehler das Wahlergebnis nicht beeinflussen konnte (§ 19 Abs. 1 a. E. BetrVG). Es muss also im Bereich des Möglichen liegen, dass ohne den Verstoß das Wahlergebnis anders aussehen könnte[78]. Bei der Nichtzulassung eines wahlberechtigten Arbeitnehmers zur Wahl ist zu fragen, ob seine Stimmabgabe

Kein Wahlrecht wegen Nichteintragung in die Wählerliste

Kein Anfechtungsrecht mangels Einflusses auf das Wahlergebnis

---

[75] Vgl. BAG vom 25.06.1974, AP Nr. 2 zu § 19 BetrVG 1972; Boemke, Betriebsratswahl, § 5 Rn. 7; GK-BetrVG/Kreutz, § 19 Rn. 22; Richardi/Thüsing, BetrVG, § 19 Rn. 6.

[76] LAG Düsseldorf vom 08.05.1973, DB 1973, 2050, 2051; LAG Frankfurt vom 27.01.1976 = BB 1976, 1271; Fitting, § 19 Rn. 14. – A. A. Boemke, Betriebsratswahl, § 5 Rn. 7; GK-BetrVG/Kreutz, § 19 Rn. 22; Richardi/Thüsing, BetrVG, § 19 Rn. 8.

[77] Vgl. Boemke, Betriebsratswahl, § 5 Rn. 7; GK-BetrVG/Kreutz, § 19 Rn. 22; DKK/Schneider, BetrVG, § 19 Rn. 6 m. w. Nachw. – A. A. LAG Düsseldorf vom 08.05.1973, DB 1973, 2050, 2051; LAG Frankfurt vom 27.01.1976, BB 1976, 1271.

[78] Boemke, Betriebsratswahl, § 5 Rn. 41; DKK/Schneider, BetrVG, § 19 Rn. 4.

theoretisch zu einem anderen Wahlergebnis hätte führen können. Im konkreten Fall haben die auf die fünf Erstplatzierten folgenden Wahlbewerber vier, sechs bzw. acht Stimmen weniger als der Fünftplatzierte. Hierdurch wird deutlich, dass die einzelne Stimme der Vanessa Venus nicht geeignet ist, die Reihenfolge der Wahlbewerber im Ergebnis zu beeinflussen, weil der Stimmabstand hierfür zu groß ist.

(3) Zwischenergebnis

Kein Einfluss auf das
Wahlergebnis

Ein Verstoß gegen die Vorschriften über das Wahlrecht liegt zwar vor; dieser hatte aber keinen Einfluss auf das Wahlergebnis, so dass insoweit ein Anfechtungsrecht nicht besteht.

bb) Verstöße gegen die Wählbarkeit

Verstoß gegen die
Wählbarkeit

Die Wahl von Egon könnte gegen die Vorschriften über die Wählbarkeit verstoßen. Nach § 8 BetrVG ist nur wählbar, wer mindestens seit sechs Monaten im Betrieb beschäftigt ist. Das gewählte Betriebsratsmitglied Egon war erst seit dem 02.05.2007 und damit zur Zeit der Betriebsratswahl erst knapp fünf Monate beschäftigt. Ein Verstoß gegen die wesentliche Vorschrift des § 8 BetrVG lag zum Zeitpunkt der Wahl vor.

Dieser Verstoß führt aber nur dann zur Anfechtbarkeit der Wahl, wenn er auch zum Zeitpunkt der Entscheidung des erkennenden Gerichts gegeben ist. § 24 Abs. 1 Nr. 6 BetrVG a. E. kann nämlich entnommen werden, dass Mängel der Wählbarkeit im Wahlanfechtungsverfahren noch geheilt werden können[79]. Da Egon nunmehr mehr als sechs Monate dem Betrieb angehört, ist der Verstoß geheilt, so dass hierauf die Anfechtbarkeit nicht mehr gestützt werden kann[80].

cc) Verstöße gegen das Wahlverfahren[81]

(1) Fehler bei Errichtung des Wahlvorstands

Fehler bei Errichtung des
Wahlvorstands

Ein Fehler könnte im Verfahren der Wahl des Wahlvorstands begangen worden sein. Gemäß §§ 16 ff. BetrVG i. V. m. §§ 1 ff. WahlO 2001 ist die Wahl des Betriebsrats zwingend von einem Wahlvorstand durchzuführen. Die Wahl des Wahlvorstands kann grundsätzlich nicht isoliert gerichtlich überprüft werden. Einem entsprechenden Antrag auf Fest-

---

[79] LAG Düsseldorf vom 13.09.1988, 16 (17) TaBV 42/88, juris; Richardi/ Thüsing, BetrVG, § 24 Rn. 31.

[80] Vgl. Fitting, BetrVG, § 19 Rn. 18; GK-BetrVG/Kreutz, § 19 Rn. 24; DKK/Schneider, BetrVG, § 19 Rn. 8.

[81] Bei der Prüfung etwaiger Verstöße gegen das Wahlverfahrensrecht empfiehlt sich ein chronologisches Vorgehen.

stellung, dass die Wahl des Wahlvorstands nichtig ist, würde grundsätzlich das Feststellungsinteresse fehlen[82]. Fehler bei der Bildung und Zusammensetzung des Wahlvorstands könnten allerdings zu einer Anfechtbarkeit der Betriebsratswahl führen. Vorliegend könnten Verstöße im Hinblick auf die formelle Ordnungsgemäßheit der Einladung zu der so genannten Wahlversammlung i. S. v. § 17 Abs. 3 BetrVG (1.1), den Wahlvorgang (1.2) sowie die Zusammensetzung des Wahlvorstands (1.3) gegeben sein.

(1.1) Fehlerhafte Einladung zur Wahlvorstandswahl

Für die Einladung (§ 17 Abs. 3 BetrVG) sieht das Gesetz keine Form vor[83]. Es genügt hierfür eine mündliche Einladung oder auch ein Aushang, wenn diesem der Termin und der Versammlungsort zu entnehmen sind[84]. Jedoch müssen alle Arbeitnehmer des Betriebs Kenntnis nehmen und damit die Möglichkeit erhalten, an der Versammlung teilzunehmen[85]. Die eigentlichen Hotelbeschäftigten waren damit alle ausreichend informiert. Gleiches ist von den Wäschereibeschäftigten anzunehmen, weil diese erschienen sind. Die fünf Arbeitnehmer in Radebeul wurden jedoch zu der Versammlung nicht eingeladen und hatten auch in sonstiger Weise nicht von ihr Kenntnis erlangt. Eine entsprechende Einladung war aber nicht erforderlich, weil diese fünf Personen Arbeitnehmer eines anderen Betriebes und daher nicht wahlberechtigt sind (s. o.[86]).

Einladung zur Wahl des Wahlvorstands

Weiterhin wäre notwendig, dass drei wahlberechtigte Arbeitnehmer des Betriebes eingeladen haben. Addi, Bert und Claus waren Arbeitnehmer und nach § 7 BetrVG wahlberechtigt. Sie hatten unter Angabe des Tagungsordnungspunkts zur Betriebsversammlung eingeladen. Unerheblich ist die Tatsache, dass der Aushang nur mit Vornamen unterzeichnet war, weil die Einladung an keine Form gebunden ist. Die Einladung zur Wahl des Wahlvorstands erfolgte ordnungsgemäß.

Einladungsberechtigung

(1.2) Verstoß bei der Wahl des Wahlvorstands

Der Wahlvorstand ist gemäß § 17 Abs. 2 BetrVG in einer Betriebsversammlung, der so genannten Wahlversammlung,

Vorstandswahlverfahren

---

[82] BAG vom 03.06.1975, AP Nr. 1 zu § 5 BetrVG = BB 1975, 1388; missverständlich insoweit Fitting, BetrVG, § 16 Rn. 61.

[83] GK-BetrVG/Kreutz, § 17 Rn. 24.

[84] GK-BetrVG/Kreutz, § 17 Rn. 24; Richardi/Thüsing, BetrVG, § 17 Rn. 12.

[85] ErfK/Eisemann, § 17 BetrVG Rn. 5; GK-BetrVG/Kreutz, § 17 Rn. 24.

[86] Siehe unter A II 2 c bb 2 2.1, S. 138 ff.

zu wählen, wenn weder ein Betriebsrat noch ein Gesamt-
oder Konzernbetriebsrat bestehen. Im Betrieb des Prinzenhofs bestand bisher kein Betriebsrat, so dass die Wahlversammlung insoweit die richtige Initiierung der Betriebsratswahl war. Der Wahlvorstand müsste weiterhin von der Mehrheit der anwesenden Arbeitnehmer gewählt worden sein.
Der dreiköpfige Wahlvorstand war mit 22 Stimmen (Addi),
20 Stimmen (Claus) und 19 Stimmen (Dieter) gewählt worden. Dies war jeweils die absolute Mehrheit der anwesenden
36 Arbeitnehmer. Eine bestimmte Mindestbeteiligung von
Arbeitnehmern an der Betriebsversammlung ist nicht erforderlich[87]. Auch die öffentliche Wahl durch Handheben ist
nicht zu beanstanden, denn die Wahl des Wahlvorstands ist,
anders als die Betriebsratswahl, formfrei[88].

(1.3) Verstoß gegen die Zusammensetzung
    des Wahlvorstands

**Zusammensetzung des
Wahlvorstands**

Nach § 16 S. 1 BetrVG besteht der Wahlvorstand regelmäßig aus drei Mitgliedern. Diese Vorgabe wurde beachtet. Bei
der Wahlvorstandswahl könnte aber gegen § 16 Abs. 1 S. 5
BetrVG verstoßen worden sein. Diese Vorschrift gilt wegen
§ 17 Abs. 1 S. 2 BetrVG auch bei der Wahl eines Wahlvorstands. Hiernach soll sich der Wahlvorstand aus Frauen und
Männern zusammensetzen. Zwar hatte sich Thea Treu als
Frau zur Wahl des Wahlvorstands gestellt. Sie wurde aber
nicht gewählt. Damit waren nur Männer im Wahlvorstand
vertreten. Die Vorschrift ist aber nicht zwingend, sondern hat
nur Sollcharakter[89]. Somit handelt es sich auch nicht um eine
wesentliche Vorschrift über das Wahlverfahren[90]. Eine Anfechtbarkeit der Betriebsratswahl kommt aus diesem Grund
nicht in Betracht.

**jedenfalls keine Auswirkung
auf das Wahlergebnis**

Darüber hinaus ist die auf diesen Grund gestützte Anfechtbarkeit der Betriebsratswahl nicht gegeben, weil die
fehlerhafte Zusammensetzung des Wahlvorstands allein
noch nicht den Schluss zulässt, dass hierdurch das Wahlergebnis der Betriebsratswahl, wie § 19 Abs. 1 letzter Halbsatz
BetrVG voraussetzt, beeinflusst werden konnte. Hierfür
genügt nicht jede bloß theoretisch denkbare Möglichkeit

---

[87] LAG Hamm vom 29.11.1973, DB 1974, 389; ErfK/Eisemann, § 17
BetrVG Rn. 7; Gamillscheg, Kollektives Arbeitsrecht II, S. 417.
[88] ErfK/Eisemann, § 17 BetrVG Rn. 7; Richardi/Thüsing, BetrVG, § 17
Rn. 24.
[89] GK-BetrVG/Kreutz, § 17 Rn. 30; Richardi/Thüsing, BetrVG, § 16
Rn. 13.
[90] GK-BetrVG/Kreutz, § 16 Rn. 36.

eines anderen Ergebnisses[91]. Vielmehr muss nach der allgemeinen Lebenserfahrung und den konkreten Umständen des Falles die Möglichkeit eines anderen Ergebnisses nicht ganz unwahrscheinlich sein[92]. Dies ist im Hinblick auf die Geschlechterverteilung im Wahlvorstand nach allgemeiner Lebenserfahrung nicht der Fall. Die Gegenauffassung[93] vernachlässigt das Merkmal einer hinreichenden Wahrscheinlichkeit, weil das förmliche Betriebsratswahlverfahren keinen Raum für Wertungsfragen biete. Dem ist aber entgegenzuhalten, dass dann die Anfechtbarkeit fast jeder Betriebsratswahl gegeben wäre, weil selbst kleinste Verstöße die Neuwahl des Betriebsrats zur Folge hätte. Im Interesse einer praktischen Handhabung der Arbeitnehmermitbestimmung kann dies aber weder im Interesse der Arbeitnehmer noch des Arbeitgebers liegen. Die Nichtberücksichtigung der Thea Treu im Wahlvorstand führt somit nicht zur Anfechtbarkeit der Betriebsratswahl.

(2) Verstoß bei der Vorbereitung der Wahl
    (§ 2 Abs. 5 WahlO)

Durch die Unterrichtung über das Wahlverfahren und die Wahlausschreibung nur in deutscher Sprache könnte der Wahlvorstand gegen § 2 Abs. 5 WahlO verstoßen haben. Danach soll der Wahlvorstand dafür sorgen, dass Arbeitnehmer, die der deutschen Sprache nicht mächtig sind, in geeigneter Weise über das Betriebsratswahlverfahren unterrichtet werden. In welcher Weise diese Unterrichtung erfolgt, ob z. B. durch ein Merkblatt oder einen Dolmetscher bei der Betriebsversammlung und den Wahltermin, bleibt dabei grundsätzlich dem Wahlvorstand überlassen[94]. Demzufolge hat der Wahlvorstand einen weiten Ermessensspielraum bei dem „Wie" der Unterrichtung[95]. Demgegenüber ist der Spielraum, ob eine solche Unterrichtung durchgeführt wird, bedeutend enger[96]. Die Unterrichtungspflicht soll nämlich sicherstellen, dass auch ausländische Arbeitnehmer, die nicht oder nicht hinreichend der deutschen Sprache mächtig sind, die notwendigen Verfahrensabläufe der Betriebsratswahl

Fehler bei der Wahlvorbereitung

---

[91] Fitting, BetrVG, § 19 Rn. 24; GK-BetrVG/Kreutz, § 19 Rn. 45.
[92] ErfK/Eisemann, § 19 BetrVG Rn. 7; GK-BetrVG/Kreutz, § 19 Rn. 45; Schlömp-Röder, AuR 1989, 158, 158 ff.
[93] BAG vom 14.09.1988, AuR 1989, 156, 158.
[94] Fitting, BetrVG, § 2 WO, Rn. 12.
[95] GK-BetrVG/Kreutz/Oetker, § 2 WO Rn. 21.
[96] Fitting, § 2 WO Rn. 12. – Vgl Richardi/Thüsing, BetrVG, § 2 WO Rn. 21: Verletzung von § 2 Abs. 5 WO führt zu Anfechtbarkeit der Wahl.

verstehen können. Damit ist die Unterrichtungspflicht eine Ausgestaltung des elementaren Grundsatzes der Gleichheit der Wahl und damit eines Grundprinzips der Betriebsratswahl[97].

Benachteiligung
ausländischer Arbeitnehmer

Die Fitnesstrainerin Vanessa Venus wurde nicht über die Betriebsratswahl und deren Verfahren informiert. Auch wenn sie zur Zeit der Wahlvorstandswahl und des Wahlausschreibens noch nicht im Betrieb beschäftigt war und es insoweit keiner Übersetzung des Wahlausschreibens bedurfte, hätte der Wahlvorstand doch ab dem 15.09.2007, dem Tag des tatsächlichen Arbeitsbeginns, die Möglichkeit gehabt, eine Unterrichtung in englischer Sprache nachzuholen. Auf diesem Weg hätte Vanessa Venus über das deutsche Betriebsratswahlverfahren infomiert und auf die bevorstehende Betriebsratswahl aufmerksam gemacht werden können. Obwohl § 2 Abs. 5 WahlO nur als Sollvorschrift ausgestaltet ist, handelt es sich im Hinblick auf die Bedeutung einer ausreichenden Information für die demokratische Legitimation der Wahl um eine wesentliche Vorschrift über das Wahlverfahren im Sinne von § 19 Abs. 1 BetrVG[98].

Fehlender Einfluss auf das Wahlergebnis

Auch wenn gegen diese Bestimmung verstoßen wurde, scheidet vorliegend eine hierauf gestützte Wahlanfechtung aus. Wie oben bereits dargelegt wurde, hat der Verstoß auf das Wahlergebnis keinen Einfluss. Auch wenn sich Vanessa Venus an der Betriebsratswahl beteiligt hätte, wäre das Ergebnis nicht anders ausgefallen.[99]

(3) Verstoß gegen die Frist des § 3 Abs. 1 Satz 1 WahlO

Zu kurze Ankündigungsfrist

Ein weiterer Anfechtungsgrund könnte die Nichteinhaltung der Sechs-Wochen-Frist des § 3 Abs. 1 S. 1 WahlO sein. Die Wahl des Betriebsrats hat am 26.09.2007 stattgefunden. Das Wahlausschreiben wurde erst am 22.08.2007 ausgehangen und hing mithin nur knapp fünf Wochen und nicht wie vorgeschrieben sechs Wochen aus. Die Verletzung der Mindestfristen stellt einen Verstoß gegen wesentliche Wahlvorschriften dar, weil die Mindestfrist einen ausreichenden Wahlkampf der Bewerber sichern will[100].

---

[97] BAG vom 13.10.2004, AP Nr. 1 zu § 2 WahlO BetrVG 1972 = BB 2005, 500; LAG Frankfurt vom 25.09.2003, LAGReport 2004, 114.

[98] BAG vom 13.10.2004, AP Nr. 1 zu § 2 WahlO BetrVG 1972 = BB 2005, 500; LAG Frankfurt vom 25.09.2003, LAGReport 2004, 114; LAG Hamm vom 27.01.1982, DB 1982, 2252; Boemke, Betriebsratswahl § 5 Rn. 34; GK-BetrVG/Kreutz/Oetker, § 2 WO Rn. 19.

[99] Siehe oben A II 2 c bb 2.2, S. 141 f.

[100] Boemke, Betriebsratswahl, § 5 Rn 18; GK-BetrVG/Kreutz/Oetker, § 3 WO Rn. 4.

Nach herrschender Meinung ist die Aushangfrist eine wesentliche Vorschrift über das Wahlverfahren, deren Nichtbeachtung das Wahlergebnis beeinflussen kann und daher zur Anfechtbarkeit führt[101]. Dem ist zu folgen, weil die Aushangfrist auch sicherstellen soll, dass den Wahlbewerbern genügend Zeit verbleibt, bei den Wahlberechtigten um deren Stimme zu werben. Auf diesen Verstoß kann die Wahlanfechtung gestützt werden.

Beeinflussung des Wahlergebnisses nicht ausgeschlossen

(4) Fehler bei der Zusammensetzung des Betriebsrats

Die Wahlanfechtung könnte auf einen Verstoß gegen das Wahlverfahren im Hinblick auf die geschlechtsspezifische Zusammensetzung des Betriebsrats nach § 15 Abs. 2 BetrVG gestützt werden. Danach muss das Geschlecht, das in der Belegschaft in der Minderheit ist, mindestens entsprechend seinem zahlenmäßigen Verhältnis im Betriebsrat vertreten sein, wenn dieser aus mindestens drei Mitgliedern besteht. Im konkreten Fall bestand die Arbeitnehmerschaft des Betriebs aus 51 Hotel- und 6 Wäschereibeschäftigten, insgesamt also 57 Personen, von denen 54 Männer und 3 Frauen sind. Die weiblichen Arbeitnehmer sind damit das Minderheitengeschlecht. Wendet man die gesetzliche Bestimmung des § 15 Abs. 2 BetrVG wörtlich an, dann müssten den weiblichen Beschäftigten mindestens 3/57 der 5 Betriebsratssitze zustehen, also ca. 1/4 Betriebrsratssitz. Da dies eine Mindestrepräsentation ist, dürfte insoweit nicht nach kaufmännischen Regeln gerundet, sondern es müsste stets aufgerundet werden[102]. Danach stünde den weiblichen Beschäftigten mindestens ein Platz im Betriebsrat zu.

fehlerhafte Zusammensetzung des Betriebsrats

Ein solches Verständnis könnte jedoch dazu führen, dass im Einzelfall das in der Minderheit befindliche Geschlecht überproportional im Betriebsrat vertreten wäre oder in Extremfällen sogar das Mehrheitsgeschlecht majorisieren könnte[103]. Die wortlautgetreue Anwendung von § 15 Abs. 2 BetrVG würde im konkreten Fall dazu führen, dass ca. 6 % der weiblichen Belegschaft 20% der Betriebsratssitze einnehmen. Eine solche Auslegung von § 15 Abs. 2 BetrVG wäre weder mit Art. 38 Abs. 1 Satz 1 GG, der auch bei den Wahlen zu Arbeitnehmervertretungen Anwen-

Zuordnung im d'Hondtschen Höchstzahlverfahren

---

[101] DKK/Schneider, BetrVG, § 3 WO Rn. 4; GK-BetrVG/Kreutz/Oetker, § 3 WO Rn. 4; Richardi/Thüsing, BetrVG, § 3 WO Rn. 2.

[102] So ArbG Ludwigshafen vom 19.06.2002, BB 2002, 2016 f.; Etzel, AuR 2002, 62; Franke , NJW 2002, 656, 658; Löwisch, BB 2001, 1734, 1738; Löwisch/Kaiser, BetrVG, § 15 Rn. 14.

[103] Vgl. zu einem Berechnungsbeispiel Boemke, BB 2002, 2018.

dung findet[104], noch mit Art. 3 Abs. 2 GG vereinbar[105]. Für die Berechnung des Sitzanteils des Geschlechts in der Minderheit ist daher auf § 5 WahlO abzuheben, wonach im d´Hondtschen Höchstzahlverfahren zu ermitteln ist, wieviele Betriebsratssitze auf das Geschlecht in der Minderheit verteilt werden.

Ermittlung der Höchstzahlen

Im Fall bestand die Arbeitnehmerschaft des Betriebs aus 51 Hotel- und 6 Wäschereibeschäftigten, insgesamt also 57 Personen, von denen 54 Männer und 3 Frauen sind. Die weiblichen Arbeitnehmer sind damit das Minderheitengeschlecht. Die erste Höchstzahl für das (weibliche) Geschlecht in der Minderheit mit dem Teiler 1 wäre 3 (drei Frauen im Betrieb), während selbst die zehnte Höhstzahl für die Männer mit dem Teiler 10 noch 5,1 betragen und damit noch über dieser Höchstzahl liegen würde. Da bei 5 Betriebsratssitzen keiner (zwingend) der weiblichen Belegschaft als Minderheitengeschlecht zugeordnet werden kann, muss keine Frau im Betriebsrat vertreten sein. Die Zusammensetzung des Betriebsrats ist danach im Hinblick auf § 15 Abs. 2 BetrVG nicht zu beanstanden.

dd) Zwischenergebnis

Anfechtungsgrund besteht

Als Zwischenergebnis lässt sich festhalten, dass sich Anfechtungsgründe aus der Unterschreitung der Ankündigungsfrist des § 3 WahlO ergeben.

d) Zwischenergebnis

Wahl ist anfechtbar

Die Betriebsratswahl ist anfechtbar.

III. Ergebnis Frage 1

Anfechtungsantrag ist erfolgreich

Das Gericht wird aus den vorstehend erörterten Gründen dem Antrag auf Wahlanfechtung entsprechen und die Betriebsratswahl für unwirksam erklären.

---

[104] BVerfG vom 23.03.1982, AP Nr. 118 zu Art. 3 GG für Personalratswahlen. – Offen gelassen BAG vom 16.03.2005, NZA 1252, 1256.
[105] Boemke, BB 2002, 2018.

B. Betriebsverfassungsrechtlicher Sonderkündigungsschutz

I. Kündigungsschutz für Addi Ast und Claus Claasen

1. Sonderkündigungsschutz für Betriebsratsmitglieder

Reich könnte Addi Ast und Claus Claassen nicht ordentlich kündigen, wenn diese als Betriebsratsmitglieder (2.) gemäß § 15 Abs. 1 KSchG vor einer ordentlichen Kündigung (3.) geschützt sind, soweit nicht im Einzelfall die Ausnahmevorschrift des § 15 Abs. 4 KSchG eingreift (4.).

Voraussetzungen des Sonderkündigungsschutzes

2. Betriebsratsmitglieder

Nach § 15 Abs. 1 Satz 1 KSchG ist die Kündigung eines Betriebsratsmitglieds unzulässig, soweit nicht die Voraussetzungen einer außerordentlichen Kündigung nach § 626 BGB gegeben sind und der Betriebsrat dieser Kündigung zugestimmt hat. Gegenüber Betriebsratsmitgliedern ist damit das ordentliche Kündigungsrecht kraft Gesetzes grundsätzlich ausgeschlossen. Der Ausschluss des ordentlichen Kündigungsrechts würde daher zugunsten von Addi Ast und Claus Claasen eingreifen, wenn diese Betriebsratsmitglieder sind.

Persönlicher Schutzbereich

Ast und Claasen sind in den Betriebsrat gewählt worden. Ihr Amt begann nach § 21 Satz 2 BetrVG mit der Bekanntgabe des endgültigen Wahlergebnisses gemäß § 18 Abs. 3 BetrVG, die hier am 26.09.2007 erfolgte. An ihrer Stellung als Betriebsratsmitglieder ändert sich auch nichts dadurch, dass die Betriebsratswahl angefochten wurde und ein Anfechtungsgrund vorliegt. Eine stattgebende arbeitsgerichtliche Entscheidung im Wahlanfechtungsverfahren hat Gestaltungscharakter und löst den Betriebsrat mit Wirkung für die Zukunft auf. Die bloße Anfechtbarkeit der Betriebsratswahl hat bis zur Rechtskraft des Beschlusses, der die Wahl für unwirksam erklärt, keine Bedeutung[106]. Zum beabsichtigten Kündigungszeitpunkt genießen Ast und Claasen somit Kündigungsschutz gemäß § 15 Abs.1 S. 1 KSchG.

Ast und Claasen Betriebsratsmitglieder

---

[106] Mit der Rechtskraft endet freilich die Betriebsratsmitgliedschaft. Ab diesem Zeitpunkt gilt für Addi Ast und Claus Claasen § 15 Abs. 1 S. 2 KSchG, vgl. Hess/Schlochauer/Glaubitz, § 103 Rn. 4; Kittner/Däubler/Zwanziger, KSchR, § 103 BetrVG Rn. 22.

3. Ausschluss der ordentlichen Kündigung

Sachlicher Schutzbereich

§ 15 Abs. 1 Satz 1 KSchG schließt nur die ordentliche Kündigung aus, lässt jedoch das Recht zur außerordentliche Kündigung aus wichtigem Grund unter Zustimmung des Betriebsrats (§ 103 Abs. 1 BetrVG) unberührt. Vorliegend will Reich wegen einer Betriebsstilllegung ordentlich kündigen, so dass grundsätzlich der Ausschluss des ordentlichen Kündigungsrechts eingreift.

4. Ausnahme bei Betriebsstilllegung

Betriebsstilllegung

Nach § 15 Abs. 4 KSchG ist aber ausnahmsweise eine ordentliche Kündigung von Betriebsratsmitgliedern zulässig, wenn der ganze Betrieb stillgelegt wird und die Kündigung zum Zeitpunkt der Stilllegung erfolgen soll. Vorliegend beabsichtigt Reich, die Kündigungen wegen einer Betriebsstilllegung auszusprechen. Daher sind ordentliche Kündigungen gegenüber Ast und Claasen zulässig, obwohl diese Betriebsratsmitglieder sind, wenn die Kündigungen frühestens zum Zeitpunkt der Betriebsstilllegung erfolgen.

II. Kündigungsschutz für Bert

Sonderkündigungsschutz für Initiatoren der Wahl

Bert ist zwar nicht Mitglied des Betriebsrats, er könnte aber als Initiator der Betriebsratswahl besonderen Kündigungsschutz gemäß § 15 Abs. 3a KSchG genießen. Dazu müsste er zu einer Betriebsversammlung nach § 17 Abs. 3 BetrVG eingeladen haben. Bert zählte neben Addi und Claus zu den drei Arbeitnehmern, die zu der so genannten Wahlversammlung eingeladen haben. Im Rahmen des § 15 Abs. 3a KSchG ist daher eine ordentliche Kündigung ihm gegenüber ausgeschlossen.

Keine Nachwirkung des Sonderkündigungsschutzes

Der Kündigungsschutz für Wahlinitiatoren wird allerdings nicht unbegrenzt gewährt, sondern ist zeitlich beschränkt. Er endet nach § 15 Abs. 3a S. 1 KSchG mit der Bekanntgabe des Wahlergebnisses. Da diese nach Abschluss der Wahl am 26.09.07 erfolgte, genießt Bert keinen besonderen Kündigungsschutz.

III. Beteiligung des Betriebsrats

1. Zustimmungserfordernis nach § 103 Abs. 1 BetrVG

Zustimmung zur außerordentlichen Kündigung

Nach § 103 Abs. 1 BetrG bedarf die außerordentliche Kündigung von Betriebsratsmitgliedern der Zustimmung des Betriebsrats. Da im konkreten Fall von Reich eine ordentliche

betriebsbedingte Kündigung beabsichtigt ist, greift das Zustimmungserfordernis nicht unmittelbar ein.

§ 103 Abs. 1 BetrVG soll den materiellen Schutz vor
ordentlichen Kündigungen formell ergänzen, um den Amts-
inhaber vor Repressionen auf Grund der Amtsführung abzusichern. Die Bestimmung greift daher nach ihrem Schutzzweck nicht ein, wenn das Gesetz selbst die ordentliche
Kündigung ausnahmsweise zulässt, so dass eine analoge Anwendung dieser Bestimmung auf ausnahmsweise zulässige
ordentliche Kündigungen nicht in Betracht kommt[107].

Keine analoge Anwendung auf ordentliche Kündigung

2. Anhörung nach § 102 Abs. 1 BetrVG

Allerdings hat nach § 102 Abs. 1 BetrVG der Arbeitgeber
vor jeder Kündigung den Betriebsrat anzuhören und ihm die
Kündigungsgründe mitzuteilen. Andernfalls ist die Kündigung (unheilbar) unwirksam (§ 102 Abs. 1 S. 3 BetrVG).
Dieses Anhörungserfordernis besteht nach der gesetzlichen
Regelung vor jeder Kündigung und somit auch vor einer ordentlichen Kündigung von Betriebsratsmitgliedern.

Allgemeines Anhörungserfordernis

Das Anhörungserfordernis könnte aber nach § 15 Abs. 4
KSchG entfallen, wenn diese Bestimmung eine abschließende Regelung der Voraussetzungen für die ordentliche Kündigung von Betriebsratsmitgliedern enthält. Ein solches Verständnis ist aber schon schwer mit dem Wortlaut von § 15
Abs. 4 KSchG zu vereinbaren[108], der nur den frühesten Zeitpunkt einer ordentlichen Kündigung definiert, nicht aber von
sonstigen Wirksamkeitsvoraussetzungen für die Kündigung
suspendiert. Nach seinem Zweck will § 15 KSchG den Kündigungsschutz von Betriebsratsmitgliedern verstärken[109], so
dass auch bei der ordentlichen Kündigung von Betriebsrats-
mitgiedern die allgemeinen Wirksamkeitsvoraussetzungen
vorliegen müssen und das Anhörungserfordernis nach § 102
Abs. 1 BetrVG zu beachten ist[110].

Kein Ausschluss durch § 15 Abs. 4 KSchG

---

[107] Vgl. BAG vom 20.01.1984, AP Nr. 16 zu § 15 KSchG 1969 = NZA
1984, 38; Fitting, BetrVG, § 103 Rn. 14; GK-BetrVG/Raab, § 103
Rn. 26.

[108] A. A. AnwK-ArbR/Bröhl, § 15 BetrVG Rn. 52.

[109] BAG vom 22.09.2005, AP Nr. 59 zu § 15 KSchG 1969 = NZA 2006,
558, 561; v. Honyingen-Huene/Linck, KSchG, § 15 Rn. 166.

[110] BAG vom 20.01.1984, AP Nr. 16 zu § 15 KSchG 1969 = NZA 1984,
38; BAG vom 03.04.1987; LAG Hamm vom 10.05.2007, 10 Sa 1684/
06, juris unter I 1; v. Hoyningen-Huene/Linck, KSchG, § 15 Rn. 169.

3. Ergebnis

Anhörung des Betriebsrats

Zu einer Kündigung der Betriebsratsmitglieder und der Wahlbewerber muss Reich zwar nicht die Zustimmung des Betriebsrats einholen, ihn aber nach § 102 Abs. 1 BetrVG anhören. Andernfalls wären die Kündigungen unwirksam.

Klausur Nr. 5

Von Äpfeln und Birnen

Rechtsanwalt Dr. Joachim Luke

Sachverhalt

Verleger Hubert Buch beschäftigt in seinem Betrieb, in dem auch ein Betriebsrat besteht, 2.400 Arbeitnehmer. Er ist Mitglied des Arbeitgeberverbands Papierverarbeitung und Druck Südbaden e. V, welcher mit der zuständigen Gewerkschaft Ver.di mit Wirkung ab 01.01.2004 einen bis Ende 2009 laufenden Manteltarifvertrag abgeschlossen hat, der u. a. folgende Regelungen enthält:

„§ 3 Arbeitszeit

1. Die Dauer der regelmäßigen Wochenarbeitszeit beträgt 35 Stunden...

§ 16 Weihnachtsgeld

Ein Weihnachtsgeld in Höhe von 50 % eines Monatsgehalts wird am 15.12. jeden Jahres gezahlt."

In den Arbeitsverträgen, die Hubert Buch für alle Arbeitnehmer einheitlich verwendet, sind weder Arbeitszeit noch Weihnachtsgeld geregelt, weil 76 % aller Mitarbeiter Ver.di-Mitglied sind und die bestehenden Arbeitsverhältnisse dem Geltungsbereich des Manteltarifvertrags unterfallen.

Im April 2007 beschließt Hubert Buch, aus dem Arbeitgeberverband auszutreten, um sich ab sofort nicht mehr mit der Gewerkschaft und den Funktionären im eigenen Lager herumärgern zu müssen. Er kündigt seine Mitgliedschaft ordnungsgemäß zum 30.11.2007 und teilt seinen Arbeitnehmern mit, dass sich dieser Schritt auch für sie in „barer Münze" auszahlen werde. Am 01.06.2007 trifft er mit dem Betriebsrat eine schriftliche Regelung, die mit „Betriebsvereinbarung" überschrieben und vom Betriebsratsvorsitzenden und von Hubert Buch persönlich unterzeichnet ist. In dieser wird das Weihnachtsgeld 2007 anlässlich der nunmehrigen Unabhängigkeit für alle Mitarbeiter auf ein volles Monatsgehalt heraufgesetzt. Die Betriebsvereinbarung, die keinen weiteren Inhalt als das Weihnachtsgeld 2007 hat, wird allen

Mitarbeitern bekannt gemacht und in Kopie zur Verfügung gestellt. Am vereinbarten Fälligkeitsdatum 15.12.2007 teilt Hubert Buch der Belegschaft jedoch mit, dass es wegen der sich dramatisch verschlechternden wirtschaftlichen Lage bei der alten Regelung bleibe. Er zahlt daher nur den bisherigen Satz von 50% eines Monatsgehalts.

Diese Maßnahme allein genügt jedoch nicht, um den Niedergang des Unternehmens zu verhindern. Daher schließen Hubert Buch und sein Betriebsrat am 15.12.2007 eine weitere Vereinbarung. Diese ist mit „Rahmenvereinbarung" überschrieben und lautet auszugweise:

> „... Zur Sicherung der Arbeitsplätze und zur Vermeidung von 400 betriebsbedingten Kündigungen sind umfangreiche Sparmaßnahmen in einer Größenordnung von 15 Mio. €/Jahr erforderlich. Die Arbeitszeit im Betrieb muss dazu auf 38 Stunden/Woche ohne Lohnausgleich erhöht werden. Betriebsrat und Arbeitgeber sind sich einig, dass dazu die Zustimmung der Belegschaft zur individuellen Änderung der Arbeitsverträge notwendig ist. Arbeitgeber und Betriebsrat werden sich gemeinsam bemühen, diese Zustimmung zu erhalten. Wenn bis zum 31.12.2007 mindestens 95 % aller Mitarbeiter der neuen Regelung zustimmen, verzichtet der Arbeitgeber diesen gegenüber für drei Jahre auf betriebsbedingte Kündigungen. ..."

Im Anschluss unterzeichnen bis zum 23.12.2007 98 % aller Arbeitnehmer folgenden Änderungsvertrag zum Arbeitsvertrag:

> „... Der Arbeitnehmer stimmt hiermit der Rahmenvereinbarung vom 15.12.2007 zu und verpflichtet sich, ab 01.03.2008 38 Stunden/Woche zu arbeiten. Die 36.–38. Stunde sind mit der üblichen Monatsvergütung abgegolten. ... Der Arbeitgeber verzichtet hierfür bis zum 31.12.2010 auf das Recht zur ordentlichen betriebsbedingten Kündigung ..."

Die in der Gewerkschaft Ver.di organisierte Arbeitnehmerin Engelein-Käfer begehrt vor dem Arbeitsgericht Zahlung eines Weihnachtsgelds in Höhe von 1.100,– € brutto. Dies entspricht 50 % ihres Monatsgehalts. Die Gewerkschaft Ver.di wendet sich am 10.01.2008 mit dem Antrag an das zuständige Arbeitsgericht, den Arbeitgeber zu verpflichten, „weder die mit dem Betriebsrat geschlossene Vereinbarung vom 15.12.2007, noch die zwischen dem 15. und 23.12.2007 geänderten Einzelarbeitsverträge auf Gewerkschaftsangehöri-

ge anzuwenden, soweit ein Widerspruch zum Manteltarifver-
trag besteht. "

Aufgabenstellung:
Prüfen Sie in einem umfassenden Rechtsgutachten das Bestehen der geltend gemachten Ansprüche!

Vorüberlegungen

Gegenstand der Klausur sind überaus anspruchsvolle Themen des kollektiven Arbeitsrechts. Bei ihrer Bearbeitung ist auf den konkreten Umfang der Fragestellung zu achten. Zu prüfen ist jeweils nur das Bestehen der geltend gemachten Ansprüche. Prozessuale Ausführungen zur Zulässigkeit der gestellten Anträge sind nicht nur überflüssig, sondern wegen der klaren Fragestellung eine Missachtung der Aufgabenstellung und somit falsch[1].

I.   Verhältnis arbeitsrechtlicher Anspruchsgrundlagen

Der tarifgebundenen Arbeitnehmerin Engelein-Käfer steht ein Anspruch auf Zahlung eines halben Monatsgehalts als Weihnachtsgeld nur zu, wenn die im Sachverhalt benannten Anspruchsgrundlagen, insbesondere der Tarifvertrag[2] und die geschlossene Betriebsvereinbarung[3], einen entsprechenden Anspruch begründen. Ist ein Anspruch entstanden, ist zu berücksichtigen, ob und inwieweit er bereits durch die erfolgte Zahlung von 1.100 € erloschen ist.

Ein Anspruch könnte sich aus dem Tarifvertrag ergeben. Voraussetzung hierfür ist dessen Geltung und somit auch die Bindung an den Tarifvertrag i. S. v. § 3 TVG. Diese scheint zunächst nicht gegeben, weil Hubert Buch zur Zeit der Fälligkeit sowie der Geltendmachung des Anspruchs nicht mehr Mitglied im tarifschließenden Arbeitgeberverband war. Die Lösung findet sich jedoch in § 3 Abs. 3 TVG, der anordnet, dass eine bestehende Tarifbindung bis zum Auslaufen des Tarifvertrags fortbesteht. Arbeitgeber aber auch Arbeitnehmer sollen sich durch Austritt aus dem tarifschließenden Verband nicht vorzeitig ihrer Tarifbindung entziehen können. Danach ergibt sich aus dem Tarifvertrag zwar ein Anspruch der Engelein-Käfer auf Weihnachtsgeld in Höhe eines halben Monatsgehalts. Dieser ist jedoch durch die am

---

[1] Nicht einzugehen ist insbesondere auf die prozessualen Probleme des Unterlassungsantrags der Gewerkschaft, vgl. insbesondere zur Bestimmtheit des Antrags, der Verfahrensart und zur Antragsbefugnis BAG vom 20.04.1999, AP Nr. 89 zu Art. 9 GG = NZA 1999, 887, 888 f.

[2] Siehe hierzu das Prüfungsschema § 1 D, S. 323. – Vgl. hierzu weiter Boemke, ArbR, § 5 Rn. 7 ff.; Hromadka/Maschmann, ArbR 2, § 13 Rn. 209 ff.; Hueck/Nipperdey, Arbeitsrecht II/1, S. 507 ff.

[3] Siehe hierzu das Prüfungsschema § 2 C, S. 326.

15.12.2007 erfolgte Zahlung vollständig durch Erfüllung erloschen (§ 362 BGB).

Der Anspruch könnte sich aber aus der geschlossenen Betriebsvereinbarung ergeben. Voraussetzung hierfür ist insbesondere die Wirksamkeit der Betriebsvereinbarung[4]. Diesbezüglich bietet das Verhältnis der Betriebsvereinbarung zum Tarifvertrag, namentlich der Umfang der Sperrwirkung des § 77 Abs. 3 BetrVG Diskussionsstoff und verschiedene Entscheidungsmöglichkeiten. Dieser Bereich zählt zu den Eckpfeilern des geltenden kollektiven Arbeitsrechts, befindet sich aber seit vielen Jahren in der rechtspolitischen Diskussion[5]. Examenskandidaten müssen die hiermit verbundenen Rechtsfragen sicher beherrschen. Vorliegend ist das Verhältnis des § 77 Abs. 3 BetrVG zu § 4 Abs. 3 TVG zu erörtern. Nach ständiger Rechtsprechung und herrschender Lehre gilt das in § 4 Abs. 3 TVG geregelte Günstigkeitsprinzip nur für individuell günstigere Regelungen[6]. Hierdurch soll die Tarifautonomie der Tarifvertragsparteien gesichert werden (Tarifvorbehalt)[7]. Schließlich ist das Verhältnis von § 77 Abs. 3 BetrVG zu § 87 Abs. 1 Eingangssatz BetrVG zu klären. Diesbezüglich werden zwei Theorien, die Vorrrangtheorie[8] und die Zweischrankentheorie[9] vertreten.

Erweist sich die Betriebsvereinbarung wegen des Tarifvorrangs als unwirksam, ist weiter zu prüfen, ob und inwieweit sie sich gleichwohl nach § 140 BGB i. V. m. der Geltendmachung durch Engelein-Käfer in eine wirksame individualvertragliche Anspruchsgrundlage umdeuten lässt[10].

---

[4] Siehe hierzu das Prüfungsschema § 2 D, S. 327.

[5] Vgl. v. Hoyningen-Huene, BetrVR, § 11 Rn. 51; Hromadka/Maschmann, ArbR 2, § 16 Rn. 382; Richardi, BetrVG, § 77 Rn. 242 f.; AnwK-ArbR/Welslau, § 77 BetrVG Rn. 26.

[6] Vgl. Eich, NZA 2006, 1014, 1019; Richardi, BetrVG, § 77 Rn. 278; AnwK-ArbR/Welslau, § 77 BetrVG Rn. 23.

[7] Richardi, BetrVG, § 77 Rn. 239 und 278; AnwK-ArbR/Welslau, § 77 BetrVG Rn. 23.

[8] BAG GS vom 03.12.1991, AP Nr. 51 zu § 87 BetrVG 1972 Lohngestaltung unter C I 4 = NZA 1992, 749 ff.; BAG vom 27.11.2002, AP Nr. 34 zu § 87 BetrVG Tarifvorrang; v. Hoyningen-Huene, BetrVR, § 12 Rn. 10; Richardi, Kollektives Arbeitsrecht, § 28 Rn. 14. – Kritisch Walker, ZfA 1996, 353, 357.

[9] Hromadka/Maschmann, ArbR 2, § 16 Rn. 379; GK-BetrVG/Kreutz, § 77 Rn. 139 ff.

[10] Vgl. Richardi, Kollektives Arbeitsrecht, § 28 Rn. 13.

II. Gewerkschaftlicher Unterlassungsanspruch

Um die Sicherung des Tarifvorbehalts geht es auch im zweiten Teil des Falls. Dieser ist dem so genannten „Burda-Beschluss" des BAG[11] nachempfunden. Den Rahmen bildet die Frage, ob und inwieweit betroffene Gewerkschaften eine unter Verstoß gegen § 77 Abs. 3 BetrVG erfolgende Aushöhlung ihrer Kompetenzen durch einen Unterlassungsanspruch[12] abwehren können. Hierzu ist inhaltlich zu klären, ob und inwieweit das hier von den Betriebspartnern gewählte Vorgehen Rechte der Gewerkschaft Ver.di verletzt. Nur wenn eine entsprechende Rechtsverletzung im Raum steht, kommt ein Unterlassungsanspruch in Betracht.

Zur Klärung dieser Fragen ist auf Art. 9 Abs. 3 GG zurückzugreifen. Wie so oft im Bereich der Grundrechte[13] ist dabei eine einfache Subsumtion unter den Wortlaut nur bedingt aufschlussreich. Vielmehr wird von Examenskandidaten zusätzlich erwartet, dass man einordnen kann, wie die höchstrichterliche Rechtsprechung rahmenmäßige Vorschriften wie die Koalitionsfreiheit ausfüllt.

---

[11] BAG vom 20.04.1999, AP Nr. 89 zu Art. 9 GG = NZA 1999, 887.

[12] Zum koalitionsrechtlichen Unterlassungsanspruch vgl. BAG vom 20.04.1999, AP Nr 89 zu Art. 9 GG = NZA 1999, 887, 890 ff.; Hromadka/Maschmann, ArbR 2, § 12 Rn. 38; Hueck/Nipperdey, Arbeitsrecht II/1, S. 144 f.; Richardi, Kollektives Arbeitsrecht, § 3 Rn. 7; AnwK-ArbR/Wilms, Art. 9 GG Rn. 75.

[13] Vgl. hierzu auch Klausur Nr. 1, S. 17, 19 ff.

Lösung

A. Anspruch auf Weihnachtsgeld

Ein Anspruch auf Zahlung von Weihnachtsgeld in Höhe von 1.100,00 € könnte sich aus dem zwischen den Parteien bestehenden Arbeitsverhältnis i. V. m. dem Tarifvertrag (I.), der Betriebsvereinbarung vom 01.06.2007 (II.) oder einer individualrechtlichen Einigung der Parteien (III.) ergeben.

Mögliche Anspruchsgrundlagen

I. Tarifvertrag als Gestaltungsfaktor

Ein Anspruch auf Weihnachtsgeld ergibt sich aus dem Arbeitsverhältnis i. V. m. § 16 des Tarifvertrags, wenn er entstanden (1.) und nicht erloschen ist (2.).

Voraussetzungen eines Anspruchs

1. Anpruch entstanden

Ein Anspruch ist auf Grund der tariflichen Regelung entstanden, wenn Tarifbindung besteht (a), die tarifliche Regelung im konkreten Arbeitsverhältnis gilt (b – vgl. § 4 Abs. 1 S. 1 TVG) und die Tatbestandsvoraussetzungen der Tarifnorm erfüllt sind (c)[14].

Tatbestandsvoraussetzungen

a) Tarifbindung

aa) Voraussetzungen

Ein Tarifvertrag gilt nach § 4 Abs. 1 S. 1 TVG, wenn beide Parteien des Arbeitsverhältnisses nach § 3 TVG tarifgebunden sind. Nach § 3 Abs. 1 TVG besteht Tarifbindung für Frau Engelein-Käfer, wenn diese Mitglied der tarifschließenden Gewerkschaft ist (bb). Für Hubert Buch besteht Tarifbindung, wenn er selbst den Tarifvertrag geschlossen hat oder Mitglied des tarifschließenden Arbeitgeberverbandes ist (cc). Aus § 3 Abs. 3 TVG folgt, dass eine zunächst bestehende Tarifbindung bis zum Auslaufen des Tarifvertrags fortbesteht und durch einen Austritt aus dem tarifschließenden Verband nicht gelöst wird.

Bestehende Tarifbindung

bb) Tarifbindung von Engelein-Käfer

Engelein-Käfer ist durchgängig Mitglied der tarifschließenden Gewerkschaft Ver.di. Sie ist somit nach § 3 Abs. 1 TVG an den Tarifvertrag gebunden.

Tarifbindung der Arbeitnehmerin

---

[14] Vgl. hierzu Boemke, ArbR, § 5 Rn. 7 ff. und das Prüfungsschema bei Rn. 45; Hromadka/Maschmann, ArbR 2, § 13 Rn. 209 ff.; Hueck/Nipperdey, Arbeitsrecht II/1, S. 507 ff.

cc) Tarifbindung von Hubert Buch

Keine Tarifbindung kraft
Mitgliedschaft

Weiter müsste auch Hubert Buch tarifgebunden sein. Nach § 3 Abs. 1 TVG sind die Mitglieder der Tarifvertragsparteien tarifgebunden. Laut Sachverhalt war Hubert Buch ursprünglich Mitglied des tarifschließenden Arbeitgeberverbands. Durch die ordnungsgemäße Beendigung seiner Mitgliedschaft zum 30.11.2007 besteht aber ab dem 01.12.2007 keine Tarifbindung kraft Mitgliedschaft mehr. Zum Zeitpunkt der Fälligkeit des Weihnachtsgelds 2007 am 15.12. war Buch nicht mehr Mitglied des Arbeitgeberverbands.

Tarifbindung kraft
Nachbindung

Die Tarifbindung könnte sich trotz nicht mehr bestehender Mitgliedchaft aber aus der Nachwirkung nach § 3 Abs. 3 TVG ergeben. Nach dieser Vorschrift bleibt eine gegebene Tarifbindung bestehen, bis der Tarifvertrag endet. Hierdurch soll vermieden werden, dass sich ein Arbeitgeber durch Austritt aus seinem Arbeitgeberverband bzw. ein Arbeitnehmer durch Austritt aus der Gewerkschaft der Bindung an den Tarifvertrag entziehen kann[15]. Der maßgebliche Tarifvertrag hat vorliegend eine Laufzeit von 2004 bis 2009. An diesen Tarifvertrag war Hubert Buch vom 01.01.2004 bis zum 30.11.2007 zunächst kraft Mitgliedschaft gebunden. Diese Bindung an den Tarifvertrag besteht gemäß § 3 Abs. 3 TVG über den 30.11.2007 hinaus bis zum Jahr 2009 fort. Er war im Abrechnungszeitraum 2007 daher durchgängig tarifgebunden.

dd) Zwischenergebnis

Beiderseitige Tarifbindung
gegeben

An den Tarifvertrag sind sowohl Hubert Buch als auch Frau Engelein-Käfer gebunden.

b) Geltung der Tarifnorm

Anwendbarkeit des
Tarifvertrags

Die Vorschrift des § 16 des Tarifvertrags gilt für das zwischen Hubert Buch und Frau Engelein-Käfer bestehende Arbeitsverhältnis, wenn dieses dem räumlich-örtlichen, betrieblichen, persönlichen und zeitlichen Geltungsbereich des Tarifvertrags unterfällt (§ 4 Abs. 1 S. 1 TVG)[16] und die tarifliche Regelung wirksam ist[17]. Diese Voraussetzungen

---

[15] AnwK-ArbR/Friedrich, § 3 TVG Rn. 42; Hueck/Nipperdey, Arbeitsrecht II/1, S. 490; Richardi, Kollektives Arbeitsrecht, § 6 Rn. 14.

[16] Hromadka/Maschmann, ArbR 2, § 13 Rn. 209; Hueck/Nipperdey, Arbeitsrecht II/1, S. 509 ff.; Richardi, Kollektives Arbeitsrecht, § 7 Rn. 4 f.

[17] Vgl. hierzu das Prüfungsschema § 1 D, S. 323. – Vgl. hierzu weiter Boemke, ArbR, § 5 Rn. 7 ff.; Hromadka/Maschmann, ArbR 2, § 13 Rn. 209 ff.; Hueck/Nipperdey, Arbeitsrecht II/1, S. 507 ff.

sind vorliegend erfüllt[18]. Zweifel an der Wirksamkeit der tariflichen Regelung eines Weihnachtsgelds bestehen nicht.

c) Erfüllung der Anspruchsvoraussetzungen

Der Tarifvertrag enthält einen Anspruch der Arbeitnehmer auf Weihnachtsgeld. Dieses beträgt laut § 16 Tarifvertrag ein halbes Monatsgehalt und ist zum 15. Dezember des jeweiligen Jahres fällig. Weitere Anspruchsvoraussetzungen, neben dem Bestehen eines Arbeitsverhältnisses, werden vom Tarifvertrag nicht benannt. Bei einem Monatsgehalt von Frau Engelein-Käfer von 2.200,00 € beträgt das tarifvertragliche Weihnachtsgeld für 2007 somit exakt die streitgegenständlichen 1.100,00 €. In dieser Höhe ist ein Anspruch entstanden.

Regelung zum Weihnachtsgeld

2. Anspruch erloschen

Der auf Grund des Tarifvertrags entstandene Anspruch auf Weihnachtsgeld i. H. v. 50 % eines Bruttomonatsgehalts könnte jedoch nach § 362 Abs. 1 BGB erloschen sein. Dies ist der Fall, wenn Hubert Buch die geschuldete Leistung erbracht hat. Am 15.12.2007 wurden von Hubert Buch an Frau Engelein-Käfer 1.100,00 € brutto als Weihnachtsgeld gezahlt. Die tarifvertraglich geschuldete Leistung wurde mithin erbracht. Der entstandene Anspruch ist durch Erfüllung gemäß § 362 Abs. 1 BGB erloschen.

Erfüllung des Anspruchs

3. Zwischenergebnis

Ein (weiterer) tariflicher Anspruch auf Zahlung eines Weihnachtsgelds besteht nicht.

Kein tariflicher Anspruch

II. Betriebsvereinbarung als Gestaltungsfaktor

Aus der zwischen Hubert Buch und dem Betriebsrat am 01.06.2007 getroffenen Vereinbarung könnte sich ein Anspruch der Frau Engelein-Käfer auf Zahlung eines Weihnachtsgelds i. H. v. 2.200,00 € (ein volles Brutto-Monatsgehalt) ergeben. Dies ist der Fall, wenn es sich bei der getroffenen Abrede um eine geschlossene Betriebsvereinbarung handelt (1.), das zwischen Hubert Buch und Frau Engelein-Käfer bestehende Arbeitsverhältnis von dieser erfasst wird, die getroffene Vereinbarung wirksam ist (2.) und die Tat-

Tatbestandsvoraussetzungen

---

[18] Ausweislich des Sachverhalts werden die bei Hubert Buch bestehenden Arbeitsverhältnisse vom Geltungsbereich des Tarifvertrags erfasst.

bestandsvoraussetzungen der Betriebsvereinbarung erfüllt sind[19].

1. *Abschluss einer Betriebsvereinbarung*

Vorliegen einer
Betriebsvereinbarung

Der Begriff der Betriebsvereinbarung wird im Betriebsverfassungsgesetz nicht weiter definiert, sondern vorausgesetzt[20]. Betriebsvereinbarungen sind förmliche Regelungen zwischen Betriebsrat und Arbeitgeber, die im Rahmen der Mitbestimmungsrechte des Betriebsrats getroffen werden und gemäß § 77 Abs. 4 BetrVG eine unmittelbare Wirkung entfalten sollen[21]. Kennzeichnend ist danach vor allem eine Einigung zwischen Arbeitgeber und Betriebsrat, welche schriftlich niedergelegt wird[22]. Arbeitgeber und Betriebsrat haben hier eine Regelung getroffen, nach deren klaren Wortlaut für 2007 ein Weihnachtsgeld in Höhe eines vollen Monatsgehalts gezahlt werden sollte. Diese Vereinbarung war mit Betriebsvereinbarung überschrieben und sollte als solche mit normativer Wirkung für die Arbeitsverhältnisse vereinbart werden. Dabei haben die Betriebspartner auch die in § 77 Abs. 2 S. 1 BetrVG vorgeschriebene Schriftform gewahrt, deren inhaltliche Anforderungen sich aus § 126 BGB ergeben.

2. *Wirksamkeit der Regelung*

a) Tarifvorrang

Regelungssperre des
Tarifvertrags

Die hinsichtlich des Weihnachtsgelds getroffene Regelung ist wirksam, wenn sich die Betriebspartner innerhalb der ihnen eingeräumten Kompetenzen halten und die getroffene Regelung nicht gegen höherrangiges Recht verstößt[23]. Vor-

---

[19] Siehe hierzu das Prüfungsschema § 2 C, S. 326. – Vgl. weiter BAG vom 03.06.2003, AP Nr. 19 zu § 77 BetrVG 1972 Tarifvorbehalt – NZA 2003, 1155 ff.; GK-BetrVG/Kreutz, § 77 Rn. 165 ff.; Richardi, BetrVG, § 77 Rn. 132 ff.

[20] AnwK-ArbR/Welslau, § 77 BetrVG Rn. 3.

[21] Vgl. BAG vom 27.01.2004, AP Nr. 56 zu § 81 ArbGG 1979 unter II = NZA 2004, 941 ff.; v. Hoyningen-Huene, BetrVR, § 11 Rn. 27; Hromadka/Maschmann, ArbR 2, § 16 Rn. 354; Hueck/Nipperdey, Arbeitsrecht II/2, S. 1256 f.; MünchArbR/Matthes, § 328 Rn. 1; Richardi, Kollektives Arbeitsrecht, § 28 Rn. 1 f.

[22] Vgl. Hromadka/Maschmann, ArbR 2, § 16 Rn. 355 ff.; Hueck/Nipperdey, Arbeitsrecht II/2, S. 1257; Richardi, Kollektives Arbeitsrecht, § 28 Rn. 2.

[23] Siehe hierzu das Prüfungsschema § 2 D, S. 327. – Siehe zudem v. Hoyningen-Huene, BetrVR, § 11 Rn. 46 ff.; Hromadka/Maschmann, ArbR 2, § 16 Rn. 362 ff.; Richardi, Kollektives Arbeitsrecht, § 28 Rn. 4 ff.

liegend ist insbesondere zweifelhaft, ob sich die Betriebspartner innerhalb der ihnen zustehenden Kompetenzen gehalten haben. Dies ist nicht der Fall, soweit § 77 Abs. 3
BetrVG eine Regelung durch Betriebsvereinbarung aus-
schließt[24]. Gemäß § 77 Abs. 3 BetrVG können Arbeitsentgelte und sonstige Arbeitsbedingungen (b.), die durch Tarifvertrag geregelt sind oder üblicherweise geregelt werden
(c.), nicht Gegenstand einer Betriebsvereinbarung sein, soweit kein Ausnahmetatbestand eingreift (d.).

b) Gegenstand der Regelungssperre

Die Regelungssperre des § 77 Abs. 3 BetrVG bezieht sich
auf Arbeitsentgelte und sonstige Arbeitsbedingungen. Zum
Arbeitsentgelt werden alle in Geld gezahlten Vergütungen
und Sachleistungen des Arbeitgebers gezählt, wie z.B. Lohn,
Prämien, Gratifikationen und Gewinnbeteiligungen[25]. Die
Weihnachtsgratifikation ist eine Sondergratifikation, die anlässlich des Weihnachtsfests gezahlt werden soll. Selbst
wenn sie keinen reinen Entgeltcharakter hat, ist sie gleichwohl Arbeitsentgelt i. S. d. Alt. 1 des § 77 Abs. 3 BetrVG
und nicht etwa eine Schenkung des Arbeitgebers i. S. v.
§ 516 BGB, weil die Leistung zumindest um des Arbeitsverhältnisses Willen erbracht wird.

*Reichweite der
Regelungssperre*

c) Tarifliche Regelung

Die Regelungssperre des § 77 Abs. 3 BetrVG gilt nur für Arbeitsbedingungen, welche tariflich geregelt sind oder üblicherweise geregelt werden. Ob (aa.) und inwieweit (bb.) diese Voraussetzung erfüllt ist, erscheint fraglich.

*Voraussetzung der
Regelungssperre*

aa) Tarifliche Regelung oder Tarifüblichkeit

In einem anwendbaren (s. o.[26]) Tarifvertrag ist vorliegend
eine Weihnachtsgratifikation geregelt. Fraglich ist, ob dies
die Sperrwirkung generell auslöst oder ob hierfür zusätzlich erforderlich ist, dass der betroffene Arbeitgeber seinerseits an den Tarifvertrag gebunden ist. Dies wird – entgegen der Ansicht des BAG und der herrschenden An-

*Tarifbindung des
Arbeitgebers*

---

[24] Vgl. BAG vom 22.03.2005, AP Nr. 26 zu § 4 TVG Geltungsbereich =
NZA 2006, 383, 386; BAG vom 24.03.1992, BB 1992, 2074;
v. Hoyningen-Huene, BetrVR, § 11 Rn. 50 f.; Hromadka/Maschmann,
ArbR 2, § 16 Rn. 364 ff.; GK-BetrVG/Kreutz, § 77 Rn. 123; Richardi,
Kollektives Arbeitsrecht, § 28 Rn. 13.
[25] Richardi, BetrVG Rn. 253; AnwK-ArbR/Welslau, § 77 BetrVG
Rn. 31.
[26] Siehe oben A I 1 a und b, S. 159 ff.

sicht[27] – mit dem Argument vertreten, die Vorschrift sei eine Kollisionsnorm, die nur bei tatsächlicher Tarifbindung des Arbeitgebers zur Anwendung kommt[28]. Welcher der beiden Ansichten zuzustimmen ist, bedarf vorliegend jedoch keiner Entscheidung. Beide Ansichten gelangen vorliegend zum gleichen Ergebnis, weil Hubert Buch trotz seines Austritts aus dem Arbeitgeberverband weiterhin an den vom Arbeitgeberverband geschlossenen Tarifvertrag gebunden ist (s. o.[29]). Grundsätzlich liegt danach eine tarifliche Regelung vor.

bb) Reichweite der tariflichen Regelung

Tarifregelung über Weihnachtsgeld an sich oder nur in bestimmter Höhe

Fraglich ist jedoch die Reichweite der tariflichen Regelung und damit ihrer Sperrwirkung. Stellt man darauf ab, dass der Tarifvertrag eine Zahlung aus Anlass des Weihnachtsfestes regelt, würden sämtliche Leistungen aus Anlass des Weihnachtsfestes geregelt[30]. Stellt man dagegen darauf ab, dass der Tarifvertrag nur die Zahlung eines Weihnachtsgelds in Höhe von einem halben Monatsgehalt regelt, würde eine betriebliche Regelung nur insoweit, nicht aber hinsichtlich ihrer übertariflichen Anteils gesperrt, weil ein Tarifvertrag keine Regelung zu übertariflichen Zulagen enthält[31].

Telos des § 77 Abs. 3 BetrVG

Dem Wortlaut des § 77 Abs. 3 BetrVG ist eine ausdrückliche Aussage hierzu nicht zu entnehmen. Allerdings sprechen historisch-teleologische Gesichtspunkte für eine gegenständliche Betrachtung[32]. So soll § 77 Abs. 3 BetrVG die Funktionsfähigkeit der Tarifautonomie gewährleisten, indem sie den Tarifvertragsparteien den Vorrang zur Regelung von

---

[27] BAG vom 22.03.2005, AP Nr. 26 zu § 4 TVG Geltungsbereich = NZA2006, 383, 386; BAG vom 20.11.2001, NZA 2002, 872; Hromadka/Maschmann, ArbR 2, § 16 Rn. 369; MünchArbR/Matthes, § 327 Rn. 68; AnwK-ArbR/Welslau, § 77 BetrVG Rn. 32.

[28] Ehmann/Schmidt, NZA 1995, 193, 196; GK-BetrVG/Kreutz, § 77 Rn. 100; Richardi, BetrVG, § 77 Rn. 260; Richardi, NZA 2000, 617, 620.

[29] Siehe oben A I 1 a cc, S. 160.

[30] Vgl. BAG vom 30.05.2006, AP Nr. 23 zu § 77 BetrVG 1972 Tarifvorbehalt = NZA 2006, 1170 ff.; BAG vom 17.12.1985, AP Nr. 5 zu § 87 BetrVG 1972 Tarifvorbehalt = NZA 1986, 364 ff.; Hromadka/Maschmann, ArbR 2, § 16 Rn. 370; Richardi, BetrVG, § 77 Rn. 280 ff.

[31] Vgl. hierzu BAG vom 30.05.2006, AP Nr. 23 zu § 77 BetrVG 1972 Tarifvorbehalt, Rz. 28 = NZA 2006, 1170 ff.

[32] So i. E. auch BAG vom 30.05.2006, AP Nr. 23 zu § 77 BetrVG 1972 Tarifvorbehalt = NZA 2006, 1170 ff.; BAG vom 17.12.1985, AP Nr. 5 zu § 87 BetrVG 1972 Tarifvorbehalt = NZA 1986, 364 ff.; Hromadka/Maschmann, ArbR 2, § 16 Rn. 370; Richardi, BetrVG, § 77 Rn. 280 ff.

Arbeitsbedingungen einräumt[33]. Diese Befugnis soll nicht dadurch ausgehöhlt werden, dass Arbeitgeber und Betriebsrat ergänzende oder abweichende Regelungen vereinbaren[34]. Die Betriebsvereinbarung soll also weder als normative Ersatzregelung für nicht organisierte Arbeitnehmer noch als zusätzliche normative Regelung für übertarifliche Leistungen herangezogen werden können. Es geht um die Sicherung der ausgeübten und bestehenden Tarifautonomie[35]. Entscheidend ist danach allein, ob ein Aspekt des Arbeitsverhältnisses in gegenständlicher Hinsicht geregelt ist oder üblicherweise geregelt wird. Mit welchem Inhalt die Regelung erfolgt, ist nach Sinn und Zweck des § 77 Abs. 3 BetrVG unerheblich[36].

cc) Zwischenergebnis

Eine tarifliche Regelung der aus Anlass des Weihnachtsfestes gezahlten Zusatzleistungen liegt vor.

Vorrang der tariflichen Regelung

---

[33] BAG GS vom 03.12.1991, AP Nr. 51 zu § 87 BetrVG 1972 Lohngestaltung unter C I 1 und 4 a der Gründe = NZA 1992, 749 ff.; BAG vom 30.05.2006, AP Nr. 23 zu § 77 BetrVG 1972 Tarifvorbehalt, Rz. 26 = NZA 2006, 1170 ff.; BAG vom 29.10.2002, AP Nr. 18 zu § 77 BetrVG 1972 Tarifvorbehalt = BB 2003, 963, 964; Hromakda/Maschmann, ArbR 2, § 16 Rn. 365; Richardi, BetrVG, § 77 Rn. 244 ff.; AnwK-ArbR/Welslau, § 77 BetrVG Rn. 23. – Die Vorschrift ist seit Jahren in der rechtspolitischen Diskussion, vgl. Hromadka/Maschmann, ArbR 2, § 16 Rn. 382 ff. – Es geht letztlich um die Frage, ob die Regelung der Arbeitsbedingungen in stärkerem Umfang von der tariflichen auf die betriebliche Ebene verlagert werden soll und darf. Die Streichung von § 77 Abs. 3 BetrVG wäre das dazu geeignete Mittel. Überwiegend wird eine Reform, u. a. aus verfassungsrechtlichen Erwägungen, aber abgelehnt. Vgl. zum Meinungsstand die Stellungnahme der Bundesregierung, BT-Drs. 13/1594, S. 19, zum Gutachten der Monopolkommission, BR-Drs. 734/94.
[34] BAG vom 30.05.2006, AP Nr. 23 zu § 77 BetrVG 1972 Tarifvorbehalt, Rz. 26 = NZA 2006, 1170 ff.; BAG vom 29.10.2002, AP Nr. 18 zu § 77 BetrVG 1972 Tarifvorbehalt = BB 2003, 963, 964; Richardi, BetrVG, § 77 Rn. 244 ff. und 280.
[35] BAG GS vom 03.12.1991, AP Nr. 51 zu § 87 BetrVG 1972 Lohngestaltung unter C I 1 und 4 a der Gründe = NZA 1992, 749 ff.; BAG vom 22.03.2005, AP Nr. 26 zu § 4 TVG Geltungsbereich = NZA 2006, 383 ff.; BAG vom 24.01.1996, AP Nr. 8 zu § 77 BetrVG 1972 Tarifvorbehalt = NZA 1996, 948, 948 f.; BAG vom 22.06.1993, AP Nr. 22 zu § 23 BetrVG 1972 = NZA 1994, 184; Hromadka/Maschmann, ArbR 2, § 16 Rn. 365; GK-BetrVG/Kreutz, § 77 Rn. 78; MünchArbR/Matthes, § 327 Rn. 59; Richardi, BetrVG, § 77 Rn. 244; AnwK-ArbR/Welslau, § 77 BetrVG Rn. 23.
[36] Hromadka/Maschmann, ArbR 2, § 16 Rn. 370 f.

d) Eingreifen eines Ausnahmetatbestands[37]

Mögliche Ausnahmen

Ausnahmsweise könnte eine Regelung durch Betriebsvereinbarung nach § 4 Abs. 3 TVG zulässig sein, weil eine die Arbeitnehmer begünstigende Regelung getroffen wurde (aa). Schließlich ist denkbar, dass die Sperrwirkung des § 77 Abs. 3 BetrVG durch die Sondervorschrift des § 87 Abs. 1 Einleitungssatz BetrVG verdrängt wird (bb).

aa) *Günstigkeitsprinzip*

Günstigkeitsprinzip als
Ausnahme

Die Sperrwirkung des § 77 Abs. 3 BetrVG könnte durch das Günstigkeitsprinzip des § 4 Abs. 3 TVG überwunden werden. Die Vorschrift des § 4 Abs. 3 TVG besagt, dass Abweichungen vom Tarifvertrag zulässig sind, wenn sie eine Änderung der Regelung zugunsten des Arbeitnehmers enthalten. Danach wäre hier von einem Vorrang der Betriebsvereinbarung auszugehen, weil diese ein ganzes Monatsgehalt als Weihnachtsgeld vorsieht und der Tarifvertrag nur ein halbes. Die im Vergleich zum Tarifvertrag günstigere Regelung in der Betriebsvereinbarung würde sich danach durchsetzen. Fraglich ist jedoch, ob im Rahmen des § 77 Abs. 3 BetrVG das Günstigkeitsprinzip zwischen Tarifvertrag und Betriebsvereinbarung überhaupt Anwendung findet. Hierzu ist § 77 Abs. 3 BetrVG auszulegen. Soll diese Vorschrift den Arbeitnehmer lediglich vor belastenden Betriebsvereinbarungen schützen, setzt sich § 4 Abs. 3 TVG durch. Reicht die Sperrwirkung des § 77 Abs. 3 BetrVG dagegen weiter, wird sie allein durch die Günstigkeit einer Regelung nicht durchbrochen.

Umfang der Sperrwirkung

Dem Wortlaut des § 77 Abs. 3 BetrVG ist eine ausdrückliche Aussage hierzu nicht zu entnehmen. Er enthält keine Unterscheidung zwischen günstigen und nachteiligen Regelungen. Dies spricht im Ergebnis für eine umfassende Sperrwirkung. Zudem ist unter historisch-teleologischen Gesichtspunkten zu berücksichtigen, dass § 77 Abs. 3 BetrVG die Funktionsfähigkeit der Tarifautonomie gewährleisten soll, indem sie den Tarifvertragsparteien den Vorrang zur Regelung von Arbeitsbedingungen einräumt (s. o.[38]). Da die den Tarifvertragsparteien zugewiesene Autonomie nicht nur durch nachteilige, sondern auch durch begünstigende Regelungen ausgehöhlt werden kann, weil insbesondere von be-

---

[37] Zu Ausnahmen von § 77 Abs. 3 BetrVG vgl.; Hromadka/Maschmann, ArbR 2, § 16 Rn. 376 ff.; GK-BetrVG/Kreutz, § 77 Rn. 136 ff.; AnwK-ArbR/Welslau, § 77 BetrVG Rn. 40 ff.

[38] Siehe oben A II 2 c bb, S. 164 f.

günstigenden Wirkungen ein Anreiz zum Fernbleiben von
der Koalition ausgehen kann, verdrängt § 77 Abs. 3 BetrVG
die Regelung des § 4 Abs. 3 TVG[39]. Eine günstigere kollektive Regelung wie die Betriebsvereinbarung wird danach
vom ungünstigeren Tarifvertrag gesperrt[40]. Aus § 4 Abs. 3
TVG ergibt sich keine Ausnahme von § 77 Abs. 3 BetrVG.

bb) Ausnahme des § 87 Abs. 1 BetrVG

Die Sperrwirkung des § 77 Abs. 3 BetrVG könnte nach § 87
Abs. 1 Einleitungssatz BetrVG zurücktreten. Voraussetzung
hierfür ist, dass sich aus § 87 Abs. 1 Einleitungssatz BetrVG
ein Vorrang betrieblicher Absprachen im Bereich der zwingenden Mitbestimmung ableiten lässt (1) und die Voraussetzungen dieses Vorrangs erfüllt sind (2).

*Ausnahme im Bereich
sozialer Angelegenheiten*

(1) Vorrang der zwingenden Mitbestimmung

(1.1) Vorrangtheorie

Ob betriebliche Einigungen im Bereich der zwingenden Mitbestimmung Vorrang genießen, ist umstritten. Die herrschende Ansicht sowie die Rechtsprechung folgen der sog.
Vorrangtheorie[41], wonach die Sperre des § 77 Abs. 3 BetrVG
nicht in Angelegenheiten gilt, die nach § 87 Abs. 1 BetrVG
der Mitbestimmung des Betriebsrates unterliegen. Erzwingbare Betriebsvereinbarungen sollen nämlich – so das Argument der Vorrangtheorie – nicht dadurch ausgeschlossen
werden, dass die entsprechende Angelegenheit üblicherweise durch TV geregelt wird oder sogar in tarifgebundenen Betrieben tatsächlich geregelt ist. Dies gebiete die Schutzfunktion der in § 87 Abs. 1 BetrVG geregelten Mitbestimmungsrechte, welche zur Stärkung der Position der Arbeitnehmer
geschaffen wurden[42].

*Vorrang von § 87
Abs. 1 Einls. BetrVG*

---

[39] Hromadka/Maschmann, ArbR 2, § 16 Rn. 375; Kort, NZA 2005, 620;
GK-BetrVG/Kreutz, § 77 Rn. 129; Richardi, BetrVG, § 77 Rn. 278. –
Vgl. auch BAG vom 26.02.1986, AP Nr. 12 zu § 4 TVG Ordnungs-
prinzip = NZA 1986, 790 ff. – A. A. Ehmann/Schmidt NZA 1995, 193,
199 f.

[40] Hromadka/Maschmann, ArbR 2, § 16 Rn. 375.

[41] BAG GS vom 03.12.1991, AP Nr. 51 zu § 87 BetrVG 1972 Lohnge-
staltung unter C I 4 der Gründe = NZA 1992, 749 ff.; BAG vom
27.11.2002, AP Nr. 34 zu § 87 BetrVG Tarifvorrang; v. Hoyningen-
Huene, BetrVR, § 12 Rn. 10; MünchArbR/Matthes, § 327 Rn. 70 ff.;
Richardi, Kollektives Arbeitsrecht, § 28 Rn. 14. – Kritisch Walker,
ZfA 1996, 353, 357.

[42] MünchArbR/Matthes, § 327 Rn. 71.

(1.2) Zwei-Schranken-Theorie

Nach der sogenannten Zwei-Schranken-Theorie gilt demgegenüber der Tarifvorrang des § 77 Abs. 3 BetrVG auch im Bereich des § 87 Abs. 1 BetrVG[43]. Ein bedeutsames Argument für diese Ansicht ist wiederum die Funktionsfähigkeit der Tarifautonomie[44]. Soweit § 77 Abs. 3 BetrVG reicht, soll jede anderweitige normative Regelung kollektivrechtlicher Art unwirksam sein. Auch sei der Betriebsrat auf den Abschluss von Betriebsvereinbarungen nicht angewiesen, weil er sein Mitbestimmungsrecht z. B. auch in Form einer Regelungsabrede wahrnehmen kann[45].

(1.3) Stellungnahme

Ein nach der Vorrrangtheorie die Regelungssperre des § 77 Abs. 3 S. 1 BetrVG beseitigendes Mitbestimmungsrecht setzt voraus, dass keine einschlägige tarifliche Regelung besteht, an die der Arbeitgeber gebunden ist[46]. Allein hierin liegt der Unterschied zwischen beiden Theorien[47]: Die Zwei-Schranken-Theorie besagt, dass eine Betriebsvereinbarung nicht nur bei tatsächlicher Tarifbindung, sondern auch schon bei bloßer Tarifüblichkeit unwirksam ist[48]. Obwohl der Eingangssatz in § 87 Abs. 1 BetrVG nur bei tatsächlich geltendem Tarifvertrag eine Betriebsvereinbarung auch über Gegenstände, die der Mitbestimmung unterliegen, verbietet, sei als zweite Schranke immer § 77 Abs. 3 BetrVG zu beachten[49]. Die Vorrangtheorie lehnt demgegenüber bei bloßer Tarifüblichkeit des Regelungsziels im Anwendungsbereich des § 87 Abs. 1 BetrVG die Sperrwirkung des § 77 Abs. 3 BetrVG ab[50]. Auf

---

[43] Hromadka/Maschmann, ArbR 2, § 16 Rn. 379; GK-BetrVG/Kreutz, § 77 Rn. 139 ff.

[44] Hromadka/Maschmann, ArbR 2, § 16 Rn. 379; GK-BetrVG/Kreutz, § 77 Rn. 139 ff.

[45] Hromadka/Maschmann, ArbR 2, § 16 Rn. 379; GK-BetrVG/Kreutz, § 77 Rn. 139 ff.

[46] MünchArbR/Matthes, § 332 Rn. 12 ff.; Richardi, BetrVG, § 77 Rn. 248 f.; AnwK-ArbR/Welslau, § 87 BetrVG Rn. 21.

[47] BAG GS vom 03.12.1991, AP Nr. 51 zu § 87 BetrVG 1972 Lohngestaltung unter C I 4 c der Gründe = NZA 1992, 749 ff.; Richardi, BetrVG, § 77 Rn. 248 f.

[48] Hromadka/Maschmann, ArbR 2, § 16 Rn. 378 f.; GK-BetrVG/Kreutz, § 77 Rn. 139 ff. – Vgl. auch Richardi, BetrVG, § 77 Rn. 249.

[49] Hromadka/Maschmann, ArbR 2, § 16 Rn. 378 f.; GK-BetrVG/Kreutz, § 77 Rn. 139 ff.

[50] BAG GS vom 03.12.1991, AP Nr. 51 zu § 87 BetrVG 1972 Lohngestaltung unter C I 4 der Gründe = NZA 1992, 749 ff.; BAG vom 27.11.2002, AP Nr. 34 zu § 87 BetrVG Tarifvorrang; v. Hoyningen-Huene, BetrVR, § 12 Rn. 10; MünchArbR/Matthes, § 327 Rn. 70 ff.; Richardi, Kollektives Arbeitsrecht, § 28 Rn. 14.

Grund dieser nur in Einzelfragen bestehenden Unterschiede kann eine abschließende Entscheidung des Meinungsstreits dahinstehen, wenn vorliegend auch nach Ansicht der Vorrangtheorie § 77 Abs. 3 BetrVG nicht zurücktreten muss, weil und soweit die Voraussetzungen des § 87 Abs. 1 Einleitungssatz BetrVG nicht gegeben sind.

(2) Voraussetzungen eines Vorrangs

Auch nach der Vorrangtheorie tritt § 77 Abs. 3 BetrVG nur insoweit zurück, als hinsichtlich eines nicht abschließend[51] gesetzlich oder tariflichen geregelten (2.1) Gegenstands ein Mitbestimmungsrecht nach § 87 Abs. 1 BetrVG besteht, d. h. ein im dortigen Katalog geregelter Gegenstand betroffen ist (2.2)[52].

Abschließende tarifliche Regelung

(2.1) Tarifliche Regelung

Nach § 87 Abs. 1 Einleitungssatz BetrVG besteht ein Mitbestimmungsrecht nur insoweit, als keine abschließende gesetzliche oder tarifliche Regelung besteht[53]. Ein gesetzlicher Anspruch auf Gewährung eines Weihnachtsgelds besteht nicht. Fraglich ist, ob eine abschließende tarifliche Regelung vorliegt. Zwar wird vorliegend in einem Tarifvertrag, an den der Arbeitgeber auch tatsächlich gebunden ist (s. o.[54]), die Gewährung eines Weihnachtsgelds in Höhe von einem halben Monatsgehalt geregelt. Insoweit liegt eine tarifliche Regelung vor. Allerdings regelt der Tarifvertrag nicht, dass kein weiteres, übertarifliches Weihnachtsgeld gezahlt werden darf. Eine solche abschließende Regelung ist infolge von § 4 Abs. 3 TVG auch nicht möglich[55]. Auch enthält der Tarifvertrag keine Aussage dazu, wie übertarifliche Zulagen zwischen den einzelnen Arbeitnehmern aufgeteilt werden. Zu übertariflichen Leistungen enthält der Tarifvertrag generell

Keine abschließende tarifliche Regelung

---

[51] BVerwG vom 12.08.2002, AP Nr. 25 zu § 72 LPVG NW unter II 2 der Gründe = NZA-RR 2003, 276 ff.; BAG (GS) vom 03.12.1991, AP Nr. 51 zu § 87 BetrVG 1972 Lohngestaltung unter C I 1 und 4 c der Gründe = NZA 1992, 749 ff.; Richardi, BetrVG, § 87 Rn. 144; AnwK-ArbR/Welslau, § 87 BetrVG Rn. 14.

[52] Vgl. BAG vom 29.10.2002, AP Nr. 18 zu § 77 BetrVG 1972 Tarifvorbehalt unter I 1 a bb der Gründe = NZA 2003, 393 ff.

[53] BVerwG vom 12.08.2002, AP Nr. 25 zu § 72 LPVG NW unter II 2 der Gründe = NZA-RR 2003, 276 ff.; BAG (GS) vom 03.12.1991, AP Nr. 51 zu § 87 BetrVG 1972 Lohngestaltung unter C I 1 und 4 c der Gründe = NZA 1992, 749 ff.; Richardi, BetrVG, § 87 Rn. 144; AnwK-ArbR/Welslau, § 87 BetrVG Rn. 14.

[54] Siehe oben A I 1 a cc, S. 160.

[55] Vgl. Hromadka/Maschmann, ArbR 2, § 13 Rn. 279.

keine Aussage[56]. Eine abschließende tarifliche Regelung besteht somit nicht.

(2.2) Mitbestimmungspflichtige Angelegenheit

Bestehen eines
Mitbestimmungsrechts

Ein Mitbestimmungsrecht könnte sich vorliegend aus § 87 Abs. 1 Nr. 10 BetrVG ergeben. Mitbestimmungspflichtig sind danach Fragen der betrieblichen Lohngestaltung. Dies erfasst die Verteilung einer vom Arbeitgeber festgesetzten Entgeltmenge auf die Arbeitnehmer (Lohngerechtigkeit)[57]. Es geht also darum, dem Betriebsrat ein Mitbestimmungsrecht zu geben, wenn der Arbeitgeber ein bestimmtes Geldvolumen, z. B. in Form eines Weihnachtsgelds oder einer Lohnerhöhung, auf die Arbeitnehmer verteilen will. Die Entscheidung des Arbeitgebers, ob und wieviel Weihnachtsgeld er mit welcher Zwecksetzung zahlen will, ist demgegenüber mitbestimmungsfrei („Topftheorie")[58].

Mitbestimmung nur über
Verteilungsgrundsätze

Demnach besteht vorliegend allenfalls ein eingeschränktes Mitbestimmungsrecht. Die Frage der Einführung einer Erhöhung des Weihnachtsgelds betrifft die Frage der zur Verfügung gestellten Entgeltmenge. Sie unterliegt nach vorstehenden Grundsätzen nicht der zwingenden Mitbestimmung[59]. Mitbestimmungspflichtig ist allenfalls die Frage der Verteilung der übertariflichen Zulage[60].

---

[56] Vgl. hierzu BAG vom 30.05.2006, AP Nr. 23 zu § 77 BetrVG 1972 Tarifvorbehalt, Rz. 28 = NZA 2006, 1170 ff.

[57] BAG GS vom 03.12.1991, AP Nr. 51 zu § 87 BetrVG 1972 Lohngestaltung unter C III 1 a der Gründe = NZA 1992, 749 ff.; Hromadka/ Maschmann, ArbR 2, § 16 Rn. 473, 482; Richardi, BetrVG, § 87 Rn. 730.

[58] BAG vom 29.10.2002, AP Nr. 18 zu § 77 BetrVG 1972 Tarifvorbehalt unter I 1 a bb der Gründe = NZA 2003, 393 ff.; Hromadka/Maschmann, ArbR 2, § 16 Rn. 482; AnwK-ArbR/Welslau, § 87 BetrVG Rn. 164.

[59] BAG vom 29.10.2002, AP Nr. 18 zu § 77 BetrVG 1972 Tarifvorbehalt unter I 1 a bb der Gründe = NZA 2003, 393 ff.; Hromadka/Maschmann, ArbR 2, § 16 Rn. 482.

[60] Das BAG geht davon aus, dass die proportionale Erhöhung des Weihnachtsgelds insgesamt nicht mitbestimmungspflichtig ist, weil sich die Verteilungsgrundsätze nicht ändern, BAG vom 24.01.1996, AP Nr 8 zu § 77 BetrVG 1972 Tarifvorbehalt = NZA 1996, 948, 949. Dies entspricht spiegelbildlich der Rechtsprechung des BAG zur proportionalen Absenkung einer freiwilligen Leistung, vgl. hierzu etwa BAG vom 08.06.2004, AP Nr. 124 zu § 87 BetrVG 1972 Lohngestaltung unter B I 2 a der Gründe = NZA 2005, 66 ff. – Diese spiegelbildliche Übertragung ist allerdings nicht frei von Bedenken. Das BAG begründet den Vorrang des § 87 Abs. 1 Einleitungssatz BetrVG damit, „dass die Schutzfunktion der Mitbestimmungsrechte deren Beachtung fordert, wenn und soweit die Tarifpraxis keine Schutzwirkung entfaltet",

Nur im Umfang dieses eingeschränkten Mitbestimmungsrechts vermag § 87 Abs. 1 Einleitungssatz BetrVG von der Sperrwirkung des § 77 Abs. 3 BetrVG zu befreien[61]. Da die Frage der Einführung eines erhöhten Weihnachtsgelds nicht mitbestimmungspflichtig ist und die Betriebsvereinbarung – in Ermangelung einer sonstigen Grundlage der Zahlung – auch diese Frage regelt, vermag § 87 Abs. 1 Einleitungssatz BetrVG auch nach der Vorrangtheorie insoweit nicht von § 77 Abs. 3 BetrVG zu befreien.

Kein Mitbestimmungsrecht über Höhe des Weihnachtsgelds

(2.3) Zwischenergebnis

Die Voraussetzungen für eine Ausnahme von § 77 Abs. 3 BetrVG über § 87 Abs. 1 Einleitungssatz BetrVG liegen auch nach der Vorrangtheorie nicht hinsichtlich des gesamten Regelungsgegenstands der Betriebsvereinbarung vor.

Vorrang des Tarifvertrags

(3) Zwischenergebnis

Auf eine Entscheidung zwischen der Vorrangtheorie und der Zwei-Schranken-Theorie kommt es daher vorliegend nicht an. Nach beiden Ansichten genießt die betriebliche Regelung, soweit sie sich auf die Höhe des Weihnachtsgelds bezieht, keinen Vorrang.

Streitentscheid kann dahinstehen

e) Zwischenergebnis

Die in der Betriebsvereinbarung getroffene Regelung ist – soweit die Höhe des Weihnachtsgelds bestimmt wird – unwirksam, weil die geregelte Angelegenheit nicht der Kompetenz der Betriebspartner unterfällt. Ihre Zuständigkeit wird durch § 77 Abs. 3 BetrVG gesperrt.

Betriebsvereinbarung unwirksam

---

vgl. BAG vom 24.01.1996, AP Nr. 8 zu § 77 BetrVG 1972 Tarifvorbehalt = NZA 1996, 948, 949. Ausgehend hiervon wäre konsequenterweise vom Bestehen eines sich auf die Verteilung beziehenden Mitbestimmungsrechts auszugehen, weil die im Tarifvertrag vorgesehene Verteilung entsprechend der Lohnhöhe sich nur auf das tarifliche Weihnachtsgeld nicht aber auf übertarifliche Zulagen bezieht. Übertarifliche Zulagen werden vom Tarifvertrag gerade nicht geregelt, vgl. hierzu BAG vom 30.05.2006, AP Nr. 23 zu § 77 BetrVG 1972 Tarifvorbehalt, Rz. 28 = NZA 2006, 1170 ff. Der Tarifvertrag kann hinsichtlich der Verteilung der übertariflichen Zulage seine Schutzfunktion nicht entfalten. Die Verteilung der übertariflichen Zulage kann proportional erfolgen, muss aber nicht. Wie zu verfahren ist, muss der Arbeitgeber mit dem Betriebsrat abstimmen.

[61] BAG vom 29.10.2002, AP Nr. 18 zu § 77 BetrVG 1972 Tarifvorbehalt unter I 1 a bb der Gründe = NZA 2003, 393 ff.

3. Zwischenergebnis

Kein Anspruch aus
Betriebsvereinbarung

Frau Engelein-Käfer steht danach auch auf Grund der Betriebsvereinbarung vom 01.06.2007 kein (weiterer) Anspruch auf Weihnachtsgeld zu.

III. Individualrechtliche Abrede als Gestaltungsfaktor

Anspruchsvoraussetzungen

Der begehrte Anspruch könnte sich in Höhe eines vollen Brutto-Monatsgehalts aus dem Arbeitsverhältnis i. V. m. einer individualrechtlichen Abrede ergeben. Hierfür muss ein entsprechender Anspruch entstanden (1) und darf noch nicht erloschen sein (2).

1. Anspruch entstanden

Wirksamer
Änderungsvertrag

Ein Anspruch könnte durch eine individualrechtliche Abrede begründet worden sein. Als solche scheidet vorliegend zwar der Arbeitsvertrag aus, weil er keine Aussage zum Weihnachtsgeld enthält. Möglicherweise wurde jedoch nachträglich eine (konkludente) Vertragsänderung vorgenommen. Diese erfolgt durch einen entsprechenden Antrag (a) und dessen Annahme (b).

a) Antrag des Arbeitgebers

Betriebsvereinbarung als
Antrag des Arbeitgebers

Ein Antrag des Arbeitgebers könnte sich in der unwirksamen, mit dem Betriebsrat abgeschlossenen Betriebsvereinbarung finden. Hierfür müsste sich die arbeitgeberseitig gegenüber dem Betriebsrat abgegebene Erklärung als Antrag an alle Arbeitnehmer auslegen (aa) oder sich in eine solche Erklärung umdeuten lassen (bb).

aa) Auslegung der Betriebsvereinbarung

Auslegung der
Betriebsvereinbarung

Eine Auslegung der Betriebsvereinbarung als Antrag kommt regelmäßig nur in Betracht, wenn den Beteiligten die Unwirksamkeit einer Betriebsvereinbarung des entsprechenden Inhalts bekannt ist[62]. In diesem Fall ist davon auszugehen, dass die Parteien eigentlich eine individualrechtliche Vereinbarung zwischen dem Arbeitgeber und den einzelnen Arbeitnehmern wollten. Hierfür sind vorliegend jedoch keine Anhaltspunkte ersichtlich.

---

[62] Vgl. BAG vom 24.01.1996, AP Nr. 8 zu § 77 BetrVG 1972 Tarifvorbehalt = NZA 1996, 948, 950; Hromadka/Maschmann, ArbR 2, § 16 Rn. 411.

bb) Umdeutung

Es bleibt die Möglichkeit der Umdeutung gemäß § 140 BGB. Ansatzpunkt wäre die Umdeutung der zum Abschluss der Betriebsvereinbarung vom Arbeitgeber gegenüber dem Betriebsrat abgegebenen Willenserklärung in einen an alle Arbeitnehmer gerichteten Antrag. Voraussetzung für § 140 BGB[63] ist neben dem bereits dargestellten nichtigen Rechtsgeschäft (s. o.[64]) – der unwirksamen Betriebsvereinbarung –, dass das andere Geschäft in dem unwirksamen Geschäft enthalten ist (1). Weiterhin darf nach dem Normzweck die Umdeutung nicht ausgeschlossen sein (2) Schließlich ist auch ein entsprechender Parteiwille für das Umdeutungsergebnis notwendig (3).

Voraussetzungen der Umdeutung

(1) Im nichtigen Rechtsgeschäft enthalten

Fraglich ist, ob in der nichtigen Betriebsvereinbarung ein Änderungsangebot des Hubert Buch enthalten ist, d. h. die notwendigen Änderungsangebote gegenüber dem nichtigen Rechtsgeschäft ein „Weniger" sind. Gegen ein „Weniger" könnte sprechen, dass eine individualrechtliche Regelung zum Weihnachtsgeld Inhalt des individualrechtlichen Arbeitsverhältnisses wird. Eine Änderung dieses Inhalts für die Zukunft ist lediglich durch Abschluss eines Änderungsvertrags möglich. Dieser bedarf der Zustimmung des Arbeitnehmers, welche auch mittels einer Änderungskündigung im Anwendungsbereich des § 1 KSchG kaum zu erreichen ist. Eine Betriebsvereinbarung ist demgegenüber gemäß § 77 Abs. 5 BetrVG mit einer Frist von drei Monaten und ohne Vorliegen eines Kündigungsgrunds kündbar. Dies bedeutet, dass der Arbeitgeber sich leichter von einer Betriebsvereinbarung als von einer individualrechtlichen Regelung im Vertrag lösen könnte[65].

Individualrechtlicher Änderungsvertrag grds. kein „Weniger"

Allerdings ist eine Betriebsvereinbarung, die nur eine einmalige Leistung zum Gegenstand hat, nicht kündbar[66].

Besonderheiten bei Einmalzahlungen

---

[63] BAG vom 24.01.1996, AP Nr. 8 zu § 77 BetrVG 1972 Tarifvorbehalt = NZA 1996, 948, 949 f.; BAG vom 23.08.1989, AP Nr 42 zu § 77 BetrVG 1972 = NZA 1990, 69; Hromadka/Maschmann, ArbR 2, § 16 Rn. 408; Larenz/Wolf, BGB-AT, § 44 Rn. 72 ff.; Richardi, BetrVG, § 77 Rn. 297.

[64] Siehe oben A II 2 e, S. 171.

[65] Vgl. BAG vom 23.08.1989, AP Nr. 42 zu § 77 BetrVG 1972 = NZA 1990, 69.

[66] BAG vom 24.01.1996, AP Nr. 8 zu § 77 BetrVG 1972 Tarifvorbehalt = NZA 1996, 948, 950; BAG vom 10.08.1994, AP Nr. 86 zu § 112 BetrVG 1972 unter B II 3 b aa der Gründe = NZA 1995, 314 ff.; MünchArbR/Matthes, § 328 Rn. 39; Richardi, BetrVG, § 77 Rn. 199; AnwK-ArbR/Welslau, § 77 BetrVG Rn. 55.

Dies folgt daraus, dass sich der Arbeitgeber, der sich zuvor gebunden hat, sonst ohne Weiteres wieder lösen könnte. Die Betriebsvereinbarung würde so zu einem unverbindlichen Instrument der Betriebsverfassung. Dies und der Gedanke des venire contra factum proprium führen dazu, dass die Kündigung einer Weihnachtsgeldvereinbarung, die nur für das Jahr 2007 getroffen wurde, ausgeschlossen ist. Ein individualrechtlicher Änderungsantrag geht hiernach in seinen rechtlichen Wirkungen nicht über die nichtige Betriebsvereinbarung hinaus, weil beide praktisch unkündbar und nur durch Änderungsvertrag beseitigbar sind[67]. Vielmehr ist die individualrechtliche Abrede im Vergleich zur Betriebsvereinbarung ein „Weniger", weil individualrechtliche Abreden nicht normativ wirken und nicht dem Schutz nach § 77 Abs. 4 S. 2 und 3 BetrVG unterfallen. Der Änderungsantrag ist in der Betriebsvereinbarung enthalten.

(2) Normzweck

Zulässigkeit der Umdeutung

Eine Umdeutung dürfte durch den Normzweck von § 77 Abs. 3 BetrVG, welche die Nichtigkeit begründet, nicht ausgeschlossen sein. Ausgangspunkt ist dabei, dass § 77 Abs. 3 BetrVG einzelvertraglich geregelte Arbeitsentgelte nicht verbietet[68]. Mit anderen Worten sind individualrechtliche Vereinbarungen auch über tariflich geregelte oder üblicherweise geregelte Arbeitsbedingungen – unter Beachtung insbesondere des § 4 Abs. 3 und 5 TVG – immer zulässig[69]. Dies gilt auch, wenn sie als allgemeine Arbeitsbedingungen einen großen Teil der Arbeitnehmer oder alle Arbeitnehmer erfassen. Dies kann in Form einer arbeitsvertraglichen Einheitsregelung, einer Gesamtzusage oder einer betrieblichen Übung geschehen[70]. Eine Umdeutung würde vorliegend zu einer Gesamtzusage, d. h. einer einheitlich mit allen Arbeitnehmern zugleich getroffenen Abrede, führen. Deren aus-

---

[67] So i. E. auch BAG vom 24.01.1996, AP Nr. 8 zu § 77 BetrVG 1972 Tarifvorbehalt = NZA 1996, 948, 950.

[68] BAG vom 20.04.1999, AP Nr. 89 zu Art. 9 GG = NZA 1999, 887, 890; BAG vom 24.01.1996, AP Nr. 8 zu § 77 BetrVG 1972 Tarifvorbehalt = NZA 1996, 948, 950; Hromadka/Maschmann, ArbR 2, § 16 Rn. 374; Richardi, BetrVG, § 77 Rn. 295; AnwK-ArbR/Welslau, § 77 BetrVG Rn. 36.

[69] Hromadka/Maschmann, ArbR 2, § 16 Rn. 374; Richardi, BetrVG, § 77 Rn. 295 ff.

[70] BAG vom 24.01.1996, AP Nr. 8 zu § 77 BetrVG 1972 Tarifvorbehalt = NZA 1996, 948, 950; Hromadka/Maschmann, ArbR 2, § 16 Rn. 374; Richardi, BetrVG, § 77 Rn. 295 ff.

drückliche Annahme ist entbehrlich[71]. Will § 77 Abs. 3 BetrVG somit nur kollektivrechtliche Konkurrenzregelungen ausschließen und steht individualrechtlichen Abreden auch dann nicht entgegen, wenn diese betriebseinheitlich getroffen werden, wird eine Umdeutung vorliegend nicht ausgeschlossen[72]. Hubert Buch hätte sein Änderungsangebot auch unabhängig vom Betriebsrat mit dem gleichen Inhalt ohne Verstoß gegen § 77 Abs. 3 BetrVG abgeben können. Dass er sich zuvor mit dem Betriebsrat abgestimmt hatte, führt zu keiner abweichenden Rechtsfolge.

(3) Umdeutungswille

Schließlich ist erforderlich, dass der Arbeitgeber, hätte er den Fall des Scheiterns der an sich gewollten betriebsverfassungsrechtlichen Regelung bedacht, sich wenigstens vertraglich gegenüber den begünstigten Arbeitnehmern binden wollte[73]. Dies ist keine grundsätzlich zu treffende Entscheidung. Vielmehr muss der hypothetische Wille des Arbeitgebers im Einzelfall geklärt werden.

Hypothetischer Parteiwille

Gegen einen Umdeutungswillen lässt sich anführen, dass Arbeitgeber regelmäßig gerade nicht mit den einzelnen Arbeitnehmern individualrechtliche Ansprüche begründen wollen, sondern sich des kollektiven Regelungsinstruments bedienen. Hintergrund sind die andersartigen Möglichkeiten, sich von einer Betriebsvereinbarung zu lösen. Von einer Gesamtzusage kann sich der Arbeitgeber insgesamt, auch nach Ausspruch einer Änderungskündigung, lediglich unter Zustimmung aller betroffenen Arbeitnehmer lösen. Zur Lösung von einer Betriebsvereinbarung genügt dagegen die Einigung mit dem Betriebsrat. Bei einer grundsätzlichen Regelung für die Zukunft wird ein Wille, sich in jeden Fall auch individualrechtlich verpflichten zu wollen, nicht anzunehmen sein[74]. Abweichendes ließe sich z. B. auch nicht daraus ableiten, dass der Arbeitgeber – erkennbar nicht an die Arbeitnehmer gerichtet – eine innerbetriebliche Arbeitsanweisung an die Lohnbuchhaltung erteilt.

Bedenken gegen Umdeutungswillen

---

[71] BAG vom 24.01.1996, AP Nr. 8 zu § 77 BetrVG 1972 Tarifvorbehalt = NZA 1996, 948, 951; BAG vom 10.12.2002, AP Nr. 249 zu § 611 BGB Gratifikation = NZA 2004, 271, 273.

[72] BAG vom 24.01.1996, AP Nr. 8 zu § 77 BetrVG 1972 Tarifvorbehalt = NZA 1996, 948, 950.

[73] BAG vom 23.08.1989, AP Nr. 42 zu § 77 BetrVG 1972 = NZA 1990, 69.

[74] Vgl. BAG vom 24.01.1996, AP Nr. 8 zu § 77 BetrVG 1972 Tarifvorbehalt = NZA 1996, 948, 950.

Betriebsvereinbarung als einfachstes Gestaltungsmittel

Liegen allerdings Umstände vor, die erkennen lassen, dass der Arbeitgeber auch in Kenntnis der Unwirksamkeit der Betriebsvereinbarung eine inhaltsgleiche Gestaltung der Arbeitsbedingungen gewollt hat, kommt eine Umdeutung in eine vertragliche Einheitsregelung in Betracht[75]. Hierfür lässt sich vorliegend anführen, dass es Hubert Buch nicht darum ging, den Arbeitnehmern „nur" einen normativen Anspruch zu geben. Die Wahl der Betriebsvereinbarung erschien ihm bloß als das geeignetste, einfachste und praktischste Mittel, das Weihnachtsgeld für alle Arbeitnehmer zu erhöhen. Inhaltlich kam es ihm gerade darauf an, seine Arbeitnehmer mit einer Zusatzleistung zu bedenken. Hierfür spricht deutlich, dass Hubert Buch gegenüber seinen Arbeitnehmern angekündigt hat, dass sich sein Austritt aus dem Arbeitgeberverband in „barer Münze" zeigen werde. Schließlich war der Inhalt der Betriebsvereinbarung auch allen Arbeitnehmern bekannt gemacht worden. Sie hatten alle eine Kopie der Betriebsvereinbarung erhalten. Die Vereinbarung hatte damit erkennbar keinen innerorganisatorischen Charakter, sondern sollte allen Mitarbeitern vor Augen führen, was sie im Jahr 2007 als Weihnachtsgeld erhalten sollen.

Umdeutungswille gegeben

Dies alles führt dazu, dass ein Wille des Arbeitgebers bestand, seinen Arbeitnehmern das Weihnachtsgeld 2007 hypothetisch auch im Rahmen eines geänderten Arbeitsvertrags zahlen zu wollen.

cc) Zwischenergebnis

Umdeutung zulässig

Die Voraussetzungen für eine Umdeutung sind damit gegeben. Die nichtige Betriebsvereinbarung kann in ein Bündel arbeitsvertraglicher Änderungsangebote umgedeutet werden.

b) Annahme durch Engelein-Käfer

Konkludente Annahme

Den Antrag von Hubert Buch hat Frau Engelein-Käfer auch spätestens durch die Geltendmachung des Anspruchs am 15.12.2007 konkludent angenommen[76].

---

[75] BAG vom 24.01.1996, AP Nr. 8 zu § 77 BetrVG 1972 Tarifvorbehalt = NZA 1996, 948, 950; BAG vom 23.08.1989, AP Nr. 42 zu § 77 BetrVG 1972 = NZA 1990, 69 ff.

[76] Ein Zugang der Annahmeerklärung ist nach § 151 BGB entbehrlich, vgl. BAG vom 24.01.1996, AP Nr. 8 zu § 77 BetrVG 1972 Tarifvorbehalt = NZA 1996, 948, 951; BAG vom 10.12.2002, AP Nr. 249 zu § 611 BGB Gratifikation = NZA 2004, 271, 273.

c) Zwischenergebnis

Zugunsten von Frau Engelein-Käfer ist ein Anspruch auf Zahlung eines Weihnachtsgelds i. H. v. 2.200 € entstanden.

Anspruch entstanden

2. *Kein Erlöschen*

Der entstandene Anspruch könnte aber in Höhe von 1.100 € durch die erfolgte Zahlung nach § 362 BGB erloschen sein. Dies ist der Fall, wenn der individualrechtliche Anspruch mit dem tariflichen Anspruch auf ein Weihnachtsgeld (s. o.[77]), soweit sie sich überschneiden, in einer Erfüllungsgemeinschaft verbunden sind[78]. Dies ist der Fall, wenn die Parteien bei Begründung des individualrechtlichen Anspruchs davon ausgegangen sind, dass der tarifliche Anspruch aufgesaugt werden soll. Dies ist vorliegend der Fall, weil nach dem erkennbaren Willens des Hubert Buch lediglich eine Aufstockung auf insgesamt ein Bruttomonatsgehalt gewollt war. Danach ist der Anspruch in Höhe von 1.100 € erloschen.

In Höhe von 1.100 € erloschen

3. *Zwischenergebnis*

Ein individualrechtlicher Anspruch auf Zahlung eines Weihnachtsgelds besteht in Höhe von 1.100 € fort.

Individualrechtlicher Anspruch in Höhe von 1.100 €

IV. Ergebnis

Frau Engelein-Käfer kann von Hubert Buch die Zahlung von 1.100 € als (weiteres) Weihnachtsgeld begehren.

Begehren begründet

---

[77] Siehe oben A I, S. 159 ff.
[78] Larenz/Wolf, BGB-AT, § 18 Rn. 31; Ulrici, Anm. zu BAG 19.6.2007, AP Nr. 4 zu § 1a KSchG 1969.

B. Gewerkschaftlicher Unterlassungsanspruch

Mögliche Anspruchsgrundlagen

Das von Ver.di verfolgte Begehren ist begründet, wenn zu Gunsten der Gewerkschaft ein gegen den Arbeitgeber gerichteter Anspruch auf Unterlassung der Anwendung der vom Tarifvertrag abweichenden Individual- und Kollektivabreden besteht. Ein solcher Anspruch könnte sich aus § 2 BetrVG (I.), aus § 23 Abs. 3 BetrVG (II.) sowie aus einem allgemeinen koalitionsrechtlichen Unterlassungsanspruch (III.) ergeben.

I. Anspruch aus dem Betriebsverhältnis

Kein Anspruch aus dem Betriebsverhältnis

Ein Anspruch auf Unterlassung der Durchführung der Vereinbarungen könnte sich aus § 2 BetrVG ergeben. Aus dem dort geregelten Gebot der vertrauensvollen Zusammenarbeit wird das zwischen den Betriebspartnern bestehende Betriebsverhältnis entsprechend den Grundsätzen von Treu und Glauben ausgestaltet[79]. Dies umfasst vielfach auch einen Anspruch auf Unterlassung rechtswidriger Maßnahmen der Betriebspartner untereinander[80]. Hieraus folgt aber, dass allein das Verhältnis der Betriebspartner zueinander ausgestaltet wird[81]. Für die nicht am Betriebsverhältnis beteiligten Gewerkschaften lässt sich hieraus kein Anspruch ableiten. Ein Anspruch aus § 2 BetrVG ist nicht gegeben.

II. Betriebsverfassungsrechtlicher Anspruch wegen grober Pflichtverletzung

Anspruchsvoraussetzungen

Ein Anspruch von Ver.di auf Unterlassung der Durchführung der Vereinbarungen könnte sich aus § 23 Abs. 3 BetrVG ergeben. Dazu müsste die Gewerkschaft Ver.di im Betrieb vertreten sein (1.). Außerdem müsste in der Anwendung der beiden Vereinbarungen einen groben Verstoß gegen das BetrVG liegen (2.).

---

[79] BAG vom 03.05.1994, AP Nr. 23 zu § 23 BetrVG 1972 = NZA 1995, 40, 42 f.; Hromadka/Maschmann, ArbR 2, § 16 Rn. 97; GK-BetrVG/ Oetker, § 23 Rn. 134. – Grundlegend zu diesem so genannten Betriebsverhältnis v. Hoyningen-Huene, BetrVR, § 4 Rn. 14 ff.; v. Hoyningen-Huene, NZA 1989, 121 ff.

[80] BAG vom 03.05.1994, AP Nr. 23 zu § 23 BetrVG 1972 = NZA 1995, 40, 42; Hromadka/Maschmann, ArbR 2, § 16 Rn. 97; GK-BetrVG/ Oetker, § 23 Rn. 134.

[81] Vgl. hierzu Klausur Nr. 8 unter B IV 2 b bb, S. 283 ff.

1. Im Betrieb vertreten

Die Gewerkschaft Ver.di wäre dann im Betrieb von Hubert Buch vertreten, wenn auch nur ein betriebszugehöriger Arbeitnehmer zugleich Gewerkschaftsmitglied ist[82]. Dies ist hier der Fall, weil Frau Engelein-Käfer sowohl dem Betrieb von Hubert Buch angehört als auch Mitglied der Gewerkschaft ist.

Ein Gewerkschaftsmitglied im Betrieb

2. Grober Verstoß gegen das BetrVG

Weiterhin müssten die Vereinbarung zwischen Betriebsrat und Arbeitgeber (a.) sowie die nachfolgenden Individualabreden der Arbeitsvertragsparteien (b.) einen groben Verstoß gegen die Vorschriften des BetrVG darstellen.

Grober Verstoß

a) Betriebsverfassungswidrigkeit der Regelungsabrede

aa) Tarifvorrang

Die am 15.12.2007 zwischen Arbeitgeber und Betriebsrat getroffene Vereinbarung könnte gegen § 77 Abs. 3 BetrVG verstoßen. Hierin läge eine Pflichtverletzung im Sinne des § 23 BetrVG, weil § 77 Abs. 3 BetrVG eine Grundnorm der betriebsverfassungsrechtlichen Ordnung ist. Deren Beachtung sollen § 23 Abs. 1 und 3 BetrVG gewährleisten[83]. Fraglich ist daher, ob ein Verstoß gegen § 77 Abs. 3 BetrVG vorliegt. Nach dieser Vorschrift können Arbeitsentgelte und sonstige Arbeitsbedingungen, die durch Tarifvertrag geregelt sind oder üblicherweise geregelt werden, nicht Gegenstand einer Betriebsvereinbarung sein. Ein Verstoß setzt daher zumindest voraus, dass es sich bei der am 15.12.2007 getroffenen Abrede um eine Betriebsvereinbarung handelt (bb.) oder § 77 Abs. 3 BetrVG auch andere Abreden erfasst (cc.).

Verstoß gegen § 77 Abs. 3 BetrVG als Pflichtverletzung

bb) Betriebsvereinbarung

Bei einer Betriebsvereinbarung handelt es sich um eine schriftliche Vereinbarung zwischen den Betriebspartnern, welche unmittelbare und zwingende Wirkung im Arbeitsverhältniss der betriebsangehörigen Arbeitnehmer entfalten

Vorliegen einer Regelungsabrede, keiner Betriebsvereinbarung

---

[82] BAG vom 25.03.1992, AP Nr. 4 zu § 2 BetrVG 1972 unter B I 1 der Gründe = NZA 1993, 134 ff.; Boemke, Die Betriebsratswahl, § 3 Rn. 264; AnwK-ArbR/Kloppenburg, § 2 BetrVG Rn. 22; Richardi, BetrVG, § 2 Rn. 69.

[83] BAG vom 22.06.1993, AP Nr. 22 zu § 23 BetrVG 1972 unter III 2 a der Gründe = NZA 1994, 184 ff.; BAG vom 20.08.1991, AP Nr. 2 zu § 77 BetrVG 1972 Tarifvorbehalt unter III 1 b der Gründe = NZA 1992, 317 ff.

soll[84]. Sonstige Abreden der Betriebspartner, die insbesondere keine unmittelbare und zwingende Wirkung i. S. d. § 77 Abs. 4 S. 1 BetrVG entfalten sollen, sind keine Betriebsvereinbarungen, sondern bloß sog. Regelungsabreden[85]. Um eine solche Regelungsabrede könnte es sich vorliegend handeln. Bereits durch die Überschrift Rahmenvereinbarung haben Betriebsrat und Arbeitgeber zum Ausdruck gebracht, dass sie keine Betriebsvereinbarung wollten. Der offensichtliche Verstoß einer entsprechenden Betriebsvereinbarung gegen § 77 Abs. 3 BetrVG war möglicherweise sogar ausschlaggebend für die Formlosigkeit der Absprache. Vor allem aber enthält die Rahmenvereinbarung auch keine unmittelbare Regelung, die auf Grund des normativen Charakters dann gemäß § 77 Abs. 4 BetrVG zu einem Anspruch der Arbeitnehmer geführt hätte. Es liegt daher keine Betriebsvereinbarung vor.

cc) Reichweite des Tarifvorrangs

Regelungssperre für Regelungsabreden

Fraglich ist, ob auch Regelungsabreden den Tarifvorrang des § 77 Abs. 3 BetrVG beachten müssen. Dies ist umstritten. Nach überwiegender Auffassung werden andere Vereinbarungen der Betriebspartner als Betriebsvereinbarungen von § 77 Abs. 3 BetrVG nicht verboten[86]. Dem wird entgegengehalten, dass der Normzweck des § 77 Abs. 3 BetrVG jedes Verbot einer den Tarifvertrag konterkarierender Regelung gebiete[87]. Welcher Ansicht zu folgen ist, ist durch Auslegung des § 77 Abs. 3 BetrVG zu entscheiden.

Kein Vorrang des Tarifvertrags ggü. Regelungsabreden

Für die herrschende Ansicht spricht zunächst der Wortlaut des § 77 Abs. 3 BetrVG, welcher ausdrücklich nur Betriebsvereinbarungen erwähnt. Dieses Argument wird in systematischer Hinsicht dadurch gestärkt, dass demgegenüber

---

[84] Vgl. BAG vom 27.01.2004, AP Nr. 56 zu § 81 ArbGG 1979 unter II = NZA 2004, 941 ff.; v. Hoyningen-Huene, BetrVR, § 11 Rn. 27; Hromadka/Maschmann, ArbR 2, § 16 Rn. 354; Hueck/Nipperdey, Arbeitsrecht II/2, S. 1256 f.; MünchArbR/Matthes, § 328 Rn. 1; Richardi, Kollektives Arbeitsrecht, § 28 Rn. 1 f.

[85] BAG vom 16.09.1989, AP Nr. 17 zu § 77 BetrVG 1972 unter C IV 3 der Gründe = NZA 1987, 168 ff.; BAG vom 09.07.1985, AP Nr. 6 zu § 1 BetrAVG Ablösung = NZA 1986, 517 ff.; Hromadka/Maschmann, ArbR 2, § 16 Rn. 414; Hueck/Nipperdey, Arbeitsrecht II/2, S. 1303 f.

[86] BAG vom 20.04.1999, AP Nr. 89 zu Art 9 GG = NZA 1999, 887, 890; BAG vom 21.01.2003, AP Nr. 1 zu § 21a BetrVG 1972 unter B II 2 c aa (2) der Gründe = NZA 2003, 1097 ff.; Heinze, NZA 1995, 5, 6; Hromakda/Maschmann, ArbR 2, § 16 Rn. 417; ErfK/Kania, § 77 BetrVG Rn. 56.

[87] Annuß, RdA 2000, 287, 291; MünchArbR/Matthes, § 327 Rn. 73; Richardi, BetrVG, § 77 Rn. 293; Wohlfarth NZA 1999, 962, 963.

§ 77 Abs. 1 BetrVG von „Vereinbarungen" zwischen Betriebsrat und Arbeitgeber spricht. Hinzu kommt als weiteres Argument ein erneuter Blick auf den Zweck der Vorschrift. § 77 Abs. 3 BetrVG soll eine Konkurrenz zur tariflichen Normsetzung auf der betrieblichen Ebene ausschließen[88]. Eine solche Konkurrenz liegt aber nicht bereits im Abschluss einer Regelungsabrede, denn anders als Tarifverträge und Betriebsvereinbarungen können Regelungsabreden mangels normativer Wirkung die Arbeitsverhältnisse nicht unmittelbar gestalten[89]. Diese Gestaltungsmacht ist aber Ansatzpunkt für die Kompetenzgrenze des § 77 Abs. 3 BetrVG. Schließlich hätte eine erweiterte Sperrwirkung des § 77 Abs. 3 BetrVG für Regelungsabreden auch kaum praktische Bedeutung. Sie könnte zwar zur Unwirksamkeit einer Regelungsabrede im Verhältnis zwischen den Betriebsparteien führen, aber die zur Umsetzung getroffenen Einheitsverträge würden nicht berührt.

dd) Zwischenergebnis

Die am 15.12.2007 zwischen Betriebsrat und Arbeitgeber getroffene Abrede verstößt nicht gegen Vorschriften des BetrVG.

Regelungsabrede betriebsverfassungskonform

b)   Betriebsverfassungswidrigkeit der Individualabreden

Die im Nachgang zur Regelungsabrede zwischen Hubert Buch und seinen Arbeitnehmern getroffenen Einzelabsprachen sind aus vorstehend genannten Gründen ebenfalls nicht betriebsverfassungswidrig. Die Sperre des § 77 Abs. 3 BetrVG erfasst Individualabsprachen nicht[90].

Tarifvorrang erfasst nicht Änderungsvertrag

---

[88] BAG vom 30.05.2006, AP Nr. 23 zu § 77 BetrVG 1972 Tarifvorbehalt, Rz. 26 = NZA 2006, 1170 ff.; BAG vom 29.10.2002, AP Nr. 18 zu § 77 BetrVG 1972 Tarifvorbehalt = BB 2003, 963, 964; Hromadka/Maschmann, ArbR 2, § 16 Rn. 417; Richardi, BetrVG, § 77 Rn. 244 ff. und 280.

[89] BAG vom 20.04.1999, AP Nr. 89 zu Art. 9 GG = NZA 1999, 887, 890; BAG vom 21.01.2003, AP Nr. 1 zu § 21a BetrVG 1972 unter B II 2 c aa (2) der Gründe = NZA 2003, 1097 ff.; Heinze, NZA 1995, 5, 6; Hromakda/Maschmann, ArbR 2, § 16 Rn. 417; ErfK/Kania, § 77 BetrVG Rn. 56.

[90] BAG vom 20.04.1999, AP Nr. 89 zu Art. 9 GG = NZA 1999, 887, 890; BAG vom 21.01.2003, AP Nr. 1 zu § 21a BetrVG 1972 unter B II 2 c aa (2) der Gründe = NZA 2003, 1097 ff.; Heinze, NZA 1995, 5, 6; Hromakda/Maschmann, ArbR 2, § 16 Rn. 374; ErfK/Kania, § 77 BetrVG Rn. 56.

c) Zwischenergebnis

Kein grober Verstoß

Hubert Buch hat keinen groben Verstoß gegen das Betriebsverfassungsrecht begangen.

3. Zwischenergebnis

Kein Unterlassungsanspruch aus § 23 Abs. 3 BetrVG

Der begehrte Unterlassungsanspruch lässt sich nicht auf § 23 Abs. 3 BetrVG stützen.

III. Koalitionsrechtlicher Unterlassungsanspruch

Koalitionsrechtlicher Anspruch

Ein Anspruch auf die begehrte Unterlassung könnte sich aus §§ 1004, 823 BGB i. V. m. Art. 9 Abs. 3 GG ergeben, weil der in § 1004 Abs. 1 S. 2 BGB geregelte Unterlassungsanspruch zur Abwehr von Eingriffen in alle nach § 823 BGB geschützten Rechte, Lebensgüter und Interessen herangezogen werden kann[91]. Voraussetzung hierfür ist, dass die erstmalige oder wiederholte Verletzung (2.) eines von § 823 BGB geschützten Interessen (1.) droht.

1. Koalitionsfreiheit als geschütztes Interesse

geschütztes Interesse

Als über § 823 Abs. 2 BGB geschütztes Interesse kommt die Koalitionsfreiheit des Art. 9 Abs. 3 GG in Betracht, weil Art. 9 Abs. 3 GG als unmittelbar zwischen Privaten wirkendes[92] Schutzgesetz anerkannt ist[93]. Demnach sind Abreden, welche die Koalitionsfreiheit einschränken oder zu behindern suchen, nichtig. Hierauf gerichtete Maßnahmen sind rechtswidrig und mit Rechtsbehelfen zu verhindern[94]

2. Verletzung der Koalitionsfreiheit

Tatbestandsvoraussetzungen

Die Koalitionsfreiheit wird verletzt, wenn in sie (a.) eingegriffen wird (b.) und der Eingriff nicht gerechtfertigt ist (c.).

---

[91] Erman/Ebbing, § 1004 BGB Rn. 10: „Gewohnheitsrecht".
[92] BAG vom 28.02.2006, AP Nr. 127 zu Art. 9 GG = NZA 2006, 798, 801; Dreier/Bauer, GG, Art. 9 Rn. 89; Gamillscheg, Kollektives Arbeitsrecht I, S. 191; Sachs/Höfling, GG, Art. 9 Rn. 124; Richardi, Kollektives Arbeitsrecht, § 3 Rn. 7; Rolfs, StudKomm-ArbR, Art. 9 GG Rn. 19; AnwK-ArbR/Wilms, Art. 9 GG Rn. 75.
[93] BAG vom 20.04.1999, AP Nr. 89 zu Art. 9 GG = NZA 1999, 887, 890 f.; Buchner, NZA 1999, 897 f.,; Hromadka/Maschmann, ArbR 2, § 12 Rn. 38 und 41; Hueck/Nipperdey, Arbeitsrecht II/1, S. 144; AnwK-ArbR/Wilms, Art. 9 GG Rn. 75.
[94] BAG vom 20.04.1999, AP Nr. 89 zu Art. 9 GG = NZA 1999, 887, 890 f. – Vgl. auch Hanau, RdA 1998, 65, 71; Hromadka/Maschmann, ArbR 2, § 12 Rn. 38 und 41.

a) Schutzbereich

Art. 9 Abs.3 GG schützt neben der individuellen auch die kollektive Koalitionsfreiheit[95]. Diese gewährt den Schutz der Koalitionen in ihrem Bestand, ihrer organisatorischen Ausgestaltung und in ihrer Betätigung, sofern diese der Förderung der Arbeits- und Wirtschaftsbedingungen dienen. Hierzu zählt u. a. das Recht der Koalitionen auf koalitionsmäßige, hier gewerkschaftliche, Betätigung[96]. Danach sind alle koalitionsspezifischen Betätigungen von Gewerkschaften und Arbeitgeberverbänden grundrechtlich geschützt. Als Kernbetätigung der Koalitionen zählt hierzu auch die Gestaltung der Arbeits- und Wirtschaftsbedingungen durch Abschluss von Tarifverträgen[97].

Schutz auch kollektiver Koalistionsfreiheit

b) Eingriff

aa) Voraussetzungen eines Eingriffs

Ein Eingriff liegt in jeder Verkürzung des von Art. 9 Abs. 3 GG garantierten Schutzbereichs. Vorliegend könnte eine Verkürzung des Schutzbereichs dadurch erfolgt sein, dass Hubert Buch mit dem Betriebsrat und ergänzend hierzu mit seinen Arbeitnehmern den Tarifvertrag unterschreitende Arbeitsbedingungen vereinbart hat. Dies könnte den ebenfalls von Art. 9 Abs. 3 GG geschützten Geltungsanspruch des Tarifvertrags in Frage stellen.

Definition Eingriff

Allerdings ist nicht jede tarifwidrige Vereinbarung zugleich als Einschränkung oder Behinderung der Koalitionsfreiheit zu werten, weil der tarifliche Geltungsanspruch als solcher hierdurch nicht in Frage gestellt wird[98]. Tarifwidrige Regelungen in einzelnen Arbeitsverträgen oder fehlerhafte Anschlussregelungen auf der betrieblichen Ebene stellen

Eingriff durch Abweichung vom Tarifvertrag

---

[95] BVerfG vom 26.05.1970, BVerfGE 28, 295, 304; BVerfG vom 26.06.1991, BVerfGE 84, 212, 224; BVerfG vom 03.04.2001, BVerfGE 103, 293, 304; Höfling, RdA 1999, 182, 183; Hromadka/Maschmann, ArbR 2, § 12 Rn. 40; AnwK-ArbR/Wilms, Art. 9 GG Rn. 40.

[96] BVerfG vom 14.11.1995, NZA 1996, 381, 382; BVerfG vom 17.02.1981, AP Nr. 9 zu Art. 140 GG unter C II 4 a der Gründe = NJW 1981, 1829 ff.; BAG vom 28.02.2006, AP Nr. 127 zu Art 9 GG = NZA 2006, 798, 801; Hromadka/Maschmann, ArbR 2, § 12 Rn. 40 und 42; Rolfs, StudKomm-ArbR, Art. 9 GG Rn. 31; AnwK-ArbR/Wilms, Art. 9 GG Rn. 52.

[97] BVerfG vom 20.04.1996, BVerfGE 94, 268, 283; Buchner, NZA 1999, 897, 898 f.; Hromadka/Maschmann, ArbR 2, § 12 Rn. 42; Hueck/Nipperdey, Arbeitsrecht II/1, S. 137 f.; AnwK-ArbR/Wilms, Art. 9 GG Rn. 55.

[98] BAG vom 20.04.1999, AP Nr. 89 zu Art. 9 GG = NZA 1999, 887, 892; Buchner, NZA 1999, 897, 900.

den maßgebenden Tarifvertrag insgesamt noch nicht in Frage[99]. Von einem Eingriff in die Tarifautonomie kann daher nur gesprochen werden, wenn eine Tarifnorm als kollektive Ordnung verdrängt und damit ihrer zentralen Funktion beraubt werden soll[100]. Das setzt eine betriebliche Regelung voraus, die einheitlich wirken und an die Stelle der Tarifnorm treten soll[101]. Bei tarifwidrigen Betriebsvereinbarungen ist das im Zweifel anzunehmen. Aber auch vertragliche Einheitsregelungen sind bewährte Instrumente zur Gestaltung der betrieblichen Ordnung. Das ist offenkundig, wenn die vertragliche Einheitsregelung auf einer Regelungsabrede beruht oder wenn die entsprechenden Vertragsangebote wie hier ausdrücklich vom Betriebsrat unterstützt werden[102].

Geltungsanspruch des Tarifvertrags

Der Geltungsanspruch eines Tarifvertrags wird außerdem nur dann in Frage gestellt, wenn der betreffende Tarifvertrag im Anwendungsbereich der fraglichen betrieblichen Regelung normativ gilt[103]. Soweit diese Voraussetzung fehlt, besteht nämlich kein Geltungsanspruch des Tarifvertrags, und der Arbeitgeber ist frei, mit seinen Arbeitnehmern untertarifliche Arbeitsbedingungen zu vereinbaren.

bb) Vorliegen eines Eingriffs

Tatbestandsvoraussetzungen

Ein Eingriff liegt danach nur vor, wenn und soweit die Anwendung der mit dem Betriebsrat sowie mit den Arbeitnehmern vereinbarten Regelungen auf Grund ihres kollektiven Charakters (1) den Geltungsanspruch des normativ geltenden Tarifvertrags (2) in Frage stellten (3).

(1) Kollektiver Charakter

(1.1) Regelungsabrede

Kollektiver Charakter der Regelungsabrede

Bei der Vereinbarung zwischen Betriebsrat und Arbeitgeber handelt es sich zwar nicht um eine Betriebsvereinbarung, sondern um eine Regelungsabrede. Gleichwohl hat die Vereinbarung vom 15.12.2007 einen kollektiven Charakter, weil

---

[99] BAG vom 20.04.1999, AP Nr. 89 zu Art. 9 GG = NZA 1999, 887, 892.

[100] BAG vom 20.04.1999, AP Nr. 89 zu Art. 9 GG = NZA 1999, 887, 892; Buchner, NZA 1999, 897, 900.

[101] BAG vom 20.04.1999, AP Nr. 89 zu Art. 9 GG = NZA 1999, 887, 892.

[102] BAG vom 20.04.1999, AP Nr. 89 zu Art. 9 GG = NZA 1999, 887, 892.

[103] BAG vom 20.04.1999, AP Nr. 89 zu Art. 9 GG = NZA 1999, 887, 893.

sie eine möglichst betriebsweit einheitlich geltende Rechtsordnung angestrebt hat[104].

(1.2) Individualabreden

Hinsichtlich der Durchführung der Einzelabreden könnte es
– auf Grund der rechtstechnischen Umsetzung durch jeweils
auf einen konkreten Arbeitnehmer bezogene Abreden – am
kollektiven Charakter der Maßnahme fehlen. Allerdings ist
zu beachten, dass auch die Einzeleinigungen nicht beziehungslos nebeneinander stehen. Vielmehr sind sie letztlich
Teil eines Gesamtpakets, des so genannten Bündnisses für
Arbeit, welches auf einem kollektiven Handeln der Betriebsparteien beruht. Zum Ausdruck kommt dies darin, dass die
Wirksamkeit der Einzeleinigungen von einer Annahmequote
von mindestens 95 % abhängt.

Kollektiver Charakter der Einzelabreden

(1.3) Zwischenergebnis

Sowohl der Regelungsabrede als auch der Vielzahl an Einzeleinigungen kommt ein kollektiver Charakter zu.

Kollektiver Charakter gegeben

(2) Normative Geltung des Tarifvertrags

(2.1) Tatbestandsvoraussetzungen

Art. 9 Abs. 3 GG kann nur insoweit verletzt sein als tatsächlich eine Bindung an einen Tarifvertrag besteht. Dies ist anders als im Anwendungsbereichs des § 77 Abs. 3 BetrVG,
wo Tarifüblichkeit genügt (s. o.[105]). Daher setzt auch der Unterlassungsanspruch der Gewerkschaft die normative Tarifgeltung voraus. Diese liegt vor, wenn sowohl Arbeitgeber als
auch Arbeitnehmer (2.2) i. S. v. § 3 TVG an den Tarifvertrag
gebunden sind und die Arbeitsverhältnisse vom Anwendungsbereich des Tarifvertrags erfasst werden (2.3)[106].

Normative Tarifgeltung

(2.2) Tarifbindung

Gemäß § 3 Abs. 3 TVG bestand für Hubert Buch noch Tarifbindung (s. o.[107]). Zudem müsste Tarifbindung bei den Arbeitnehmern bestehen. Die Gewerkschaft kann nämlich
nicht verlangen, dass der Arbeitgeber den Vollzug einer tarifwidrigen betrieblichen Regelung auch hinsichtlich der Ta-
rifaußenseiter unterlässt. Insoweit steht es ihm frei, mit

Beiderseitige Tarifbindung

---

[104] BAG vom 20.04.1999, AP Nr. 89 zu Art. 9 GG = NZA 1999, 887,
892.

[105] Siehe oben A II 2 c aa, S. 163 f.

[106] Buchner, NZA 1999, 897, 900; Hromadka/Maschmann, ArbR 2, § 13
Rn. 209; Hueck/Nipperdey, Arbeitsrecht II/1, S. 507 ff.; Richardi,
Kollektives Arbeitsrecht, § 7 Rn. 4 f.

[107] Siehe oben A I 1 a cc, S. 160.

nichtorganisierten Arbeitnehmern untertarifliche Arbeitsbedingungen zu vereinbaren. Soweit die Regelung auf nichtorganisierte Arbeitnehmer gerichtet ist, scheidet danach ein Unterlassungsanspruch aus. Soweit die Regelung sich jedoch auf die immerhin zu 76 % bei Ver.di organisierten Arbeitnehmer des Hubert Buch bezieht, besteht eine Bindung i. S v. § 3 Abs. 1 TVG an den Tarifvertrag.

(3) Abweichung vom Tarifvertrag

Verstoß gegen Tarifvertrag

Die Geltung des Tarifvertrags wird schließlich nur insoweit in Frage gestellt, als gegenüber dem Mindestarbeitsbedingungen regelnden Tarifvertrag verschlechternde Regelungen vorgesehen werden. Da im Tarifvertrag eine Wochenarbeitszeit von 35 Stunden festgelegt ist und in den Einzelarbeitsverträgen nunmehr eine Wochenarbeitszeit von 38 Stunden ohne Lohnausgleich vereinbart wird, werden die tariflichen Arbeitsbedingungen, namentlich das Verhältnis von Leistung und Gegenleistung, verschlechtert.

(4) Zwischenergebnis

Eingriff gegeben

Es liegt ein Eingriff in das grundrechtlich geschützte Recht zur koalitionsmäßigen Betätigung vor.

c) Rechtfertigung durch Günstigkeitsprinzip

Zulässigkeit verbessernder Regelungen

Vorstehender Eingriff in den grundrechtlich geschützten Geltungsanspruch der Tarifverträge könnte nach § 4 Abs. 3 TVG gerechtfertigt sein. Voraussetzung hierfür ist, dass sich das in § 4 Abs. 3 TVG geregelte Günstigkeitsprinzip als einfachrechtliche Konkretisierung einer im Wege praktischer Konkordanz gewonnenen verfassungsimmanenten Grundrechtsschranke erweist und die Voraussetzungen des § 4 Abs. 3 TVG erfüllt sind, d. h. die abweichende Regelung günstiger ist. Dabei kann die erste Frage dahinstehen, wenn die angestrebte Regelung, welche eine Mehrarbeit ohne zusätzliche Vergütung als Vorleistung für den Verzicht auf betriebsbedingte Kündigungen vorsieht, nicht günstiger ist.

Auch belastende Regelung

Die Verpflichtung zur wöchentlichen Mehrarbeit ohne zusätzliche Bezahlung ist für sich betrachtet keine günstigere Regelung gegenüber den entsprechenden Tarifbestimmungen[108]. Sie führt zu einer Zusatzbelastung der Arbeitnehmer und zu einer entsprechenden Kostenentlastung des Arbeitgebers. Entscheidend ist daher, ob die den Arbeitneh-

---

[108] Vgl. BAG vom 20.04.1999, AP Nr. 89 zu Art. 9 GG = NZA 1999, 887, 892; Hromadka/Maschmann, ArbR 2, § 13 Rn. 284.

mern im Austausch gegen die vereinbarten Sparmaßnahmen zugestandene Beschäftigungsgarantie miteinzubeziehen und ein ausreichender Ausgleich zu der in der Mehrarbeit liegenden Belastung ist. Unter diesen Voraussetzungen könnte der Erhalt des Arbeitsplatzes um den Preis einer vermehrten Arbeitsleistung oder eines gekürzten Arbeitsentgelts für die Arbeitnehmer günstiger als die Beibehaltung der tariflichen Arbeitsbedingungen unter Erhalt des Risikos der betriebsbedingten Kündigung sein.

Ob vorstehender Vergleich vorzunehmen ist, ist umstritten. Die herrschende Ansicht in der Literatur sowie das BAG halten den Vergleich von Regelungen, deren Gegenstände sich thematisch nicht berühren, für methodisch nicht durchführbar und daher unmöglich[109]. Bildlich spricht das BAG vom unmöglichen Vergleich von „Äpfeln mit Birnen"[110]. Nach dieser Ansicht verlangt § 4 Abs. 3 TVG, dass die zu vergleichenden Regelungen miteinander in einem sachlichen Zusammenhang stehen (Sachgruppenvergleich)[111]. Es sind also, soweit nicht sowohl der Tarifvertrag als auch der Einzelarbeitsvertrag Anhaltspunkte für ein abweichendes Vorgehen bieten, die sachlich einander entsprechenden Regelungen zu vergleichen. Arbeitszeit oder Arbeitsentgelt einerseits und eine Beschäftigungsgarantie andererseits sind jedoch völlig unterschiedlich geartete Regelungsgegenstände, für deren Bewertung es keinen gemeinsamen Maßstab gibt. Sie können nicht miteinander verglichen werden. Eine Beschäftigungsgarantie ist nicht geeignet, Verschlechterungen beim Arbeitsentgelt oder bei der Arbeitszeit zu rechtfertigen[112].

Kein Vergleich zwischen Arbeitszeit und Arbeitslohn möglich

---

[109] BAG vom 20.04.1999, AP Nr. 89 zu Art. 9 GG = NZA 1999, 887, 892 f.; Däubler/Deinert, TVG, § 4 Rn. 644; Hromadka/Maschmann, ArbR 2, § 13 Rn. 284, 291 ff.; Löwisch/Rieble, TVG, § 4 Rn. 300; Reichold, ZfA 1998, 237, 252 f. – Vgl. auch Hueck/Nipperdey, Arbeitsrecht II/1, S. 611 f.

[110] BAG vom 20.04.1999, AP Nr. 89 zu Art. 9 GG = NZA 1999, 887, 893. – Vgl. auch Reichold, ZfA 1998, 237, 252 f., der von einem Vergleich „Geld oder Leben" spricht.

[111] BAG vom 20.04.1999, AP Nr. 89 zu Art. 9 GG = NZA 1999, 887, 893; AnwK-ArbR/Besgen, § 4 TVG Rn. 16 f.; Hromadka/Maschmann, ArbR 2, § 13 Rn. 290; Hueck/Nipperdey, Arbeitsrecht II/1, S. 610 ff.; Löwisch/Rieble, TVG, § 4 Rn. 302; Richardi, Kollektives Arbeitsrecht, § 8 Rn. 23.

[112] BAG vom 20.04.1999, AP Nr. 89 zu Art. 9 GG = NZA 1999, 887, 893; Ehmann/Schmidt, NZA 1995, 193, 202; Gamillscheg, Kollektives Arbeitsrecht I, S. 839; Hanau, RdA 1998, 65, 70; Hromadka/Maschmann, ArbR 2, § 13 Rn. 284; Reichold, ZfA 1998, 237, 252 f.; Wiedemann/Wank, TVG, § 4 Rn. 443 f.

Schutzzweck des
Tarifvertrags

Nach anderer Ansicht lassen sich bei ausreichend konkreter Betrachtung allerdings auch Äpfel mit Birnen vergleichen[113]. Diese Ansicht ist jedoch abzulehnen. Hierfür spricht der Zweck des Tarifvertragsgesetzes, welcher zum Schutz der Arbeitnehmer die Normwirkung von Tarifverträgen gewährleistet[114]. Die wertende Entscheidung darüber, wie bei der Regelung der Arbeitsbedingungen das Interesse der Arbeitnehmer an möglichst hohen Entgelten mit dem unternehmerischen Interesse an geringen Arbeitskosten um der Wettbewerbsfähigkeit willen und damit auch zur Sicherung der Arbeitsplätze in Einklang gebracht werden kann, ist eine tarifpolitische Grundsatzfrage und gehört zu den typischen Aufgaben der Tarifvertragsparteien[115]. Diesen bleibt es überlassen, nach ihren gemeinsamen Zweckmäßigkeitsvorstellungen einerseits Kostenfaktoren für die unternehmerische Tätigkeit und andererseits Untergrenzen für Arbeitsbedingungen, insbesondere das Arbeitseinkommen, zu bestimmen und so für sich jeweils günstige Vereinbarungen zu treffen. Diese Aufgabenverteilung würde aufgehoben, wenn die den Tarifpartnern zugewiesene Wertung auf die Ebene der Arbeitsvertragsparteien verlagert wird. Hierdurch ginge der Schutz der Arbeitnehmer verloren[116].

Keine ausschließliche
Besserstellung

In Ermangelung der Günstigkeit der angestrebten Arbeitsbedingungen scheidet eine Rechtfertigung des vorliegenden Eingriffs durch § 4 Abs. 3 TVG aus.

d) Zwischenergebnis

Verletzung der
Koalitionsfreiheit

Die Anwendung der Vereinbarung vom 15.12.2007 sowie die Anwendung der mit Gewerkschaftsangehörigen in der Zeit bis zum 31.12.2007 geschlossenen verschlechternden Einzelvereinbarungen verletzt die Koalitionsfreiheit der Gewerkschaft Ver.di.

3. *Zwischenergebnis*

Unterlassungsanspruch
gegeben

Der geltend gemachte Unterlassungsanspruch ergibt sich danach aus §§ 1004, 823 BGB i.V. m. Art 9 Abs. 3 GG.

---

[113] Buchner, NZA 1999, 897, 901 f.

[114] Vgl. Däubler/Deinert, TVG, § 4 Rn. 649; Gamillscheg, Kollektives Arbeitsrecht, I, S. 839 f.; Hanau, RdA 1998, 65, 70; Hromadka/Maschmann, ArbR 2, § 13 Rn. 284, 294; Wiedemann/Wank, TVG, § 4 Rn. 444.

[115] BAG vom 20.04.1999, AP Nr. 89 zu Art. 9 GG = NZA 1999, 887, 893. – Vgl. auch Wiedemann/Wank, TVG, § 4 Rn. 444.

[116] BAG vom 20.04.1999, AP Nr. 89 zu Art. 9 GG = NZA 1999, 887, 893; Hromadka/Maschmann, ArbR 2, § 13 Rn. 284; Wiedemann/Wank, TVG, § 4 Rn. 444.

IV. Ergebnis

Der Antrag der Gewerkschaft, dass Hubert Buch die Anwendung der Vereinbarung vom 15.12.2007 sowie die Anwendung der mit Gewerkschaftsangehörigen in der Zeit bis zum 31.12.2007 geschlossenen verschlechternden Einzelvereinbarungen unterlassen soll, ist begründet.

Unterlassungsanspruch besteht

Klausur Nr. 6

Viel Arbeit für den Betriebsrat

Prof. Dr. Burkhard Boemke

Sachverhalt

Der Automobilhersteller Dämlich-Creisler (DC) unterhält in
Stuttgart einen Betrieb mit ca. 12.000 Beschäftigten. Mit
dem dort gebildeten Betriebsrat war in einer Betriebsvereinbarung für die in der Verwaltung beschäftigten Mitarbeiter
eine gleitende Arbeitszeit mit einem Arbeitszeitrahmen von
6.00 bis 19.00 Uhr festgelegt worden. Im Rahmen von Kon-
trollgängen stellte die Betriebsratsvorsitzende Bettina-Beate
Vor-Sitz fest, dass Mitarbeiter kurz vor Dienstschluss zu den
gemäß Betriebsvereinbarung aufgestellten Arbeitszeiterfas-
sungsgeräten gehen, sich „ausstempeln" und sodann ihren
Arbeitsplatz erneut aufsuchen, um ihre Tätigkeit fortzuset-
zen. Dieses Vorgehen betraf zahlreiche Mitarbeiter und war
trotz wiederholter Beanstandungen des Betriebsrats gegenüber DC über einen Zeitraum von mehreren Monaten nicht
abgestellt worden. Außerdem hat DC für die Zeit von September bis Dezember 2007 wegen der großen Nachfrage
nach Produkten die Arbeitszeit von 20 in der Produktion eingesetzten Teilzeitbeschäftigten mit einer Wochenarbeitszeit
zwischen 15 und 25 Stunden durch Änderungsvertrag auf die
im Betrieb geltende tarifliche Regelarbeitszeit von 35 Stun-
den/Woche heraufgesetzt.

Für das Jahr 2008 hat DC zudem eine Kapazitätserweite-
rung geplant. Insgesamt sollen 200 neue Mitarbeiter einge-
stellt werden. Auf Beschluss der Geschäftsleitung sollen
30 Arbeitsplätze im Bereich „Kabelbaumverlegung" mit
Leiharbeitnehmern besetzt werden, so dass eine Ausschreibung dieser Stellen unterblieben ist. 25 Kfz-Mechatroniker
sind durch inner- und außerbetriebliche Ausschreibung ge-
sucht worden. Im Ausschreibungstext wird als Einstellungsvoraussetzung „Alter zwischen 25 und 45 Jahren" genannt.
Der Betriebsrat hatte bereits im Jahr 2002 gemäß § 93
BetrVG von DC verlangt, dass Arbeitsplätze vor ihrer Besetzung generell innerbetrieblich ausgeschrieben werden müssen.

1. Der Betriebsrat möchte wissen, ob ein Antrag an das Arbeitsgericht, DC aufzugeben, alle möglichen und zumutbaren Maßnahmen zu ergreifen, um zu verhindern, dass in ihrem Betrieb Arbeitnehmer außerhalb des täglichen Gleitzeitrahmens tätig werden, Aussicht auf Erfolg hat. DC wendet ein, sie habe mit der freiwilligen Arbeit der Verwaltungsangestellten nichts zu tun. Dies komme schon darin zum Ausdruck, dass sie diese Tätigkeit nicht vergüte.

2. Der Betriebsrat möchte wissen, ob die vorübergehende Heraufsetzung der Arbeitszeit der Teilzeitbeschäftigten mitbestimmungspflichtig gewesen ist. DC wendet ein, dass es sich bei der vorübergehend vereinbarten Arbeitszeit um die betriebsübliche Regelarbeitszeit handelt.

3. Der Betriebsrat möchte wissen, ob er nach § 99 Abs. 2 BetrVG mit Erfolg die Zustimmung zur Einstellung der Leiharbeitnehmer verweigern kann.

4. Im Rahmen der Besetzung der Stellen der Kfz-Mechatroniker ist die Arbeitszeit des bisher halbtags beschäftigten Norbert N. einvernehmlich und auf unbestimmte Zeit von 20 auf 40 Wochenstunden aufgestockt worden. Der Betriebsrat möchte wissen, inwieweit diese Maßnahme seiner Mitbestimmung unterliegt.

5. Der Betriebsrat hat die von DC am 03.12.2007 beantragte Zustimmung zur Einstellung von Horst H. als Kfz-Mechatroniker mit Schreiben vom 10.12.2007 verweigert. Zur Begründung wurde ausgeführt, dass die Einstellung gesetzeswidrig sei, weil die Vergütung unter dem Tariflohn liegt. DC hat vor dem Arbeitsgericht die Zustimmungsersetzung beantragt. Mit Erfolg?

Aufgabenstellung:
Erstatten Sie zu den aufgeworfenen Rechtsfragen ein Gutachten. Für die Falllösung ist zu unterstellen, dass DC den Betriebsrat umfassend und rechtzeitig informiert hat.

Vorüberlegungen

Die Fallgestaltung betrifft Fragen der Mitbestimmung des Betriebsrats bei Einstellungen und Arbeitszeitänderungen.

I. Der erste Komplex betrifft die Frage, ob der Betriebsrat ein Einschreiten des Arbeitgebers verlangen kann, wenn Arbeitnehmer entgegen einer bestehenden Betriebsvereinbarung Arbeitsleistungen außerhalb eines vereinbarten Arbeitszeitrahmens erbringen. Prozessual stellt sich die Frage nach der Zulässigkeit des Antrags. Dieser muss nämlich auch im Beschlussverfahren so bestimmt sein, dass er der Vollstreckung zugänglich ist. Bedenken könnten vorliegend deshalb bestehen, weil der Antrag im konkreten Fall nur ein bestimmtes Ziel nennt, ohne den konkreten Weg dorthin zu beschreiben. Allerdings findet das Bestimmtheitsgebot seine Grenze im materiellen Recht. Der Betriebsrat kann nämlich dann kein bestimmtes Vorgehen verlangen, wenn er nur Anspruch auf einen bestimmten Erfolg hat (Einhaltung der Betriebsvereinbarung), ohne dass damit zwingend ein bestimmtes Vorgehen des Arbeitgebers verbunden ist. Damit war der Antrag vorliegend zulässig.

Materiell muss der Bearbeiter erkennen, dass nach der Konzeption des BetrVG der Betriebsrat keine Exekutivbefugnisse hat, sondern die Führung des Betriebs und die Durchführung von Betriebsvereinbarungen Sache des Arbeitgebers ist (vgl. § 77 Abs. 1 Satz 2 BetrVG). Hieraus folgt aber zugleich, dass der Arbeitgeber betriebsverfassungswidriges Verhalten von Arbeitnehmern nicht einfach hinnehmen, sondern hiergegen einschreiten muss. Unterlässt er dies, kann der Betriebsrat unter den Voraussetzungen von § 23 Abs. 3 Satz 1 BetrVG bzw. aus einer bestehenden Betriebsvereinbarung selbst ein entsprechendes Handeln vom Arbeitgeber verlangen.

II. Die zweite Fallfrage betrifft die vorübergehende Anhebung der Arbeitszeit von Teilzeitkräften. Hier stellt sich die Frage nach der Mitbestimmungspflicht gemäß § 87 Abs. 1 Nr. 3 BetrVG, der nach seinem Wortlaut bei vorübergehender Verlängerung der betriebsüblichen Arbeitszeit einschlägig ist. Problematisch ist hier das Tatbestandsmerkmal der „betriebsüblichen" Arbeitszeit, das scheinbar nicht erfüllt ist, wenn die Arbeitszeit von Teilzeitkräften an die tarifliche Regelarbeitszeit angepasst wird. Allerdings soll nach Sinn und Zweck des Mitbestimmungstatbestands der Betriebsrat darüber mitentscheiden, wie und durch wen zusätzlicher Arbeitsbedarf abgedeckt werden soll. Dies spricht dafür, das Mitbestimmungsrecht auch bei der Verlängerung der Arbeitszeit von Teilzeitbeschäftigten ohne Rücksicht auf deren Einverständnis zu gewähren.

III. Im dritten Fallkomplex geht es um die Zustimmungsverweigerung zur Einstellung von Leiharbeitnehmern wegen fehlender innerbetrieblicher Ausschreibung der entsprechenden Arbeitsplätze (§ 99 Abs. 2 Nr. 5 BetrVG). Allein der Umstand, dass der Arbeitgeber von vornherein beabsichtigt, die Stellen mit Leiharbeitnehmern zu besetzen, kann die Ausschreibung nicht entbehrlich machen. § 93 BetrVG greift nämlich unabhängig davon ein, ob die Absicht besteht, innerbetriebliche Bewerber überhaupt zu berücksichtigen. Problematisch ist vielmehr, ob Stellen, die von solchen Personen besetzt werden sollen, die keinen Arbeitsvertrag mit dem Arbeitgeber geschlossen haben, Arbeitsplätze i. S. v. § 93 BetrVG sind oder ob hier Parallelen zu den Fremdfirmenmitarbeitern zu ziehen sind, die in einem fremden Betrieb eingesetzt werden, um als Erfüllungsgehilfen im Rahmen von Dienst- oder Werkverträgen eingesetzt zu werden, die ihr Arbeitgeber mit dem Betriebsinhaber geschlossen hat.

IV. Bei der vierten Frage geht es um die Mitbestimmung bei der dauerhaften Arbeitszeiterhöhung von bisher teilzeitbeschäftigten Mitarbeitern. Die Mitbestimmung in sozialen Angelegenheiten nach § 87 Abs. 1 Nr. 2 oder 3 BetrVG ist hier nicht erforderlich, weil erstens die Arbeitszeitveränderung dauerhaft beabsichtigt ist, § 87 Abs. 1 Nr. 3 BetrVG aber eine vorübergehende Arbeitszeitverlängerung voraussetzt, und zweitens § 87 Abs. 1 Nr. 2 BetrVG nach herrschender Auffassung nur die Lage der Arbeitszeit, nicht aber das Arbeitszeitvolumen betrifft.

Der Mitbestimmung in personellen Angelegenheiten nach § 99 Abs. 1 BetrVG unter dem Gesichtspunkt der Versetzung steht entgegen, dass die Versetzung eine Änderung des Arbeitsbereichs erfordert, der gerade nicht durch die Dauer der Arbeitszeit gekennzeichnet wird. Auch eine Einstellung i. S. d. Bestimmung scheint nicht gegeben zu sein, weil unter den Tatbestand der Einstel-

lung die erstmalige Zuweisung eines Arbeitsbereichs
fällt, so dass Arbeitszeitveränderungen begrifflich nicht
hiervon erfasst zu werden scheinen. Berücksichtigt man
aber, dass sich auch bei einer nicht unerheblichen Arbeitszeiterhöhung dieselben mitbestimmungsrechtlich
bedeutsamen Fragen wie bei einer Ersteinstellung stellen können, sprechen die besseren Gründe dafür, § 99
BetrVG auch auf die erhebliche dauerhafte Arbeitszeitverlängerung anzuwenden.

V. Die letzte Fragestellung betrifft einen Zustimmungsersetzungsantrag des Arbeitgebers nach § 99 Abs. 4
BetrVG. Im Rahmen der Zulässigkeit ist das Rechtsschutzbedürfnis besonders zu prüfen. Dieses fehlt, wenn
entweder das innerbetriebliche Zustimmungsverfahren
noch nicht ordnungsgemäß durchgeführt wurde oder
aber die Zustimmung nach § 99 Abs. 3 Satz 2 BetrVG
als erteilt gilt. Letzteres kommt insbesondere in Betracht, wenn der Betriebsrat zwar form- und fristgerecht
seine Zustimmung verweigert, aber keine erheblichen
Verweigerungsgründe genannt hat.

Bei der Begründetheit des Antrags soll erkannt werden, dass der vom Betriebsrat genannte Zustimmungsverweigerungsgrund nicht eingreift. Gesetzes- oder ta-
rifwidrig i. S. v. § 99 Abs. 2 Nr. 1 BetrVG muss nämlich
die Einstellung, also die Eingliederung des Arbeitnehmers in den Betrieb sein. Dies bedeutet, dass der Arbeitnehmer nicht auf der vorgesehenen Stelle oder mit den
vereinbarten Arbeiten beschäftigt werden darf. Bloße
Verstöße des Arbeitsvertrags gegen Gesetz oder Tarifvertrag berechtigen nicht zur Zustimmungsverweigerung. Im konkreten Fall liegt allerdings ein vom Betriebsrat nicht form- und fristgerecht geltend gemachter
Zustimmungsverweigerungsgrund vor, weil die konkret
erfolgte Ausschreibung sich als unzulässige Altersdiskriminierung unter Verstoß gegen §§ 11, 7 Abs. 1,
1 AGG darstellt. Entscheidungserheblich ist daher, ob
solche vom Betriebsrat nicht form- und fristgerecht
geltend gemachten Zustimmungsverweigerungsgründe
im Zustimmungsersetzungsverfahren Berücksichtigung
finden können.

Lösung

A. Antrag an das Arbeitsgericht wegen Arbeitens außerhalb des Gleitzeitrahmens

Voraussetzungen für erfolgreichen Antrag

Der Antrag, DC aufzugeben, alle möglichen und zumutbaren Maßnahmen zu ergreifen, um zu verhindern, dass in ihrem Betrieb Arbeitnehmer außerhalb des täglichen Gleitzeitrahmens tätig werden, hat Erfolg, wenn er zulässig und begründet ist.

I. Zulässigkeit des Antrags

Zulässigkeits- voraussetzungen

Der Antrag ist zulässig, wenn der Rechtsweg zu den Arbeitsgerichten eröffnet, der Betriebsrat antragsbefugt und der Antrag hinreichend bestimmt ist.

Allgemeine Sachentscheidungs- voraussetzungen

Der Betriebsrat streitet hier mit dem Arbeitgeber über die Einhaltung von Arbeitszeitregelungen aus einer Betriebsvereinbarung und damit über eine Angelegenheit aus dem BetrVG, so dass nach § 2a Abs. 1 Nr. 1 ArbGG die Arbeitsgerichte im Beschlussverfahren zu entscheiden haben. Obwohl der Betriebsrat als lediglich betriebsinternes Gremium keine allgemeine Rechtsfähigkeit besitzt[1], ist er in betriebsverfassungsrechtlichen Streitigkeiten partiell rechtsfähig[2] und gemäß § 10 Satz 1 Hs. 1 ArbGG auch parteifähig. Da er sich eigener Rechte berühmt, ist damit auch seine Antragsbefugnis gegeben[3].

---

[1] BAG vom 24.04.1986, AP Nr. 7 zu § 87 BetrVG Sozialeinrichtung = NZA 1987, 100, 101; BAG vom 24.10.2001, AP Nr. 71 zu § 40 BetrVG 1972 = NZA 2003, 53, 54; BAG vom 29.09.2004, AP Nr. 81 zu § 40 BetrVG 1972 = NZA 2005, 123, 124; Richardi, BetrVG, Einl. Rn. 108.

[2] BAG vom 13.05.1998, AP Nr. 55 zu § 80 BetrVG 1972 = NZA 1998, 900; Bader/Creutzfeldt/Friedrich, ArbGG, § 10 Rn. 6; Dütz, ArbR, § 11 Rn. 760; Düwell/Lipke/Koch, ArbGG, § 10 Rn. 14; ErfK/Eisemann, § 1 BetrVG Rn. 17; Germelmann/Matthes/Prütting/Müller-Glöge, ArbGG, § 10 Rn. 20; Grunsky, ArbGG, § 10 Rn. 23; Hromadka/Maschmann, ArbR 2, § 16 Rn. 74.

[3] Siehe allgemein zur Antragsbefugnis BAG vom 30.10.1986, AP Nr. 6 zu § 47 BetrVG 1972 = NZA 1988, 27, 28; BAG vom 15.08.2006, AP Nr. 2 zu § 25 HRG = NZA 2007, 224, 225; Dütz, ArbR, § 12 Rn. 962 ff.; Düwell/Lipke/Koch, ArbGG, § 81 Rn. 9 ff.; ErfK/Eisemann, § 81 ArbGG Rn. 10; Germelmann/Matthes/Prütting/Müller-Glöge, ArbGG, § 81 Rn. 52 ff.; Hromadka/Maschmann, ArbR 2, § 21 Rn. 115 ff.; Lansnicker, Prozesse in Arbeitssachen, § 2 Rn. 194 ff.; Laux, Die Antrags- und Beteiligungsbefugnis im arbeitsgerichtlichen

Fraglich könnte allerdings die Bestimmtheit des Antrags sein. Auch im Beschlussverfahren muss der Antrag so bestimmt sein, dass die eigentliche Streitfrage mit Rechtskraftwirkung zwischen den Beteiligten entschieden werden kann[4]. Im Falle einer dem Antrag stattgebenden Entscheidung muss für den in Anspruch genommenen Beteiligten eindeutig erkennbar sein, was von ihm verlangt wird. Die Prüfung, welche Maßnahmen der Schuldner vorzunehmen oder zu unterlassen hat, darf grundsätzlich nicht in das Vollstreckungsverfahren verlagert werden[5]. An der Bestimmtheit könnte es vorliegend fehlen, weil der Betriebsrat mit seinem Antrag nicht genau die Maßnahmen bezeichnet, die DC ergreifen soll, sondern die Auswahl der erforderlichen und zumutbaren Maßnahmen in das Ermessen von DC stellt[6].

Bestimmtheit des Antrags

Auf formeller Ebene wäre im konkreten Fall eine genauere Bezeichnung der zu ergreifenden Maßnahmen tatsächlich möglich. Auf materieller Ebene hat ein die zu ergreifenden Maßnahmen genau bezeichnender Antrag aber nur Erfolg, wenn der Schuldner verpflichtet ist, genau diese Handlung vorzunehmen. Regelmäßig ist der Anspruch des Gläubigers aber nur auf die Herbeiführung eines bestimmten Erfolgs durch den Schuldner gerichtet, ohne dass ein bestimmtes Vorgehen verlangt werden kann. In diesem Fall bleibt es dem Schuldner überlassen, wie er seine Verpflichtungen erfüllt. Eine weite Bezeichnung der zu erfül-

Begrenzung durch Anspruchsinhalt

Verfahren, 1985; Ostrowicz/Künzl/Schäfer, Hdb. d. arbeitsgerichtlichen Verfahrens, Rn. 699 ff.; Richardi, BetrVG, Einl. Rn. 110; Schwab/Weth, ArbGG, § 81 Rn. 49 ff.

[4] BAG vom 24.01.2001, AP Nr. 50 zu § 81 ArbGG 1979 = EzA Nr. 20 zu § 253 ZPO unter B I 1; BAG vom 03.06.2003, AP Nr. 1 zu § 89 BetrVG 1972 = EzA Nr. 1 zu § 89 BetrVG 2001 zu B I 1; BAG vom 29.04.2004, AP Nr. 3 zu § 77 BetrVG 1972 Durchführung = NZA 2004, 670, 674; BAG vom 18.01.2005, AP Nr. 24 zu § 77 BetrVG Betriebsvereinbarung = NZA 2006, 167, 170; BAG vom 03.05.2006, AP Nr. 61 zu § 81 ArbGG 1979 = NZA 2007, 285, 286; ErfK/Eisemann, § 81 ArbGG Rn. 3; Lansnicker, Prozesse in Arbeitssachen, § 2 Rn. 198.

[5] BAG vom 03.06.2003, AP Nr. 1 zu § 89 BetrVG 1972 = EzA Nr. 1 zu § 89 BetrVG 2001 zu B I 1; BAG vom 29.04.2004, AP Nr. 3 zu § 77 BetrVG 1972 Durchführung = NZA 2004, 670, 674; BAG vom 14.11.2006, AP Nr. 121 zu § 87 BetrVG 1972 Arbeitszeit = NZA 2007, 458, 459; Lansnicker, Prozesse in Arbeitssachen, § 2 Rn. 199.

[6] In diesem Sinne z. B. noch BAG vom 03.02.1988, AP Nr. 20 zu § 1 TVG Tarifverträge – Druckindustrie = DB 1988, 1171 f., wonach die Klage auf Einwirkung zur Durchführung eines Tarifvertrages nur dann als Leistungsklage zulässig sein soll, wenn ein bestimmtes Einwirkungsmittel benannt wird.

lenden Verpflichtung ist dann unumgänglich, weil dem
Schuldner die zur Herbeiführung des Erfolgs erforderlichen Handlungen im Einzelnen nicht vorgeschrieben werden dürfen. Für die Bestimmtheit kommt es dann allein darauf an, dass der Anspruchsgegner erkennen kann, was von
ihm verlangt wird[7].

Antrag zulässig

Im vorliegenden Fall kann DC einer dem Antrag stattgebenden Entscheidung entnehmen, was von ihr verlangt
wird. Dass sie diese Handlungen selbst noch näher konkretisieren muss, spricht nicht gegen die Bestimmtheit des Antrags. Die Wahl der geeigneten Maßnahmen ist grundsätzlich
ihre Sache. Der Antrag ist somit zulässig.

II. Begründetheit des Antrags

Anspruchsgrundlage

Der Antrag ist begründet, wenn dem Betriebsrat ein entsprechender Anspruch zusteht. Das setzt auch im Betriebsverfassungsrecht voraus, dass sich eine entsprechende Anspruchsgrundlage zugunsten des Betriebsrats findet.

1. Anspruch aus § 23 Abs. 3 Satz 1 BetrVG

a) Anspruchsvoraussetzungen

*Voraussetzungen von
§ 23 III 1 BetrVG*

Ein Anspruch des Betriebsrats gegen DC, mögliche und zumutbare Maßnahmen zu ergreifen, um zu verhindern, dass
in ihrem Betrieb Arbeitnehmer außerhalb des täglichen
Gleitzeitrahmens tätig werden, könnte sich zunächst aus
§ 23 Abs. 3 Satz 1 BetrVG ergeben. Voraussetzung hierfür
ist, dass erstens der Betriebsrat möglicher Anspruchinhaber
sowie sein Begehren von § 23 Abs. 1 Satz 1 BetrvG gedeckt
ist (b) und zweitens in der Tätigkeit von Arbeitnehmern
außerhalb des vereinbarten Arbeitszeitrahmens ein grober
Verstoß von DC gegen ihre Pflichten aus dem BetrVG liegt
(c).

b) Gläubiger und Anspruchsinhalt

Allgemeine Voraussetzungen

Nach § 23 Abs. 3 Satz 1 BetrVG darf bei groben Verstößen
gegen das BetrVG auch der Betriebsrat gegen den Arbeitgeber vorgehen. Das Begehren kann dabei darauf gerichtet
sein, dem Arbeitgeber aufzugeben, eine Handlung zu unter-

---

[7] BAG vom 29.04.1992, AP Nr. 3 zu § 1 TVG Durchführungspflicht =
NZA 1992, 846, 847 f.; BAG vom 29.04.2004, AP Nr. 3 zu § 77
BetrVG 1972 Durchführung = NZA 2004, 670, 674; BAG vom
14.11.2006, AP Nr. 121 zu § 87 BetrVG 1972 Arbeitszeit = NZA 2007,
458, 459; ErfK/Eisemann, § 81 ArbGG Rn. 3; Lansnicker, Prozesse in
Arbeitssachen, § 2 Rn. 199 f.

lassen, zu dulden oder vorzunehmen. Das Begehren des Betriebsrats ist hier auf ein aktives Tun, also die Vornahme einer Handlung gerichtet, nämlich alle möglichen und zumutbaren Maßnahmen zu ergreifen, um zu verhindern, dass in ihrem Betrieb Arbeitnehmer außerhalb des vereinbarten Arbeitszeitrahmens tätig werden.

c) Grober Verstoß gegen Verpflichtungen aus dem BetrVG

aa) Verpflichtung aus dem BetrVG

Ein Verstoß von DC gegen das BetrVG könnte im konkreten Fall darin zu sehen sein, dass sie nicht gegen das Tätigwerden von Arbeitnehmern außerhalb des vereinbarten Arbeitszeitrahmens vorgegangen ist. Nach dem allgemeinen Grundsatz der Vertragstreue hat der Arbeitgeber Betriebsvereinbarungen einzuhalten und gemäß § 77 Abs. 1 Satz 1 BetrVG durchzuführen. Hierbei handelt es sich um eine gesetzliche Verpflichtung i. S. d. § 23 Abs. 3 Satz 1 BetrVG[8].

Grundsatz der Vertragstreue

bb) Grober Verstoß

(1) Verstoß

DC müsste gegen die Betriebsvereinbarung über die gleitende Arbeitszeit verstoßen haben. Ein Verstoß in Form eines aktiven Tuns liegt nicht vor, weil DC die betreffenden Mitarbeiter nicht in Abweichung von der Betriebsvereinbarung angewiesen hatte, Arbeitsleistungen außerhalb der Gleitzeitspannen zu erbringen. Da der Arbeitgeber aber für die Durchführung von Betriebsvereinbarungen verantwortlich ist (§ 77 Abs. 1 Satz 1 BetrVG) und der Betriebsrat auch nicht seinerseits bei Verstößen von Arbeitnehmern gegen eine Betriebsvereinbarung unmittelbar gegen die betreffenden Arbeitnehmer vorgehen kann (§ 77 Abs. 1 Satz 2 BetrVG), trifft den Arbeitgeber eine Verpflichtung, aktiv gegen betriebsverfassungswidriges Verhalten der Arbeitnehmer vorzugehen; er darf dem nicht tatenlos zusehen[9]. Er hat vielmehr seinen Betrieb so zu organisieren, dass die

Unterlassen als Pflichtverletzung

---

[8] BAG vom 29.04.2004, AP Nr. 3 zu § 77 BetrVG 1972 Durchführung = NZA 2004, 670, 678; DKK/Trittin, BetrVG, § 23 Rn. 70; ErfK/Eisemann, § 23 BetrVG Rn. 24; Fitting, BetrVG, § 23 Rn. 61; Hess/Schlochauer/Glaubitz, BetrVG, § 23 Rn. 60 ff.; GK-BetrVG/Oetker, § 23 Rn. 166; Richardi/Thüsing, BetrVG, § 23 Rn. 88 f.

[9] BAG vom 29.04.2004, AP Nr. 3 zu § 77 BetrVG 1972 Durchführung = NZA 2004, 670, 678; GK-BetrVG/Kreutz, § 77 Rn. 24; Richardi, BetrVG, § 77 Rn. 3 ff.

betriebsverfassungsrechtlich geregelten Arbeitszeitgrenzen eingehalten werden. Hierzu muss er die Übereinstimmung betrieblicher Abläufe mit den normativen Vorgaben der von ihm geschlossenen Betriebsvereinbarungen überprüfen und erforderlichenfalls korrigierend eingreifen[10]. Dabei kann bei Arbeitszeitverstößen im Einzelfall zunächst der Hinweis gegenüber den Arbeitnehmern genügen, dass Arbeitsleistungen außerhalb der betrieblichen Arbeitszeitregelungen nicht bezahlt werden[11]. Stellen die Arbeitnehmer daraufhin ihre Arbeitstätigkeit in Widerspruch zu den mit dem Betriebsrat getroffenen Vereinbarungen nicht ein, muss der Arbeitgeber weitergehende organisatorische oder arbeitsrechtliche (Abmahnung!) Maßnahmen treffen, um die Durchführung der Betriebsvereinbarungen zu gewährleisten[12].

Pflichtverletzung durch DC

Mit der bloßen Verweigerung der Lohnzahlung ist DC seinen Verpflichtungen zur Durchführung der Betriebvereinbarung nicht nachgekommen. Damit liegt im Nichteinschreiten gegen das betriebsvereinbarungswidrige Verhalten der Arbeitnehmer ein Verstoß gegen die Betriebsvereinbarung über gleitende Arbeitszeit.

(2) Schwere des Verstoßes

Schwer wiegende Pflichtverletzung

Ein grober Verstoß des Arbeitgebers liegt nach allgemeiner Auffassung vor, wenn es sich um eine objektiv erhebliche und offensichtlich schwer wiegende Pflichtverletzung handelt, wobei es auf ein Verschulden nicht ankommt[13]. Objektive Erheblichkeit ist regelmäßig dann zu bejahen, wenn der Arbeitgeber mehrfach erzwingbare Mitbestimmungsrechte des Betriebsrats übergangen oder seine Pflichten aus einer Betriebsvereinbarung in nicht unerheblichem Maße verletzt

---

[10] BAG vom 06.05.2003, AP Nr. 61 zu § 80 BetrVG 1972 = NZA 2003, 1348 ff.; BAG vom 29.04.2004, AP Nr. 3 zu § 77 BetrVG 1972 Durchführung = NZA 2004, 670, 678; GK-BetrVG/Kreutz, § 77 Rn. 23 f.

[11] BAG vom 23.06.1992, AP Nr. 20 zu § 23 BetrVG 1972 = NZA 1992, 1095, 1097.

[12] BAG vom 29.04.2004, AP Nr. 3 zu § 77 BetrVG 1972 Durchführung = NZA 2004, 670, 678.

[13] BAG vom 16.07.1991, AP Nr. 44 zu § 87 BetrVG 1972 Arbeitszeit = NZA 1992, 70, 72; BAG vom 29.02.2000, AP Nr. 105 zu § 87 BetrVG 1972 Lohngestaltung = NZA 2000, 1066, 1068; BAG vom 29.04.2004, AP Nr. 3 zu § 77 BetrVG 1972 Durchführung = NZA 2004, 670, 678; BAG vom 26.07.2005, AP Nr. 43 zu § 95 BetrVG 1972 = NZA 2005, 1372, 1374; ErfK/Eisemann, § 23 BetrVG Rn. 25; Fitting, BetrVG, § 23 Rn. 62 ff.; Richardi/Thüsing, BetrVG, § 23 Rn. 93 f. – Noch weitergehend GK-BetrVG/Oetker, § 23 Rn. 168 f., der auf das Merkmal der Offensichtlichkeit verzichten will.

hat[14]. Im konkreten Fall haben zahlreiche Mitarbeiter über einen längeren Zeitraum gegen die Bestimmungen über die gleitende Arbeitszeit verstoßen, ohne dass DC hiergegen eingeschritten ist, obwohl der Betriebsrat dies über mehrere Monate gegenüber DC beanstandet hat. Es handelt sich somit um eine objektiv erhebliche Pflichtverletzung.

Offensichtlich ist die Pflichtverletzung, wenn an der Pflichtwidrigkeit sowohl von tatsächlicher als auch rechtlicher Seite her keine ernsthaften Zweifel bestehen können. Im vorliegenden Fall war der tägliche Gleitzeitrahmen von 6.00 Uhr bis 19.00 Uhr in der Betriebsvereinbarung ausdrücklich und eindeutig festgelegt. Der Betriebsrat hatte mehrfach das betriebsverfassungswidrige Tätigwerden der Mitarbeiter gegenüber DC beanstandet. Der Verstoß war tatsächlich klar gegeben. Gleichwohl kann aus Rechtsgründen ein grober Verstoß des Arbeitgebers ausscheiden, wenn er seine Rechtsposition in einer schwierigen und ungeklärten Rechtsfrage verteidigt[15]. Angesichts der im BetrVG deutlich normierten Verpflichtung, dass der Arbeitgeber für die Durchführung von Betriebsvereinbarungen sorgen muss, konnten im konkreten Fall keine ernsthaften Zweifel daran bestehen, dass DC für die Einhaltung dieses Gleitzeitrahmens zu sorgen hatte.

Offensichtlichkeit der Pflichtverletzung

d) Zwischenergebnis

Der Betriebsrat kann mit Erfolg aus § 23 Abs. 3 Satz 1 BetrVG beim Arbeitsgericht beantragen, DC aufzugeben, alle möglichen und zumutbaren Maßnahmen zu ergreifen, um zu verhindern, dass in ihrem Betrieb Arbeitnehmer außerhalb des täglichen Gleitzeitrahmens tätig werden.

Anspruch besteht

---

[14] BAG vom 18.04.1985, AP Nr. 5 zu § 23 BetrVG 1972 = NZA 1985, 783, 785; BAG vom 22.10.1991, AP Nr. 48 zu § 87 BetrVG 1972 Arbeitszeit = NZA 1992, 376, 378; BAG vom 27.11.1990, AP Nr. 41 zu § 87 BetrVG 1972 Arbeitszeit = BB 1991, 548, 549; BAG vom 29.04.2004, AP Nr. 3 zu § 77 BetrVG 1972 Durchführung = NZA 2004, 670, 678.

[15] BAG vom 08.08.1989, AP Nr. 18 zu § 95 BetrVG 1972 = NZA 1990, 198, 200; BAG vom 16.07.1991, AP Nr. 44 zu § 87 BetrVG 1972 Arbeitszeit = NZA 1992, 70, 72; BAG vom 29.02.2000, AP Nr. 105 zu § 87 BetrVG 1972 Lohngestaltung = NZA 2000, 1066, 1068; BAG vom 29.04.2004, AP Nr. 3 zu § 77 BetrVG 1972 Durchführung = NZA 2004, 670, 678; BAG vom 26.07.2005, AP Nr. 43 zu § 95 BetrVG 1972 = NZA 2005, 1372, 1374; ErfK/Eisemann, § 23 BetrVG Rn. 25; Fitting, BetrVG, § 23 Rn. 63; GK-BetrVG/Oetker, § 23 Rn. 172; Richardi/Thüsing, BetrVG, § 23 Rn. 93.

2. Anspruch aus Betriebsvereinbarung

Durchführungsanspruch

Der Anspruch könnte sich auch aus der Betriebsvereinbarung selbst ergeben. Fraglich ist dabei, ob sich der Betriebsvereinbarung über gleitende Arbeitszeit diese Leistungsverpflichtung entnehmen lässt. Die Betriebsvereinbarung selbst legt zunächst nur einen Arbeitszeitrahmen von 6.00 bis 19.00 Uhr fest, ohne ausdrückliche Verpflichtungen des Arbeitgebers zu normieren. Jedoch ist in § 77 Abs. 1 Satz 1 BetrVG die Verpflichtung des Arbeitgebers geregelt, die Betriebsvereinbarung durchzuführen. Den Arbeitgeber trifft insofern hinsichtlich der Betriebsvereinbarung eine gesetzlich normierte Durchführungspflicht[16], d. h. er hat alles zu tun, um die in der Betriebsvereinbarung festgelegten Regelungen herbeizuführen, und alles zu unterlassen, was den Regelungserfolg gefährden könnte. Nach den oben zum Anspruch aus § 23 Abs. 3 Satz 1 BetrVG getroffenen Feststellungen ist DC ihren diesbezüglichen Verpflichtungen nicht nachgekommen, so dass der entsprechende Anspruch sich auch auf die Betriebsvereinbarung stützen lässt.

III. Ergebnis

Antrag erfolgreich

Der Antrag ist zulässig und begründet. Der Betriebsrat kann sowohl aus § 23 Abs. 3 Satz 1 BetrVG als auch aus der Betriebsvereinbarung selbst verlangen, dass DC mögliche und zumutbare Maßnahmen ergreift, um zu verhindern, dass in ihrem Betrieb Arbeitnehmer außerhalb des täglichen Gleitzeitrahmens tätig werden.

---

[16] BAG vom 13.10.1987, AP Nr. 2 zu § 77 BetrVG 1972 Auslegung = NZA 1988, 253, 254; BAG vom 23.06.1992, AP Nr. 20 zu § 23 BetrVG 1972 = NZA 1992, 1095, 1097; BAG vom 29.04.2004, AP Nr. 3 zu § 77 BetrVG 1972 Durchführung = NZA 2004, 670, 677; Fitting, BetrVG, § 77 Rn. 7; GK-BetrVG/Kreutz, § 77 Rn. 25; Richardi, BetrVG, § 77 Rn. 3 ff.

B. Mitbestimmungsrecht bei Veränderung der Arbeitszeit

Bei der vorübergehenden Veränderung der Arbeitszeit der teilzeitbeschäftigten Arbeitnehmer könnte ein Mitbestimmungsrecht aus § 87 Abs. 1 Nr. 3 BetrVG gegeben sein. Voraussetzung ist, dass es sich hierbei um eine kollektive Regelung betreffend die „vorübergehende … Verlängerung der betriebsüblichen Arbeitszeit" handelt.

Voraussetzungen der Mitbestimmung

I. Kollektive Regelung

Da der Betriebsrat die Interessen der Belegschaft wahrnehmen soll, setzt das Mitbestimmungsrecht des Betriebsrats bei der Anordnung von Überstunden als ungeschriebenes Tatbestandsmerkmal nach ganz überwiegender Auffassung einen kollektiven Tatbestand voraus. Es greift nicht ein bei individuellen Maßnahmen ohne kollektiven Bezug[17]. Dabei liegt ein kollektiver Tatbestand immer dann vor, wenn sich eine Regelungsfrage stellt, die kollektive Interessen der Arbeitnehmer berührt. Bei einem zusätzlichen Arbeitsbedarf ist immer die Frage zu regeln, ob und in welchem Umfang zur Abdeckung dieses Arbeitsbedarfs Überstunden geleistet werden sollen oder ob die Neueinstellung eines Arbeitnehmers zweckmäßiger wäre. Weiter ist zu entscheiden, wann und von wem die Überstunden geleistet werden sollen. Insofern betrifft die vorliegende Anhebung der Arbeitszeit der teilzeitbeschäftigten Mitarbeiter einen kollektiven Regelungstatbestand.

Kollektiver Tatbestand

II. Vorübergehende Arbeitszeitverlängerung

Nach dem Wortlaut von § 87 Abs. 1 Nr. 3 BetrVG ist nur die vorübergehende Arbeitszeitverlängerung, nicht aber die dauerhafte Arbeitszeitverlängerung mitbestimmungspflichtig[18]. Vorübergehend i. S. v. § 87 Abs. 1 Nr. 3 BetrVG ist

Vorübergehende Verlängerung

---

[17] BAG vom 11.11.1986, AP Nr. 21 zu § 87 BetrVG 1972 Arbeitszeit = NZA 1987, 207, 208; BAG vom 27.11.1990, AP Nr. 41 zu § 87 BetrVG 1972 Arbeitszeit = NZA 1991, 382, 383; BAG vom 16.07.1991, AP Nr. 44 zu § 87 BetrVG 1972 Arbeitszeit = NZA 1992, 70, 71 f.; Fitting, BetrVG, § 87 Rn. 14 ff., 134; ErfK/Kania, § 87 BetrVG Rn. 6; Weber/Ehrich/Hörchens/Oberthür, Hdb. zum BetriebsverfassungsR, Teil H Rn. 74; GK-BetrVG/Wiese, § 87 Rn. 15 ff.; Wlotzke/Preis/Bender, BetrVG, § 87 Rn. 70.

[18] BAG vom 21.11.1978, AP Nr. 2 zu § 87 BetrVG 1972 Arbeitszeit; BAG vom 03.06.2003, AP Nr. 19 zu § 77 BetrVG 1972 Tarifvorbehalt = NZA 2003, 1155, 1157; BAG vom 01.07.2003, AP Nr. 103 zu § 87 BetrVG 1972 Arbeitszeit = NZA 2003, 1209, 1210; Boemke, ArbR,

eine Verlängerung der betriebsüblichen Arbeitszeit, wenn für einen überschaubaren Zeitraum vom ansonsten maßgeblichen Arbeitszeitvolumen abgewichen wird, um anschließend zur betriebsüblichen Dauer der Arbeitszeit zurückzukehren[19]. Maßgeblich ist die zum Zeitpunkt der Änderung bestehende Planung des Arbeitgebers. Beabsichtigt er, nach einem bestimmten Zeitraum oder nach dem Wegfall des Anlasses zur Veränderung des Umfangs der Arbeitszeit zum vorherigen Umfang zurückzukehren, ist die Verlängerung oder Verkürzung vorübergehend[20]. Der vorübergehende Charakter einer Veränderung der Arbeitszeit wird insbesondere dann deutlich, wenn der Arbeitgeber die Änderung bis zu einem bestimmten Zeitpunkt oder bis zur Erreichung eines bestimmten Zwecks befristet[21].

Befristete Arbeitszeiterhöhung

Im konkreten Fall hat DC für einen genau festgelegten Zeitraum, nämlich von September bis Dezember 2007, aus einem konkreten Anlass, wegen der großen Nachfrage nach Produkten, die Arbeitszeit von 20 in der Produktion eingesetzten Teilzeitbeschäftigten einvernehmlich auf 35 Stunden/Woche heraufgesetzt. Da somit nicht nur beabsichtigt, sondern auch vereinbart war, dass ab dem 01.01.2008 wieder die ursprüngliche Arbeitszeit gilt, liegt eine bloß vorübergehende Verlängerung der Arbeitszeit vor.

III. Verlängerung der betriebsüblichen Arbeitszeit

Verlängerung der regelmäßigen Arbeitszeit

Allerdings besteht das Mitbestimmungsrecht nicht bei jeder vorübergehenden Veränderung der Arbeitszeit, sondern nur, wenn die betriebsübliche Arbeitszeit verlängert wird. Betriebsübliche Arbeitszeit in diesem Sinne ist nach der st. Rspr. des BAG und allgemeiner Auffassung die im Betrieb regelmäßig geleistete Arbeitszeit[22]. Dies könnte scheinbar

---

§ 9 Rn. 40; v. Hoyningen-Huene, BetrVR, § 12 Rn. 48; DKK/Klebe, BetrVG, § 87 Rn. 88; Preis, KollArbR, S. 598; GK-BetrVG/Wiese, § 87 Rn. 385; Wlotzke/Preis/Bender, BetrVG, § 87 Rn. 69.

[19] BAG vom 24.04.2007, NZA 2007, 818, 820; Däubler, Tarifvertragsrecht, Rn. 709; DKK/Klebe, BetrVG, § 87 Rn. 88; ErfK/Kania, § 87 BetrVG Rn. 33; GK-BetrVG/Wiese, § 87 Rn. 384.

[20] BAG vom 24.04.2007, NZA 2007, 818, 820; DKK/Klebe, BetrVG, § 87 Rn. 88; GK-BetrVG/Wiese, § 87 Rn. 384.

[21] BAG vom 24.04.2007, NZA 2007, 818, 820.

[22] BAG vom 23.07.1996, AP Nr. 68 zu § 87 BetrVG 1972 Arbeitszeit = NZA 1997, 274, 275; BAG vom 11.12.2001, AP Nr. 93 zu § 87 BetrVG 1972 = BB 2002, 1970, 1971; BAG vom 26.10.2004, AP Nr. 113 zu § 87 BetrVG 1972 Arbeitszeit = NZA 2005, 538, 540 f.; BAG vom 24.04.2007, NZA 2007, 818, 819 f.; DKK/Klebe, BetrVG,

dafür sprechen, dass mit der vorübergehenden Verlängerung der Arbeitszeit der teilzeitbeschäftigten Arbeitnehmer zwar einerseits deren individuelle Arbeitszeit verlängert, aber andererseits damit nur die betriebsübliche Arbeitszeit hergestellt wird, so dass ein Mitbestimmungsrecht ausscheiden würde.

Nach dem Sinn und Zweck des Mitbestimmungsrechts soll jedoch der Betriebsrat darüber mitentscheiden, ob zusätzlicher Arbeitsbedarf durch eine vorübergehende Erhöhung der regelmäßigen Arbeitszeit abgedeckt werden soll und welche Arbeitnehmer oder Arbeitnehmergruppen in welchem Umfang in Abweichung von ihrem arbeitsvertraglichen Leistungsversprechen diese Arbeit leisten sollen[23]. Demzufolge ist die betriebsübliche Arbeitszeit in einem Betrieb nicht einheitlich für alle Arbeitnehmer oder Arbeitnehmergruppen, sondern individuell für jeden einzelnen Arbeitnehmer zu bestimmen. Maßgeblich ist der vertraglich geschuldete regelmäßige zeitliche Umfang der Arbeitsleistung des jeweiligen Arbeitnehmers[24]. Bei Teilzeitbeschäftigten ist die betriebsübliche Arbeitszeit deren regelmäßig verkürzte, individuelle Arbeitszeit. Wird diese vorübergehend erhöht, liegt eine vorübergehende Verlängerung der betriebsüblichen Arbeitszeit i. S. v. § 87 Abs. 1 Nr. 3 BetrVG vor[25].

Individuelle Betrachtung

IV. Kein Ausschluss der Mitbestimmung infolge Einverständnisses

Das Mitbestimmungsrecht könnte allerdings im konkreten Fall deswegen ausgeschlossen sein, weil die betreffenden Mitarbeiter mit einer vorübergehenden Verlängerung ihrer

Einverständnis des Arbeitnehmers ohne Bedeutung

---

§ 87 Rn. 87; Hess/Schlochauer/Glaubitz, BetrVG, § 87 Rn. 183; ErfK/ Kania, § 87 BetrVG Rn. 32; Preis, KollArbR, S. 599; GK-BetrVG/ Wiese, § 87 Rn. 381.

[23] BAG vom 24.04.2007, NZA 2007, 818, 819 f.; GK-BetrVG/Wiese, § 87 Rn. 362; Wlotzke/Preis/Bender, BetrVG, § 87 Rn. 67.

[24] BAG vom 23.07.1996, AP Nr. 68 zu § 87 BetrVG 1972 Arbeitszeit = NZA 1997, 274, 275; BAG vom 26.10.2004, AP Nr. 113 zu § 87 BetrVG 1972 Arbeitszeit = NZA 2005, 538, 541; BAG vom 24.04.2007, NZA 2007, 818, 819 f.; ErfK/Kania, § 87 BetrVG Rn. 32; Preis, KollArbR, S. 599; GK-BetrVG/Wiese, § 87 Rn. 381; Wlotzke/ Preis/Bender, BetrVG, § 87 Rn. 68.

[25] BAG vom 16.07.1991, AP Nr. 44 zu § 87 BetrVG 1972 Arbeitszeit = NZA 1992, 70, 71; BAG vom 23.07.1996, AP Nr. 68 zu § 87 BetrVG 1972 Arbeitszeit = NZA 1997, 274, 275; BAG vom 24.04.2007, NZA 2007, 818, 819 f.; Fitting, BetrVG, § 87 Rn. 138; ErfK/Kania, § 87 BetrVG Rn. 32; Richardi, BetrVG, § 87 Rn. 343; GK-BetrVG/Wiese, § 87 Rn. 381.

individuellen Arbeitszeit einverstanden waren, so dass sie des Schutzes der Betriebsverfassung nicht bedürfen. Hierbei bliebe jedoch unbeachtet, dass § 87 Abs. 1 Nr. 3 BetrVG nicht nur dem Individualschutz derjenigen Arbeitnehmer dient, deren Arbeitszeit verlängert werden soll. Vielmehr geht es ebenso um die gerechte Verteilung der mit der vorübergehenden Änderung der Arbeitszeit verbundenen Belastungen und Vorteile[26]. Das Mitbestimmungsrecht des Betriebsrats nach § 87 Abs. 1 Nr. 3 BetrVG besteht daher unabhängig von der Rechtsgrundlage, welche individualrechtlich die Änderung der Dauer der Arbeitszeit gegenüber den einzelnen Arbeitnehmern ermöglicht. Die Bereitschaft einzelner Arbeitnehmer zu einer vorübergehenden Verlängerung ihrer Arbeitszeit lässt das Mitbestimmungsrecht nach § 87 Abs. 1 Nr. 3 BetrVG unberührt[27].

V. Ergebnis

Mitbestimmungsrecht besteht

Die vorübergehende Anhebung der vertraglich vereinbarten Arbeitszeit teilzeitbeschäftigter Arbeitnehmer ist auch dann nach § 87 Abs. 1 Nr. 3 BetrVG mitbestimmungspflichtig, wenn die betreffenden Arbeitnehmer hiermit einverstanden sind. Das vom Betriebsrat geltend gemachte Mitbestimmungsrecht besteht.

---

[26] BAG vom 23.07.1996, AP Nr. 68 zu § 87 BetrVG 1972 Arbeitszeit = NZA 1997, 274, 275; BAG vom 13.03.2001, AP Nr. 87 zu § 87 BetrVG 1972 Arbeitszeit = NZA 2001, 976; BAG vom 24.04.2007, NZA 2007, 818, 819 f.; Hamann, AuR 2002, 322, 323 ff.; GK-BetrVG/ Wiese, § 87 Rn. 362; Wlotzke/Preis/Bender, BetrVG, § 87 Rn. 67.

[27] BAG vom 24.04.2007, NZA 2007, 818, 819 f.

C. Zustimmungsverweigerungsrecht hinsichtlich der Einstellung der Leiharbeitnehmer

Der Betriebsrat kann nach § 99 Abs. 2 BetrVG mit Erfolg die Zustimmung zur Einstellung der Leiharbeitnehmer verweigern, wenn die Beschäftigung von Leiharbeitnehmern im Betrieb nach § 99 BetrVG mitbestimmungspflichtig ist (I) und ein Zustimmungsverweigerungsgrund nach § 99 Abs. 2 BetrVG (II) besteht.

Obersatz

I. Mitbestimmung nach § 99 BetrVG

Nach § 14 Abs. 3 Satz 1 AÜG ist der Betriebsrat des Entleihers gemäß § 99 BetrVG bei der Einstellung von Leiharbeitnehmern zu beteiligen. Da im Betrieb von DC mehr als 12.000 Arbeitnehmer beschäftigt werden, kann dahinstehen, ob es sich bei dieser Bestimmung um eine Rechtsgrund- oder eine bloße Rechtsfolgenverweisung handelt[28]. Es werden im Unternehmen mehr als 20 Arbeitnehmer beschäftigt, so dass der Anwendungsbereich von § 99 BetrVG eröffnet und die Einstellung mitbestimmungspflichtig ist.

Allgemeine Voraussetzungen

II. Zustimmungsverweigerungsgrund

Der Betriebsrat kann die Zustimmung nach § 99 Abs. 2 BetrVG verweigern, wenn einer der dort abschließend[29] aufgeführten Zustimmungsverweigerungsgründe gegeben ist. In Betracht kommt hier allein der Zustimmungsverweigerungsgrund aus § 99 Abs. 2 Nr. 5 BetrVG. Voraussetzung ist, dass eine nach § 93 BetrVG erforderliche Ausschreibung im Betrieb unterblieben ist.

Numerus Clausus der Zustimmungs-verweigerungsgründe

1. Keine innerbetriebliche Ausschreibung

Laut Sachverhalt hat DC die Stellen im Bereich „Kabelbaumverlegung", die mit Leiharbeitnehmern besetzt werden sollen, nicht ausgeschrieben. Das Zustimmungsverweigerungsrecht würde daher bestehen, wenn die Ausschreibung nach § 93 BetrVG erforderlich gewesen wäre.

Unterlassene Ausschreibung

---

[28] Zum Streitstand siehe Boemke/Lembke, AÜG, § 14 Rn. 98; Wensing/Freise, BB 2004, 2238.

[29] DKK/Kittner, BetrVG, § 99 Rn. 171; Fitting, BetrVG, § 99 Rn. 161; GK-BetrVG/Kraft/Raab, § 99 Rn. 129; Preis, KollArbR, S. 650; Richardi/Thüsing, BetrVG, § 99 Rn. 183; Richardi, ZfA-Sonderheft 1972, 1, 12; Wlotzke/Preis, BetrVG, § 99 Rn. 38.

2. Nach § 93 BetrVG erforderliche Ausschreibung

a) Ausschreibungsverlangen

Generelles
Ausschreibungsverlangen
genügt

Nach § 93 BetrVG kann der Betriebsrat verlangen, dass Arbeitsplätze, die besetzt werden sollen, innerhalb des Betriebs ausgeschrieben werden. Voraussetzung der Ausschreibungsobliegenheit ist, dass der Betriebsrat die Ausschreibung verlangt hat, bevor der Arbeitgeber das Zustimmungsverfahren nach § 99 BetrVG eingeleitet hat[30]. Ein entsprechendes generelles Begehren hat der Betriebsrat im konkreten Fall bereits im Jahr 2002 und damit vor der geplanten Einstellung der Leiharbeitnehmer geltend gemacht.

b) Arbeitsplatz

Betroffenheit eines
Arbeitsplatzes

Eine Ausschreibung ist aber nur erforderlich, wenn die Beschäftigung der Leiharbeitnehmer auf Arbeitsplätzen i. S. v. § 93 BetrVG erfolgt. In der Vergangenheit wurde ganz überwiegend angenommen, dass auch Arbeitsplätze, die mit Leiharbeitnehmern besetzt werden sollen, ausgeschrieben werden müssen[31]. Allerdings ist spätestens seit der Aufhebung der Höchstüberlassungsdauer für die Arbeitnehmerüberlassung zum 01.01.2004 eine Auffassung im Vordringen begriffen, die eine innerbetriebliche Ausschreibung dann als entbehrlich ansieht, wenn der Arbeitgeber abschließend entschieden hat, diese mit Leiharbeitnehmern zu besetzen. Diese Stellen stünden auf Grund verbindlicher Arbeitgeberentscheidung dem innerbetrieblichen Arbeitsmarkt nicht zur Verfügung, so dass die Ausschreibung ein reiner Formalismus wäre[32]. Diese Auffassung lässt insoweit aber unberücksichtigt, dass die innerbetriebliche Ausschreibung den Arbeitgeber nach allgemeiner Auffassung nicht verpflichtet, einen innerbetrieblichen Bewerber (vorrangig) zu berücksichtigen. Die Auswahlentscheidung liegt, soweit nicht Auswahlrichtlinien i. S. v. § 95 Abs. 1 und 2 BetrVG bestehen,

---

[30] BAG vom 14.12.2004, AP Nr. 121 zu § 99 BetrVG 1972 = NZA 2005, 424, 426; Fitting, BetrVG, § 93 Rn. 5; Galperin/Löwisch, BetrVG, § 93 Rn. 7; ErfK/Kania, § 93 Rn. 4; GK-BetrVG/Kraft/Raab, § 93 Rn. 20 f.; MünchArbR/Matthes, § 352 Rn. 84; Richardi/Thüsing, BetrVG, § 93 Rn. 13.

[31] BAG vom 14.05.1974, AP Nr. 2 zu § 99 BetrVG 1972 = NJW 1974, 1966, 1967; Boemke/Lembke, AÜG, § 14 Rn. 112; Schüren/Hamann, AÜG, § 14 Rn. 205; Ulber, AÜG, § 14 Rn. 178; Wensing/Freise, BB 2004, 2238, 2243.

[32] LAG Niedersachsen vom 09.08.2006, EzAÜG Nr. 94 BetrVG.

allein beim Arbeitgeber[33]. Würde der bloße Wille des Arbeitgebers, einen Arbeitsplatz nicht innerbetrieblich zu besetzen, die Ausschreibung entbehrlich machen, wäre § 93 BetrVG überflüssig.

Eine Ausschreibung wäre aber dann nicht erforderlich, wenn solche Stellen im Betrieb, die ein Arbeitgeber nicht mit eigenen, sondern mit Leiharbeitnehmern besetzt, keine innerbetrieblichen Arbeitsplätze i. S. v. § 93 BetrVG sind. Diese Auffassung, dass mit Leiharbeitnehmern besetzte Stellen keine Arbeitsplätze sind, wird insbesondere in Zusammenhang mit betriebsbedingten Kündigungen in der Literatur vertreten[34]. Die Entscheidung, mit Leiharbeitnehmern arbeiten zu wollen, sei vergleichbar mit der unternehmerischen Entscheidung, bestimmte Arbeiten nicht mehr mit eigenen Arbeitnehmern zu erledigen, sondern im Wege der Auftragsvergabe an Dritte zu vergeben[35]. Durch Dritte ausgeübte Tätigkeiten erfolgen nicht im Rahmen von Arbeitsverhältnissen auf Arbeitsplätzen und müssten dementsprechend auch nicht innerbetrieblich ausgeschrieben werden[36].

Leiharbeitsplätze als Arbeitsplätze

Diese Auffassung berücksichtigt allerdings nicht hinreichend, dass der Begriff des Arbeitsplatzes und das Erfordernis der innerbetrieblichen Stellenausschreibung im Zusammenhang mit dem Tatbestand der Einstellung als personelle Einzelmaßnahme zu sehen ist. Diese knüpft nicht an den Abschluss des Arbeitsvertrags[37], sondern an die Eingliederung des Arbeitnehmers in den Betrieb durch Zuweisung eines Arbeitsbereichs an[38]. Arbeitsplatz i. S. d. Bestimmung des BetrVG ist also die Stelle, auf der eine Person unter dem

Maßgeblichkeit der Eingliederung, nicht des Arbeitsvertrags

---

[33] BAG vom 07.11.1977, AP Nr. 1 zu § 100 BetrVG 1972 = DB 1978, 447, 448; BAG vom 30.01.1979, AP Nr. 11 zu § 118 BetrVG 1972 = DB 1979, 1609 f.; BAG vom 18.11.1980, AP Nr. 1 zu § 93 BetrVG 1972 = DB 1981, 998; Fitting, BetrVG, § 92 Rn. 13; ErfK/Kania, § 93 BetrVG Rn. 9; GK-BetrVG/Kraft/Raab, § 93 Rn. 28; Richardi/Thüsing, BetrVG, § 93 Rn. 25.

[34] Löwisch/Spinner, KSchG, § 1 Rn. 276; wohl auch Sowka/Schiefer/Heise/Meisel, Kündigungsschutzrecht, § 1 Rn. 1048. – Siehe auch LAG Köln vom 28.06.1996, LAGE Nr. 40 zu § 1 KSchG Betriebsbedingte Kündigung.

[35] Löwisch/Spinner, KSchG, § 1 Rn. 276; Sowka/Schiefer/Heise/Meisel, Kündigungsschutzrecht, § 1 Rn. 1048.

[36] GK-BetrVG/Kraft/Raab, § 93 Rn. 8.

[37] So aber Hess/Schlochauer/Glaubitz, BetrVG, § 99 Rn. 15; GK-BetrVG/Kraft/Raab, § 99 Rn. 23.

[38] BAG vom 14.05.1974, AP Nr. 2 zu § 99 BetrVG 1972 = DB 1974, 1580, 1581; BAG vom 28.04.1992, AP Nr. 98 zu § 99 BetrVG 1972 = NZA 1992, 1141, 1142 f.; Galperin/Löwisch, BetrVG, § 99 Rn. 10 ff.; v. Hoyningen-Huene, BetrVR, § 14 Rn. 29 f.; MünchArbR/Matthes, § 352 Rn. 7 ff; Richardi/Thüsing, BetrVG, § 99 Rn. 29 f.

Direktionsrecht des Betriebsinhabers beschäftigt werden soll. Auch Leiharbeitnehmer werden auf solchen Stellen beschäftigt, weil diese beim Einsatz im Entleiherbetrieb unter dessen arbeitsrechtlichem Weisungsrecht stehen[39]. Anders als bei echten freien Mitarbeitern oder Fremdfirmenarbeitnehmern, hinsichtlich derer gerade kein arbeitsrechtliches Weisungsrecht des Inhabers des Einsatzbetriebes besteht[40], sind Leiharbeitnehmer in die betriebliche Organisation des Entleihers eingegliedert. Daher sind nicht nur bei der betriebsbedingten Kündigung mit Leiharbeitnehmern besetzte Arbeitsplätze als freie Arbeitsplätze zu berücksichtigen[41]. Vielmehr sind solche Stellen auch Arbeitsplätze i. S. v. § 93 BetrVG. Dementsprechend besteht die Ausschreibungsobliegenheit nach § 93 BetrVG auch dann, wenn der Arbeitgeber für sich die Entscheidung getroffen hat, die entsprechenden Stellen mit Leiharbeitnehmern zu besetzen.

III. Ergebnis

Zustimmungs-
verweigerungsrecht besteht

Der Betriebsrat kann der Einstellung nach § 99 Abs. 2 Nr. 5 BetrVG die Zustimmung verweigern, weil die von ihm zuvor gemäß § 93 BetrVG begehrte innerbetriebliche Ausschreibung der Arbeitsplätze unterblieben ist.

---

[39] BAG vom 28.11.1989, AP Nr. 5 zu § 14 AÜG = BB 1990, 1343, 1344; BAG vom 01.06.1994, AP Nr. 11 zu § 10 AÜG = NZA 1995, 465, 466; Boemke/Lembke, AÜG, § 1 Rn. 29; Schüren/Hamann, AÜG, § 1 Rn. 187 ff; Thüsing/Waas, AÜG, § 1 Rn 56.

[40] Boemke/Lembke, AÜG, § 1 Rn. 72; ErfK/Kania, § 99 BetrVG Rn. 8.

[41] BAG vom 26.09.1996, AP Nr. 80 zu § 1 KSchG 1969 Betriebsbedingte Kündigung = NZA 1997, 202 f.; BAG vom 16.12.2004, AP Nr. 133 zu § 1 KSchG 1969 Betriebsbedingte Kündigung = NZA 2005, 761, 763; LAG Hamm vom 05.03.2007, DB 2007, 1701 f.; Düwell/Dahl, Leiharbeitnehmer: First in, first out, DB 2007, 1699, 1700 f; KR/Griebeling, § 1 KSchG, Rn. 528; Kittner/Däubler/Zwanziger, KSchR, § 1 KSchG Rn. 373; HWK/Quecke, § 1 KSchG Rn. 269, 272; ErfK/Oetker, § 1 KSchG Rn. 256; Stahlhacke/Preis/Vossen, Kündigung und Kündigungsschutz im Arbeitsverhältnis, Rn. 1006; Thüsing/Laux/Lembke/Reinhard, KSchG, § 1 Rn. 671. – Vgl. auch BAG vom 17.01.2007, AP Nr. 30 zu § 14 TzBfG = NZA 2007, 566 ff. zur Unzulässigkeit einer Befristung wegen der beabsichtigten Einstellung von Leiharbeitnehmern.

D. Mitbestimmungsrecht hinsichtlich der Arbeitszeitaufstockung von N

Ein Mitbestimmungsrecht hinsichtlich der Arbeitszeitaufstockung von Norbert N. könnte nach § 87 Abs. 1 Nr. 2 oder 3 BetrVG unter dem Gesichtspunkt der Arbeitszeitlage bzw. -verlängerung, aber auch nach § 99 Abs. 1 BetrVG unter dem Gesichtspunkt der Versetzung bzw. Einstellung gegeben sein.

Mitbestimmungstatbestand

I.   § 87 Abs. 1 Nr. 3 BetrVG

Nach dem Wortlaut von § 87 Abs. 1 Nr. 3 BetrVG ist nur die vorübergehende, nicht aber die dauerhafte Arbeitszeitverlängerung mitbestimmungspflichtig[42]. Vorübergehend i. S. v. § 87 Abs. 1 Nr. 3 BetrVG ist eine Verlängerung der betriebsüblichen Arbeitszeit nur, wenn der Arbeitgeber beabsichtigt, nach einem bestimmten Zeitraum oder nach dem Wegfall des Anlasses zur Veränderung des Umfangs der Arbeitszeit zum vorherigen Umfang zurückzukehren. Eine auf unbestimmte Zeit bzw. für die weitere Dauer des Arbeitsverhältnisses geplante Arbeitszeiterhöhung ist nicht vorübergehend und daher auch nicht mitbestimmungspflichtig[43]. Im konkreten Fall erfolgte die Erhöhung der Arbeitszeit nicht für einen begrenzten Anlass, sondern auf unbestimmte Zeit. Damit liegt keine vorübergehende Arbeitszeitverlängerung vor, so dass auch der Mitbestimmungstatbestand aus § 87 Abs. 1 Nr. 3 BetrVG nicht greift.

Keine vorübergehende Arbeitszeitverlängerung

II.   § 87 Abs. 1 Nr. 2 BetrVG

Das Mitbestimmungsrecht nach § 87 Abs. 1 Nr. 2 BetrVG bezieht sich auf den Beginn und das Ende der täglichen Arbeitszeit einschließlich der Pausen sowie die Verteilung der Arbeitszeit auf die einzelnen Wochentage. Nach dem Wortlaut ist also lediglich die Lage der Arbeitszeit, nicht aber das vereinbarte Arbeitszeitvolumen mitbestimmungspflichtig[44]. Gleichwohl will eine in der Literatur vertretene Auffassung

Lage, nicht Dauer der Arbeitszeit

---

[42] Siehe oben B II, S. 203 f.

[43] LAG Niedersachsen vom 28.05.1998, NZA-RR 1998, 362, 366; Boemke, ArbR, § 9 Rn. 40; Fitting, BetrVG, § 87 Rn. 133; ErfK/Kania, § 87 BetrVG Rn. 33; MünchArbR/Matthes, § 335 Rn. 1; GK-BetrVG/ Wiese, § 87 Rn. 385; Wlotzke/Preis/Bender, BetrVG, § 87 Rn. 69.

[44] BAG vom 18.08.1987, AP Nr. 23 zu § 77 BetrVG 1972 = NZA 1987, 779, 782 f.; BAG vom 13.10.1987, AP Nr. 24 zu § 77 BetrVG 1972 = NZA 1988, 251, 252; BAG vom 27.01.1998, AP Nr. 14 zu § 87 BetrVG 1972 Sozialeinrichtung = NZA 1998, 835, 837; BAG vom

auch die Dauer der Wochenarbeitszeit § 87 Abs. 1 Nr. 2 BetrVG unterwerfen[45], weil mit der Regelung der Verteilung der
Arbeitszeit auf die einzelnen Wochentage zugleich auch über
die Gesamtdauer der Arbeitszeit entschieden werden könne.
Diese Auffassung vermag schon wegen des Gegenschlusses
aus § 87 Abs. 1 Nr. 3 BetrVG[46] nicht zu überzeugen, der die
Mitbestimmung auf vorübergehende Veränderungen des Arbeitszeitvolumens begrenzt. Sie beachtet darüber hinaus auch
nicht die grundrechtlich geschützte Berufsfreiheit des Arbeitnehmers aus Art. 12 Abs. 1 GG. Mit der grundgesetzlichen
Wertentscheidung wäre es unvereinbar, die Dauer des Arbeitszeitvolumens der einzelnen Mitarbeiter in das Belieben
der Betriebspartner zu stellen. Die dauerhafte Arbeitszeitveränderung unterliegt daher auch nicht der Mitbestimmung des
Betriebsrats nach § 87 Abs. 1 Nr. 2 BetrVG.

III. § 99 Abs. 1 BetrVG

Versetzung oder Einstellung

In Betracht kommt jedoch ein Zustimmungserfordernis nach
§ 99 BetrVG unter dem Gesichtspunkt der Versetzung (1)
bzw. der Einstellung (2).

1. Versetzung (§ 95 Abs. 3 Satz 1 BetrVG)

Arbeitszeiterhöhung keine
Versetzung

Nach der Legaldefinition in § 95 Abs. 3 Satz 1 BetrVG ist
eine Versetzung gegeben, wenn dem Arbeitnehmer ein anderer Arbeitsbereich zugewiesen wird und diese Zuweisung
voraussichtlich die Dauer von einem Monat überschreitet
bzw. mit einer erheblichen Änderung der Arbeitsumstände
verbunden ist. Der Arbeitsbereich wird nach allgemeiner
Auffassung durch den Ort der Arbeitsleistung, die Art der
Tätigkeit sowie die Stellung des Arbeitnehmers innerhalb
der betrieblichen Organisation bestimmt[47]. Entscheidend ist,

---

22.07.2003, AP Nr. 108 zu § 87 BetrVG 1972 Arbeitszeit = NZA 2004,
507, 508 f.; Boemke, ArbR, § 9 Rn. 46; Fitting, BetrVG, § 87 Rn. 103;
ErfK/Kania, § 87 BetrVG Rn. 25; MünchArbR/Matthes, § 334 Rn. 3;
Richardi, BetrVG, § 87 Rn. 267 f.; GK-BetrVG/Wiese, § 87 Rn. 275 ff.

[45] Gnade, FS Kehrmann, S. 231; DKK/Klebe, BetrVG, § 87 Rn. 73;
Plander, AuR 1987, 281, 288.

[46] BAG vom 13.10.1987, AP Nr. 24 zu § 77 BetrVG 1972 = NZA 1988,
251, 252; Fitting, BetrVG, § 87 Rn. 103; ErfK/Kania, § 87 BetrVG
Rn. 25; GK-BetrVG/Wiese, § 87 Rn. 275 ff.

[47] BAG vom 19.02.1991, AP Nr. 25 zu § 95 BetrVG 1972 Arbeitszeit =
NZA 1991, 601, 602 f.; BAG vom 23.11.1993, AP Nr. 33 zu § 95
BetrVG 1972 Arbeitszeit = NZA 1994, 718, 719; BAG vom
02.04.1996, AP Nr. 34 zu § 95 BetrVG 1972 Arbeitszeit = NZA 1997,
112; BAG vom 13.03.2007, AP Nr. 52 zu § 95 BetrVG 1972 = NZA-
RR 2007, 581, 583. – Ausführlich v. Hoyningen-Huene/Boemke, Versetzung, S. 120 ff.

ob sich der Gegenstand der geschuldeten Arbeitsleistung, der Inhalt der Arbeitsaufgabe oder das Gesamtbild der Tätigkeit geändert haben[48]. Der räumlich, inhaltlich und funktional zu bestimmende Arbeitsbereich wird hingegen nicht durch den Umfang der Tätigkeit geprägt[49]. Der zeitliche Umfang der Arbeitsleistung ist für die Bestimmung des Arbeitsbereichs ohne Bedeutung. Die Verlängerung oder Verkürzung der Dauer der täglichen bzw. wöchentlichen Arbeitszeit betrifft daher nicht den Arbeitsbereich als solchen, so dass deren Veränderung keine Versetzung i. S. v. § 95 Abs. 3 BetrVG bildet[50].

2. Einstellung

Das Zustimmungserfordernis gemäß § 99 Abs. 1 BetrVG könnte jedoch unter dem Gesichtspunkt der Einstellung bestehen. Einstellung ist nach st. Rspr. des BAG und h. L. nicht der Abschluss eines Arbeitsvertrags[51]. Vielmehr liegt eine Einstellung vor, wenn eine Person in den Betrieb eingegliedert wird, um zusammen mit den schon beschäftigten Arbeitnehmern dessen arbeitstechnischen Zweck durch weisungsgebundene Tätigkeit zu verwirklichen[52]. Die bloße Erhöhung der regelmäßigen Wochenarbeitszeit scheint somit keine Eingliederung und damit keine Einstellung zu sein,

Begriff der Einstellung

---

[48] BAG vom 28.09.1988, AP Nr. 55 zu § 99 BetrVG 1972 = NZA 1989, 188, 189; BAG vom 23.11.1993, AP Nr. 33 zu § 95 BetrVG 1972 Arbeitszeit = NZA 1994, 718, 719; BAG vom 25.10.1994, 3 AZR 987/93, unter A IV 1 = AuR 2001, 146, 147; BAG vom 02.04.1996, AP Nr. 34 zu § 95 BetrVG 1972 Arbeitszeit = NZA 1997, 112; Fitting, BetrVG, § 99 Rn. 126; Richardi/Thüsing, BetrVG, § 99 Rn. 99 f; Wlotzke/Preis, BetrVG, § 99 Rn. 26.

[49] BAG vom 16.07.1991, AP Nr. 28 zu § 95 BetrVG 1972 = NZA 1992, 180, 181; BAG vom 25.10.1994, 3 AZR 987/93, unter A IV 1 = AuR 2001, 146, 147; Fitting, BetrVG, § 99 Rn. 126; ErfK/Kania, § 99 BetrVG Rn. 13.

[50] BAG vom 19.02.1991, AP Nr. 25 zu § 95 BetrVG 1972 Arbeitszeit = NZA 1991, 601, 602 f.; BAG vom 16.07.1991, AP Nr. 28 zu § 95 BetrVG 1972 Arbeitszeit = NZA 1992, 180, 181; BAG vom 23.11.1993, AP Nr. 33 zu § 95 BetrVG 1972 Arbeitszeit = NZA 1994, 718, 719 f.; BAG vom 25.01.2005, AP Nr. 114 zu § 87 BetrVG 1972 Arbeitszeit = NZA 2005, 945, 946; Fitting, BetrVG, § 99 Rn. 126; v. Hoyningen-Huene/Boemke, Versetzung, S. 146; ErfK/Kania, § 99 BetrVG Rn. 13; Wlotzke/Preis, BetrVG, § 99 Rn. 33.

[51] So aber Hess/Schlochauer/Glaubitz, BetrVG, § 99 Rn. 15; GK-BetrVG/Kraft/Raab, § 99 Rn. 23.

[52] BAG vom 28.04.1992, AP Nr. 98 zu § 99 BetrVG 1972 = NZA 1992, 1141, 1142; BAG vom 25.01.2005, AP Nr. 114 zu § 87 BetrVG 1972 Arbeitszeit = NZA 2005, 945, 946; Boemke, ArbR, § 3 Rn. 67; Galperin/Löwisch, BetrVG, § 99 Rn. 10 ff.; MünchArbR/Matthes, § 352 Rn. 7 ff; Richardi/Thüsing, BetrVG, § 99 Rn. 29 f.

weil lediglich das Arbeitszeitvolumen eines bereits einge-
gliederten Arbeitnehmers verändert wird[53].

Sinn und Zweck des Mitbestimmungsrechts

Eine solche Betrachtung ließe allerdings Sinn und Zweck
des Mitbestimmungsrechts aus § 99 BetrVG außer Betracht.
Dem Betriebsrat soll Gelegenheit gegeben werden, eine vorgesehene Beschäftigung im Betrieb dann zu verhindern,
wenn hierdurch Belegschaftsinteressen in rechtlich erheb-
licher Weise beeinträchtigt werden[54]. Im Hinblick auf diesen
Schutzzweck kommt eine Einstellung nicht nur bei der erstmaligen Eingliederung eines Mitarbeiters in den Betrieb in
Betracht. Sinn und Zweck des Mitbestimmungsrechts verlangen vielmehr eine erneute Beteiligung des Betriebsrats auch dann, wenn sich die Umstände der Beschäftigung
– ohne dass eine Versetzung vorliegt – auf Grund einer neuen
Vereinbarung grundlegend ändern. Dadurch können Zustim-
mungsgründe erwachsen, die bei der Ersteinstellung nicht
voraussehbar waren und deshalb bei der ursprünglichen Zu-
stimmungsentscheidung des Betriebsrats noch nicht berücksichtigt werden konnten[55].

Eingreifen von Verweigerungsgründen

Wird der Umfang der bisher vereinbarten regelmäßigen
Arbeitszeit eines (teilzeitbeschäftigten) Mitarbeiters nicht
unbedeutend erhöht, können mit der bloßen Arbeitszeiterhöhung Zustimmungsverweigerungsgründe einhergehen. So
kommen Verstöße gegen einen Tarifvertrag in Betracht, etwa
weil dieser ein bestimmtes betriebliches Höchstarbeits-
zeitvolumen vorschreibt, das durch die beabsichtigte Aufstockung überschritten würde; es können Verstöße gegen
Auswahlrichtlinien nach § 95 BetrVG auftreten; mit der
Stundenerhöhung können Nachteile für sonstige Belegschaftsmitglieder i. S. v. § 99 Abs. 2 Nr. 3 BetrVG verbunden sein, die bei dem bisherigen Stundendeputat nicht gegeben waren; es kann mehrere Interessenten oder Bewerber um
eine Stundenerhöhung gegeben haben, auf deren Auswahl

---

[53] In diesem Sinne eine Einstellung bei einer Arbeitszeiterhöhung ableh-
nend BAG vom 25.10.1994, 3 AZR 987/93, unter A IV 1 = AuR 2001,
146, 147; Fitting, BetrVG, § 99 Rn. 40; ErfK/Kania, § 99 BetrVG
Rn. 6; GK-BetrVG/Kraft/Raab, § 99 Rn. 37; Hunold, NZA 2005, 910;
Preis/Lindemann, NZA-Sonderheft 2001, 43; Richardi/Thüsing,
BetrVG, § 99 Rn. 47.

[54] BAG vom 20.09.1990, AP Nr. 84 zu § 99 BetrVG 1972 = NZA 1991,
195, 197; BAG vom 05.03.1991, AP Nr. 90 zu § 99 BetrVG 1972 =
NZA 1991, 686, 688; Fitting, BetrVG, § 99 Rn. 35; GK-BetrVG/Kraft/
Raab, § 99 Rn. 6; MünchArbR/Matthes, § 352 Rn. 2; Wlotzke/Preis,
BetrVG, § 99 Rn. 5.

[55] BAG vom 25.01.2005, AP Nr. 114 zu § 87 BetrVG 1972 Arbeitszeit =
NZA 2005, 945, 946 ff.

der Betriebsrat zumindest beratend soll Einfluss nehmen können; selbst Verweigerungsgründe aus § 99 Abs. 2 Nr. 6 BetrVG können sich in neuer Dringlichkeit stellen. Durch die Erhöhung des bisherigen Arbeitszeitvolumens eines Mitarbeiters werden damit regelmäßig dieselben mitbestimmungsrechtlich bedeutsamen Fragen aufgeworfen wie bei der Ersteinstellung. Sie bedürfen daher einer erneuten Beurteilung durch den Betriebsrat, so dass die nicht unerhebliche Erhöhung der Wochenarbeitszeit unter dem Gesichtspunkt der Einstellung der Mitbestimmung des Betriebsrats unterliegt[56].

Die Verdoppelung der Arbeitszeit des N von 20 auf 40 Wochenstunden ist als nicht unerheblich einzustufen[57]. Will DC gemäß den arbeitsvertraglichen Vereinbarungen N nicht nur 20, sondern 40 Stunden in der Woche beschäftigen, bedürfte DC hinsichtlich der zusätzlichen Beschäftigung von N im Umfang von 20 Wochenstunden der Zustimmung des Betriebsrats unter dem Gesichtspunkt der Einstellung gemäß § 99 Abs. 1 BetrVG.

Zustimmung erforderlich

---

[56] BAG vom 25.01.2005, AP Nr. 114 zu § 87 BetrVG 1972 Arbeitszeit = NZA 2005, 945, 946 ff.; LAG Niedersachsen vom 12.09.2000, NZA-RR 2001, 141 f.; LAG Schleswig-Holstein vom 18.07.2007 – 6 TaBV 31/06; DKK/Kittner, BetrVG, § 99 Rn. 42 a; Löwisch/Kaiser, BetrVG, § 99 Rn. 6; MünchArbR/Matthes, § 352 Rn. 16; Schaub/Koch, ArbR-Hdb, § 241 Rn. 11a Nr. 7. – So für den Begriff der Einstellung i. S. v. § 75 BPersVG auch BVerwG vom 02.06.1993, NVwZ 1994, 1220, 1222 f.; BVerwG vom 23.03.1999, NVwZ-RR 2000, 518, 519 f.

[57] Vgl. BAG vom 25.01.2005, AP Nr. 114 zu § 87 BetrVG 1972 Arbeitszeit = NZA 2005, 945, 947 f. (Arbeitszeiterhöhung um 20 Monatsstunden); BVerwG vom 02.06.1993, NVwZ 1994, 1220, 1222 (Arbeitszeiterhöhung um 20 Monatsstunden); LAG Hessen vom 13.12.2005, AuR 2006, 214 (Verdoppelung von 8 auf 16 Wochenstunden); LAG Schleswig-Holstein vom 18.07.2007 – 6 TaBV 31/06 (Arbeitszeiterhöhung um 10 Wochenstunden). – Nicht erheblich ist nach Auffassung des LAG Niedersachsen vom 12.09.2000, NZA-RR 2001, 141 f. eine Erhöhung um 5 Wochenstunden, vgl. auch LAG Hessen vom 13.12.2005, AuR 2006, 214 (Erhöhung von 30 auf 35 Wochenstunden).

E. Antrag an das Arbeitsgericht auf Zustimmungsersetzung

Erfolgsvoraussetzungen

Der Antrag auf Ersetzung der Zustimmung des Betriebsrats zur Einstellung von Horst H hat Erfolg, wenn er zulässig und begründet ist.

I. Zulässigkeit des Antrags

Zulässigkeits-
voraussetzungen

Der Antrag ist zulässig, wenn der Rechtsweg zu den Arbeitsgerichten eröffnet, der Betriebsrat passivlegitimiert und für DC ein Rechtsschutzbedürfnis gegeben ist.

1. Rechtsweg

Rechtsweg zu den ArbG

DC verlangt hier gemäß § 99 Abs. 4 BetrVG, die Zustimmung des Betriebsrats zur Einstellung von Horst H. zu ersetzen. Es handelt sich somit um eine Angelegenheit aus dem BetrVG, über die nach § 2a Abs. 1 Nr. 1 ArbGG die Arbeitsgerichte im Beschlussverfahren zu entscheiden haben.

2. Beteiligtenfähigkeit des Betriebsrats

Betriebsrat beteiligtenfähig

Obwohl der Betriebsrat als lediglich betriebsinternes Gremium keine allgemeine Rechtsfähigkeit besitzt, ist er in betriebsverfassungsrechtlichen Streitigkeiten partiell rechtsfähig und gemäß § 10 Satz 1 Hs. 1 ArbGG auch parteifähig. Er kann daher als Antragsgegner Beteiligter im betriebsverfassungsrechtlichen Beschlussverfahren sein[58].

3. Rechtsschutzbedürfnis

Durchführung des Zustim-
mungsverfahrens und Nicht-
erteilung der Zustimmung

Weitere Zulässigkeitsvoraussetzung ist das Rechtsschutzbedürfnis des Arbeitgebers[59]. Dieses besteht nur, wenn ein rechtlich geschütztes Interesse an einer Ersetzung der Zustimmung des Betriebsrats durch das Arbeitsgericht für den Arbeitgeber besteht. Es fehlt danach zum einen, wenn der Betriebsrat zwar nicht ausdrücklich die Zustimmung erklärt hat, diese aber nach § 99 Abs. 3 Satz 2 BetrVG mangels ordnungsgemäßer Verweigerung als erteilt gilt. Eine vorhandene Zustimmung muss nicht durch das Arbeitsgericht ersetzt

---

[58] Siehe oben A I, S. 196.

[59] Siehe allgemein zum Rechtsschutzbedürfnis im Beschlussverfahren BAG vom 18.02.2003, AP Nr. 12 zu § 611 BGB Arbeitsbereitschaft = NZA 2003, 742, 743 f.; BAG vom 17.01.2007, AP Nr. 18 zu § 4 BetrVG 1972 = NZA 2007, 703, 704; Bader/Creutzfeldt/Friedrich, ArbGG, § 81 Rn. 4; Düwell/Lipke/Koch, ArbGG, § 81 Rn. 24 ff.; ErfK/Eisemann, § 81 ArbGG Rn. 8; Germelmann/Matthes/Prütting/Müller-Glöge, ArbGG, § 81 Rn. 23 ff.; Schwab/Weth, ArbGG, § 81 Rn. 87 ff.

werden[60]. Zum anderen besteht nach dem eindeutigen Wortlaut von § 99 Abs. 4 BetrVG dann kein Rechtschutzbedürfnis, wenn der Arbeitgeber das Zustimmungsverfahren nach § 99 Abs. 1 BetrVG nicht ordnungsgemäß durchgeführt hat[61]. In diesem Fall steht nämlich die endgültige Entscheidung des Betriebsrats über die Zustimmung noch aus, so dass der Arbeitgeber noch keine gerichtliche Hilfe in Anspruch nehmen muss.

Im konkreten Fall hat DC laut Sachverhalt den Betriebsrat umfassend und vollständig über die Einstellung von Horst H. informiert, das Zustimmungsverfahren ist somit ordnungsgemäß durchgeführt worden. Das Zustimmungsersetzungsverfahren wäre damit zulässig, wenn der Betriebsrat die Zustimmung ordnungsgemäß verweigert hat, so dass seine Zustimmung nicht gemäß § 99 Abs. 3 Satz 2 BetrVG als erteilt gilt. Formal muss die Zustimmung schriftlich innerhalb einer Woche verweigert werden. Ausweislich des Sachverhalts hat der Betriebsrat die am 03.12.2007 beantragte Zustimmung am 10.12.2007, also innerhalb der Wochenfrist des § 99 Abs. 3 Satz 1 BetrVG, in der gesetzlich gebotenen Schriftform verweigert.

Durchführung des Zustimmungsverfahrens

Allerdings verlangt § 99 Abs. 3 Satz 1 BetrVG überdies die „Angabe von Gründen". Danach gehört die Angabe von Gründen zum notwendigen Inhalt der Zustimmungsverweigerungserklärung, so dass eine Zustimmungsverweigerungserklärung ohne Gründe rechtlich unbeachtlich ist[62]. Dem Arbeitgeber soll durch die Angabe von Gründen vor Augen geführt werden, weswegen der Betriebsrat die Durchführung der personellen Einzelmaßnahme für betriebsverfassungswidrig erachtet[63]. Daher genügt eine Begründung, die lediglich den Gesetzeswortlaut wiederholt oder die offensichtlich auf keinen der gesetzlichen Verweigerungsgründe Bezug nimmt, nicht den Anforderungen des § 99 Abs. 3 Satz 1 BetrVG. Umgekehrt muss die Begründung des Betriebsrats aber auch nicht schlüssig sein, konkrete Tatsachen und

Angabe der Verweigerungsgründe

---

[60] Boemke, ZfA 1992, 473, 492; Richardi/Thüsing, BetrVG, § 99 Rn. 286.

[61] Boemke, ZfA 1992, 473, 492; GK-BetrVG/Kraft/Raab, § 99 Rn. 170 f.; Richardi/Thüsing, BetrVG, § 99 Rn. 284.

[62] BAG vom 18.07.1978, AP Nr. 1 zu § 101 BetrVG 1972 = DB 1978, 2322; BAG vom 21.11.1978, AP Nr. 3 zu § 101 BetrVG 1972 = BB 1979, 678; BAG vom 24.07.1979, AP Nr. 11 zu § 99 BetrVG 1972 = BB 1980, 104; Boemke, ZfA 1992, 473, 495; ErfK/Kania, § 99 BetrVG Rn. 39; Richardi/Thüsing, BetrVG, § 99 Rn. 263; Rolfs, StudKomm-ArbR, § 99 BetrVG Rn. 15; Wlotzke/Preis, BetrVG, § 99 Rn. 71.

[63] BAG vom 28.06.1986, 1 ABR 18/84, (n. v., juris Rz 14 ff.).

Gründe müssen – mit Ausnahme der Fälle des § 99 Abs. 2 Nr. 3 und Nr. 6 BetrVG – nicht angegeben werden. Es reicht aus, wenn mit der Begründung des Betriebsrats einer der in § 99 Abs. 2 BetrVG aufgeführten Verweigerungsgründe geltend gemacht wird[64]. Ob die vom Betriebsrat vorgegebenen Gründe tatsächlich vorliegen, betrifft nicht die Wirksamkeit der Zustimmungsverweigerung, sondern ist Gegenstand des Zustimmungsersetzungsverfahrens[65].

Lohnunterschreitung als Verweigerungsgrund

Im konkreten Fall hat der Betriebsrat seine Zustimmungsverweigerung damit begründet, dass er die Einstellung deswegen für gesetzeswidrig hält, weil die Vergütung unter dem Tariflohn liege. Damit wird in der Zustimmungsverweigerung sachlich auf § 99 Abs. 2 Nr. 1 BetrVG Bezug genommen. Fraglich ist allerdings, ob sich die Zustimmungsverweigerung auch auf die Einstellung i. S. v. § 99 Abs. 1 BetrVG bezieht; diese ist nämlich nicht im Abschluss des Arbeitsvertrags, sondern in der Eingliederung des Arbeitnehmers in den Betrieb durch Zuweisung eines Arbeitsbereichs zu sehen. Der Zustimmungsverweigerungsgrund muss sich demnach auf die Eingliederung des Arbeitnehmers beziehen; es genügt nicht, wenn lediglich die Vertragsbedingungen als solche rechtswidrig sind, weil dies der Beschäftigung des Arbeitnehmers nicht entgegensteht[66]. Daher soll nach einer in der Literatur vertretenen Auffassung eine Begründung, die sich bei einer Einstellung lediglich gegen die Gesetzmäßigkeit der Arbeitsbedingungen wendet, nicht den Anforderungen von § 99 Abs. 3 Satz 2 BetrVG genügen[67].

---

[64] BAG vom 18.07.1978, AP Nr. 1 zu § 101 BetrVG 1972 = DB 1978, 2322 f.; BAG vom 21.11.1978, AP Nr. 3 zu § 101 BetrVG 1972 = BB 1979, 678; BAG vom 16.07.1985, AP Nr. 21 zu § 99 BetrVG 1972 = NZA 1986, 163 f.; BAG vom 26.01.1988, AP Nr. 50 zu § 99 BetrVG 1972 = NZA 1988, 476, 477 f.; BAG vom 11.06.2002, AP Nr. 118 zu § 99 BetrVG 1972 = NZA 2003, 226, 228; Boemke, ZfA 1992, 473, 495; Fitting, BetrVG, § 99 Rn. 214; Richardi/Thüsing, BetrVG, § 99 Rn. 267.

[65] BAG vom 18.07.1978, AP Nr. 1 zu § 101 BetrVG 1972 = DB 1978, 2322 f.; BAG vom 21.11.1978, AP Nr. 3 zu § 101 BetrVG 1972 = BB 1979, 678; Boemke, ZfA 1992, 473, 492; Fitting, BetrVG, § 99 Rn. 215; Hess/Schlochauer/Glaubitz, BetrVG, § 99 Rn. 101; GK-BetrVG/Kraft/Raab, § 99 Rn. 120; Richardi/Thüsing, BetrVG, § 99 Rn. 270.

[66] BAG vom 16.07.1985, AP Nr. 21 zu § 99 BetrVG 1972 = NZA 1986, 163, 164; BAG vom 28.06.1994, AP Nr. 4 zu § 99 BetrVG 1972 Einstellung = NZA 1995, 387, 388; BAG vom 09.07.1996, AP Nr. 9 zu § 99 BetrVG 1972 Einstellung = NZA 1997, 447; BAG vom 28.03.2000, AP Nr. 27 zu § 99 BetrVG 1972 Einstellung = NZA 2000, 1294, 1296; BAG vom 14.12.2004, AP Nr. 27 zu § 99 BetrVG 1972 Einstellung = NZA 2005, 424, 425; ErfK/Kania, § 99 BetrVG Rn. 23; Wlotzke/Preis, BetrVG, § 99 Rn. 40.

[67] v. Hoyningen-Huene, BetrVR, § 14 Rn. 49.

Gegen diese in der Literatur geäußerte Auffassung spricht allerdings, dass gerade keine schlüssige Begründung vom Betriebsrat verlangt wird, sondern eine Nähe zum Zustimmungsverweigerungstatbestand ausreicht. Nur solche Begründungen sind unbeachtlich, die sich so weit von den gesetzlichen Zustimmungsverweigerungsgründen in § 99 Abs. 2 BetrVG entfernen, dass sie sich diesen schlechterdings nicht mehr zuordnen lassen[68]. Im vorliegenden Fall entspricht die Begründung äußerlich dem Verweigerungsgrund Nr. 1, wonach der Betriebsrat seine Zustimmung zu einer personellen Einzelmaßnahme verweigern kann, wenn diese gegen Vorschriften in einem Tarifvertrag verstößt. Damit ist die hinreichende Nähe zu einem gesetzlichen Verweigerungsgrund gegeben, so dass eine beachtliche Zustimmungsverweigerung vorliegt[69].

Nähe zum gesetzlichen Verweigerungstatbestand ausreichend

4. Zwischenergebnis

Der Zustimmungsersetzungsantrag ist somit zulässig.

Antrag zulässig

II. Begründetheit des Antrags

Der Zustimmungsersetzungsantrag ist begründet, wenn keine berücksichtigungsfähigen Zustimmungsverweigerungsgründe gegen die Einstellung vorliegen.

Voraussetzungen für Begründetheit

1. Gesetzesverstoß (§ 99 Abs. 2 Nr. 1 BetrVG)

Wie oben ausgeführt kann eine Zustimmungsverweigerung nicht auf jede Gesetzesverletzung gestützt werden. Erforderlich ist, dass die Einstellung i. S. d. Eingliederung in den Arbeitsbereich gesetzeswidrig ist und daher unterbleiben muss. Bloße Verstöße der arbeitsvertraglichen Vereinbarung rechtfertigen die Zustimmungsverweigerung nicht[70]. Da im vorliegenden Fall der Betriebsrat Bedenken nicht gegen die

Eingliederung gesetzeskonform

---

[68] BAG vom 16.07.1985, AP Nr. 21 zu § 99 BetrVG 1972 = NZA 1986, 163 f.; Fitting, BetrVG, § 99 Rn. 215; Hess/Schlochauer/Glaubitz, BetrVG, § 99 Rn. 101; GK-BetrVG/Kraft/Raab, § 99 Rn. 120.

[69] BAG vom 16.07.1985, AP Nr. 21 zu § 99 BetrVG 1972 = NZA 1986, 163 f.; Fitting, BetrVG, § 99 Rn. 215; Hess/Schlochauer/Glaubitz, BetrVG, § 99 Rn. 101; GK-BetrVG/Kraft/Raab, § 99 Rn. 118 ff.

[70] BAG vom 16.07.1985, AP Nr. 21 zu § 99 BetrVG 1972 = NZA 1986, 163 f.; BAG vom 28.06.1994, AP Nr. 4 zu § 99 BetrVG 1972 Einstellung = NZA 1995, 387, 388; BAG vom 09.07.1996, AP Nr. 9 zu § 99 BetrVG 1972 Einstellung = NZA 1997, 447; BAG vom 28.03.2000, AP Nr. 27 zu § 99 BetrVG 1972 Einstellung = NZA 2000, 1294, 1296 f.; BAG vom 14.12.2004, AP Nr. 27 zu § 99 BetrVG 1972 Einstellung = NZA 2005, 424, 425; ErfK/Kania, § 99 BetrVG Rn. 23; Wlotzke/Preis, BetrVG, § 99 Rn. 40.

Beschäftigung, sondern nur gegen die Lohnhöhe hat, ist der Zustimmungsverweigerungsgrund aus § 99 Abs. 2 Nr. 1 BetrVG nicht gegeben.

2. Unterbliebene Stellenausschreibung (§ 99 Abs. 2 Nr. 5 BetrVG)

a) Verstoß

aa) Ausschreibung

Ausschreibung unter Altersangabe

Nach § 99 Abs. 2 Nr. 5 BetrVG kann der Betriebsrat die Zustimmung verweigern, wenn eine nach § 93 BetrVG erforderliche innerbetriebliche Stellenausschreibung unterblieben ist. Der Betriebsrat hatte hier im Jahr 2002 gemäß § 93 BetrVG von DC verlangt, dass Arbeitsplätze vor ihrer Besetzung generell innerbetrieblich ausgeschrieben werden müssen. Das Ausschreibungsverlangen war somit rechtzeitig gestellt worden. Allerdings hatte DC die Stelle vorliegend innerbetrieblich ausgeschrieben, so dass formal eine Ausschreibung erfolgt ist. Allerdings war im Rahmen der Ausschreibung als Einstellungsvoraussetzung „Alter zwischen 25 und 45 Jahren" genannt worden. Damit könnte es trotz tatsächlicher Ausschreibung an einer Ausschreibung i. S. v. §§ 93, 99 Abs. 2 Nr. 5 BetrVG fehlen, wenn die Nennung eines bestimmten Alters in der Ausschreibung eine unzulässige Altersdiskriminierung i. S. v. §§ 1, 7 AGG darstellt (bb) und eine gesetzeswidrige Ausschreibung rechtlich wie eine unterbliebene Ausschreibung zu behandeln ist (cc).

bb) Rechtswidrige Ausschreibung

Benachteiligung

Nach § 11 AGG darf ein Arbeitsplatz nicht unter Verstoß gegen das Benachteiligungsverbot des § 7 Abs. 1 AGG ausgeschrieben werden. Der Arbeitgeber ist danach verpflichtet, eine Stellenausschreibung so zu gestalten, dass nicht der Eindruck entsteht, das Vorliegen bzw. Nichtvorliegen von Verbotsmerkmalen des § 1 AGG sei unmittelbar oder zumindest mittelbar für die Stellenbesetzung von Bedeutung[71]. Etwas anderes gilt nur dann, wenn das betreffende Verbotsmerkmal wegen der Art der Tätigkeit oder den Bedingungen ihrer Ausübung eine Differenzierung nach §§ 8 – 10 AGG rechtfertigt[72].

---

[71] Bauer/Göpfert/Krieger, AGG, § 11 Rn. 1; Boemke/Danko, AGG, § 8 Rn. 3; ErfK/Schlachter, § 11 AGG Rn. 1 f.

[72] Boemke/Danko, AGG, § 8 Rn. 3; MünchKomm/Thüsing, BGB, § 11 AGG Rn. 4.

Im konkreten Fall war als Einstellungsvoraussetzung „Alter zwischen 25 und 45 Jahren" genannt, so dass unmittelbar an das in § 1 AGG genannte und damit vom Benachteiligungsverbot des § 7 Abs. 1 AGG umfasste Merkmal „Lebensalter" angeknüpft wurde. Da sich dem Sachverhalt keine Anhaltspunkte dafür entnehmen lassen, dass für die Tätigkeit als Kfz-Mechatroniker die Beschränkung auf ein Alter zwischen 25 und 45 Jahre durch sachliche Gründe gedeckt war, entspricht die Ausschreibung nicht den Anforderungen des § 11 AGG[73], sondern ist altersdiskriminierend.

Rechtfertigung

cc) *Rechtswidrige Ausschreibung als unterlassene Ausschreibung*

Umstritten ist allerdings, ob eine Ausschreibung entgegen § 11 AGG den Betriebsrat gemäß § 99 Abs. 2 Nr. 5 BetrVG berechtigt, die Zustimmung zur Einstellung des Bewerbers zu verweigern, für den der Arbeitgeber sich entschieden hat[74]. Einerseits ist der Arbeitgeber nämlich dem Ausschreibungsgebot formal nachgekommen, andererseits entspricht die konkrete Ausschreibung nicht den gesetzlichen Anforderungen. Insofern stellt sich die Frage, ob die gesetzeswidrige einer nicht vorgenommenen Ausschreibung i. S. v. § 99 Abs. 2 Nr. 5 BGB gleichsteht. Dies ist abhängig vom Sinn und Zweck des Rechts des Betriebsrats, eine innerbetriebliche Stellenausschreibung verlangen zu dürfen.

Streitstand

Sinn und Zweck von § 93 BetrVG ist es, innerbetrieblichen Bewerbern Kenntnis von einer freien Stelle zu vermitteln und diesen die Möglichkeit zu geben, ihr Interesse an dieser Stelle kundzutun und sich um sie zu bewerben. Hierdurch soll eine Verbesserung der innerbetrieblichen Chancengleichheit erreicht werden[75]. Dieses Anliegen wird aber nicht bzw. nur teilweise erreicht, wenn nicht sämtliche potentiellen Bewerber angesprochen, sondern eine Gruppe von Arbeitnehmern im Widerspruch zu gesetzlichen Rege-

Aktivierung des innerbetrieblichen Stellenmarkts

---

[73] Vgl. Bauer/Göpfert/Krieger, AGG, § 10 Rn. 25 ff.; ErfK/Schlachter, § 10 AGG Rn. 2 ff.; MünchKomm/Thüsing, BGB, § 11 AGG Rn. 6.

[74] Befürwortend LAG Hessen vom 13.07.1999, NZA-RR 1999, S. 641 ff.; ArbG Berlin vom 25.04.1983, DB 1983, S. 2633 (LS); Boemke/Danko, AGG, § 8 Rn. 13; DKK/Kittner/Bachner, BetrVG, § 99 Rn. 198; ErfK/Kania, § 99 BetrVG Rn. 34; GK-BetrVG/Kraft/Raab, § 99 Rn. 161 (zu § 611b BGB a. F.); MünchKomm/Müller-Glöge, BGB, § 611b Rn. 8. – A. A. MünchKomm/Thüsing, BGB, § 11 AGG Rn. 11; Richardi/Thüsing, BetrVG, § 99 Rn. 235 (für den aufgehobenen § 611b BGB).

[75] BAG vom 23.02.1988, AP Nr. 2 zu § 93 BetrVG 1972 = NZA 1988, 551, 552; Boemke/Danko, AGG, § 8 Rn. 13; DKK/Buschmann, BetrVG, § 93 Rn. 1; GK-BetrVG/Kraft, § 93 Rn. 1.

lungen ausgespart wird. Ist die Stelle unter Verstoß gegen §§ 11, 7 AGG ausgeschrieben, wird bei der nicht angesprochenen Gruppe der Eindruck erweckt, für sie sei die Stelle nicht geeignet. Daher rechtfertigt ein Verstoß die Zustimmungsverweigerung, wenn der Betriebsrat zuvor die innerbetriebliche Stellenausschreibung verlangt hat.

b) Geltendmachung des Verstoßes

Nachschieben von Gründen

Zwar kann somit der Betriebsrat nach § 99 Abs. 2 Nr. 5 BetrVG wegen des Verstoßes gegen § 11 AGG die Zustimmung zur Einstellung von Horst H. verweigern, er hat aber im konkreten Fall seine Zustimmungsverweigerung innerhalb der Wochenfrist nur auf § 99 Abs. 2 Nr. 1 BetrVG gestützt. Daher stellt sich die Frage, ob im Zustimmungsersetzungsverfahren das Arbeitsgericht von Amts wegen Zustimmungsverweigerungsgründe auch dann berücksichtigen darf, wenn der Betriebsrat diese Gründe im Rahmen der Zustimmungsverweigerung nicht form- oder fristgemäß geltend gemacht hat oder ob nur die form- oder fristgemäß geltend gemachten Zustimmungsverweigerunsgründe der Entscheidung zugrunde gelegt werden dürfen.

Konkretisierung durch fristgerechte Geltendmachung

Nach überwiegender Auffassung muss der Betriebsrat dem Arbeitgeber alle Gründe, auf die er seine Zustimmungsverweigerung stützen will, innerhalb der Wochenfrist schriftlich mitteilen. Im gerichtlichen Beschlussverfahren soll das Nachschieben neuer Gründe ausgeschlossen sein[76]. Für diese Auffassung spricht, dass der Gesetzgeber dem Betriebsrat zum einen die freie Entscheidung belässt, ob er sich überhaupt gegen eine personelle Einzelmaßnahme wenden will. Zum anderen ist die Zustimmungsverweigerung des Betriebsrats an konkrete Verweigerungsgründe gebunden, die er auch benennen muss. Die Freiheit in der Entscheidung einerseits und der Begründungszwang andererseits lassen sich sinnvoll nur so verstehen, dass andere als die vom Betriebsrat genannten Gründe im Zustimmungsersetzungsverfahren keine Berücksichtigung finden können[77].

---

[76] BAG vom 03.07.1984, AP Nr. 20 zu § 99 BetrVG 1972 = NZA 1985, 67 f.; BAG vom 28.04.1998, AP Nr. 18 zu § 99 BetrVG 1972 Eingruppierung = NZA 1999, 52, 53; BAG vom 11.06.2002, AP Nr. 118 zu § 99 BetrVG 1972 = NZA 2003, 226, 229; Boemke, ZfA 1992, 473, 497; Hess/Schlochauer/Glaubitz, BetrVG, § 99 Rn. 108; GK-BetrVG/ Kraft/Raab, § 99 Rn. 120; MünchArbR/Matthes, § 352 Rn. 100; Richardi/Thüsing, BetrVG, § 99 Rn. 264a.

[77] Boemke, ZfA 1992, 473, 497 f.

c) Zwischenergebnis

Zwar liegt ein Zustimmungsverweigerungsgrund nach § 99 Abs. 2 Nr. 5 BetrVG vor, weil die erforderliche Stellenausschreibung nicht erfolgt ist; da sich der Betriebsrat aber nicht form- und fristgerecht hierauf berufen hat, bleibt dieser Grund im Zustimmungsersetzungsverfahren unberücksichtigt.

Antrag begründet

3. Ergebnis

Der Zustimmungsersetzungsantrag ist zulässig und auch begründet, weil vom Betriebsrat keine Zustimmungsverweigerungsgründe i. S. v. § 99 Abs. 2 BetrVG form- und fristgerecht geltend gemacht wurden.

Zustimmung wird ersetzt

Klausur Nr. 7

Ein treuloser Betriebsrat

Wiss. Assistent Rechtsanwalt Dr. Bernhard Ulrici

Sachverhalt

A.

Die 49-jährige Sieglinde Säume arbeitet seit drei Jahren in
der insgesamt 300 Mitarbeiter umfassenden Zentrale der
C-Bank AG. Sie ist Mitglied des Betriebsrats, als solche jedoch nicht von der Arbeit freigestellt. In der Zentrale der
Bank kommt ein Zeiterfassungssystem („Stechuhr") zum
Einsatz. Auf Grund einer Betriebsvereinbarung sind alle
Mitarbeiter verpflichtet, sich an entsprechenden Terminals
beim Betreten und Verlassen des Gebäudes an- bzw. abzu-
melden. Über die Bedienung des Zeiterfassungssystems und
die An- und Abmeldepflichten werden alle Mitarbeiter im
halbjährlichen Turnus belehrt und darauf hingewiesen, dass
Verstöße zur Kündigung führen können. Verdiente Mitarbeiter wie Sieglinde Säume sind berechtigt, einen Stellplatz im
firmeneigenen Parkhaus zu nutzen. Die Ein- und Ausfahrt
zum Parkhaus wird über eine elektronische Schranke geregelt. Stellplatzberechtigte Mitarbeiter besitzen eine persönliche Chipkarte, die ihnen die Benutzung des Parkhauses ermöglicht. Jede Ein- und Ausfahrt wird von einem an die
Schranke angeschlossenen Computer in einer den Chipinha-
ber feststellbaren Weise protokolliert. Dieser Umstand war
dem Betriebsrat weder bekannt noch mit ihm abgesprochen.
Ein karrieresüchtiger Mitarbeiter der Bank wendet sich am
06.09.2007 an den Vorstand und teilt diesem mit, dass er
„gehört habe", Frau Säume würde mehrfach im Monat mit
dem Auto ins Büro kommen, dieses im Parkhaus abstellen,
sich anschließend am Zeiterfassungssystem anmelden, danach das Gebäude ohne Abmeldung verlassen und mit ihrem
Auto aus dem Parkhaus „ins Grüne" fahren. Infolge dieses
Verdachts beginnt die Firmenleitung am 11.09.2007 mit der
Auswertung der Aufzeichnungen des Zeiterfassungssystems
sowie der Parkhausschranke. Ein Abgleich ergibt, dass Sieglinde Säume über einen Zeitraum von mehr als sechs Mona-

ten mindestens zweimal pro Woche morgens ins Parkhaus einfuhr, sich zwei Minuten später am Zeiterfassungssystem anmeldete und weitere zwei Minuten später aus dem Parkhaus ausfuhr. Am Abend fuhr sie wieder ins Parkhaus ein, meldete sich zwei Minuten später am Zeiterfassungssystem ab und fuhr weitere zwei Minuten später aus dem Parkhaus aus. Nachdem am 18.09.2007 die Ergebnisse der Auswertung vorliegen, bittet der Personalchef der C-Bank AG Frau Säume am 19.09.2007 zum Personalgespräch, in dessen Rahmen diese jede Aussage verweigert. Noch am gleichen Tag beantragt die C-Bank AG beim zuständigen Betriebsrat unter zutreffender Angabe der Kündigungsgründe sowie der zu ihrer Ermittlung vorgenommenen Datenverarbeitung die Zustimmung zur außerordentlichen Kündigung, welche auf der Grundlage eines ordnungsgemäßen Beschlusses am 21.09.2007 erteilt wird. Noch am gleichen Abend wird Sieglinde Säume durch Boten ein vom vertretungsberechtigten Personalchef der Bank unterzeichnetes Schreiben übergeben, nach welchem das Arbeitsverhältnis „fristlos" gekündigt wird. Eine Kopie der Zustimmung des Betriebsrats ist beigefügt. Am 24.09.2007 begibt sich Sieglinde Säume zu ihrem Rechtsanwalt und lässt sich ausführlich beraten. Mit Schreiben vom gleichen Tag weist der Rechtsanwalt unter Vorlage einer Originalvollmacht die Kündigung im Namen der Sieglinde Säume gegenüber der Bank zurück. Zur Begründung führt er aus, dass der Kündigung weder eine Originalvollmacht des Personalchefs noch die Zustimmung des Betriebsrats im Original beigefügt war. Darüber hinaus erhebt Sieglinde Säume am gleichen Tag Klage zum Arbeitsgericht, mit der sie beantragt: „festzustellen, dass das Arbeitsverhältnis zwischen den Parteien durch die außerordentliche Kündigung vom 21.09.2007 nicht aufgelöst ist." Neben der Unwirksamkeit infolge der Zurückweisung macht sie geltend, dass eine außerordentliche Kündigung nach § 626 Abs. 2 BGB ausgeschlossen sei und überdies der Kündigungsgrund fehle. Die aus der Auswertung des Tiefgaragenzufahrtsystems gewonnenen Erkenntnisse dürften infolge betriebsverfassungswidriger Datengewinnung nicht verwertet werden. Prüfen Sie in einem umfassenden Rechtsgutachten, ob die Kündigungsschutzklage erfolgreich ist. Dabei ist auf alle aufgeworfenen Rechtsfragen – notfalls hilfsgutachtlich – einzugehen.

B.

Im Zusammenhang mit der Umstellung der eingesetzten Banksoftware will die C-Bank AG vorübergehend die wöchentliche Arbeitszeit ihrer Angestellten in der Zentrale von 35 auf 38 Wochenstunden erhöhen. Die Arbeitsverträge der betroffenen Angestellten enthalten hierzu keine Regelung. Ein Tarifvertrag ist nicht anwendbar. Allerdings zeigt sich der zuständige Betriebsrat kooperationsbereit. Begutachten Sie, ob die C-Bank AG unter Mitwirkung des Betriebsrats ihre Mitarbeiter gegen deren Willen zur vorübergehenden Erbringung von Mehrarbeit verpflichten kann? Gehen Sie dabei davon aus, dass einschlägige Tarifverträge üblicherweise keine Regelung über die Anordnung von Überstunden enthalten.

Vorüberlegungen[1]

Die insbesondere betriebsverfassungsrechtlich ausgerichtete Klausur ist hinsichtlich ihres Schwierigkeitsgrads als überdurchschnittlich einzustufen. Den Eigenarten praxisbezogener Fragestellungen entsprechend werden Probleme des Individual- und des Betriebsverfassungsrechts mit prozessualen Aspekten verbunden.

I. Aufgabe A

1. Individualarbeitsrecht

In individualrechtlicher Hinsicht sind die Wirksamkeitsvoraussetzungen einer außerordentlichen Kündigung zu prüfen. Die ganz herrschende Ansicht geht dabei zweistufig vor[2] und prüft zunächst, ob ein „an sich" wichtiger Grund i. S. v. § 626 Abs. 1 BGB vorliegt[3]. Ein hier im Raum stehender Arbeitszeitbetrug unter Missbrauch eines Zeiterfassungssystems ist grundsätzlich als wichtiger Grund anzusehen[4]. Im zweiten Schritt wird geprüft, ob der „an sich" geeignete wichtige Grund unter Berücksichtigung der Umstände des Einzelfalls und unter Abwägung der beiderseitigen Interessen dem Kündigenden die Fortsetzung des Arbeitsverhältnisses, auch nur bis zum Ende der ordentlichen Kündigungsfrist, unzumutbar macht (umfassende Interessenabwägung im Einzelfall)[5]. Vorliegend ist dabei die Besonderheit zu be-

---

[1] Teil A der Klausur wurde im Sommersemester 2004 an der Universität Leipzig im Rahmen der Übung im Arbeitsrecht zur Bearbeitung gestellt. Die Teilnehmer erreichten im Durchschnitt 4,56 Punkte (11,1 %: befriedigend, 55,6 %: ausreichend, 22,2 %: mangelhaft).

[2] BAG vom 17.05.1984, AP Nr. 14 zu § 626 BGB Verdacht strafbarer Handlung unter II 1 b der Gründe = NZA 1985, 91, 91 f.; BAG vom 02.03.1989, NZA 1989, 755, 756; Boemke, ArbR, § 13 Rn. 74; ErfK/ Müller-Glöge, § 626 BGB Rn. 15; MünchKomm/Henssler, BGB, § 626 Rn. 75 f. – Prüfungsschema bei Boemke, Fallsammlung, S. 362; Rolfs, StudKomm-ArbR, § 626 BGB Rn. 4.

[3] BAG vom 17.05.1984, AP Nr. 14 zu § 626 BGB Verdacht strafbarer Handlung unter II 1 b der Gründe = NZA 1985, 91, 91 f.; Boemke, ArbR, § 13 Rn. 75; ErfK/Müller-Glöge, § 626 BGB Rn. 15; Münch-Komm/Henssler, BGB, § 626 Rn. 75 f.

[4] BAG vom 12.08.1999, NZA 2000, 27, 29; ArbG Frankfurt/Main vom 24.07.2001, NZA-RR 2002, 133, 134; AnwK-ArbR/Bröhl, § 626 BGB Rn. 41; Boemke, ArbR, § 13 Rn. 95; ErfK/Müller-Glöge, § 626 BGB Rn. 152.

[5] BAG vom 17.05.1984, AP Nr. 14 zu § 626 BGB Verdacht strafbarer Handlung unter II 1 b der Gründe = NZA 1985, 91, 91 f.; Boemke, ArbR, § 13 Rn. 76; ErfK/Müller-Glöge, § 626 BGB Rn. 15; Münch-Komm/Henssler, BGB, § 626 Rn. 75 f.

achten, dass Betriebsratsmitglieder ordentlich unkündbar sind[6]. Für die vorzunehmende Abwägung ist deshalb auf eine fiktive Kündigungsfrist abzustellen. Schließlich ist zu prüfen, ob der Kündigende die Erklärungsfrist des § 626 Abs. 2 BGB gewahrt hat. In diesem Zusammenhang wird relevant, wann diese Frist anläuft und unter welchen Voraussetzungen ihr Ablaufen „gehemmt" wird[7].

Zur Abrundung enthält der Fall zwei Probleme aus dem Allgemeinen Teil des BGB. Zu klären ist, wann ein Zurückweisungsrecht nach § 174 BGB besteht. Das BAG geht in ständiger Rechtsprechung davon aus, dass das Zurückweisungsrecht nach § 174 S. 2 BGB ausgeschlossen ist, wenn der Gekündigte die Kündigungsbefugnis des Erklärenden kennt[8]. Dies ist bei Kündigungen durch den Leiter der Personalabteilung der Fall, weil diesem nach der Verkehrsanschauung stets Kündigungsbefugnis zukommt[9]. Daneben ist zu klären, ob die Kündigung nach §§ 182 Abs. 3, 111 S. 2 BGB zurückgewiesen werden kann, weil die Zustimmung des Betriebsrats nur in Kopie beigefügt war[10].

2. Betriebsverfassungsrecht

Kollektivrechtlich ist der Frage nachzugehen, ob die Einrichtung der Tiefgaragenschranke der Mitbestimmung des Betriebsrats nach § 87 Abs. 1 Nr. 6 BetrVG unterliegt. Die Tiefgaragenschranke ist zwar nicht primär dazu bestimmt, die Einhaltung der Arbeitszeit durch die Mitarbeiter zu überwachen. Sie ist hierzu jedoch technisch geeignet und wird im konkreten Fall vom Arbeitgeber auch zu diesem Zweck genutzt[11].

---

[6] Vgl. hierzu AnwK-ArbR/Bröhl, § 626 BGB Rn. 121 ff.; ErfK/Kiel, § 15 KSchG Rn. 26; ErfK/Müller-Glöge, § 626 BGB Rn. 49 ff.; MünchKomm/Henssler, BGB, § 626 Rn. 111 ff.; MünchKomm/Hergenröder, BGB, § 15 KSchG Rn. 7, 100; Rolfs, StudKomm-ArbR, § 626 BGB Rn. 26 ff.

[7] Vgl. hierzu AnwK-ArbR/Bröhl, § 626 BGB Rn. 100 ff.; Boemke, ArbR, § 13 Rn. 106 ff.; MünchKomm/Henssler, BGB, § 626 Rn. 297 ff. und 324; Rolfs, StudKomm-ArbR, § 626 Rn. 33 und 35 f.

[8] BAG vom 29.10.1992, NZA 1993, 307, 307 f.; Boemke, ArbR, § 13 Rn. 7; ErfK/Müller-Glöge, § 620 BGB Rn. 24. – Fallbeispiel bei Boemke, Fallsammlung, Fall 3, S. 80 ff.

[9] BAG vom 29.10.1992, NZA 1993, 307, 307 f.; Boemke, ArbR, § 13 Rn. 7; ErfK/Müller-Glöge, § 620 BGB Rn. 24.

[10] Vgl. hierzu BAG vom 04.03.2004, NZA 2004, 717, 718 f.; APS/Linck, § 103 BetrVG Rn. 21; Boemke, ArbR, § 13 Rn. 105; ErfK/Kania, § 103 BetrVG Rn. 9; Rolfs, StudKomm-ArbR, § 103 BetrVG Rn. 12.

[11] Vgl. hierzu BeckOK-ArbR/Werner, § 87 BetrVG Rn. 92; v. Hoyningen-Huene, BetrVR, § 12 Rn. 60 ff.; Richardi, BetrVG, § 87 Rn. 505.

3. Prozessrecht

Schließlich ist in prozessualer Hinsicht zu untersuchen, welche beweisrechtlichen Folgen sich aus einer etwaigen Verletzung der Mitbestimmungsrechte des Betriebsrats ergeben. Zum Schutz der Rechte des Betriebsrats ist denkbar, dass die mitbestimmungswidrig gewonnenen Erkenntnisse im Prozess nicht verwertet werden dürfen[12]. Diese Konsequenz ließe sich als prozessrechtliche Fortsetzung der vom BAG und der ganz herrschenden Ansicht in anderem Zusammenhang vertretenen Theorie der Wirksamkeitsvoraussetzung[13] erklären. Folgt man diesem Gedanken, ist abschließend zu prüfen, ob eine Verwertung nicht gleichwohl möglich ist, weil der Betriebsrat in Kenntnis der Verletzung seiner Rechte der Verwertung der Daten des Zeiterfassungssystems zugestimmt hat[14].

II. Aufgabe B

Die (einseitige) Auferlegung von Pflichten, z. B. in Form der Anordnung von Überstunden, bedarf einer entsprechenden Grundlage. Diese kann sich zunächst aus dem Arbeitsvertrag oder einem anwendbaren Tarifvertrag ergeben. Da es vorliegend an einer entsprechenden Befugnis fehlt, sich jedoch der Betriebsrat kooperationsbereit zeigt, ist zu klären, ob dem Arbeitgeber durch eine Betriebsvereinbarung die notwendige Anordnungsbefugnis eingeräumt werden kann. Damit berührt die zweite Fallfrage das überaus problembeladene Verhältnis des Betriebsverfassungsrechts zum Individualarbeitsrecht. Klassisch ist insoweit der Streit, welche individualrechtlichen Rechtsfolgen sich aus einer unterlassenen

---

[12] Vgl. hierzu BAG vom 27.03.2003, NZA 2003, 1193, 1196; LAG Bremen vom 28.07.2005, juris Rz. 56; LAG Sachsen-Anhalt vom 23.11.1999, NZA-RR 2000, 476, 478; Altenburg/Leister, NJW 2006, 469, 470 ff.; BeckOK-ArbR/Werner, § 87 BetrVG Rn. 4; ErfK/Kania, Einleitung vor § 74 BetrVG Rn. 27a; Maschmann, NZA 2002, 13, 21; Röckl/Fahl, NZA 1998, 1035, 1038; Schlewing, NZA 2004, 1071, 1072 ff.

[13] Vgl. BAG (GS) vom 03.12.1991, NZA 1992, 749, 759; BAG vom 02.03.2004, NZA 2004, 852, 856. – Ihm folgend BeckOK-ArbR/Werner, § 87 BetrVG Rn. 1; Gamillscheg, Kollektives Arbeitsrecht II, S. 747; v. Hoyningen-Huene, BetrVR, § 12 Rn. 30 ff.; Rolfs, Stud-Komm-ArbR, § 87 BetrVG Rn. 33 f. – Abweichend Richardi, BetrVG, § 87 Rn. 118.

[14] Vgl. hierzu BAG vom 27.03.2003, NZA 2003, 1193, 1196; BeckOK-ArbR/Werner, § 87 BetrVG Rn. 4; ErfK/Kania, Einleitung vor § 74 BetrVG Rn. 27a.

Mitbestimmung des Betriebsrats ergeben[15]. Weit weniger Aufmerksamkeit wird dagegen der Frage gewidmet, inwieweit die Wahrnehmung betriebsverfassungsrechtlicher Mitbestimmungsrechte sich im individuellen Arbeitsverhältnis auswirken darf[16]. Umstritten ist insoweit, ob die ihrer Funktion nach auf die Mäßigung der Arbeitgebermacht gerichtete Mitbestimmung des Betriebsrats die Befugnisse des Arbeitgebers erweitern kann[17].

---

[15] Vgl. dazu Gamillscheg, Kollektives Arbeitsrecht II, S. 747 ff.; v. Hoyningen-Huene, BetrVR, § 12 Rn. 30 ff.; Hromadka/Maschmann, ArbR 2, § 16 Rn. 434 ff.; Richardi, Kollektives Arbeitsrecht, § 26 Rn. 22.

[16] v. Hoyningen-Huene, BetrVR, § 11 Rn. 46, verweist darauf, dass dieser Fragenkreis bislang durch eine vielfältige Kasuistik und nur ansatzweise durch allgemeine Grundsätze beantwortet wird.

[17] Dafür: BAG vom 12.12.2006, NZA 2007, 453, 454; Gamillscheg, Kollektives Arbeitsrecht II, S. 768 f.; GK-BetrVG/Kreutz, § 77 Rn. 315 ff.; v. Hoyningen-Huene, BetrVR, § 11 Rn. 42. – Dagegen: Hromadka/Maschmann, ArbR 2, § 16 Rn. 395 ff.; Lobinger, Anm. zu AP Nr. 19 zu § 77 BetrVG 1972 Tarifvorbehalt; Waltermann, RdA 2007, 257, 260 ff.

Lösung

A. Kündigungsschutzklage der Sieglinde Säume

Erfolgsvoraussetzungen

Die Kündigungsschutzklage der Sieglinde Säume hat Erfolg, wenn sie zulässig (I.) und begründet (II.) ist.

I. Zulässigkeit

Zulässigkeits-
voraussetzungen

Die Kündigungsschutzklage ist zulässig, wenn die allgemeinen und besonderen Sachurteilsvoraussetzungen vorliegen. Insbesondere müsste der Rechtsweg zu den Arbeitsgerichten eröffnet (1.) und die statthafte Klageart gewählt worden sein (2.) sowie ein Feststellungsinteresse für das Rechtsschutzziel bestehen (3.).

1. Rechtsweg

Bestehensstreitigkeit

Der Rechtsweg zu den Arbeitsgerichten ist nach § 2 Abs. 1 Nr. 3 b) ArbGG eröffnet, weil über das Bestehen eines Arbeitsverhältnisses gestritten wird.

2. Klageart

Kündigungsschutzklage

Der gestellte Antrag könnte als Feststellungsklage nach § 46 Abs. 2 S. 1 ArbGG i. V. m. § 256 ZPO statthaft sein. Nach § 256 ZPO kann, sieht man von der hier nicht einschlägigen Klärung der Echtheit einer Urkunde ab, Gegenstand einer Feststellungsklage die Feststellung des Bestehens oder Nichtbestehens eines Rechtsverhältnisses sein. Feststellungsfähig sind darüber hinaus auch einzelne Folgen aus einem Rechtsverhältnis oder selbstständige Teile eines Rechtsverhältnisses[18]. Notwendig ist eine konkrete, durch den vorgetragenen Sachverhalt belegte, rechtliche Beziehung von Personen untereinander, aus der zumindest ein subjektives Recht erwachsen kann[19]. Vorliegend begehrt Sieglinde Säume nicht die Feststellung, dass ein Arbeitsverhältnis besteht oder nicht besteht, sondern die Feststellung, dass das Arbeitsverhältnis nicht durch die Kündigung vom 21.09.2007 beendet wurde. Mithin begehrt Sieglinde Säume nicht das Bestehen eines Rechtsverhältnisses (Arbeitsverhältnis) festzustellen, sondern nur die Feststellung über eine rechtliche

---

[18] MünchZPO/Becker-Eberhard, § 256 Rn. 10 ff. und 24 f.; Rosenberg/Schwab/Gottwald, ZPR, § 90 Rn. 6; Zöller/Greger, ZPO, § 256 Rn. 3.

[19] MünchZPO/Becker-Eberhard, § 256 Rn. 10; Rosenberg/Schwab/Gottwald, ZPR, § 90 Rn. 6.

Teilfrage (Nichtbeendigung)[20]. In der beantragten Form wäre eine Feststellungsklage danach eigentlich unstatthaft, weil die Klärung einer rechtlichen Vorfrage eines Rechtsverhältnisses nicht feststellungsfähig ist[21]. Allerdings schreibt § 4 KSchG das von Sieglinde Säume verfolgte Klageziel und die von ihr verwendete Formulierung gerade vor. Die Zulässigkeit des Antrags ergibt sich somit aus § 4 KSchG, der gegenüber § 256 Abs. 1 ZPO spezieller ist[22].

3. Feststellungsinteresse

Ein Interesse gerade an der Feststellung (§ 46 Abs. 2 S. 1 ArbGG i. V. m. § 256 Abs. 1 ZPO) der Nichtauflösung des Arbeitsverhältnisses besteht, wenn infolge des zwischen den Parteien bestehenden Streits die Gefahr eines Rechtsverlusts besteht[23] und der Kläger nicht zum vollen Erreichen seines Rechtschutzziels auf eine weiterreichende Leistungsklage zu verweisen ist[24]. Auf Grund des Ausspruchs einer Kündigung, die Sieglinde Säume nicht hinnehmen will, besteht Streit über die Wirksamkeit der Kündigung. In der Folge droht Sieglinde Säume der Verlust des Arbeitsplatzes, weil das Unterlassen einer fristgemäßen Kündigungsschutzklage zur unwiderleglichen Vermutung der Wirksamkeit der Kündigung führt (§§ 4, 7 KSchG). Das danach bestehende Feststellungsinteresse[25] wird auch nicht durch die Möglichkeit einer Lohnklage (Leistungsklage) in Frage gestellt, weil der Eintritt der Wirksamkeitsfiktion nur durch eine Kündigungsschutzklage, nicht jedoch durch eine isolierte Lohnklage verhindert werden kann[26]. Überdies entfaltet die Kündigungsschutzklage als Feststellungsklage im Hinblick auf zu-

Feststellungsinteresse folgt aus §§ 4, 7 KSchG

---

[20] APS/Ascheid/Hesse, § 4 KSchG Rn. 20; Hromadka/Maschmann, ArbR 1, § 10 Rn. 312. – Vgl. auch MünchZPO/Becker-Eberhard, § 256 Rn. 24 für die Wirksamkeit einer Willenserklärung; Zöller/Greger, ZPO, § 256 Rn. 5. Eine entsprechende Klage erachtet MünchZPO/Becker-Eberhard, § 256 Rn. 25 gleichwohl als statthaft.

[21] Vgl. MünchZPO/Becker-Eberhard, § 256 Rn. 10 und 24; Rosenberg/Schwab/Gottwald, ZPR, § 90 Rn. 10.

[22] Hromadka/Maschmann, ArbR 1, § 10 Rn. 312.

[23] Vgl. MünchZPO/Becker-Eberhard, § 256 Rn. 38 ff. und 46; Rosenberg/Schwab/Gottwald, ZPR, § 90 Rn. 20; Zöller/Greger, ZPO, § 256 Rn. 7.

[24] Vgl. MünchZPO/Becker-Eberhard, § 256 Rn. 49 ff.; Rosenberg/Schwab/Gottwald, ZPR, § 90 Rn. 25; Zöller/Greger, ZPO, § 256 Rn. 7a.

[25] Vgl. APS/Ascheid/Hesse, § 4 KSchG Rn. 24; Zöller/Greger, § 256 Rn. 11a. – Umfassend zur Kündigungsschutzklage: Boemke, RdA 1995, 211 ff.

[26] Boemke, RdA 1995, 211, 215; Löwisch/Spinner, KSchG, § 4 Rn. 16.

künftige Ansprüche die umfassendere Rechtskraftwirkung, weshalb allein sie das Rechtsschutzbegehren vollständig ausschöpft. Es besteht danach ein ausreichendes Feststellungsinteresse.

II. Begründetheit

Voraussetzungen der Begründetheit

Die Kündigungsschutzklage ist begründet, wenn in dem Termin, zu dem die Kündigung wirken soll (Kündigungstermin), ein Arbeitsverhältnis besteht (1) und dieses durch die streitgegenständliche Kündigung nicht beendet wurde (2)[27].

1. Bestehen eines Arbeitsverhältnisses

Arbeitsverhältnis besteht

Ausweislich des Sachverhalts besteht im Kündigungstermin (sofortige Beendigung zum 21.09.2007) zwischen der C-Bank AG und Sieglinde Säume ein Arbeitsverhältnis, dessen Bestand durch sonstige Beendigungsgründe nicht in Frage gestellt wird.

2. Keine Beendigung durch streitgegenständliche Kündigung

Keine Beendigung

Das Arbeitsverhältnis wurde nicht durch die streitgegenständliche Kündigung beendet, wenn es an einer ausreichenden Kündigungserklärung fehlt (a) oder die Kündigungserklärung rechtsunwirksam ist (b).

a) Ausreichende Kündigungserklärung

Kündigungserklärung

Eine ausreichende Kündigungserklärung setzt voraus, dass dem Arbeitnehmer eine schriftliche Erklärung (cc) zugeht (dd), mit welcher der Arbeitgeber (bb) zum Ausdruck bringt, er wolle das Arbeitsverhältnis aus wichtigem Grund beenden (aa).

---

[27] Vgl. BAG vom 12.06.1986, AP Nr. 17 zu § 4 KSchG 1969 unter B II 2 der Gründe; APS/Ascheid/Hesse, § 4 KSchG Rn. 139; Löwisch/Spinner, KSchG, § 4 Rn. 14. – Allein die Unwirksamkeit der Kündigung vermag die Kündigungsschutzklage nicht zu begründen. Besteht im Kündigungstermin kein Arbeitsverhältnis, geht die Kündigung „ins Leere". In diesem Fall kann der Arbeitnehmer das von ihm erreichte Ziel (Erhalt des Arbeitsverhältnisse) nicht erreichen, weshalb seine Klage abzuweisen ist. Kommen mehrere Beendigungstatbestände (Kündigungen, Befristungen, Aufhebungsverträge usw.) in Betracht, sind daher diejenigen, welche das Arbeitsverhältnis früher als die umstrittene Kündigung beenden können, vorrangig zu prüfen. – A. A. Boemke, RdA 1995, 211, 222 f. m. w. Nachw.

aa) Inhalt

Notwendiger Inhalt einer außerordentlichen Kündigungserklärung ist, dass der Kündigende zum Ausdruck bringt, er
wolle das Arbeitsverhältnis aus wichtigem Grund beenden[28].
Das übergebene Schreiben bringt dies hinreichend („fristlos") zum Ausdruck.

Fristlose Kündigung

bb) Arbeitgeber

(1) Kündigung durch Vertreter

Da der Arbeitgeber (C-Bank AG) die Kündigung nicht selbst
ausgesprochen hat, müsste ihm die Kündigungserklärung
des Personalchefs zuzurechnen sein. Eine solche Zurechnung könnte sich aus § 164 Abs. 1 S. 1 BGB ergeben, wenn
die Voraussetzungen der Stellvertretung vorliegen und die
Zurechnung nicht aus anderen Gründen scheitert. Die Voraussetzungen der Stellvertretung liegen vor. Fraglich ist lediglich, ob die Kündigung nach § 174 S. 1 BGB unwirksam
ist, weil dem Kündigungsschreiben keine Originalvollmacht
des Vorstands für den Personalchef beigefügt war (2), dies
erforderlich gewesen ist (3) und Sieglinde Säume die Erklärung des Personalchefs aus diesem Grund unverzüglich zurückgewiesen hat.

Kündigungsberechtigung

(2) Keine Originalvollmacht

Ausweislich des Sachverhalts war dem Kündigungsschreiben keine Originalvollmacht beigefügt.

Zurückweisung

(3) Erforderlichkeit einer Originalvollmacht

Der Nachweis durch Originalvollmacht ist erforderlich,
wenn es sich bei der Kündigung um eine einseitige emp-
fangsbedürftige Willenserklärung handelt und der Nachweis
nicht nach § 174 S. 2 BGB ausnahmsweise entbehrlich ist.
Die Kündigung ist ein einseitiges empfangsbedürftiges
Rechtsgeschäft[29], weil der Arbeitgeber die Rechtsfolgen der
Kündigung ohne Mitwirkung des Arbeitnehmers dadurch
herbeiführen kann, dass die entsprechende Erklärung dem
Arbeitnehmer zugeht. Die Vorschrift des § 174 BGB findet
demnach Anwendung[30].

*Notwendigkeit einer
Originalvollmacht*

---

[28] Boemke, ArbR, § 13 Rn. 99; MünchKomm/Henssler, BGB, § 626
Rn. 60. – Vgl. auch APS/Dörner, § 626 BGB Rn. 1; APS/Preis, 1. Teil
D. Rn. 20; ErfK/Müller-Glöge, § 620 BGB Rn. 18 ff.
[29] APS/Preis, Teil 1 D. Rn. 10; Boemke, ArbR, § 13 Rn. 3.
[30] Boemke, ArbR, § 13 Rn. 6; APS/Preis, Teil 1 D. Rn. 77.

Entbehrlichkeit
nach § 174 S. 2 BGB

Der Nachweis durch Originalvollmacht könnte nach § 174 S. 2 BGB entbehrlich sein, wenn die C-Bank AG die Vertretungsmacht des Personalchefs Sieglinde Säume mitgeteilt hat. Eine entsprechende ausdrückliche Mitteilung ist dem Sachverhalt nicht zu entnehmen. Jedoch könnte eine konkludente Mitteilung dadurch erfolgt sein, dass die Erklärung vom Personalchef stammt und Sieglinde Säume von dessen Vertretungsmacht ausgehen musste, weil Personalchefs regelmäßig über die Berechtigung zum Ausspruch von Kündigungen verfügen[31]. Die Vorschrift des § 174 S. 1 BGB will für den Erklärungsempfänger die Unsicherheiten ausräumen, die sich daraus ergeben, dass eine ohne Vertretungsmacht abgegebene einseitige Willenserklärung nach § 180 S. 1 BGB nichtig ist[32]. Dementsprechend schränkt § 174 S. 2 BGB das Zurückweisungsrecht ein, wenn, insbesondere infolge §§ 171 f. BGB, feststeht, dass der Vertretene an die Erklärung gebunden ist[33]. Danach spricht vorliegend zwar gegen die Anwendung des § 174 S. 2 BGB, dass die Eigenschaft als Personalchef noch nicht den Rechtsschutz des § 171 BGB oder des § 172 BGB herbeiführen kann. Jedoch begründet die Eigenschaft als Personalchef einen vergleichbaren Schutz über das Rechtsinstitut der Anscheinsvollmacht, weshalb § 174 S. 2 BGB bei einer Kündigung durch den Personalchef zur Anwendung kommt[34]. Der Nachweis der Vertretungsmacht durch Originalvollmacht war nicht erforderlich.

Kein Zurückweisungsrecht

Der Zurechnung der Kündigungserklärung steht § 174 S. 1 BGB demnach nicht entgegen[35].

cc) Schriftform

Schriftform gewahrt

Das übergebene Schreiben entspricht der Schriftform (§§ 623, 126 BGB), wenn der Kündigungswille in der Urkunde verkörpert wird und diese Urkunde eine Originalunterschrift trägt. Das Schreiben vom 21.09.2007 enthält den

---

[31] Vgl. BAG vom 29.10.1992, NZA 1993, 307, 307 f.; APS/Preis, Teil 1 D. Rn. 81; Boemke, ArbR, § 13 Rn. 7; ErfK/Müller-Glöge, § 620 BGB Rn. 24.

[32] MünchKomm/Schramm, BGB, § 174 Rn. 1.

[33] Vgl. Erman/Palm, § 174 Rn. 1; Larenz/Wolf, BGB-AT, § 49 Rn. 15; MünchKomm/Schramm, BGB, § 174 Rn. 7.

[34] Vgl. i. E. BAG vom 29.10.1992, NZA 1993, 307, 307 f.; Boemke, ArbR, § 13 Rn. 7; ErfK/Müller-Glöge, § 620 BGB Rn. 24.

[35] BAG vom 29.10.1992, NZA 1993, 307, 307 f.; APS/Preis, Teil 1 D. Rn. 81; Boemke, ArbR, § 13 Rn. 7; ErfK/Müller-Glöge, § 620 BGB Rn. 24.

Kündigungswillen und trägt die Originalunterschrift des Personalchefs. Die Schriftform wurde deshalb gewahrt.

dd) Zugang

Das Kündigungsschreiben müsste Sieglinde Säume auch zugegangen, d. h. so in ihren Machtbereich gelangt sein, dass diese vom Inhalt der Erklärung Kenntnis nehmen konnte. Das Schreiben wurde Sieglinde Säume von einem Boten übergeben, weshalb es in ihren Machtbereich gelangte und Sieglinde Säume Kenntnis nehmen konnte. Die Kündigung ist am 21.09.2007 zugegangen.

Übergabe des Kündigungsschreibens an S

ee) Zwischenergebnis

Eine ausreichende Kündigungserklärung liegt vor.

Ausreichende Erklärung

b) Rechtsunwirksamkeit der Kündigungserklärung

Die Kündigung ist rechtsunwirksam, wenn ihre Wirksamkeit nicht unwiderleglich vermutet wird (aa) und ein Unwirksamkeitsgrund vorliegt (bb).

Wirksamkeit der Erklärung

aa) Keine unwiderlegliche Vermutung

Die Wirksamkeit der Kündigung wird nicht nach §§ 13 Abs. 1 KSchG i. V. m. 4, 7 KSchG unwiderleglich vermutet, wenn innerhalb von drei Wochen ab Zugang der schriftlichen Kündigung Kündigungsschutzklage zum Arbeitsgericht erhoben wurde. Da eine entsprechende Klage am 24.09.2007 erhoben wurde und somit seit Zugang der Kündigung (21.09.2007) weniger als drei Wochen vergangen sind, gilt die Kündigung nicht als wirksam.

Klagefrist gewahrt

bb) Unwirksamkeitsgrund

Es könnte ein formeller (1) oder materieller (2) Unwirksamkeitsgrund bestehen.

Unwirksamkeitsgründe

(1) formeller Unwirksamkeitsgrund

Die Kündigung vom 21.09.2007 könnte formell unwirksam sein, weil es an einer erforderlichen Zustimmung fehlt oder trotz vorliegender Zustimmung ein Zurückweisungsrecht besteht. Da Sieglinde Säume Mitglied des Betriebsrats war, bedarf ihre Kündigung der (vorherigen[36]) Zustimmung des Betriebsrats nach § 103 Abs. 1 BetrVG. Vorliegend hat der Betriebsrat am 21.09.2007 seine Zustimmung zur außer-

Formelle Unwirksamkeit

---

[36] BAG vom 20.03.1975, AP Nr. 2 zu § 103 BetrVG 1972 unter II 1 der Gründe; BAG vom 09.07.1998, NZA 1998, 1273, 1274; Rolfs, Stud-Komm-ArbR, § 103 BetrVG Rn. 8.

ordentlichen Kündigung erteilt. Fraglich ist jedoch, ob Sieglinde Säume ein Zurückweisungsrecht nach §§ 182 Abs. 3, 111 S. 2 BGB zusteht, dessen Ausübung die Kündigung unwirksam macht. Dazu müsste § 111 S. 2 BGB über § 182 Abs. 3 BGB anwendbar sein. Das setzt voraus, dass ein einseitiges Rechtsgeschäft von der Zustimmung eines Dritten abhängig ist. Die Kündigung eines Betriebsratsmitglieds ist ein einseitiges Rechtsgeschäft, welches nach § 103 Abs. 1 BetrVG von der Zustimmung des Betriebsrats abhängt.

BAG: Zustimmung des Betriebsrats nicht im Original

Gleichwohl geht das BAG davon aus, dass § 182 Abs. 3 BGB keine Anwendung findet, weil § 103 BetrVG eine abschließende Sonderregelung enthalte, nach welcher es nicht erforderlich ist, die Zustimmung des Betriebsrats im Original beizufügen[37]. Tragend hierfür ist zunächst die Erwägung, dass der Gesetzgeber in § 103 BetrVG bewusst davon abgesehen habe, die Zustimmung des Betriebsrats an eine besondere Form zu binden[38]. Außerdem werde der Arbeitnehmer im Rahmen des § 103 BetrVG ausreichend dadurch geschützt, dass neben der formellen Zustimmung des Betriebsrats nach § 15 Abs. 1 S. 1 KSchG materiell ein wichtiger Grund erforderlich ist[39]. Danach besteht kein Zurückweisungsrecht nach §§ 182 Abs. 3, 111 S. 2 BGB.

Schutzzweck der §§ 182 Abs. 3, 111 S. 2 BGB

Gegen die Ansicht des BAG ist jedoch einzuwenden, dass § 103 BetrVG keine in dieser Frage abschließende Sondernorm enthält. Auch ist für den von §§ 182 Abs. 3, 111 S. 2 BGB verfolgten Zweck unerheblich, ob neben der formalen Zustimmung noch eine materielle Prüfung des Zustimmungsgrunds erfolgt. Das BAG verkennt den Schutzzweck des §§ 182 Abs. 3, 111 S. 2 BGB. Die Frage des Zurückweisungsrechts nach §§ 182 Abs. 3, 111 S. 2 BGB betrifft zunächst keine Formfrage der Kündigung. Vielmehr will §§ 182 Abs. 3, 111 S. 2 BGB verhindern, dass sich der Empfänger einer einseitigen Willenserklärung einer Schwebelage gegenübersieht. Hierüber enthält § 103 BetrVG keine Aussage. Soweit man §§ 182 Abs. 3, 111 S. 2 BGB dabei so interpretiert, dass lediglich verhindert werden soll, dass eine Schwebelage dadurch entsteht, dass noch unsicher ist, ob die zur Wirksamkeit erforderliche Zustimmung nachträglich erteilt wird, kommt § 182 Abs. 3 BGB vorliegend zu Recht nicht zur Anwendung, weil die ohne Zustimmung des Be-

---

[37] BAG vom 04.03.2004, NZA 2004, 717, 718 f. – Ihm folgend ErfK/ Kania, § 103 BetrVG Rn. 9; Rolfs, StudKomm-ArbR, § 103 BetrVG Rn. 12.

[38] BAG vom 04.03.2004, NZA 2004, 717, 718 f.

[39] BAG vom 04.03.2004, NZA 2004, 717, 718 f.

triebrats ausgesprochene Kündigung nicht durch nachträgliche Genehmigung wirksam wird[40]. Abweichend vom Normalfall des § 182 Abs. 3 BGB kann eine solche Schwebelage im Falle des § 103 BetrVG nicht entstehen[41]. Sieht man den Sinn und Zweck des § 182 Abs. 3 BGB jedoch darin, dass auch die Unsicherheit des Erklärungsempfängers dahingehend vermieden werden soll, ob die Zustimmung im Zeitpunkt der Kündigung schon vorlag, muss § 182 Abs. 3 BGB zur Anwendung kommen. Die sich hieraus ergebenden Unsicherheiten werden auch nicht durch die materielle Prüfung eines Kündigungsgrunds ausgeräumt. Dabei sprechen die besseren Gründe für die letzte Ansicht, weil bei einseitigen empfangsbedürftigen Willenserklärungen grundsätzlich jede auch nur vorgestellte Schwebelage vermieden werden soll[42]. Sieglinde Säume muss vorliegend wissen, ob sie sich mit den Wirkungen der Kündigung auseinandersetzen und sich z. B. um eine neue Arbeitsstelle bemühen muss. Auch muss Sieglinde Säume die Chancen einer Kündigungsschutzklage im Hinblick auf die Zustimmung des Betriebsrats beurteilen können. Danach ist die Kündigung unwirksam, weil sie unverzüglich zurückgewiesen wurde[43]. Folgt man jedoch dem BAG, konnte die Kündigung nicht nach §§ 182 Abs. 3, 111 S. 2 BGB zurückgewiesen werden[44]. Hilfsweise soll nachfolgend davon ausgegangen werden, dass die Kündigung im Einklang mit dem BAG nicht zurückgewiesen werden konnte.

(2) Materieller Unwirksamkeitsgrund

Die Kündigung wäre materiell unwirksam, wenn kein wichtiger Grund zur Kündigung nach § 15 Abs. 1 S. 1 KSchG i. V. m. § 626 Abs. 1 BGB vorliegt (2.1) oder die Kündigung nach § 626 Abs. 2 BGB ausgeschlossen ist (2.2).

Materielle Unwirksamkeit

---

[40] In diese Richtung ansatzweise BAG vom 04.03.2004, NZA 2004, 717, 718 f.

[41] Vgl. BAG vom 04.03.2004, NZA 2004, 717, 718 f.; BAG vom 20.03.1975, AP Nr. 2 zu § 103 BetrVG 1972 unter II 1 der Gründe; BAG vom 09.07.1998, NZA 1998, 1273, 1274; Rolfs, StudKomm-ArbR, § 103 BetrVG Rn. 8.

[42] Vgl. APS/Preis, Teil 1 D. Rn. 13; BeckOK-BGB/Wendtland, § 111 Rn. 1 f.; ErfK/Müller-Glöge, § 620 BGB Rn. 22; Larenz/Wolf, BGB-AT, § 49 Rn. 16, § 50 Rn. 21 und § 51 Rn. 9; MünchKomm/Schmitt, § 111 BGB Rn. 1 f.

[43] Vgl. APS/Linck, § 103 BetrVG Rn. 21; Boemke, ArbR, § 13 Rn. 105.

[44] BAG vom 04.03.2004, NZA 2004, 717, 718 f.

(2.1) Kein wichtiger Grund

Wichtiger Grund

Ein wichtiger Grund liegt vor, wenn ein „an-sich" wichtiger Grund gegeben ist (2.1.1) und der C-Bank AG auch nach umfassender Interessenabwägung die Fortsetzung des Arbeitsverhältnisses, auch nur bis zum Ablauf der ordentlichen Kündigungsfrist oder dem vereinbarten Ende des Arbeitsverhältnisses, unzumutbar ist (2.1.2)[45].

(2.1.1) „An-sich" wichtiger Grund

(a)   Voraussetzungen für wichtigen Kündigungsgrund

„An-sich" geeigneter Grund

Ein „an-sich" wichtiger Grund liegt vor, wenn die Fortsetzung des Arbeitsverhältnisses dem Arbeitgeber unzumutbar ist[46]. Dies ist der Fall, wenn auf Grund einer zu treffenden Prognose zukünftig mit Störungen des Arbeitsverhältnisses zu rechnen ist[47]. Die isolierte Verletzung betriebsverfassungsrechtlicher Amtspflichten vermag dagegen keinen Kündigungssachverhalt zu begründen, weil auf die Verletzung betriebsverfassungsrechtlicher Pflichten mit dem Verfahren nach § 23 Abs. 1 BetrVG zu reagieren ist[48]. Die erforderliche Prognose muss auf objektiv greifbare Umstände gestützt sein[49]. Dabei kann häufig von in der Vergangenheit erfolgten Störungen auf gleichartige Störungen in der Zukunft geschlossen werden[50]. Die hierfür maßgeblichen Voraussetzungen muss der Arbeitgeber darlegen und beweisen[51]. Daher ist zu prüfen, ob die C-Bank AG einen geeigneten Sachverhalt vorgetragen (b) und auch bewiesen hat (c).

(b)   Geeigneter Sachverhalt

Ausreichender Sachverhalt

Ein „an-sich" wichtiger Grund liegt insbesondere vor, wenn der Arbeitnehmer seine Hauptleistungspflicht aus dem Ar-

---

[45] BAG vom 17.05.1984, AP Nr. 14 zu § 626 BGB Verdacht strafbarer Handlung unter II 1 b) der Gründe; BAG vom 02.03.1989, NZA 1989, 755, 756; Junker, ArbR, § 6 Rn. 399.

[46] BAG vom 03.11.1955, NJW 1956, 240; BAG vom 23.03.1972, AP Nr. 63 zu § 626 BGB; APS/Dörner, § 626 BGB Rn. 22; Junker, ArbR, § 6 Rn. 404.

[47] Vgl. Boemke, ArbR, § 13 Rn. 78; ErfK/Oetker, § 1 KSchG Rn. 196; Rolfs, StudKomm-ArbR, § 626 BGB Rn. 6. – Kritisch MünchKomm/ Henssler, BGB, § 626 Rn. 109.

[48] BAG vom 16.10.1986, AP Nr. 95 zu § 626 BGB unter B II 4 der Gründe; APS/Linck, § 15 KschG Rn. 132; ErfK/Kiel, § 15 KSchG Rn. 29; Rolfs, StudKomm-ArbR, § 15 KSchG Rn. 15.

[49] Vgl. APS/Dörner, § 626 BGB Rn. 22 und 26; Rolfs, StudKomm-ArbR, § 626 BGB Rn. 7.

[50] ErfK/Oetker, § 1 KSchG Rn. 296 f.; Junker, ArbR, § 6 Rn. 404.

[51] AnwK-ArbR/Bröhl, § 626 BGB Rn. 156; APS/Dörner, § 626 BGB Rn. 173; ErfK/Müller-Glöge, § 626 BGB Rn. 234.

beitsverhältnis verletzt oder Straftaten gegen den Arbeitgeber begeht, weil durch die Begehung von Straftaten in der
Vergangenheit für die Zukunft das Vertrauensverhältnis zum
Arbeitgeber irreversibel gestört wird[52]. Indem Sieglinde
Säume das Zeiterfassungssystem nicht korrekt bedient hat,
um sich dadurch vorsätzlich einen ungerechtfertigten Vorteil
(Arbeitsbefreiung) zu verschaffen, verletzte sie ihre Arbeitsvertragspflicht und beging zugleich eine Straftat (§ 263
StGB – Arbeitszeitbetrug). Infolge der vorsätzlichen Begehung ist dem Arbeitgeber der Fortbestand des Arbeitsverhältnisses unzumutbar, weil er sich nicht sicher sein kann,
dass er nicht erneut betrogen wird. Ein „an-sich" wichtiger
Grund liegt danach vor[53].

(c)   Nachweis des Kündigungsgrunds

Fraglich ist, ob die C-Bank AG den als „an-sich" wichtigen   Nachweis des Sachverhalts
Grund geeigneten Sachverhalt darlegen und beweisen kann.
Sie könnte hierfür auf die Auswertungen des Zeiterfassungssystems (Stechuhr) sowie der Parkhausschranke zurückgreifen. Eine entsprechende Verwertung der so gewonnenen Erkenntnisse ist der C-Bank AG jedoch verwehrt, wenn die Erkenntnisse rechtswidrig erlangt wurden (aa) und hieraus ein
Beweisverwertungsverbot folgt (bb).

(aa)   Betriebsverfassungswidrige Datengewinnung

Die Auswertung der Daten betreffend die Parkhausschranke   Unzulässige
könnte das Mitbestimmungsrecht des Betriebsrats nach § 87   Beweisgewinnung
Abs. 1 Nr. 6 BetrVG verletzt haben. Danach ist mitbestimmungspflichtig die Einführung und Anwendung technischer
Einrichtungen, die dazu bestimmt sind, das Verhalten oder
die Leistung von Arbeitnehmern zu überwachen. Die Parkhausschranke ist eine technische Einrichtung, weil sie eine
Datenaufzeichnung erlaubt, welche weit über das individuelle Wahrnehmungsvermögen eines Menschen hinausgeht[54].

---

[52] BAG vom 24.11.2005, NZA 2006, 484, 485; ArbG Frankfurt/Main
   vom 24.07.2001, NZA-RR 2002, 133, 134. – Vgl. Boemke, ArbR, § 13
   Rn. 77; Junker, ArbR, § 6 Rn. 402; Rolfs, StudKomm-ArbR, § 626
   Rn. 23 f.
[53] BAG vom 24.11.2005, NZA 2006, 484, 485; BAG vom 12.08.1999,
   NZA 2000, 27, 29; ArbG Frankfurt/Main vom 24.07.2001, NZA-RR
   2002, 133, 134; Boemke, ArbR, § 13 Rn. 95; AnwK-ArbR/Bröhl,
   § 626 BGB Rn. 41; APS/Linck, § 15 KSchG Rn. 131; ErfK/Müller-
   Glöge, § 626 BGB Rn. 152.
[54] Vgl. AnwK-ArbR/Welslau, § 87 BetrVG Rn. 93 und 106; BeckOK-
   ArbR/Werner, § 87 BetrVG Rn. 92 f.; v. Hoyningen-Huene, BetrVR,
   § 12 Rn. 62; ErfK/Kania, § 87 BetrVG Rn. 48.

Sie erlaubt zudem die Überwachung des Verhaltens der Arbeitnehmer, weil sie Daten aufzeichnet, mit denen sich feststellen lässt, wann einzelne Arbeitnehmer das Betriebsgelände betreten oder verlassen[55]. Fraglich ist, ob die Parkhausschranke hierfür auch bestimmt ist. Das Mitbestimmungsrecht des Betriebsrats aus § 87 Abs. 1 Nr. 6 BetrVG liefe leer, wenn hier erforderlich ist, dass der Arbeitgeber eine Einrichtung zur Überwachung bestimmt hat[56]. Dieser subjektive Umstand ließe sich regelmäßig nicht feststellen. Auszugehen ist daher von objektiven Umständen. Ausreichend ist danach, dass die Einrichtung objektiv zur Überwachung geeignet ist, ohne Rücksicht darauf, ob der Arbeitgeber eine Auswertung beabsichtigt oder sonst anstrebt[57]. Lediglich die fernliegende Möglichkeit der Überwachung ist aus dem Anwendungsbereich des § 87 Abs. 1 Nr. 6 BetrVG ausgenommen[58]. Danach ist die Anwendung der Parkhausschranke mitbestimmungspflichtig, weil bereits aus dem Sachverhalt folgt, dass eine nicht fernliegende Möglichkeit zur Überwachung der Arbeitnehmer besteht. Das danach dem Betriebsrat zustehende Mitbestimmungsrecht wurde verletzt, weil der Betriebsrat hinsichtlich der Datengewinnung nicht beteiligt wurde.

(bb) Beweisverwertungsverbot

(aaa) Streitstand

Kein Vorteil aus betriebsverfassungswidrigem Verhalten

Fraglich ist, ob die Verletzung des Mitbestimmungsrechts zu einem Verwertungsverbot führt. Ausdrücklich regelt das BetrVG weder die materiell-rechtlichen noch die prozessualen Folgen eines Verstoßes gegen § 87 BetrVG. Im Ausgangspunkt entspricht es wohl einhelliger Auffassung, dass der Arbeitgeber aus einer Verletzung des Mitbestimmungsrechts keinen Vorteil ziehen darf. Die überwiegende Ansicht trägt diesem Anliegen im materiellen Recht dadurch Rechnung, dass mitbestimmungswidrig vorgenommene Rechtsgeschäfte unwirksam sind (Theorie der Wirksamkeitsvor-

---

[55] Vgl. BAG vom 06.12.1983, AP Nr. 7 zu § 87 BetrVG 1972 Überwachung unter C V 2 der Gründe; BeckOK-ArbR/Werner, § 87 BetrVG Rn. 92 ff.; ErfK/Kania, § 87 BetrVG Rn. 50 ff.

[56] BAG vom 06.12.1983, AP Nr. 7 zu § 87 BetrVG 1972 Überwachung unter C V 3 a der Gründe.

[57] BAG vom 06.12.1983, AP Nr. 7 zu § 87 BetrVG 1972 Überwachung unter C V 3 a der Gründe; AnwK-ArbR/Welslau, § 87 BetrVG Rn. 94; ErfK/Kania, § 87 BetrVG Rn. 55 ff.; v. Hoyningen-Huene, BetrVR, § 12 Rn. 61; Richardi, BetrVG, § 87 Rn. 501.

[58] BeckOK-ArbR/Werner, § 87 BetrVG Rn. 92.

aussetzung)[59]. Aber auch nach anderer Ansicht ist es dem Arbeitgeber verwehrt, sich zu seinem Vorteil auf mitbestimmungswidrige Rechtsgeschäfte zu berufen[60]. In prozessualer Hinsicht wird hieraus geschlussfolgert, dass der Arbeitgeber im Prozess gegenüber dem Arbeitnehmer einen Beweis nicht unter Rückgriff auf mitbestimmungswidrig gewonnene Beweismittel führen kann[61]. Das BAG hat diese Frage bislang offen gelassen[62].

(bbb) Stellungnahme

Da das Gesetz keine ausdrückliche Anordnung trifft, welche prozessualen Folgen (Beweisverwertungsverbot) sich aus einem Verstoß gegen § 87 Abs. 1 Nr. 6 BetrVG ergeben[63], ist diese Frage durch Auslegung zu klären. Da der Wortlaut der Vorschrift keine Anhaltspunkte liefert, ist auf Historie, Systematik und Telos der Regelung abzustellen. Zudem sind die Vorgaben des höherrangigen Rechts zu beachten.

Keine gesetzliche Regelung

Auszugehen ist davon, dass der Gesetzgeber die Beteiligung des Betriebsrats effektiv ausgestalten wollte. Dementsprechend soll der Arbeitgeber generell keine Vorteile aus einer Verletzung von Mitbestimmungsrechten ziehen[64], wenn dies im Widerspruch zum Schutzzweck des Mitbestimmungsrechts steht[65]. Anderenfalls würde der mit dem Mitbestimmungsrecht verfolgte Arbeitnehmerschutz leer laufen. Dementsprechend ist dem Arbeitgeber auch ein prozessualer Vorteil, wie z. B. ein Beweismittel, abzusprechen[66], wenn dieser mit dem Schutzzweck des Mitbestimmungsrechts un-

Sinn und Zweck der Mitbestimmung

---

[59] Vgl. BAG (GS) vom 03.12.1991, NZA 1992, 749, 759; BAG vom 02.03.2004, NZA 2004, 852, 856. – Ihm folgend BeckOK-ArbR/Werner, § 87 BetrVG Rn. 1; v. Hoyningen-Huene, BetrVR, § 12 Rn. 29 ff.; Rolfs, StudKomm-ArbR, § 87 BetrVG Rn. 33 f.

[60] Richardi, BetrVG, § 87 Rn. 118.

[61] LAG Bremen vom 28.07.2005, juris Rz. 56; LAG Sachsen-Anhalt vom 23.11.1999, NZA-RR 2000, 476, 478; BeckOK-ArbR/Werner, § 87 BetrVG Rn. 4; ErfK/Kania, Einleitung vor § 74 BetrVG Rn. 27a; Maschmann, NZA 2002, 13, 21; Röckl/Fahl, NZA 1998, 1035, 1038. – A. A. Altenburg/Leister, NJW 2006, 469, 470 ff.; Schlewing, NZA 2004, 1071, 1072 ff.

[62] Vgl. BAG vom 27.03.2003, NZA 2003, 1193, 1196. – Tendenziell für ein Verwertungsverbot aber BAG vom 12.01.1988, AP Nr. 23 zu § 75 BPersVG unter III 2 der Gründe.

[63] Vgl. ErfK/Kania, Einleitung vor § 74 BetrVG Rn. 14 ff.; Schlewing, NZA 2004, 1071, 1072 f.

[64] Richardi, BetrVG, § 87 Rn. 118; Röckl/Fahl, NZA 1998, 1035, 1038.

[65] Maschmann, NZA 2002, 13, 21.

[66] Vgl. LAG Bremen vom 28.07.2005, juris Rz. 56; LAG Sachsen-Anhalt vom 23.11.1999, NZA-RR 2000, 476, 478; BeckOK-ArbR/Werner, § 87 BetrVG Rn. 4; ErfK/Kania, Einleitung vor § 74 BetrVG Rn. 27a.

vereinbar ist[67]. Erforderlich ist insoweit, dass durch das verletzte Mitbestimmungsrecht Individualinteressen geschützt
werden sollen[68], der Betroffene zum geschützten Personenkreis zählt[69] und die Verwertung des Beweismittels die geschützten Individualinteressen beeinträchtigt[70]. Ein unter
diesen Voraussetzungen im Grundsatz denkbares, insbesondere teleologisch begründbares Beweisverwertungsverbot[71]
tritt jedoch in Widerstreit zu Grundrechten des Arbeitgebers.
Namentlich ist mit dem Ausschluss eines Beweismittels ein
Eingriff in das Recht des Arbeitgebers auf Gewährung des
rechtlichen Gehörs (Art. 103 Abs. 1 GG) verbunden, der einer Rechtfertigung bedarf[72]. Diese kann sich entsprechend
den vorstehenden Ausführungen daraus ergeben, dass das
durch die Grundrechte der Arbeitnehmer gerechtfertigte
Mitbestimmungsrecht des Betriebsrats[73] geschützt werden
soll. Allerdings ist diese Rechtfertigung auf das verhältnis-
mäßige Maß beschränkt und entfällt, soweit das Mitbestimmungsrecht des Betriebsrats keines Schutzes bedarf. Dies ist
jedenfalls insoweit der Fall, als der Betriebsrat der Beweis-
verwertung zugestimmt hat und die Mitbestimmung hierdurch partiell nachgeholt wird. Ein Beweisverwertungsverbot entfällt demnach, wenn der Betriebsrat der Verwertung
des mitbestimmungswidrig erlangten Beweismittels in

---

[67] ErfK/Kania, Einleitung vor § 74 Rn. 27a; Maschmann, NZA 2002, 13,
21; Schlewing, NZA 2004, 1071, 1073 f. – Weiter (generelles Verwertungsverbot) Röckl/Fahl, NZA 1998, 1035, 1038.

[68] Ein Beweisverwertungsverbot scheidet danach aus, wenn bloße Ord-
nungsvorschriften verletzt werden, vgl. Maschmann, NZA 2002, 13,
21.

[69] Im Rechtsstreit mit einem Betriebsfremden bestünde für diesen regelmäßig kein Beweisverwertungsverbot.

[70] BeckOK-ArbR/Werner, § 87 BetrVG Rn. 4. – Hiernach beurteilt sich
z. B., ob und inwieweit „Früchte des verbotenen Baums" auch von
einem Beweisverwertungsverbot erfasst werden.

[71] Generell gegen ein Beweisverwertungsverbot allerdings Schlewing,
NZA 2004, 1071, 1072 ff. mit der Begründung, dass dem von § 87
Abs. 1 Nr. 6 BetrVG bezweckten Schutz des Persönlichkeitsrechts
neben dem Allgemeinen Persönlichkeitsrecht keine eigenständige
Bedeutung zukommt und die Teilhabefunktion des Mitbestimmungs-
rechts ein Beweisverwertungsverbot insgesamt nicht erfordert, weil die
Verwertung der mitbestimmungswidrig gewonnenen Erkenntnisse
nicht den „status quo ante" verändert. – Im Anschluss auch Altenburg/
Leister, NJW 2006, 469, 471.

[72] Vgl. Altenburg/Leister, NJW 2006, 469, 470; ErfK/Kania, Einleitung
vor § 74 BetrVG Rn. 27a; Schlewing, NZA 2004, 1071, 1072.

[73] Vgl. ErfK/Kania, Einleitung vor § 74 BetrVG Rn. 27a und § 87
BetrVG Rn. 48.

Kenntnis der Verletzung seines Mitbestimmungsrechts zugestimmt hat[74].

Nach den herausgearbeiteten Grundsätzen besteht kein
betriebsverfassungsrechtliches Beweisverwertungsverbot.
Zwar gewährt § 87 Abs. 1 Nr. 6 BetrVG dem Betriebsrat ein
Mitbestimmungsrecht zum Schutz der Persönlichkeitsrechte
der Arbeitnehmer[75]. Auch gehört Sieglinde Säume als Be-
triebsangehörige zum geschützten Personenkreis. Zudem
würde der mit der Datenerhebung verbundene Eingriff in die
Persönlichkeitsrechte der Sieglinde Säume durch eine Verwertung der Daten vertieft. Jedoch hat der Betriebsrat der
Kündigung der Sieglinde Säume zugestimmt, obwohl ihm
bekannt war, dass Sieglinde Säume nur anhand rechtswidrig
gewonnener Aufzeichnungen überführt werden kann. Der
Betriebsrat hat hierdurch konkludent einer Beweisverwer-
tung zugestimmt. Das durch ein Beweisverwertungsverbot
zu schützende Mitbestimmungsrecht wurde durch Nachholung gewahrt.

> Kein Verwertungsverbot bei
> Zustimmung des Betriebsrats

(cc) Zwischenergebnis

Da kein Beweisverwertungsverbot besteht, kann die C-Bank
AG den Sachverhalt für einen „an-sich" wichtigen Grund
durch Vorlage der Auswertungen der Tiefgaragenschranke
beweisen.

> Sachverhalt nachweisbar

(2.1.2) Einzelfallbetrachtung

Durch umfassende Interessenabwägung ist zu klären, ob der
C-Bank AG unter Berücksichtigung der beteiligten vertrags-
bezogenen[76] Interessen im Einzelfall die Fortsetzung des
Arbeitsverhältnisses bis zum Ablauf der Kündigungsfrist
unzumutbar ist[77]. Hierzu muss zunächst die geltende Kündigungsfrist ermittelt werden, bevor in den Abwägungsvor-
gang i. e. S. eingetreten wird[78].

> Umfassende
> Interessenabwägung im
> Einzelfall

Bei der Ermittlung der für Sieglinde Säume maßgeblichen Kündigungsfrist ist zu beachten, dass diese als Be-

> Abwägung bei unkündbaren
> Arbeitnehmern

---

[74] Vgl. BAG vom 27.03.2003, NZA 2003, 1193, 1196; ErfK/Kania, Einleitung vor § 74 BetrVG Rn. 27a.

[75] Vgl. BeckOK-ArbR/Werner, § 87 BetrVG Rn. 89; ErfK/Kania, Einleitung vor § 74 BetrVG Rn. 27a und § 87 BetrVG Rn. 48; Maschmann,
NZA 2002, 13, 21.

[76] BeckOK-ArbR/Stoffels, § 626 BGB Rn. 74; Boemke, ArbR, § 13
Rn. 81; Rolfs, StudKomm-ArbR, § 626 BGB Rn. 14. – A. A. Münch-
Komm/Henssler, BGB, § 626 Rn. 83.

[77] BeckOK-ArbR/Stoffels, § 626 BGB Rn. 73 und 79; Rolfs, StudKomm-
ArbR, § 626 BGB Rn. 14.

[78] Vgl. MünchKomm/Henssler, BGB, § 626 Rn. 110.

triebsratsmitglied nach § 15 Abs. 1 S. 1 KSchG nicht ordentlich, sondern nur außerordentlich kündbar ist. Auf Grund der fehlenden Möglichkeit zur ordentlichen Kündigung besteht das Arbeitsverhältnis zwischen Sieglinde Säume und der C-Bank AG theoretisch endlos, jedenfalls aber bis zum Ablauf eines Jahres nach dem Ausscheiden der Sieglinde Säume aus dem Betriebsrat fort. Da die C-Bank AG danach einer besonders langen Bindung unterliegt, würde die Schwelle zur Unzumutbarkeit für die C-Bank AG leichter erreicht als bei einem ordentlich kündbaren Arbeitnehmer. Dies würde im Ergebnis dazu führen, dass ordentlich unkündbare Arbeitnehmer im Vergleich zu ordentlich kündbaren Arbeitnehmern erleichtert außerordentlich gekündigt werden können[79]. Dies widerspricht jedoch dem mit dem Ausschluss der ordentlichen Kündbarkeit verfolgten Schutz der Betriebsratsmitglieder sowie dem Benachteiligungsverbot des § 78 S. 2 BetrVG[80]. Um die von § 15 Abs. 1 S. 1 KSchG nicht bezweckte Schlechterstellung von Betriebsratsmitgliedern zu vermeiden, ist für die vorzunehmende Interessenabwägung diejenige Kündigungsfrist zu berücksichtigen, die für Sieglinde Säume gelten würde, wenn diese ordentlich kündbar wäre[81]. Da Sieglinde Säume bereits drei Jahre in einem Arbeitsverhältnis zur C-Bank AG steht und diese Zeiten der Betriebszugehörigkeit vollständig nach Vollendung des 25. Lebensjahres liegen (§ 622 Abs. 2 S. 2 BGB[82]), ist nach § 622 Abs. 2 S. 1 Nr. 1 BGB von einer Kündigungsfrist von einem Monat zum Monatsende auszugehen.

Abwägung im Einzelnen

Bei umfassender Interessenabwägung spricht nichts für eine Unwirksamkeit der Kündigung. Sieglinde Säume hat über einen sehr langen Zeitraum in ganz erheblichem Umfang ihre Hauptleistungspflichten verletzt und eine Straftat gegenüber dem Arbeitgeber begangen, welche jegliches Vertrauen zu zerstören geeignet ist. Der C-Bank AG ist unter diesen Voraussetzungen nicht zumutbar, das Arbeitsverhält-

---

[79] AnwK-ArbR/Bröhl, § 626 BGB Rn. 125; BeckOK-ArbR/Leder, § 15 KSchG Rn. 65; MünchKomm/Hergenröder, BGB, § 15 KSchG Rn. 100.

[80] BAG vom 10.02.1999, AP Nr. 42 zu § 15 KSchG 1969 unter B 3 der Gründe; MünchKomm/Hergenröder, BGB, § 15 KSchG Rn. 100.

[81] Vgl. BAG vom 10.02.1999, AP Nr. 42 zu § 15 KSchG 1969 unter B 3 der Gründe; AnwK-ArbR/Bröhl, § 626 BGB Rn. 125; APS/Linck, § 15 KSchG Rn. 127; ErfK/Kiel, § 15 KSchG Rn. 26; MünchKomm/Hergenröder, BGB, § 15 KSchG, § 15 Rn. 100.

[82] Die Europarechtskonformität des § 622 Abs. 2 S. 2 BGB kann daher hier dahinstehen, vgl. hierzu LAG Düsseldorf vom 21.11.2007, DB 2007, 2655; Löw, BB 2008, 116.

nis zu Sieglinde Säume auch nur einen einzigen Tag fortzu-
setzen. Die C-Bank AG kann sich nämlich nicht mehr darauf
verlassen, dass sie von Sieglinde Säume nicht erneut betrogen wird. Auch kann zukünftigen Störungen des Arbeitsverhältnisses nicht wirksam durch gleich effektive, aber mildere
Mittel begegnet werden. Ein solches Mittel könnte insbesondere die Möglichkeit zur Abmahnung darstellen. So besteht
grundsätzlich eine Vermutung dafür, dass der Arbeitnehmer
ein steuerbares Verhalten infolge einer Abmahnung abstellt[83]. Hat der Arbeitnehmer jedoch ein Fehlverhalten an
den Tag gelegt, obwohl ihm bewusst war, dass dieses Verhalten verboten ist und er seinen Arbeitsplatz riskiert, ist davon
auszugehen, dass eine Abmahnung wirkungslos bleibt[84].
Vorliegend hat Sieglinde Säume vorsätzlich ihre Hauptleistungspflicht verletzt, obwohl ihr bewusst sein musste, dass
ein solcher schwerwiegender Verstoß die sofortige Kündigung bedeuten kann. Zudem wurde sie halbjährlich auf diese
Folgen hingewiesen. Eine Abmahnung ist danach nicht erforderlich, weil sie kein geeignetes Mittel darstellt[85].

(2.1.3) Zwischenergebnis

Ein wichtiger Grund i. S. v. § 15 Abs. 1 S. 1 KSchG i. V. m.   Wichtiger Grund liegt vor
§ 626 Abs. 1 BGB liegt vor.

(2.2) Versäumung der Kündigungserklärungsfrist

Die Kündigungserklärungsfrist des § 626 Abs. 2 BGB wird   Beachtung
versäumt, wenn die außerordentliche Kündigung nicht in-   des § 626 Abs. 2 BGB
nerhalb von zwei Wochen ab Kenntnis vom Kündigungs-
grund beim Arbeitnehmer zugeht[86]. Da die Kündigungserklärung am 21.09.2007 bei Sieglinde Säume zuging, dürfte
die C-Bank AG frühestens am 07.09.2007 Kenntnis vom
Kündigungsgrund erlangt haben. Allerdings wurde der Vorstand der C-Bank AG bereits am 06.09.2007 – und damit
mehr als zwei Wochen vor Zugang der Kündigung – über
den Verdacht gegen Frau Säume informiert. Das Recht zur

---

[83] Vgl. BAG vom 10.02.1999, AP Nr. 42 zu § 15 KSchG 1969 unter B 5
der Gründe; MünchKomm/Henssler, BGB, § 626 Rn. 94 und 99; Rolfs,
StudKomm-ArbR, § 626 BGB Rn. 9.

[84] Vgl. BAG vom 10.02.1999, AP Nr. 42 zu § 15 KSchG 1969 unter B 5
der Gründe; MünchKomm/Henssler, BGB, § 626 Rn. 100; Rolfs, Stud-
Komm-ArbR, § 626 BGB Rn. 10.

[85] Vgl. BAG vom 25.11.2005, NZA 2006, 484, 486; MünchKomm/
Henssler, BGB, § 626 Rn. 99; Rolfs, StudKomm-ArbR, § 626 BGB
Rn. 9 f.

[86] APS/Dörner, § 626 BGB Rn. 141; Boemke, ArbR, § 13 Rn. 106;
MünchKomm/Henssler, BGB, § 626 Rn. 279; Rolfs, StudKomm-
ArbR, § 626 BGB Rn. 35.

außerordentlichen Kündigung wäre daher ausgeschlossen, wenn bereits dieser Verdacht die Frist in Gang gesetzt hätte. Dies wäre nur dann der Fall, wenn der Arbeitgeber seine Kündigung lediglich auf den bestehenden Verdacht gestützt und keine weitere Sachverhaltsaufklärung betrieben hätte[87]. Vorliegend nimmt die C-Bank AG den Verdacht zum Anlass zu weiteren Ermittlungen und spricht die Kündigung erst nach Aufklärung des maßgeblichen Sachverhalts aus. Dies belegt, dass nicht der Verdacht, sondern dessen Bestätigung, Grundlage der Kündigung ist. Mithin begann die Frist nicht bereits mit Kenntnis des ersten Verdachts, sondern erst mit Kenntnis der konkreten Tatsachen (Beendigung der Ermittlungen)[88]. Die Ermittlungen wurden am 18.09.2007 beendet, weshalb die Frist des § 626 Abs. 2 BGB frühestens am darauffolgenden Tag zu laufen begann und am 21.09.2007 noch nicht abgelaufen war. Die Kündigung ist nicht nach § 626 Abs. 2 BGB unwirksam.

(2.3) Zwischenergebnis

Keine Unwirksamkeit

Die Kündigung leidet nicht an einem materiellen Unwirksamkeitsgrund.

III. Ergebnis

Klage unbegründet

Die Kündigung ist wirksam und die zulässige Kündigungsschutzklage somit unbegründet.

---

[87] APS/Dörner, § 626 BGB Rn. 126. – Vgl. auch Boemke, ArbR, § 13 Rn. 107.
[88] Vgl. APS/Dörner, § 626 BGB Rn. 126.

B. Vorübergehende Erhöhung der Arbeitszeit

I. Ausgangspunkt

Die einseitige, d. h. gegen den Willen der Arbeitnehmer, erfolgende Verlängerung der Arbeitszeit bedarf einer entsprechenden Rechtsgrundlage[89]. Diese ist ohne besondere Abreden im Arbeitsvertrag nicht enthalten, weil sich das Direktionsrecht (§ 106 GewO) nicht auf den Umfang der Arbeitszeit bezieht[90]. Da der Betriebsrat kooperationsbereit ist, könnte eine Rechtsgrundlage durch Abschluss einer entsprechenden Betriebsvereinbarung geschaffen werden. Diese wirkt nach § 77 Abs. 4 S. 1 BetrVG unmittelbar und zwingend auf das Arbeitsverhältnis ein. Voraussetzung hierfür ist jedoch, dass die Betriebspartner (C-Bank AG und Betriebsrat) befugt sind, eine entsprechende Rechtsgrundlage zu schaffen (II)[91]. Außerdem muss die Betriebsvereinbarung die durch höherrangiges Recht gezogenen Schranken beachten (III).

Voraussetzungen

II. Regelungsbefugnis

Voraussetzung ist zunächst, dass die Betriebspartner befugt sind, zu Lasten des Arbeitnehmers (2) eine Regelung über den Umfang der Arbeitszeit (1) zu treffen.

Regelungsbefugnis der Betriebspartner

1. Gegenständliche Regelungsbefugnis

Gegenständlich ist die Regelungsbefugnis der Betriebspartner auf das Arbeitsverhältnis beschränkt[92]. Sie bezieht sich danach auf Alles, was Gegenstand eines Arbeitsverhältnisses sein kann[93]. In Abgrenzung hierzu unterliegt die Privatsphäre des Arbeitnehmers nicht der Regelungsbefugnis der

Inhalt des Arbeitsverhältnisses

---

[89] Boemke, ArbR, § 9 Rn. 37; Rolfs, StudKomm-ArbR, § 611 BGB Rn. 95.

[90] AnwK-ArbR/Boecken, § 106 GewO Rn. 21; Boemke, ArbR, § 9 Rn. 36; Lobinger, Anm. zu AP Nr. 19 zu § 77 BetrVG 1972 Tarifvorbehalt. – Vgl. auch BAG vom 12.12.1984, NZA 1985, 321, 321 ff.

[91] Vgl. Hromadka/Maschmann, ArbR 2, § 16 Rn. 359.

[92] BAG vom 12.12.2006, NZA 2007, 453, 454 f.; Gamillscheg, Kollektives Arbeitsrecht II, S. 767; Hromadka/Maschmann, ArbR 2, § 16 Rn. 360 f.

[93] Gamillscheg, Kollektives Arbeitsrecht II, S. 767; Hromadka/Maschmann, ArbR 2, § 16 Rn. 361; Richardi, Kollektives Arbeitsrecht, § 28 Rn. 4.

Betriebspartner[94]. Diesen fehlt insoweit die Zuständigkeit. Die Befugnis zur Anordnung von Überstunden, innerhalb derer weisungsabhängige Tätigkeiten erbracht werden sollen, kann Teil eines Arbeitsverhältnisses sein. Eine entsprechende Regelung unterfällt somit der gegenständlichen Regelungsbefugnis der Betriebspartner.

2. Funktionale Regelungsbefugnis

Belastende Betriebsvereinbarungen

Umstritten ist, ob die Betriebspartner in funktionaler Hinsicht befugt sind, Regelungen zu Lasten des Arbeitnehmers zu treffen.

a) Meinungsstand

Mitbestimmung als Beschränkung der Arbeitgeberrechte

Eine Ansicht in der Literatur geht davon aus, dass es den Betriebspartnern verwehrt ist, durch Betriebsvereinbarungen Regelungen zu Lasten der Arbeitnehmer zu treffen, soweit der Arbeitgeber nicht bereits individual- oder tarifvertraglich zu diesen befugt ist[95]. Zur Begründung wird angeführt, dass die Mitbestimmung des Betriebsrats funktional darauf gerichtet ist, die Macht des Arbeitgebers zu kontrollieren und zu mäßigen[96]. Dagegen ist die Mitbestimmung des Betriebsrats nicht darauf gerichtet, die Befugnisse des Arbeitgebers zu erweitern[97].

Umfassende Regelungskompetenz der Betriebspartner

Nach anderer Ansicht, der auch das BAG folgt, sind die Betriebspartner befugt, für den Arbeitnehmer nachteilige Regelungen zu treffen[98]. Die von den Betriebspartnern getroffenen Regelungen müssen sich jedoch an höherrangigem Recht, insbesondere an den Grundrechten der betroffenen Arbeitnehmer, messen lassen[99]. Zur Begründung wurde ursprünglich ausgeführt, dass § 77 Abs. 4 S. 1 BetrVG die zwingende Wirkung von Betriebsvereinbarungen vorsehe,

---

[94] BAG vom 12.12.2006, NZA 2007, 453, 455; v. Hoyningen-Huene, BetrVR, § 11 Rn. 60; Rolfs, StudKomm-ArbR, § 77 BetrVG Rn. 27.

[95] Hromadka/Maschmann, ArbR 2, § 16 Rn. 395 f.; GK-BetrVG/Kreutz, § 77 Rn. 315 ff.; Lobinger, Anm. zu AP Nr. 19 zu § 77 BetrVG 1972 Tarifvorbehalt; Richardi, Kollektives Arbeitsrecht, § 28 Rn. 7; Waltermann, RdA 2007, 257, 260 ff.

[96] GK-BetrVG/Kreutz, § 77 Rn. 316; Hromadka/Maschmann, ArbR 2, § 16 Rn. 395.

[97] Hromadka/Maschmann, ArbR 2, § 16 Rn. 395.

[98] BAG vom 12.12.2006, NZA 2007, 453, 454 f.; Gamillscheg, Kollektives Arbeitsrecht II, S. 768 f.; v. Hoyningen-Huene, BetrVR, § 11 Rn. 42, Richardi, BetrVG, § 87 Rn. 335. – So i. E. für Regelungen über die Dauer der Arbeitszeit auch AnwK-ArbR/Boecken, § 106 GewO Rn. 22 f.; Rolfs, StudKomm-ArbR, § 611 BGB Rn. 95 und § 77 BetrVG Rn. 29.

[99] BAG vom 12.12.2006, NZA 2007, 453, 455.

was auch nachteilige Wirkungen umfasse[100]. Später wurde zusätzlich angeführt, dass sich eine entsprechende Befugnis der Betriebspartner aus § 87 BetrVG ableiten lasse, der voraussetzt, dass die Betriebspartner die dort benannten Gegenstände regeln können[101]. Dies umfasst auch eine nachteilige Ausgestaltung. Inzwischen ist das BAG dazu übergegangen, den Betriebspartnern über § 87 BetrVG hinaus auch im Bereich der freiwilligen Mitbestimmung des § 88 BetrVG eine umfassende, d. h. auch nachteilige Regelungsbefugnis zuzusprechen[102]. Zur Begründung wird darauf verwiesen, dass der Gesetzgeber die Betriebspartner dort zur umfassenden Regelung ermächtigt habe, wo die Tarifpartner keine Regelungen treffen[103]. Außerdem wird die Befugnis zur Schaffung nachteiliger Regelungen aus § 2 Abs. 1 BetrVG a. E. abgeleitet, der die Betriebspartner auf das Wohl des Betriebs verpflichtet[104]. Schließlich wird geltend gemacht, dass einer umfassenden Regelungsbefugnis der Betriebspartner keine verfassungsrechtlichen Gründe entgegenstehen[105]. Mit den teleologischen Einwänden der Gegenansicht setzt sich das BAG nicht auseinander.

b) Stellungnahme

aa) Ausgangspunkt

Der aufgeworfene Streit ist durch Auslegung der maßgeblichen gesetzlichen Vorschriften zu beantworten. Der Regelung des § 77 Abs. 4 S. 1 BetrVG lässt sich dabei entgegen der Ansicht des BAG keine Aussage entnehmen, weil die zwingende Wirkung einer Betriebsvereinbarung eine wirksame Betriebsvereinbarung voraussetzt[106]. Dies wiederum setzt die entsprechende Regelungsbefugnis der Betriebspartner voraus[107]. Auszulegen sind vielmehr §§ 87, 88 BetrVG. Diese sind darauf zu untersuchen, ob und inwieweit sie den

Gesetzesauslegung

---

[100] BAG vom 14.02.1991, AP Nr. 4 zu § 615 BGB Kurzarbeit unter IV 3 der Gründe. – So auch Fitting, BetrVG, § 87 Rn. 141; GK-BetrVG/ Wiese, § 87 Rn. 366; HWK/Clemenz, § 87 BetrVG Rn. 91. – Vgl. auch BAG vom 12.12.2006, NZA 2007, 453, 455.

[101] BAG vom 03.06.2003, AP Nr. 19 zu § 77 BetrVG 1972 Tarifvorbehalt unter I 3 der Gründe. – So auch ErfK/Kania, § 87 BetrVG Rn. 31; GK-BetrVG/Wiese, § 87 Rn. 366; HWK/Clemenz, § 87 BetrVG Rn. 91; Richardi, BetrVG, § 87 Rn. 335 und 360.

[102] BAG vom 12.12.2006, NZA 2007, 453, 454 f.

[103] BAG vom 12.12.2006, NZA 2007, 453, 454.

[104] v. Hoyningen-Huene, BetrVR, § 11 Rn. 42.

[105] BAG vom 12.12.2006, NZA 2007, 453, 454 f.

[106] Richardi, BetrVG, § 87 Rn. 360. – Vgl. auch v. Hoyningen-Huene, BetrVR, § 11 Rn. 46.

[107] Vgl. Richardi, BetrVG, § 77 Rn. 64 und 66.

Betriebspartnern eine über die Regelungsbefugnisse des Arbeitgebers hinausgehende Macht einräumen wollen.

bb) Wortlaut

Kein eindeutiger Wortlaut

Dem Wortlaut beider Vorschriften ist keine eindeutige Aussage zu entnehmen[108]. Einerseits enthält er keine Beschränkung auf neutrale oder vorteilhafte Regelung, was tendenziell für die herrschende Ansicht spricht[109]. Andererseits besagt § 87 Abs. 1 Nr. 3 BetrVG nur, dass der Betriebsrat „mitzubestimmen" hat. Er besagt dagegen nicht, dass die Betriebspartner „entscheiden" oder „regeln" oder „befugt sind". Dies lässt sich tendenziell dafür anführen, dass sich die Regelungsbefugnis der Betriebspartner an diejenige des Arbeitgebers anlehnt.

cc) Historische Auslegung

Kontrolle des Arbeitgeberhandelns

Die historische Auslegung führt zu keiner eindeutigen Aussage. Tendenziell sprechen die historischen Wurzeln für eine funktionale Begrenzung der Regelungsbefugnis der Betriebspartner, weil das BetrVG und seine Vorläufervorschriften aus dem Bedürfnis nach einer Kontrolle und Mäßigung der Macht des Unternehmers erwachsen sind[110].

dd) Systematische Auslegung

§ 2 Abs. 1 BetrVG keine Kompentenznorm

In systematischer Hinsicht wird für eine umfassende Regelungsbefugnis der Betriebspartner geltend gemacht, dass diese nach § 2 Abs. 1 BetrVG a. E. auch das Wohl des Betriebs zu wahren haben, weshalb sie zur Schaffung nachteiliger Regelungen befugt sind, solange sich diese mittelbar über das Wohl des Betriebs vorteilhaft auswirken[111]. Dieses systematische Argument überzeugt jedoch nicht. Aus der Stellung des § 2 Abs. 1 BetrVG ergibt sich, dass diese Norm vergleichbar § 242 BGB regelt, wie die Betriebspartner ihre Aufgaben wahrnehmen sollen. Dagegen folgt aus § 2 Abs. 1 BetrVG nicht, welche Aufgaben und Kompetenzen den Betriebspartnern zustehen. Entsprechende Kompetenzzuweisungen erfolgen insbesondere in den §§ 87 ff. BetrVG, jedoch nicht in § 2 Abs. 1 BetrVG. Dementsprechend wäre § 2 Abs. 1 BetrVG nur dann als Argument heranzuziehen, wenn

---

[108] Lobinger, Anm. zu AP Nr. 19 zu § 77 BetrVG 1972 Tarifvorbehalt.

[109] BAG vom 12.12.2006, NZA 2007, 453, 454.

[110] Vgl. hierzu BT-Drs. VI/334, S. 65 i. V. m. BR-Drs. 715/70, S. 31; GK-BetrVG/Wiese, Einleitung Rn. 70 ff.; v. Hoyningen-Huene, BetrVR, § 2 Rn. 1.

[111] v. Hoyningen-Huene, BetrVR, § 11 Rn. 42.

die Betriebspartner zur § 2 Abs. 1 BetrVG entsprechenden Erfüllung der ihnen zugewiesenen Aufgaben zwingend auf die Kompetenz zu nachteiligen Regelungen angewiesen wären. Dies ist jedoch nicht der Fall und wird – soweit ersichtlich – auch nicht geltend gemacht. Im Ergebnis lassen sich systematische Erwägungen weder für noch gegen eine umfassende Regelungsbefugnis anführen.

ee) Teleologische Auslegung

In teleologischer Hinsicht ist insbesondere zu berücksichtigen, dass die Mitbestimmung des Betriebsrats vorrangig im Interesse der Mäßigung der Macht des Arbeitgebers geschaffen wurde[112]. Dies spricht deutlich für eine auf diese Wirkungsweise eingeschränkte Regelungsbefugnis der Betriebspartner. Dies entkräftet zusätzlich den Verweis auf § 2 Abs. 1 BetrVG a. E. Danach ist der Betriebsrat lediglich verpflichtet, das Wohl des Betriebs bei der Mäßigung der Arbeitgebermacht zu berücksichtigen. Mit § 2 Abs. 1 BetrVG a. E. soll der Betriebsrat gemäßigt werden. Hierzu bedarf es jedoch keines Übergriffs in den Rechtskreis des Arbeitnehmers.

Sinn und Zweck der Mitbestimmung

Selbst wenn man dem BAG darin folgt, dass die Betriebspartner nach § 77 Abs. 3 S. 1 und 2 BetrVG allumfassend zuständig sein sollen, soweit die Tarifpartner von ihrer Kompetenz keinen Gebrauch machen[113], steht dies der vorstehenden Annahme nicht entgegen. Die vom BAG angeführten Gründe vermögen allein eine gegenständlich umfassende Regelungszuständigkeit zu begründen. Dies folgt daraus, dass das BAG[114] die Reichweite der Regelungssperre des § 77 Abs. 3 S. 1 und 2 BetrVG gegenständlich und nicht funktional bestimmt, weil anderenfalls § 77 Abs. 3 S. 1 und 2 BetrVG neben § 4 Abs. 1 und Abs. 3 TVG entbehrlich wären[115]. Hinsichtlich der funktionalen Reichweite der Regelungsbefugnis ist der Verweis auf § 77 Abs. 3 S. 1 und 2 BetrVG somit ohne Argumentationskraft[116], solange nicht begründet wird, dass die Betriebspartner zur Ausfüllung der

Teleologisch-systematische Auslegung

---

[112] Vgl. BT-Drs. VI/334, S. 65 i. V. m. BR-Drs. 715/70, S. 31; GK-BetrVG/Wiese, Einleitung Rn. 70 ff.; v. Hoyningen-Huene, BetrVR, § 1 Rn. 6, 13 und § 11 Rn. 42.

[113] BAG vom 12.12.2006, NZA 2007, 453, 454.

[114] BAG vom 30.05.2006, NZA 2006, 1170, 1171 f. – Vgl. auch Hromadka/Maschmann, ArbR 2, § 16 Rn. 365 f.; v. Hoyningen-Huene, BetrVR, § 11 Rn. 50; Rolfs, StudKomm-ArbR, § 77 BetrVG Rn. 20.

[115] Vgl. Hromadka/Maschmann, ArbR 2, § 16 Rn. 366.

[116] Vgl. auch Richardi, BetrVG, § 77 Rn. 67. – I. E. auch Waltermann, RdA 2007, 257, 260.

ihnen zugewiesenen Aufgabe zwingend auf die Möglichkeit zur Schaffung nachteiliger Regelungen angewiesen sind. Die Anlehnung an die Befugnisse der Tarifpartner geht fehl, weil sich die Befugnis der Tarifpartner zur Setzung nachteiliger Normen aus Art. 9 Abs. 3 GG selbst ableiten lässt und über die freiwillige Mitgliedschaft der Tarifunterworfenen stärker legitimiert ist[117].

Mäßigung des Arbeitgebers

Teleologische Erwägungen sprechen im Ergebnis für eine funktional eingeschränkte Regelungsbefugnis der Betriebspartner, durch die dem Arbeitgeber keine nach Gesetz, Tarif- und Arbeitsvertrag nicht ohnehin bestehenden Befugnisse eingeräumt werden können.

ff) Verfassungskonforme Auslegung

Eingriff in Grundrechte des Arbeitnehmers

Schließlich begegnet die Ansicht des BAG verfassungsrechtlichen Bedenken[118], die sich vorliegend jedoch nur teilweise auswirken. Zu Unrecht geht das BAG davon aus, dass es verfassungsrechtlich zulässig ist, dass den Betriebspartnern eine umfassende Befugnis zur autonomen Ausgestaltung des Arbeitsverhältnisses zugewiesen wird, die auch zu Grundrechtseingriffen berechtigt[119].

Wesentlichkeitstheorie

Das BAG übersieht zunächst, dass nach der Rechtsprechung des BVerfG als Ausfluss des Demokratieprinzips der Gesetzgeber – auch bei Übertragung von Normsetzungsbefugnissen – alle wesentlichen Fragen selbst entscheiden muss (Wesentlichkeitstheorie)[120]. Dies gilt insbesondere im Zusammenhang mit Grundrechtseingriffen, bei denen neben das Demokratieprinzip ein grundrechtlicher Gesetzesvorbehalt tritt[121]. Diesen Anforderungen genügt zwar § 87 Abs. 1

---

[117] Lobinger, Anm. zu AP Nr. 19 zu § 77 BetrVG 1972 Tarifvorbehalt. – Vgl. auch BAG vom 12.12.2006, NZA 2007, 453, 456; Waltermann, RdA 2007, 257, 260.

[118] Ausführlich Waltermann, RdA 2007, 257, 260 ff.

[119] BAG vom 12.12.2006, NZA 2007, 453, 455.

[120] Vgl. BVerfG vom 29.10.1987, BVerfGE 77, 170, 230 f.; BVerfG vom 20.10.1982, BVerfGE 61, 260, 275; BVerfG vom 08.08.1978, BVerfGE 49, 89, 126 f. – Vgl. auch BVerwG vom 05.07.1994, NVwZ-RR 1995, 241, 242; Degenhart, Staatsrecht I, Rn. 305, 309 und 342; Waltermann, RdA 2007, 257, 262 f.; Zippelius/Württemberger, Deutsches Staatsrecht, S. 103 f. und 411.

[121] Vgl. BVerfG vom 19.11.1985, NJW 1986, 1533, 1534; BVerfG vom 09.05.1972, NJW 1972, 1504, 1506. – Vgl. auch BVerwG vom 05.07.1995, NVwZ-RR 1995, 241, 242; Degenhart, Staatsrecht I, Rn. 305, 309 und 342; Ramsauer, Die Assessorprüfung im Öffentlichen Recht, Rn. 30.56; Zippelius/Württemberger, Deutsches Staatsrecht, S. 103 f. und 411.

Nr. 3 BetrVG[122], wenn man ihn als Ermächtigung auslegt, weil er die Befugnisse der Betriebspartner auf „vorübergehende" Änderungen der Arbeitszeit begrenzt, sich aus § 2 Abs. 1 BetrVG die Zielrichtung der Regelungsbefugnis ableiten lässt und das ArbZG weitere Grenzen statuiert. Dagegen genügt jedoch die Regelung des § 88 BetrVG nicht der Wesentlichkeitstheorie, weil sie keine Voraussetzungen und keine Grenzen der Normsetzungsbefugnis bestimmt[123]. Hieraus lässt sich vorliegend jedoch kein Einwand gegen das BAG ableiten, weil § 88 BetrVG nicht entscheidungserheblich ist.

Das BAG berücksichtigt nicht hinreichend, dass die Befugnis zur Delegation von Normsetzungsbefugnissen nach der Rechtsprechung des BVerfG nur in Betracht kommt, wenn der Delegat der Aufsicht des Delegierenden untersteht. Der Gesetzgeber darf nämlich seine Normsetzungskompetenz nicht vollständig übertragen[124]. Diese Voraussetzung ist im Hinblick auf die Betriebsräte nicht gewährleistet, weil diese keiner staatlichen Aufsicht unterstehen. Einen hinreichenden Ausgleich schafft insoweit auch nicht die Aufsicht durch die im Betrieb vertretenen Gewerkschaften, weil diese Aufsicht nicht in allen Betrieben gewährleistet ist.

Staatliche Aufsicht

Schließlich bedarf die Übertragung von Normsetzungsbefugnissen auf die Betriebspartner als Einschränkung der Selbstbestimmung der Arbeitsvertragsparteien im Hinblick auf Art. 12 Abs. 1 GG einer verfassungsrechtlichen Rechtfertigung. Eine Fremdbestimmung darf nur insoweit erfolgen, als dies die Interessen der Allgemeinheit erfordern[125]. Dient die Mitbestimmung dem Arbeitnehmerschutz, ist sie nur als auf vorteilhafte Regelungen beschränkter Eingriff erforderlich. Den Arbeitnehmer belastende Betriebsvereinbarungen lassen sich auf diesem Weg nicht rechtfertigen. Eine entsprechende Rechtfertigung lässt sich auch nicht daraus gewinnen, dass sich Arbeitsverhältnisse oder die Ordnung im Betrieb ohne funktional unbegrenzte Regelungsbefugnis der Betriebspartner nicht regeln lassen. Der Arbeitgeber kann sich die Befugnis zur Anordnung von Überstunden

Vereinbarkeit mit der Privatautonomie

---

[122] Vgl. Richardi, BetrVG, § 77 Rn. 71; Waltermann, RdA 2007, 257, 266. – Tendenziell a. A. Lobinger, Anm. zu AP Nr. 19 zu § 77 BetrVG 1972 Tarifvorbehalt.

[123] Vgl. Waltermann, RdA 2007, 257, 262 f. – Vgl. auch Richardi, BetrVG, § 77 Rn. 67.

[124] Vgl. auch BVerfG vom 19.11.1985, NJW 1986, 1533, 1534; BVerfG vom 09.05.1972, NJW 1972, 1504, 1506, 1507.

[125] BVerfG vom 09.05.1972, NJW 1972, 1504, 1506.

jedenfalls arbeitsvertraglich vorbehalten. Es fehlt somit an einer ausreichenden Rechtfertigung für die Einräumung einer funktional unbegrenzten Regelungsbefugnis der Betriebspartner. Der Ansicht des BAG stehen somit verfassungsrechtliche Erwägungen entgegen.

3. Zwischenergebnis

Unzulässigkeit belastender
Betriebsvereinbarungen

Nach herrschender Ansicht besteht eine Regelungsbefugnis der Betriebspartner, durch welche dem Arbeitgeber die Befugnis zur Anordnung von Überstunden eingeräumt werden kann. Nach hier bevorzugter Ansicht besteht eine solche Regelungsbefugnis dagegen nicht, weil der Gesetzeswortlaut keine eindeutige Aussage trifft und teleologische und verfassungsrechtliche Erwägungen gegen die herrschende Ansicht sprechen.

III. Grenzen der Regelungsbefugnis

Grenzen der
Regelungsbefugnis

Betriebsvereinbarungen dürfen nicht gegen höherrangiges Recht verstoßen (1). Außerdem müssen sie den Tarifvorrang des § 77 Abs. 3 S. 1 BetrVG beachten (2).

1. Vereinbarkeit mit höherrangigem Recht

Bindung an höherrangiges
Recht

Betriebsvereinbarungen dürfen zunächst nicht gegen höherrangiges, zwingendes staatliches, Recht verstoßen[126]. Sie müssen namentlich §§ 134, 138, 242 BGB sowie § 2 Abs. 1 und § 75 BetrVG beachten[127]. Einer Zweckmäßigkeits- oder Billigkeitskontrolle unterfallen Betriebsvereinbarungen darüber hinaus jedoch nicht[128]. Da dem Sachverhalt nicht zu entnehmen ist, in welcher konkreten Form dem Arbeitgeber die Anordnung von Überstunden ermöglicht werden soll, lässt sich die Vereinbarkeit mit höherrangigem Recht nicht abschließend beurteilen. Bei ihrer Ausgestaltung müssen sich die Betriebspartner insbesondere auch in den Grenzen des ArbZG halten. Die angestrebte Wochenarbeitszeit von 38 Stunden lässt sich dabei – je nach Verteilung der Arbeitszeit – innerhalb der Grenzen des § 3 ArbZG darstellen.

---

[126] BAG vom 12.12.2006, NZA 2007, 453, 455; v. Hoyningen-Huene, BetrVR, § 11 Rn. 47; Hromadka/Maschmann, ArbR 2, § 16 Rn. 362; Rolfs, StudKomm-ArbR, § 77 BetrVG Rn. 17.

[127] v. Hoyningen-Huene, BetrVR, § 11 Rn. 47. – Vgl. auch Hromadka/Maschmann, ArbR 2, § 16 Rn. 363.

[128] BAG vom 12.12.2006, NZA 2007, 453, 455; v. Hoyningen-Huene, BetrVR, § 11 Rn. 73; Hromadka/Maschmann, ArbR 2, § 16 Rn. 400.

2. Beachtung des Tarifvorrangs

Zu den zu beachtenden gesetzlichen Grenzen gehört insbesondere § 77 Abs. 3 S. 1 BetrVG, der eine Regelungssperre für die Betriebspartner zugunsten der Tarifvertragsparteien begründet[129]. Nach § 77 Abs. 3 S. 1 BetrVG dürfen die Betriebspartner keine Betriebsvereinbarungen abschließen, die sich auf das Arbeitsentgelt oder sonstige Arbeitsbedingungen beziehen, die durch Tarifvertrag geregelt sind oder üblicherweise durch Tarifvertrag geregelt werden. Zwar ist umstritten, inwieweit diese Regelungssperre auch im Rahmen der zwingenden Mitbestimmung des § 87 Abs. 1 BetrVG greift[130], was vorliegend dadurch relevant werden könnte, dass die vorübergehende Erhöhung der betriebsüblichen Arbeitszeit nach § 87 Abs. 1 Nr. 3 BetrVG der zwingenden Mitbestimmung unterfällt. Allerdings kann dieser Streit vorliegend dahinstehen, weil die Anordnung von Mehrarbeit ausweislich des Sachverhalts weder tariflich geregelt ist noch üblicherweise tariflich geregelt wird. Aus § 77 Abs. 3 S. 1 BetrVG ergibt sich keine zusätzliche Beschränkung der Regelungsbefugnis der Betriebspartner.

Schranke des § 77 Abs. 3 BetrVG

IV. Ergebnis

Soweit die Betriebspartner bei der konkreten Ausgestaltung der Betriebsvereinbarung die aufgezeigten inhaltlichen Grenzen beachten, könnte der Arbeitgeber nach Ansicht des BAG seine Arbeitnehmer gegen deren Willen zur vorübergehend Leistung von Überstunden verpflichten. Nach hier vertretener Ansicht ist es den Betriebspartnern dagegen verwehrt, dem Arbeitgeber von Gesetz, Tarif- oder Arbeitsvertrag nicht vorgesehene Befugnisse einzuräumen.

Keine Anordnung auf Grund Betriebsvereinbarung

---

[129] v. Hoyningen-Huene, BetrVR, § 11 Rn. 50; Hromadka/Maschmann, ArbR 2, § 16 Rn. 365 f.
[130] Vgl. hierzu v. Hoyningen-Huene, BetrVR, § 12 Rn. 10 ff.; Hromadka/Maschmann, ArbR 2, § 16 Rn. 364 ff.; Rolfs, StudKomm-ArbR, § 77 BetrVG Rn. 22.

Klausur Nr. 8

Das Leid mit den Punkten

Rechtsanwalt Dr. Joachim Luke

Sachverhalt

Die Bau & Bruch GmbH mit Sitz in München ist ein Bauunternehmen. Sie beschäftigt dort unter einer einheitlichen Leitung 240 Arbeitnehmer in den drei Abteilungen Tiefbau, Hochbau und Verwaltung. Seit vielen Jahren besteht auch ein Betriebsrat. Auf Grund von Umsatzrückgängen beschloss die Geschäftsführung im Frühjahr 2007, im Bereich Tiefbau insgesamt 20 Arbeitsplätze abzubauen. Die Bau & Bruch GmbH plant daher, sich von insgesamt 20 Straßenbauern zu trennen. Vorrangig sollen zu diesem Zweck Aufhebungsverträge geschlossen werden. Überwiegend wird man aber kündigen müssen. In diesem Rahmen will die Bau & Bruch GmbH eine Sozialauswahl i. S. v. § 1 Abs. 3 KSchG durchführen und sich dabei an folgendem, von ihrem Rechtsanwalt zur Verfügung gestellten, Auswahlschema orientieren:

„§ 1 Auswahl

Die Auswahl der zu kündigenden Arbeitnehmer erfolgt als Sozialauswahl. In die Auswahl werden alle 110 Straßenbauer der Abteilung Tiefbau einbezogen. Arbeitnehmer, deren Weiterbeschäftigung im berechtigten betrieblichen Interesse liegt, müssen nicht in die Sozialauswahl einbezogen werden.

§ 2 Punkteschema zur Sozialauswahl

Die Auswahl erfolgt anhand eines Punkteschemas, welches die Betriebszugehörigkeit, bestehende Unterhaltspflichten, Lebensalter und eine etwaige Schwerbehinderung berücksichtigt. Diese werden wie folgt bewertet:

– Betriebszugehörigkeitsjahre, je: *1 Punkt*
– unterhaltsberechtigte Person, je: *8 Punkte*
– Lebensjahre zwischen 45 und 60, je: *1 Punkt*
– Schwerbehinderte oder gleichgestellte
   Menschen: *6 Punkte*
   zzgl. 2 Punkte je 10 % GdB über 50 %

*Das Lebensalter ist kein pauschaler Bewertungsmaß-
stab, sondern dient dazu, Schwierigkeiten älterer Arbeitnehmer auf dem Arbeitsmarkt auszugleichen.*

§ 3 Auswahlprozess

*Zunächst können Arbeitnehmer, deren Weiterbeschäfti-
gung im berechtigten betrieblichen Interesse liegt, aus
der Sozialauswahl herausgenommen werden. Die ver-
bleibenden Arbeitnehmer werden sodann nach ihrer
sozialen Stärke gelistet. Im Anschluss ist den 20 sozial
stärksten Arbeitnehmern zu kündigen. "*

Eine Beteiligung des Betriebsrats hält die Bau & Bruch
GmbH auf dieser Entscheidungsebene nicht für erforderlich.
Bei eventuell auszusprechenden Kündigungen werde man
rechtzeitig auf den Betriebsrat zurückkommen. Der Betriebsrat hält die ganze Vorgehensweise jedoch für unterneh-
merisch unklug sowie für zu schematisch und pocht auf seine „umfassenden Beteiligungsrechte".

Aufgabenstellung:

Frage 1: Welche Beteiligungsrechte stehen dem Betriebsrat
bei der Planung der Entlassungen, der Einführung des Punkteschemas und/oder bei den Kündigungen der Arbeitnehmer
zu?

Frage 2: Wie kann der Betriebsrat bei der Einführung des
Punkteschemas bestehende Beteiligungsrechte effektiv gerichtlich geltend machen?

Frage 3: Steht die von dem Rechtsanwalt vorgeschlagene
Vorgehensweise im Einklang mit den gesetzlichen Anforderungen an die Sozialauswahl gemäß § 1 Abs. 3 KSchG ?

Bearbeitervermerk:
Das Vorliegen eines dringenden betrieblichen Grundes, der
die Kündigung von 20 Straßenbauern erforderlich macht, ist
zu unterstellen. Außerdem ist zu berücksichtigen, dass Straßenbauer nach ihrem Arbeitsvertrag nur in der Abteilung
Tiefbau eingesetzt werden dürfen.

Vorüberlegungen

I. Frage 1: Beteiligungsrechte des Betriebsrats bei den anstehenden Personalentscheidungen

Die Reichweite der Mitbestimmungsrechte des Betriebsrats, um die es in Frage 1 geht, bietet vielfach Anlass für gerichtliche Entscheidungen und ausreichend Stoff für arbeitsrechtliche Klausuren. Die Feinheiten der Mitbestimmungsrechte sind in den letzten Jahrzehnten durch eine Vielzahl von arbeitsgerichtlichen Entscheidungen geprägt worden und können von Studierenden kaum überblickt werden. Gleichwohl sind „Klassiker" und aktuelle Entscheidungen regelmäßig Prüfungsstoff des Schwerpunktbereichs. Eine zufriedenstellende Lösung erhält man durch das schulmäßige Abprüfen aller in Betracht kommenden Mitbestimmungstatbestände. Hierzu sollte man zunächst möglicherweise einschlägige Tatbestände sammeln. Als solche kommen vorliegend neben §§ 111 und 95 BetrVG[1] auch § 102 BetrVG sowie § 17 KSchG in Betracht. Im Anschluss hieran ist zu prüfen, ob die Tatbestandsvoraussetzungen der jeweiligen Bestimmung im konkreten Fall erfüllt sind.

II. Frage 2: Schutz der Beteiligungsrechte des Betriebsrats

Der Fall bietet zudem die notwendige Vielschichtigkeit zu Notendifferenzierung, indem er in Frage 2 nach der prozessualen Durchsetzung im Zusammenhang mit der Einführung des Punkteschemas[2] bestehender Mitbestimmungsrechte fragt. Im Kern liegt dieser Frage ein klassisches Problem des Betriebsverfassungsrechts zu Grunde[3], welches das BAG im Jahr 1994[4] – unter Aufgabe seiner früheren Rechtsprechung – für die Rechtspraxis vorerst geklärt hat. Inhaltlich musste das Bundesarbeitsgericht die Frage entscheiden, ob es im Betriebsverfassungsrecht einen allge-

---

[1] Vgl. hierzu BAG vom 26.07.2005, NZA 2005, 1372, 1372 ff.

[2] Nicht zu prüfen ist, ob und wie der Betriebsrat seine Mitbestimmungsrechte nach §§ 111 ff. BetrVG sichern kann. Vgl. hierzu AnwK-ArbR/Spirolke, § 111 BetrVG Rn. 29.

[3] v. Hoyningen-Huene, BetrVR, § 4 Rn. 91 f.; Hromadka/Maschmann, ArbR 2, § 16 Rn. 96 f.; Konzen, NZA 1995, 865.

[4] BAG vom 03.05.1994, NZA 1995, 40. Diese Entscheidung wurde in vielen Bundesländern, in denen das kollektive Arbeitsrecht früher im so genannten Wahlfach geprüft wurde, sofort als Klausur gestellt, so z. B. in Bayern im Termin 1994/II.

meinen Unterlassungsanspruch des Betriebsrats gegen mitbestimmungswidrige Handlungen des Arbeitgebers gibt. Im Ergebnis hat das BAG diese Frage bejaht und den Anspruch aus dem Gebot der vertrauensvollen Zusammenarbeit zwischen Arbeitgeber und Betriebsrat (§ 2 Abs. 1 BetrVG) abgeleitet[5]. Soweit ein solcher Anspruch grundsätzlich besteht, ist weiter zu prüfen, ob und inwieweit der spezielle Unterlassungsanspruch des § 23 Abs. 3 BetrVG einen allgemeinen Unterlassungsanspruch im Wege der Spezialität verdrängt[6]. Diese Frage wurde vom BAG verneint[7]. Im Ergebnis geht das BAG danach vom Bestehen eines Unterlassungsanspruchs zur Sicherung des Mitbestimmungsrechts aus § 95 Abs. 1 BetrVG aus[8].

III. Frage 3: Anforderungen an ein Punkteschema

Nach der seit 2004 geltenden Fassung müssen im Rahmen der Sozialauswahl lediglich die dort genannten vier Kriterien berücksichtigt werden[9]. Möglich ist dabei auch die Verwendung sog. Punktetabellen. Die Gewichtung der Kriterien ist Sache des Arbeitgebers[10] und – wenn ein Mitbestimmungsrecht besteht – des Betriebsrats. Das Gesetz fordert lediglich, dass die benannten Kriterien „ausreichend" berücksichtigt werden[11]. Eine Abweichung von dieser Anforderung regelt § 1 Abs. 4 KSchG (nur) für die Überprüfbarkeit im Individualprozess, wenn das Punkteschema als Betriebsvereinbarung vereinbart wurde[12]. Hierauf ist vorliegend jedoch nicht einzugehen, weil sich die Aufgabenstellung ausdrücklich darauf bezieht, inwieweit die geplante Vorgehensweise § 1

---

[5]   BAG vom 03.05.1994, NZA 1995, 40, 42 f.

[6]   Vgl. hierzu BAG vom 03.05.1994, NZA 1995, 40, 42 einerseits und v. Hoyningen-Huene, BetrVR, § 4 Rn. 91; Konzen, NZA 1995, 865, 871 f. andererseits.

[7]   BAG vom 26.07.2005, NZA 2005, 1372, 1374; BAG vom 03.05.1994, NZA 1995, 40, 42. – A. A. v. Hoyningen-Huene, BetrVR, § 4 Rn. 91; Konzen, NZA 1995, 865, 871 f.

[8]   BAG vom 26.07.2005, NZA 2005, 1372, 1374; BAG vom 09.11.2006, NZA 2007, 549, 552.

[9]   Vgl. hierzu Boemke, ArbR, § 14 Rn. 134 ff.; v. Hoyningen-Huene/Linck, KSchG, § 1 Rn. 929.

[10]   Boemke, ArbR, § 14 Rn. 140 ff.; AnwK-ArbR/Hümmerich/Holthausen, § 1 KSchG Rn. 513.

[11]   v. Hoyningen-Huene/Linck, KSchG, § 1 Rn. 952; AnwK-ArbR/Hümmerich/Holthausen, § 1 KSchG Rn. 513.

[12]   Vgl. hierzu v. Hoyningen-Huene/Linck, KSchG, § 1 Rn. 968 ff.; AnwK-ArbR/Hümmerich/Holthausen, § 1 KSchG Rn. 559 ff.

Abs. 3 KSchG entspricht[13]. Dabei erscheint im Hinblick auf das AGG das Kriterium des Lebensalters problematisch[14].

---

[13] Vgl. hierzu v. Hoyningen-Huene, BetrVR, § 14 Rn. 17 und den Beispielsfall bei v. Hoyningen-Huene, BetrVR, § 14 Rn. 18.

[14] Vgl. hierzu v. Hoyningen-Huene/Linck, KSchG, § 1 Rn. 935 ff.; AnwK-ArbR/Hümmerich/Holthausen, § 1 KSchG Rn. 526.

Lösung

A. Beteiligungsrechte des Betriebsrats bei den anstehenden Personalentscheidungen

Sammeln möglicher Mitbestimmungsrechte

Beteiligungsrechte des Betriebsrats bei Vorbereitung und Umsetzung der geplanten Kündigungen könnten sich aus § 111 BetrVG (I), § 95 BetrVG (II), § 102 BetrVG (III) sowie § 17 Abs.2 KSchG (IV) ergeben.

I. Mitwirkungsrechte wegen Betriebsänderungen

1. Tatbestandsvoraussetzungen

Voraussetzungen des § 111 BetrVG

Ein Mitwirkungsrecht des Betriebsrats könnte sich aus § 111 S. 1, S. 3 Nr.1 BetrVG ergeben. Dazu müsste ein Unternehmer (1) in einem Unternehmen mit mehr als 20 wahlberechtigten Arbeitnehmern (2) eine Betriebsänderung planen, die wesentliche Nachteile für die oder Teile der Belegschaft haben kann (3).

2. Unternehmer

Bau & Bruch GmbH als Unternehmerin

Die Bau & Bruch GmbH müsste Unternehmer i. S. d. §§ 111 ff. BetrVG sein. Als Unternehmer wird der rechtliche Träger eines Unternehmens bezeichnet, welcher einen oder mehrere Betriebe[15] unterhält[16]. Rechtsträger des von der Bau & Bruch GmbH betriebenen Baubetriebs ist die Bau & Bruch GmbH. Sie ist Arbeitgeberin der bei der Bau & Bruch GmbH beschäftigten Arbeitnehmer und zugleich Unternehmerin.

3. Unternehmensgröße

Unternehmensgröße

Mitbestimmungsrechte bei Betriebsänderung nach §§ 111 BetrVG bestehen nur, wenn die Bau & Bruch GmbH in ihrem Unternehmen in der Regel mehr als 20 wahlberechtigten Arbeitnehmer beschäftigt[17]. Da die Bau & Bruch GmbH ins-

---

[15] Zum Betriebsbegriff, vgl. Klausur 4, S. 121 ff.

[16] BAG vom 15.01.1991, AP Nr. 21 zu § 113 BetrVG 1972 = NZA 1991, 681, 683; GK-BetrVG/Oetker, § 111 Rn. 10.

[17] BAG vom 16.11.2004, AP Nr. 58 zu § 111 BetrVG 1972 unter I. der Gründe. Seit dem BetrVG-Reformgesetz 2001 ist nicht mehr die Betriebs-, sondern die Unternehmensgröße maßgeblich, vgl. GK-BetrVG/Oetker, § 111 Rn. 7 ff.

gesamt 240 Arbeitnehmer beschäftigt, ist diese Voraussetzung erfüllt.

4. Betriebsänderung

a) Regelbeispiele in § 111 Abs. 1 Satz 3 BetrVG

Weiterhin müsste es sich bei dem geplanten Personalabbau um eine Betriebsänderung handeln. Hiervon erfasst werden nur solche Maßnahmen des Unternehmers, die wesentliche Nachteile für die ganze Belegschaft oder erhebliche Teile der Belegschaft zur Folge haben können[18]. Das Mitwirkungsrecht des Betriebsrats besteht nämlich nicht bei jeder wirtschaftlichen Maßnahme des Unternehmers. In § 111 Abs. 1 S. 3 BetrVG werden typische Fälle einer Betriebsänderung normiert. Bei Vorliegen der dort genannten Voraussetzungen bedarf es keiner gesonderten Prüfung des Merkmals „wesentlichen Nachteile"[19]. Vorliegend könnte § 111 Abs. 1 S. 3 Nr. 1 BetrVG (Stilllegung [b] oder Einschränkung [c]) einschlägig sein.

Vorliegen einer Betriebsänderung

b) Stilllegung eines Betriebs oder eines Betriebsteils

Eine Betriebsänderung könnte in Form einer Stilllegung i. S. v. § 111 S. 3 Nr. 1 Alt. 2 BetrVG geplant sein. Unter der Stilllegung des Betriebs versteht man die Aufgabe des Betriebszwecks unter gleichzeitiger Auflösung der Betriebsorganisation auf Grund eines ernstlichen und endgültigen Willensentschlusses des Unternehmers für unbestimmte Zeit[20]. Bei der Stilllegung eines wesentlichen Betriebsteils wäre notwendig, dass eine betriebswirtschaftlich oder technologisch abgrenzbare Organisation innerhalb der Betriebsorganisation aufgegeben wird[21]. Bei der Abteilung Tiefbau kann es sich zwar im Hinblick auf den Gesamtbetriebszweck um eine solche wesentliche Abteilung i. S. d. Vorschrift handeln. Jedoch soll die Abteilung Tiefbau nicht zur Gänze aufgegeben werden, sondern nur um einen Teil der Arbeitneh-

Betriebsstilllegung

---

[18] v. Hoyningen-Huene, BetrVR, § 15 Rn. 7.

[19] BAG vom 17.08.1981, BAGE 40, 36; AnwK-ArbR/Spirolke, § 111 BetrVG Rn. 10; GK-BetrVG/Oetker, § 111 Rn. 41 f. – A. A. v. Hoyningen-Huene, BetrVR, § 15 Rn. 5.

[20] BAG vom 27.06.1995, AP Nr. 7 zu § 4 BetrVG 1972 = NZA 1996, 164, 165; BAG vom 04.07.1989, NZA 1990, 280, 281; BAG vom 27.09.1984, NZA 1985, 493, 494; v. Hoyningen-Huene, BetrVR, § 15 Rn. 10; Richardi/Annuß, BetrVG, § 111 Rn. 56; AnwK-ArbR/Spirolke, § 111 BetrVG Rn. 11.

[21] BAG vom 28.03.2006, AP Nr. 12 zu § 112a BetrVG 1972; AnwK-ArbR/Spirolke, § 111 BetrVG Rn. 11; GK-BetrVG/Oetker, § 111 Rn. 80; Richardi/Annuß, BetrVG, § 111 Rn. 82.

mer verringert werden. Von einer Stilllegung ist daher nicht auszugehen.

c) Einschränkung eines Betriebs oder eines Betriebsteils

Einschränkung des Betriebs

Unter Einschränkung des Betriebs ist eine Herabsetzung der Leistungsfähigkeit des Betriebs zu verstehen, die sowohl durch eine Verrringerung der sächlichen Betriebsmittel als auch durch eine Einschränkung der Arbeitnehmerzahl bedingt sein kann[22]. Im Unterschied zur Stilllegung wird hier also der Betriebszweck weiter verfolgt[23].

Personalabbau als Betriebseinschränkung

Liegt eine Einschränkung allein im Personalabbau, wird eine Betriebsänderung nur angenommen, wenn eine größere Anzahl von Arbeitnehmern betroffen ist[24], weil der Eintritt „wesentlicher Nachteile" anderenfalls ausgeschlossen ist[25]. Betroffen sind wiederum alle Arbeitnehmer, deren Arbeitsplätze wegfallen, unabhängig vom rechtlichen Beendigungstatbestand[26]. Richtschnur für diese Beurteilung ist nach st. Rspr. und ganz h. M. § 17 Abs. 1 KSchG mit der Maßgabe, dass von dem Personalabbau mindestens 5% der Belegschaft betroffen sein müssen[27]. In dieser Vorschrift realisiert sich nämlich ebenfalls ein Arbeitnehmerschutz infolge der Massenhaftigkeit der Kündigungen[28].

Schwellenwert des § 17 KSchG

Von der Entlassung sind im konkreten Fall 20 Arbeitnehmer betroffen. In analoger Anwendung von § 17 Abs. 1 S. 1 Nr. 2 BetrVG würde also eine Betriebsänderung vorliegen, wenn dies 10% der regelmäßig beschäftigten Arbeitnehmer

---

[22] BAG vom 22.01.1980, AP Nr. 7 zu § 111 BetrVG 1972 = NJW 1980, 2094; v. Hoyningen-Huene, BetrVR, § 15 Rn. 10; GK-BetrVG/Oetker, § 111 Rn. 59, 61, 65 und 90; Richardi/Annuß, BetrVG, § 111 Rn. 69 ff.; AnwK-ArbR/Spirolke, § 111 BetrVG Rn. 12.

[23] v. Hoyningen-Huene, BetrVR, § 15 Rn. 10.

[24] BAG vom 10.12.1996, AP Nr. 32 zu § 113 BetrVG 1972 = NZA 1997, 787, 788; v. Hoyningen-Huene, BetrVR, § 15 Rn. 10; GK-BetrVG/Oetker, § 111 Rn. 68; Richardi/Annuß, BetrVG, § 111 Rn. 72.

[25] Vgl. zur Bedeutung dieses Merkmals i. R. d. § 111 S. 3 BetrVG GK-BetrVG/Oetker, § 111 Rn. 43.

[26] GK-BetrVG/Oetker, § 111 Rn. 75 ff.; Richardi/Annuß, BetrVG, § 111 Rn. 76; AnwK-ArbR/Spirolke, § 111 BetrVG Rn. 12.

[27] BAG vom 19.01.1999, NZA 1999, 949, 952; BAG vom 10.12.1996, AP Nr. 32 zu § 113 BetrVG 1972 = NZA 1997, 787, 788; BAG vom 07.08.1990, NZA 1991, 113, 114; BAG vom 22.01.1988, AP Nr. 7 zu § 111 BetrVG 1972; BAG vom 02.08.1983, AP Nr. 12 zu § 111 BetrVG 1972; BAG vom 06.12. 1988, AP Nr. 26 zu § 111 BetrVG 1972; v. Hoyningen-Huene, BetrVR, § 15 Rn. 10; Richardi/Annuß, BetrVG, § 111 Rn. 73; AnwK-ArbR/Spirolke, § 111 BetrVG Rn. 12.

[28] Vgl. v. Hoyningen-Huene/Linck, Vorb. zu § 17 ff. KSchG Rn. 9 ff. und 16; GK-BetrVG/Oetker, § 111 Rn. 69 f.

wären. Stellt man insoweit auf die Größe des Gesamtbetriebs ab, ist dieser Schwellenwert nicht erreicht, weil bei einer Betriebsgröße von 240 Arbeitnehmern mindestens 24 betroffen sein müssten. Zu einem anderen Ergebnis käme man allerdings, wenn die Abteilung Tiefbau ein wesentlicher Betriebsteil wäre und für die Beurteilung die Wesentlichkeit der Betriebsteileinschränkung allein unter Berücksichtigung der in diesem Betriebsteil beschäftigten Arbeitnehmer zu bestimmen wäre. In diesem Falle wären von 110 Mitarbeitern 20 und damit mehr als 10% betroffen. Gegen letztgenanntes Verständnis spricht allerdings, dass § 111 Abs. 1 Satz 1 BetrVG fordert, dass eine mitbestimmungspflichtige Betriebsänderung wesentliche Nachteile für erhebliche Teile der Belegschaft fordert. Ob erhebliche Teile der Belegschaft betroffen sind, kann jedoch nicht für jeden Betriebsteil gesondert bestimmt, sondern muss für den Gesamtbetrieb einheitlich entschieden werden[29].

Erforderlich ist somit, dass 10% der Gesamtbelegschaft des Betriebs mit 240 Arbeitnehmern betroffen sind. Da B jedoch nur 20 Arbeitnehmer kündigen will, liegt eine Betriebsänderung gemäß § 111 Satz 3 Nr. 1 BetrVG nicht vor. Es sind auch keine sonstigen Umstände ersichtlich, aus denen heraus trotz Nichterreichens des Schwellenwerts die Maßnahme ausnahmsweise die Voraussetzungen einer Betriebsänderung erfüllt[30].

Keine Betriebsänderung

5. Zwischenergebnis

Da keine Betriebsänderung vorliegt, besteht kein Mitwirkungsrecht des Betriebsrats nach § 111 BetrVG.

§ 111 BetrVG (-)

II. Mitbestimmungsrecht bei Aufstellung und Einführung von Auswahlrichtlinien

Weiterhin könnte ein Mitbestimmungsrecht des Betriebsrats bei der Aufstellung und Einführung des Punkteschemas gemäß § 95 Abs. 1 S. 1 BetrVG bestehen. Nach dieser Vorschrift bedürfen Richtlinien über die personelle Auswahl (2) bei Einstellungen, Versetzungen, Umgruppierungen und Kündigungen (1) der Zustimmung des Betriebsrats.

Voraussetzungen des § 95 Abs. 1 BetrVG

---

[29] BAG vom 22.01.1980, AP Nr. 7 zu § 111 BetrVG 1972 = NJW 1980, 2094; v. Hoyningen-Huene, BetrVR, § 15 Rn. 10; GK-BetrVG/Oetker, § 111 Rn. 90; Richardi/Annuß, BetrVG, § 111 Rn. 85.

[30] Vgl. hierzu BAG vom 07.08.1990, AP Nr. 34 zu § 111 BetrVG 1972 unter III 2 der Gründe.

1. Kündigungen

Auswahlrichtlinien kommen vor allem für betriebsbedingte Kündigungen in Betracht[31], weil bei Kündigungsanlässen, die aus der Sphäre des Arbeitgebers kommen, die soziale Auswahl besondere Bedeutung für die Belegschaft hat. Kündigungen i. S. d. Vorschrift ist die einseitige Beendigung der Arbeitsverhältnisse durch Abgabe einer Gestaltungserklärung durch den Arbeitgeber. Zwar sollen vorliegend Aufhebungsverträge mit den Arbeitnehmern Vorrang haben, welche als zweiseitige Rechtsgeschäfte von § 95 BetrVG nicht erfasst werden. Die Bau & Bruch GmbH plant das Punkteschema allerdings gerade für die im Übrigen notwendige personelle Auswahl bei auszusprechenden Kündigungen.

2. Auswahlrichtlinien

a) Begriff

Auswahlrichtlinien sind Grundsätze, die der Arbeitgeber bei beabsichtigten personellen Einzelmaßnahmen zu beachten hat, wenn er eine Auswahlentscheidung darüber zu treffen hat, gegenüber welchem Arbeitnehmer oder Bewerber die Maßnahme vorgenommen werden soll[32]. Der Arbeitnehmer soll erkennen können, warum er und nicht ein anderer von der Maßnahme betroffen ist[33]. Sinn von Auswahlrichtlinien ist es demnach, den Ermessensspielraum des Arbeitgebers einzuschränken und ihm eine Entscheidungshilfe zur Hand zu geben[34]. Die Auswahlrichtlinie muss deshalb abstrakt generelle Grundsätze enthalten[35]. Die Auswahl selbst muss aber grundsätzlich beim Arbeitgeber verbleiben[36]. Deshalb ist eine Regelung, die bereits sämtliche bei einer personellen

---

[31] BAG vom 26.07.2005, NZA 2005, 1372, 1373; Hromadka/Maschmann, ArbR 2, § 16 Rn. 515; GK-BetrVG/Kraft/Raab, § 95 Rn. 36; Richardi/Thüsing, BetrVG, § 95 Rn. 37.

[32] BAG vom 26.07.2005, NZA 2005, 1372, 1372 f.; AnwK-ArbR/Eylert/Schmidt, § 95 BetrVG Rn. 3; v. Hoyningen-Huene, BetrVR, § 14 Rn. 16; GK-BetrVG/Kraft/Raab, § 95 Rn. 2 und 10; Richardi/Thüsing, BetrVG, § 95 Rn. 5 f.

[33] Vgl. BAG vom 26.07.2005, NZA 2005, 1372, 1372 f.; v. Hoyningen-Huene, BetrVR, § 14 Rn. 15; Hromadka/Maschmann, ArbR 2, § 16 Rn. 514.

[34] BAG vom 26.07.2005, NZA 2005, 1372, 1372 f.; AnwK-ArbR/Eylert/Schmidt, § 95 BetrVG Rn. 3; GK-BetrVG/Kraft/Raab, § 95 Rn. 2.

[35] BAG vom 26.07.2005, NZA 2005, 1372, 1373; AnwK-ArbR/Eylert/Schmidt, § 95 BetrVG Rn. 3.

[36] BAG vom 26.07.2005, NZA 2005, 1372, 1372 f.; AnwK-ArbR/Eylert/Schmidt, § 95 BetrVG Rn. 3; Hromadka/Maschmann, ArbR 2, § 16 Rn. 515; GK-BetrVG/Kraft/Raab, § 95 Rn. 2; Richardi/Thüsing, BetrVG, § 95 Rn. 6.

Einzelmaßnahme zu bedenkenden Aspekte berücksichtigen würde, grundsätzlich keine Auswahlrichtlinie i. S. v. § 95 Abs. 1 BetrVG[37].

Im konkreten Fall könnte gegen das Vorliegen einer Auswahlrichtlinie sprechen, dass in dem Punkteschema erstens die Gewichtung der Sozialdaten zwingend vorgegeben wird und zweitens unter Zugrundelegung der so ermittelten Punktwerte die Arbeitnehmer auszuwählen sind, denen zu kündigen ist. Insofern scheint für den Arbeitgeber kein Entscheidungsspielraum mehr zu bestehen. Hierbei bleibt allerdings tatsächlich unberücksichtigt, dass dem Arbeitgeber zwar die Gewichtung der Sozialdaten zwingend vorgegeben wird, er aber frei in seiner Entscheidung bleibt, ob er Arbeitnehmer, deren Weiterbeschäftigung im berechtigten betrieblichen Interesse liegt, in die Sozialauswahl einbeziehen will oder nicht. Überdies ist rechtlich zu beachten, dass nach § 1 Abs. 4 KSchG die Festlegung der sozialen Gesichtspunkte in einer Auswahlrichtlinie nach § 95 Abs. 1 oder Abs. 2 BetrVG nur einer eingeschränkten gerichtlichen Kontrolle unterliegt. Dies rechtfertigt sich daraus, dass den Betriebspartnern ein weiterer Beurteilungsspielraum zugestanden wird als dem Arbeitgeber allein. Mit dieser gesetzlichen Regelung wäre es aber unvereinbar, dem Arbeitgeber bei der Gewichtung der Sozialdaten noch einen Entscheidungsspielraum zu belassen. Danach schließt die fehlende Möglichkeit zur abschließenden Beurteilung durch den Arbeitgeber das Vorliegen einer Auswahlrichtlinie nicht aus[38].

Entscheidungsspielraum des Arbeitgebers

b) Punkteschema für alle zukünftige Kündigungen

Ein Punkteschema, dass anhand von bestimmten Faktoren eine soziale Stärke oder Schwäche ermitteln kann, ist eine solche abstrakte Regelung[39]. Durch die Multiplikation und Addition der verschiedenen Faktoren kann der Arbeitgeber exakt ermitteln, welcher Arbeitnehmer auf Grund von höherem Alter und langer Betriebszugehörigkeit oder Unterhaltspflichten sozial schwach ist und deshalb des Kündigungs-

Punkteschema als Auswahlrichtlinie

---

[37] AnwK-ArbR/Eylert/Schmidt, § 95 BetrVG Rn. 3; v. Hoyningen-Huene, BetrVR, § 14 Rn. 16; Hromadka/Maschmann, ArbR 2, § 16 Rn. 515; Richardi/Thüsing, BetrVG, § 95 Rn. 6.

[38] Vgl. BAG vom 09.11.2006, NZA 2007, 549, 552; Quecke, RdA 2007, 335, 339. – Offen gelassen BAG vom 26.07.2005, NZA 2005, 1372, 1373. – A. A. AnwK-ArbR/Eylert/Schmidt, § 95 BetrVG Rn. 3; v. Hoyningen-Huene, BetrVR, § 14 Rn. 16; Hromadka/Maschmann, ArbR 2, § 16 Rn. 515.

[39] BAG vom 26.07.2005, NZA 2005, 1372, 1372 ff.; v. Hoyningen-Huene, BetrVR, § 14 Rn. 16 f.; Richardi/Thüsing, BetrVG, § 95 Rn. 6.

schutzes bedarf. Wenn eine solche Regelung also für alle zukünftigen Kündigungen im Betrieb gelten soll und die
endgültige Auswahl beim Arbeitgeber verbleibt, wäre sie jedenfalls eine Auswahlrichtlinie im Sinne von § 95 BetrVG[40].

c) Punkteschema für konkret anstehende Kündigungen

Anlassbezogenes Punkteschema als Auswahlrichtlinie

Der Einordnung des Punkteschemas im konkreten Fall als
Auswahlrichtlinie könnte allerdings entgegenstehen, dass
die Bau & Bruch GmbH dieses Schema nur für die bevorste-
henden betriebsbedingten Kündigungen und nicht für späte-
re Kündigungsanlässe, d. h. lediglich für ein einzelnes Auswahlverfahren verwenden will.

aa) Wortlaut

Grammatische Auslegung

Als Richtlinie bezeichnet man einen Grundsatz, nach dem
gehandelt werden soll, bzw. ein Grundsatz oder eine Anwei-
sung zur Steuerung eines bestimmten zukünftigen Verhalten[41]. Der Begriff der Richtlinie setzt danach eine gewisse
Generalisierung voraus[42]. Erforderlich ist daher ein über eine
Einzelmaßnahme hinausgehender kollektiver Bezug[43]. Fraglich ist allerdings der insoweit notwendige Bezugspunkt der
Generalisierung.

Kollektiver Bezug

Einem Punkteschema kann man den kollektiven Bezug
nicht absprechen, wenn man darauf abstellt, dass es dazu
dient, mehrere Arbeitnehmer nach einheitlichen Grundsätzen zu behandeln[44]. Das Schema ist dann gerade dazu geschaffen, aus einer Mehrzahl vergleichbarer Fälle mittels bestimmter Grundsätze eine Auswahl zu treffen. Gleichwohl
ließe sich auch in diesem Fall das Punkteschema als Einzel-
fallregelung einordnen, wenn man demgegenüber darauf abstellt, dass dieses Punkteschema nur einmal, nämlich für die
Vielzahl der jetzt auszusprechenden Kündigungen ange-

---

[40] Vgl. BAG vom 26.07.2005, NZA 2005, 1372, 1372 ff.; LAG Niedersachen vom 18.10.1994, LAGE Nr. 15 zu § 95 BetrVG; LAG Niedersachen vom 05.03.2004, AuR 2004, 396; APS/Kiel, § 1 KSchG
Rn. 740; Richardi/Thüsing, BetrVG, § 95 Rn. 6.

[41] Duden, Das große Wörterbuch der Deutschen Sprache, Stichwort
„Richtlinie"; Köbler, Juristisches Wörterbuch (2007), S. 355. – Vgl.
auch Quecke, RdA 2007, 335, 337.

[42] BAG vom 26.07.2005, NZA 2005, 1372, 1373; AnwK-ArbR/Eylert/
Schmidt, § 95 BetrVG Rn. 3.

[43] BAG vom 26.07.2005, NZA 2005, 1372, 1373.

[44] BAG vom 26.07.2005, NZA 2005, 1372, 1372 ff.; BAG vom
09.11.2006, NZA 2007, 549, 552; AnwK-ArbR/Eylert/Schmidt, § 95
BetrVG Rn. 3; APS/Kiel, § 1 KSchG Rn. 740; Richardi/Thüsing,
BetrVG, § 95 Rn. 6. – Vgl. GK-BetrVG/Kraft/Raab, § 95 Rn. 2.

wandt werden soll[45]. So verstanden wäre das Punkteschema keine für eine Vielzahl künftiger Fälle geschaffene abstrakte Regelung.

Die Wortlautauslegung führt hier demzufolge zu keinem eindeutigen Ergebnis, weil dem Punkteschema – je nach Bezugspunkt – der erforderliche kollektive Bezug zukommt[46] oder fehlt.

Wortlaut nicht eindeutig

bb) Systematik

In systematischer Hinsicht ist zu berücksichtigen, dass das Vorliegen einer Richtlinie nach § 95 BetrVG (Tatbestands-) Voraussetzung unter anderem in § 1 Abs. 2 S. 2 Nr. 1 lit. a) KSchG, in § 1 Abs. 4 KSchG sowie in § 102 Abs. 3 Nr. 2 BetrVG ist[47]. In diesen Bestimmungen ist die – für den Arbeitnehmer oder den Arbeitgeber günstige – Rechtsfolge jeweils erkennbar nicht davon abhängig, dass das Punkteschema über die konkret anstehenden Kündigungen hinaus für alle künftigen Kündigungen Anwendung finden soll[48]. Vielmehr würde durch ein solches Erfordernis die Anwendbarkeit dieser Vorschriften erheblich eingeschränkt und der mit ihnen verfolgte Zweck nicht mehr in vollem Umfang erreicht[49]. Beispielsweise würde der Zweck des § 1 Abs. 4 KSchG verfehlt, wenn ein Arbeitnehmer in einem Kündigungsschutzprozess erfolgreich einwenden könnte, die soziale Auswahl sei deshalb uneingeschränkt überprüfbar, weil ein zwischen Arbeitgeber und Betriebsrat vereinbartes Punkteschema nur die konkret ausgesprochenen Kündigungen betreffe und daher keine Auswahlrichtlinie i. S. v. § 1 Abs. 4 KSchG sei. Dabei wird ein bei der Sozialauswahl angewandtes Punkteschema auch nicht etwa erst dadurch zu einer Auswahlrichtlinie i. S. v. § 95 BetrVG, dass der Arbeitgeber sich mit dem Betriebsrat darauf verständigt[50]. Bei einer solchen Betrachtung würden Tatbestandsvoraussetzungen und Rechtsfolge des § 95 Abs. 1 BetrVG verwechselt[51].

Auswahlrichtlinien in anderen arbeitsrechtlichen Normen

Im Ergebnis spricht die „Einheit des Rechts" somit dafür, das Punkteschema auch im Fall einer nur einmaligen Ver-

Systematik: pro Auswahlrichtlinie

---

[45] LAG Niedersachen vom 18.10.1994, LAGE Nr. 15 zu § 95 BetrVG; LAG Niedersachen vom 05.03.2004, AuR 2004, 396. – So auch BAG vom 09.06.1991, NZA 1992, 126, 129: „zukünftig zu beachten".

[46] So BAG vom 26.07.2005, NZA 2005, 1372, 1373; BAG vom 09.11.2006, NZA 2007, 549, 552.

[47] BAG vom 26.07.2005, NZA 2005, 1372, 1373.

[48] BAG vom 26.07.2005, NZA 2005, 1372, 1373.

[49] BAG vom 26.07.2005, NZA 2005, 1372, 1373.

[50] BAG vom 26.07.2005, NZA 2005, 1372, 1373.

[51] BAG vom 26.07.2005, NZA 2005, 1372, 1373.

wendung als Auswahlrichtlinie i. S. v. § 95 BetrVG einzuordnen.

cc) *Sinn und Zweck der Mitbestimmung*

Schutzzweck
des § 95 BetrVG

Überdies ist zu berücksichtigen, dass § 95 BetrVG neben der
Gewährleistung von Durchschaubarkeit der Personalentscheidungen auch den Zweck verfolgt, dass der Betriebsrat im
Interesse der Arbeitnehmer Einfluss nehmen kann, unter welchen fachlichen und persönlichen Voraussetzungen personelle
Einzelmaßnahmen erfolgen[52]. Die Belegschaft hat ein schüt-
zenswertes Interesse daran, dass solche Maßnahmen nicht nur
im Hinblick auf größtmögliche Effektivität, sondern auch unter Berücksichtigung persönlicher und sozialer Belange erfolgen und so als billig und angemessen empfunden werden können[53]. Mit diesem Telos der gesetzlichen Regelung wäre es
nicht vereinbar, das Mitbestimmungsrecht des Betriebsrats
allein deshalb zu verneinen, weil sich das Punkteschema (nur)
auf die soziale Auswahl bei konkret anstehenden Kündigungen bezieht[54]. Dies ergibt sich daraus, dass das Aufstellen
eines Punkteschemas dem Arbeitgeber einen Bewertungsspielraum hinsichtlich der Gewichtung einzelner Sozialkriterien eröffnet[55]. Bereits leichte Verschiebungen bei einzelnen
Sozialkriterien haben mitunter Einfluss auf das Ergebnis der
Sozialauswahl[56]. Die Steuerung dieses Bewertungsspiel-
raums, auch bei Durchführung nur einer Sozialauswahl, ist
Anliegen des § 95 BetrVG[57]. Zudem hätte es andernfalls der
Arbeitgeber in der Hand, das Mitbestimmungsrecht nach § 95
Abs. 1 BetrVG zu umgehen, indem er ein von ihm ständig angewandtes Punkteschema als gerade nur für die jeweils kon-
kret anstehende Sozialauswahl maßgeblich deklariert.

Notwendigkeit
teleologischer Reduktion?

Teleologsiche Erwägungen rechtfertigen auch keine Reduktion des so bestimmten Anwendungsbereichs des § 95
BetrVG[58]. Zwar kann das Mitbestimmungsrecht bei der Auf-

---

[52] BAG vom 26.07.2005, NZA 2005, 1372, 1373.
[53] BAG vom 26.07.2005, NZA 2005, 1372, 1373.
[54] BAG vom 26.07.2005, NZA 2005, 1372, 1373.
[55] BAG vom 26.07.2005, NZA 2005, 1372, 1373.
[56] BAG vom 26.07.2005, NZA 2005, 1372, 1373.
[57] BAG vom 26.07.2005, NZA 2005, 1372, 1373.
[58] BAG vom 26.07.2005, NZA 2005, 1372, 1373 f.– Der Gedanke, dass
die Beteiligung des Betriebsrats unternehmerische Entscheidungen
verzögert und dies eine teleologische Reduktion des Mitbestimmungsrechts gebieten könnte, liegt eher fern. Jedes Mitbestimmungsrecht
schränkt den Arbeitgeber – auch zeitlich – ein. Auf diesen Aspekt
musste das BAG in seiner Entscheidung wohl nur eingehen, weil der
Rechtsvertreter des Arbeitgebers im Bewusstsein der Aussichtslosigkeit
seiner Position diesen Aspekt als „Strohhalm" eingewandt hat.

stellung eines Punkteschemas für die soziale Auswahl bei konkret beabsichtigten Kündigungen zu Verzögerungen führen, die nicht unerheblich über die für die Durchführung des Anhörungsverfahrens nach § 102 BetrVG erforderliche Zeitspanne hinausgehen[59]. Wenn der Arbeitgeber der sozialen Auswahl ein Punktesystem zu Grunde legen will, muss er daher, sofern er mit dem Betriebsrat keine Einigung erzielt, gem. § 95 Abs. 1 S. 2 BetrVG die Einigungsstelle anrufen, was den Ausspruch der Kündigungen nicht unbeträchtlich verzögern kann[60]. Doch wird die unternehmerische Entscheidungsfreiheit des Arbeitgebers hierdurch nicht in unzulässiger Weise eingeschränkt[61]. Die Möglichkeit zum Ausspruch betriebsbedingter Kündigungen wird durch das Mitbestimmungsrecht des Betriebsrats bei der Aufstellung generalisierender Grundsätze nicht beseitigt[62]. Auch ist es dem Arbeitgeber unbenommen, mit dem Betriebsrat unabhängig von einem konkreten Anlass vorab Richtlinien über die Sozialauswahl bei künftig erforderlich werdenden betriebsbedingten Kündigungen zu vereinbaren[63]. Trifft er keine Vorsorge, muss er die mit der Mitbestimmung des Betriebsrats möglicherweise verbundene Verzögerung in Kauf nehmen[64]. Im Gegenzug erlangt er hierdurch die Vorteile des § 1 Abs. 4 KSchG.

dd) Zwischenergebnis

Das Punkteschema, auch wenn es nur für eine einmalige Auswahl von Arbeitnehmern geschaffen ist, stellt nach systematischer und teleologischer Auslegung eine Auswahlrichtlinie im Sinne von § 95 Abs. 1 Satz 1 BetrVG dar[65].

Anlassbezogenes Punkteschema ist Auswahlrichtlinie

3. Zwischenergebnis

Der Betriebsrat hat über die Aufstellung des Punkteschemas nach § 95 Abs. 1 Satz 1 BetrVG mitzubestimmen.

Auswahlrichtlinie gegeben

---

[59] BAG vom 26.07.2005, NZA 2005, 1372, 1373 f.
[60] BAG vom 26.07.2005, NZA 2005, 1372, 1373 f.
[61] BAG vom 26.07.2005, NZA 2005, 1372, 1373 f.
[62] BAG vom 26.07.2005, NZA 2005, 1372, 1373 f.
[63] BAG vom 26.07.2005, NZA 2005, 1372, 1373 f.
[64] BAG vom 26.07.2005, NZA 2005, 1372, 1374.
[65] Kritisch Quecke, RdA 2007, 335, 336 ff., der darauf verweist, dass eine Richtlinie nur vorliege, wenn sich der Arbeitgeber an zuvor aufgestellte Grundsätze selbst bindet.

III. Mitwirkungsrechte bei Kündigungen

1. Mitbestimmung nach § 102 Abs. 1 BetrVG

Voraussetzungen des § 102 Abs. 1 BetrVG

Bei den Kündigungen, welche die Bau & Bruch GmbH gegenüber den Arbeitnehmern in der Folgezeit erklären wird, könnte ein weiteres Mitwirkungsrecht des Betriebsrats bestehen. Gemäß § 102 Abs. 1 S. 1 BetrVG ist der Betriebsrat vor jeder Kündigung zu hören. Nach Satz 2 der Vorschrift muss der Arbeitgeber dem Betriebsrat die Gründe für die Kündigung mitteilen (1). Eine Zustimmung des Betriebsrats ist freilich wegen des klaren Wortlauts der Vorschrift nicht notwendig. Der Betriebsrat kann jedoch Bedenken äußern oder der Kündigung widersprechen (2).

2. Anhörung des Betriebsrats

Unterrichtung des Betriebsrats

Im Fall wäre also gegenüber dem Betriebsratsvorsitzenden (§ 26 Abs. 3 S. 2 BetrVG)[66] vor Ausspruch der Kündigungen eine Mitteilung zu machen, in der neben den Personalien des Arbeitnehmers auch der Kündigungsgrund, die Kündigungsfrist und der Kündigungstermin anzugeben ist[67]. Auch die Ergebnisse der Sozialauswahl wären dem Betriebsrat mitzuteilen[68]. Die vorherige Beteiligung des Betriebsrats an der Auswahlrichtlinie beseitigt diese Verpflichtung nicht, weil der Betriebsrat im Rahmen der Anhörung nach § 102 BetrVG auch prüfen soll, ob die Auswahlrichtlinie zutreffend angewendet wurde (vgl. § 102 Abs. 3 Nr. 2 BetrVG)[69].

3. Bedenken oder Widerspruch des Betriebsrats

a) Bedenken

Stellungnahme des Betriebsrats

Der Betriebsrat als Organ kann im Fall von Bedenken gegen die Kündigung gemäß § 102 Abs. 2 S. 1 BetrVG die Zustimmung verweigern. Dies hat für sich betrachtet jedoch keine weiteren Auswirkungen, weil der Gesetzgeber in § 102 Abs. 1 S. 1 BetrVG bloß von einer Anhörung spricht[70]. Die

---

[66] AnwK-ArbR/Kühnreich, § 102 BetrVG Rn. 18; Richardi/Thüsing, BetrVG, § 102 Rn. 79.

[67] v. Hoyningen-Huene, BetrVR, § 14 Rn. 75 ff.; AnwK-ArbR/Kühnreich, § 102 BetrVG Rn. 23 ff.; Richardi/Thüsing, BetrVG, § 102 Rn. 48 ff.

[68] BAG vom 29.03.1984, AP Nr. 31 zu § 102 BetrVG 1972; v. Hoyningen-Huene, BetrVR, § 14 Rn. 77; AnwK-ArbR/Kühnreich, § 102 BetrVG Rn. 31; Richardi/Thüsing, BetrVG, § 102 Rn. 67 ff.

[69] Vgl. BAG vom 09.11.2006, NZA 2007, 549, 552.

[70] GK-BetrVG/Raab, § 102 Rn. 142; v. Hoyningen-Huene, BetrVR, § 14 Rn. 81.

Wirksamkeit der Kündigung ist von der Erteilung der Zustimmung unabhängig.

b) Widerspruch

Wenn die Kündigung gegen eine Richtlinie i.S.v. § 95 BetrVG verstößt, kann der Betriebsrat darüber hinaus den Kündigungen nach § 102 Abs. 3 Nr. 2 BetrVG widersprechen[71]. Dies lässt zwar die Wirksamkeit der Kündigungen unberührt, weil eine Zustimmung des Betriebsrats nicht erforderlich ist[72]. Allerdings kann dem Arbeitnehmer in diesem Fall ein besonderer Weiterbeschäftigungsanspruch nach § 102 Abs. 5 BetrVG zustehen[73].

Widerspruch des Betriebsrats

IV. Massenentlassung

Darüber hinaus kommt auch ein Beteiligungsrecht des Betriebsrats gemäß § 17 Abs. 2 KSchG in Betracht. Allerdings gilt dies nur, wenn eine nach § 17 Abs. 1 KSchG anzeigepflichtige Massenentlassung beabsichtigt ist. Wie bereits ausgeführt wurde (s. o.[74]), erreicht die Zahl der beabsichtigten Kündigungen nicht den erforderlichen Schwellenwert von 10% der Belegschaft, also 24 Arbeitnehmer, weil nur 20 Arbeitnehmer betriebsbedingt nicht mehr weiterbeschäftigt werden sollen. Eine Beteiligung des Betriebsrats nach § 17 Abs. 2 KSchG ist daher nicht erforderlich.

Mitbestimmung bei Massenentlassungen

---

[71] Vgl. hierzu v. Hoyningen-Huene, BetrVR, § 14 Rn. 89; GK-BetrVG/ Raab, § 102 Rn. 118 ff.

[72] v. Hoyningen-Huene, BetrVR, § 14 Rn. 87.

[73] AnwK-ArbR/Kühnreich, § 102 BetrVG Rn. 56.

[74] Siehe oben A I 4 c, S. 266 ff.

B. Schutz der Beteiligungsrechte des Betriebsrats

I. Überblick

Rechtsschutzmöglichkeiten des Betriebsrats

Rechtsschutz im Hinblick auf die Mitwirkung bei der Auswahlrichtlinie kommt in verschiedener Hinsicht in Betracht. Denkbar ist, dass der Betriebsrat durch einen Feststellungsantrag das Bestehen seiner Beteiligungsrechte gerichtlich klären lässt (II.). Eine entsprechende Feststellung besäße präjudizielle Wirkung für Folgefragen. Weiterhin ist denkbar, dass der Betriebsrat aktiv seine Beteiligung durch einen Leistungsantrag verfolgt (III.). Schließlich ist denkbar, dass der Betriebsrat zwar nicht positiv seine Beteiligungsrechte einfordert, dem Arbeitgeber aber das Ergreifen weiterer Maßnahmen untersagen lässt, solange er nicht ordnungsgemäß beteiligt wurde (IV.).

II. Feststellungsantrag

Feststellungsantrag

Ein solcher Antrag des Betriebsrats wäre auf Feststellung gerichtet, dass bei der Einführung eines Punkteschemas zur Sozialauswahl bei betriebsbedingten Kündigungen ein Zustimmungserfordernis des Betriebsrats gemäß § 95 Abs. 1 Satz 1 BetrVG besteht[75]. Er ist erfolgreich, wenn er zulässig (1.) und begründet (2.) ist.

1. Zulässigkeit

Zulässigkeit

Der Antrag ist zulässig, wenn die Sachentscheidungsvoraussetzungen vorliegen.

a) Rechtsweg und Verfahrensart

betriebsverfassungsrechtliche Streitigkeit

Der Arbeitsrechtsweg könnte nach § 2a Abs. 1 Nr. 1 ArbGG eröffnet sein. Danach entscheiden die Arbeitsgerichte über Angelegenheiten aus dem BetrVG. Bei dem Antrag des Betriebsrats geht es um den Umfang der Mitwirkungsrechte nach § 95 BetrVG. Dies ist eine Angelegenheit aus dem BetrVG, weshalb der Arbeitsrechtsweg eröffnet ist. Nach § 2a Abs. 2 ArbGG entscheiden die Arbeitsgerichte im Beschlussverfahren gemäß den §§ 80 ff ArbGG.

b) Bestimmtheit des Antrags

ordnungsgemäßer Antrag

Das arbeitsgerichtliche Beschlussverfahren wird nach § 81 Abs. 1 ArbGG durch einen Antrag eingeleitet. Dieser mus

---

[75] Vgl. v. Hoyningen-Huene, BetrVR, § 4 Rn. 89.

hinreichend bestimmt sein i. S. v. § 253 Abs. 2 Nr. 2 ZPO analog[76]. Dies ist der Fall, wenn der Antrag wie hier darauf gerichtet ist, dass eine bestimmte durch einen konkreten Sachverhalt beschriebene Maßnahme des Arbeitgebers einer konkreten Zustimmung nach § 95 Abs. 1 S. 1 BetrVG bedarf[77].

c) Örtliche Zuständigkeit

Örtlich zuständig ist gemäß § 82 S. 1 ArbGG das Arbeitsgericht München, weil die Bau & Bruch GmbH ihren Betriebssitz in München hat.

örtliche Zuständigkeit

d) Beteiligten- und Prozessfähigkeit

aa) Der Betriebsrat

Der Betriebsrat der Bau & Bruch GmbH ist Antragsteller. Seine Beteiligtenfähigkeit folgt aus § 10 ArbGG i.V.m. §§ 1, 7 ff BetrVG. Dem Betriebsrat fehlt zwar generell die Rechtsfähigkeit[78]. Allerdings sind ihm, insbesondere im BetrVG, zahlreiche Rechte zugewiesen worden[79]. Aus diesem Grund ist der Betriebsrat nach § 10 S. 1 Hs. 2 ArbGG zur Wahrnehmung dieser Rechte, vorliegend der Verteidigung eines behaupteten Mitbestimmungsrechts aus § 95 Abs. 1 Satz 1 BetrVG, beteiligtenfähig[80]. Der Betriebsrat ist jedoch als juristisches Gebilde als solches nicht selbst handlungsfähig. Er wird im arbeitsgerichtlichen Verfahren durch seine Organe vertreten.

Beteiligtenfähigkeit des Betriebsrats

---

[76] BAG vom 24.01.2001, AP Nr. 50 zu § 81 ArbGG 1979 = EzA Nr. 20 zu § 253 ZPO unter B I 1; BAG vom 03.06.2003, AP Nr. 1 zu § 89 BetrVG 1972 = EzA Nr. 1 zu § 89 BetrVG 2001 zu B I 1; BAG vom 29.04.2004, AP Nr. 3 zu § 77 BetrVG 1972 Durchführung = NZA 2004, 670, 674; BAG vom 18.01.2005, AP Nr. 24 zu § 77 BetrVG Betriebsvereinbarung = NZA 2006, 167, 170; BAG vom 03.05.2006, AP Nr. 61 zu § 81 ArbGG 1979 = NZA 2007, 285, 286; AnwK-ArbR/ Treber, § 81 ArbGG Rn. 2.

[77] Vgl. AnwK-ArbR/Treber, § 81 ArbGG Rn. 5.

[78] BAG vom 24.04.1986, AP Nr. 7 zu § 87 BetrVG Sozialeinrichtung = NZA 1987, 100, 101; BAG vom 24.10.2001, AP Nr. 71 zu § 40 BetrVG 1972 = NZA 2003, 53, 54; BAG vom 29.09.2004, AP Nr. 81 zu § 40 BetrVG 1972 = NZA 2005, 123, 124; v. Hoyningen-Huene, BetrVR, § 4 Rn. 5; AnwK-ArbR/Kloppenburg, § 1 BetrVG Rn. 64; Richardi, BetrVG, Einl. Rn. 108.

[79] v. Hoyningen-Huene, BetrVR, § 4 Rn. 5.

[80] BAG vom 13.05.1998, AP Nr. 55 zu § 80 BetrVG 1972 = NZA 1998, 900; Germelmann/Matthes/Prütting/Müller-Glöge, ArbGG, § 10 Rn. 20; v. Hoyningen-Huene, BetrVR, § 4 Rn. 5; Hromadka/Maschmann, ArbR 2, § 16 Rn. 74; AnwK-ArbR/Kloppenburg, § 1 BetrVG Rn. 70.

bb) Die Bau & Bruch GmbH

Beteiligtenfähigkeit der
Bau & Bruch GmbH

Die Beteiligtenfähigkeit im Beschlussverfahren entspricht der Parteifähigkeit im Urteilsverfahren[81]. Beteiligtenfähig ist danach, wer rechtsfähig ist. Nach § 13 Abs. 1 GmbHG ist die Bau & Bruch GmbH juristische Person und rechtsfähig.

e) Antragsbefugnis

Antragsbefugnis des
Betriebsrats

Gesetzlich nicht ausdrücklich geregelte Sachentscheidungsvoraussetzung ist die Antragsbefugnis[82]. Sie entspricht der aktiven Prozessführungsbefugnis des Urteilsverfahrens[83] und dient dem Ausschluss von Popularanträgen[84]. Die Antragsbefugnis ist grundsätzlich gegeben, wenn der Antragsteller durch die begehrte Entscheidung in seiner Rechtsstellung unmittelbar betroffen wird[85]. Danach ist der Betriebsrat der Bau & Bruch GmbH antragsbefugt, weil er das Bestehen eigener Mitbestimmungsrechte gemäß § 95 BetrVG geltend macht[86].

f) Rechtsschutzbedürfnis

Rechtsschutzbedürfnis

Das Rechtsschutzbedürfnis setzt voraus, dass der Betriebsrat ein rechtlich erhebliches Interesse an der Feststellung für seine konkrete Betriebsratsarbeit im Verhältnis zum Arbeitgeber hat. Hieran fehlt es, wenn die betreffenden Vorgänge endgültig abgeschlossen sind, so dass konkrete Leistungsanträge gestellt werden könnten, oder aber abstrakt-generelle Feststellungen getroffen werden sollen, die keinen Bezug zu einer konkret geplanten Maßnahme des Arbeitgebers haben[87]. Im konkreten Fall geht es jedoch um eine unmittelbar bevorstehende Maßnahme der Bau & Bruch GmbH, nämlich der Einführung eines Punkteschemas, hinsichtlich dessen

---

[81] Germelmann/Matthes/Prütting/Müller-Glöge, ArbGG, § 10 Rn. 15; Hromadka/Maschmann, ArbR 2, § 21 Rn. 116.

[82] Hromadka/Maschmann, ArbR 2, § 21 Rn. 119. – Siehe allgemein zur Antragsbefugnis BAG vom 30.10.1986, AP Nr. 6 zu § 47 BetrVG 1972 = NZA 1988, 27, 28; BAG vom 15.08.2006, AP Nr. 2 zu § 25 HRG = NZA 2007, 224, 225; ErfK/Eisemann, § 81 ArbGG Rn. 10; Germelmann/Matthes/Prütting/Müller-Glöge, ArbGG, § 81 Rn. 52 ff.; Richardi, BetrVG, Einl. Rn. 110; Schwab/Weth, ArbGG, § 81 Rn. 49 ff.

[83] Germelmann/Matthes/Prütting/Müller-Glöge, ArbGG, § 81 Rn. 56; Schwab/Weth, ArbGG, § 81 Rn. 51; AnwK-ArbR/Treber, § 81 ArbGG Rn. 11.

[84] AnwK-ArbR/Treber, § 81 ArbGG Rn. 11.

[85] Hromadka/Maschmann, ArbR 2, § 21 Rn. 119; Schwab/Weth, ArbGG, § 81 Rn. 55.

[86] Germelmann/Matthes/Prütting/Müller-Glöge, ArbGG, § 81 Rn. 56.

[87] Vgl. Hromadka/Maschmann, ArbR 2, § 21 Rn. 120 f.; AnwK-ArbR/Treber, § 81 ArbGG Rn. 30.

jene ein Mitbestimmungsrecht leugnet. Hinsichtlich dieser Maßnahme kann durch die feststellende Entscheidung Klarheit für die Betriebspartner geschaffen werden, so dass ein Rechtsschutzbedürfnis besteht.

2. Begründetheit

Der Antrag ist begründet, wenn das behauptete Mitbestimmungsrecht besteht. Da dies der Fall ist (s. o.[88]), ist der Antrag begründet.

Begründetheit

3. Effizienz des Feststellungsantrags

Fraglich ist allerdings, ob dem Betriebsrat mit einem Feststellungsantrag geholfen ist. Die Feststellung allein bedeutet für den Betriebsrat noch keinen effektiven Rechtsschutz, weil sie den Arbeitgeber nicht hindert, seine Maßnahmen ohne Beteiligung des Betriebsrats fortzustezen. Nur wenn anzunehmen ist, dass der Arbeitgeber die Auswahlrichtlinie und damit wohl auch die Kündigungen der Arbeitnehmer bis zur Entscheidung des Arbeitsgerichts zurückstellen wird, wäre ein Feststellungsantrag das geeignete Mittel. Anderenfalls würde das Bestehen eines Mitbestimmungsrechts nur als Vorfrage, insbesondere für die an seine Verletzung anknüpfenden Rechtsfolgen, geklärt. Im weiteren Verlauf könnte der Betriebsrat, z. B. wenn eine Einigung in der Sache mit dem Arbeitgeber nicht erzielt werden kann, vom Arbeitgeber nach § 95 Abs. 1 S. 2 und 3 BetrVG die Einrichtung einer Einigungsstelle gemäß § 76 BetrVG verlangen. Nachdem eine gerichtliche Entscheidung darüber vorliegt, dass überhaupt ein mitbestimmungspflichtiger Tatbestand vorliegt, würde der Spruch der Einigungsstelle die gescheiterte Einigung zwischen Arbeitgeber und Betriebsrat ersetzen. Diese Vorgehensweise ist dem Betriebsrat insgesamt nur zu empfehlen, wenn der Arbeitgeber mit seiner Maßnahme warten wird, bis der Spruch der Einigungsstelle vorliegt.

Bewertung des Feststellungsantrags

III. Leistungsantrag auf Gewährung der Mitbestimmung

In Betracht kommt ein auf Gewährung der Mitbestimmung gerichteter Leistungsantrag. Dieser könnte zunächst darauf gerichtet sein, dass der Arbeitgeber zur Aufnahme eines Abstimmungsprozesses verpflichtet wird. Er könnte weiterhin darauf gerichtet sein, dass der Arbeitgeber ein konkretes Ab-

positiver Leistungsantrag

---

[88] Siehe oben A II, S. 267 ff.

stimmungsergebnis übernehmen muss. Letzteres bedeutet, dass der Betriebsrat dann ein bestimmtes Punkteschema entwickeln und beim Arbeitsgericht beantragen muss, dass der Arbeitgeber zur Abstimmung, Einführung und Berücksichtigung desselben bei den beabsichtigten Kündigungen verpflichtet ist. Ein solcher Leistungsantrag ist erfolgreich, wenn er zulässig (1) und begründet (2) ist.

1. Zulässigkeit

Zulässigkeit

Dieser Antrag ist entsprechend den bereits oben dargestellten Grundsätzen (s. o.[89]) zulässig.

2. Begründetheit

Begründetheit

Der Antrag, mit dem ein Arbeitgeber zu einer ganz bestimmten Maßnahme verurteilt werden soll, hat in der Sache nur Erfolg, wenn ein Anspruch des Betriebsrats nach § 95 Abs. 1 Satz 1 BetrVG gegen den Arbeitgeber auf Aufnahme von Verhandlungen besteht.

Anspruch auf Verhandlungen

Ein Leistungsantrag auf Gewährung der Mitbestimmung wäre begründet, wenn § 95 Abs. 1 Satz 1 BetrVG für den Betriebsrat einen durchsetzbarer Anspruch auf Aufnahme von Verhandlungen oder sogar einen Anspruch auf Erzielung eines bestimmten Ergebnisses begründen würde. Der Wortlaut von § 95 Abs. 1 Satz 1 BetrVG gibt hierüber allein noch keinen unmittelbaren Aufschluss. Allerdings sieht § 95 Abs. 1 Satz 2 BetrVG vor, dass für den Fall, dass sich Arbeitgeber und Betriebsrat nicht einigen können, allein der Arbeitgeber die Einigungsstelle anrufen kann. Demgegenüber hat bei größeren Betrieben mit mehr als 500 Arbeitnehmern auch der Betriebsrat die Möglichkeit, im Wege des Einigungsstellenverfahrens eine Auswahlrichtlinie zu erzwingen[90]. Aus dieser Regelungssystematik folgt, dass der Arbeitgeber in Betrieben mit nicht mehr als 500 Arbeitnehmern nicht zu Verhandlungen über Auswahlrichtlinien gezwungen werden kann, so dass ein einklagbarer Verhandlungsanspruch nicht besteht[91]. Da § 95 Abs. 1 BetrVG selbst für größere Betriebe keinen Anspruch auf ein bestimmtes Verhahndlungsergebnis, sondern lediglich die Anrufung der Ei-

---

[89] Siehe oben B II 1, S. 276 ff.

[90] Vgl. hierzu AnwK-ArbR/Eylert/Schmidt, § 95 BetrVG Rn. 15; v. Hoyningen-Huene, BetrVR, § 14 Rn. 15; GK-BetrVG/Kraft/Raab, § 95 Rn. 21; Richardi/Thüsing, BetrVG, § 95 Rn. 61.

[91] Vgl. AnwK-ArbR/Eylert/Schmidt, § 95 BetrVG Rn. 14; ErfK/Kania, § 95 BetrVG Rn. 18; GK-BetrVG/Kraft/Raab, § 95 Rn. 23 a. E.; Richardi/Thüsing, BetrVG, § 95 Rn. 60.

nigungsstelle als Lösungsmöglichkeit vorsieht[92], besteht ein solcher Anspruch erst recht nicht in kleineren und mittleren Betrieben.

3. Zwischenergebnis

Ein auf positive Maßnahmen gerichteter Leistungsantrag ist nicht erfolgversprechend, weil er unbegründet ist.

kein positiver Leistungsantrag

IV. Antrag auf Unterlassung der Einführung des Punkteschemas

Ein Unterlassungsantrag wäre darauf zu richten, dass der Arbeitgeber es unterlassen soll, ein Punkteschema zur sozialen Auswahl von Arbeitnehmern i. S. v. § 1 Abs. 3 KSchG ohne die Zustimmung des Betriebsrats einzuführen bzw. anzuwenden. Er ist erfolgreich, wenn er zulässig (1) und begründet (2) wäre.

Unterlassungsantrag

1. Zulässigkeit

Dieser Antrag ist entsprechend den bereits oben dargestellten Grundsätzen (s. o.[93]) zulässig.

Zulässigkeit

2. Begründetheit

Der Antrag ist begründet, soweit dem Betriebsrat ein entsprechender Unterlassungsanspruch zusteht. Als mögliche Anspruchsgrundlage hierfür kommt zunächst § 23 Abs. 3 BetrVG in Betracht (a)[94]. Außerdem ist denkbar, dass sich der Betriebsrat auf einen allgemeinen Unterlassungsanspruch berufen kann (b).

Begründetheit

a) Unterlassungsanspruch wegen grober Pflichtverletzung

Ein Anspruch auf Unterlassung könnte sich aus § 23 Abs. 3 BetrVG ergeben. Der Zweck der Vorschrift ist es, gesetzmäßiges Verhalten des Arbeitgebers im Rahmen der betriebsverfassungsrechtlichen Ordnung sicherzustellen[95]. Anspruchsvoraussetzung ist daher, dass der Arbeitgeber einen groben Verstoß gegen das BetrVG oder gegen betriebsverfassungsrechtliche Pflichten in anderen Gesetzen wie z. B.

Unterlassungsanspruch nach § 23 Abs. 3 BetrVG

---

[92] v. Hoyningen-Huene, BetrVR, § 14 Rn. 15 und § 4 Rn. 89.
[93] Siehe oben B II 1, S. 276 ff.
[94] Vgl. v. Hoyningen-Huene, BetrVR, § 4 Rn. 90.
[95] BAG vom 20.08.1991, AP Nr.2 zu § 77 BetrVG Tarifvorbehalt; AnwK-ArbR/Kloppenburg, § 23 BetrVG Rn. 26; GK-BetrVG/Oetker, § 23 Rn. 122.

§ 17 Abs. 2 KSchG[96] begangen hat. Die Verletzung bloß arbeitsvertraglicher Pflichten genügt dagegen nicht[97]. Eine konkrete Wiederholungsgefahr ist nach herrschender Ansicht nicht erforderlich[98].

Anforderungen an groben Pflichtverstoß

Ein grober Pflichtverstoß des Arbeitgebers liegt vor, wenn es sich um eine objektiv erhebliche und offensichtlich schwer wiegende Pflichtverletzung handelt, wobei es auf ein Verschulden nicht ankommt[99]. Er ist jedenfalls dann gegeben, wenn der Arbeitgeber mehrfach erzwingbare Mitbestimmungsrechte verletzt hat[100]. Im Einzelfall genügt aber auch ein einmaliger Verstoß, wenn in besonders schwerwiegender Weise gegen Sinn und Zweck des BetrVG verstoßen wird[101]. Dagegen scheidet ein grober Verstoß aus, wenn der Arbeitgeber seine Rechtsposition in einer schwierigen und ungeklärten Rechtsfrage verteidigt[102].

Subsumtion grober Pflichtverstoß

Vorliegend weigert sich die Bau & Bruch GmbH, den Betriebsrat bei einer Auswahlrichtlinie i. S. v. § 95 BetrVG zu beteiligen, obwohl sie hierzu verpflichtet ist (s. o.[103]). Allerdings liegt insoweit bislang lediglich ein einmaliger Verstoß vor. Dieser ist nur dann schwerwiegend, wenn die Bau & Bruch GmbH „sehenden Auges" Mitbestimmungsrechte übergangen hat. Hierfür ließe sich zwar anführen, dass seit 2005 höchstrichterlich geklärt ist[104], dass im vorliegenden Fall ein Mitbestimmungsrecht besteht. Im Hinblick darauf, dass seitdem erst geringe Zeit vergangen ist und die Rechtslage zuvor umstritten war[105], ist naheliegend, dass sich die neue Rechtsprechung des BAG noch nicht in der

---

[96] AnwK-ArbR/Kloppenburg, § 23 BetrVG Rn. 30.

[97] AnwK-ArbR/Kloppenburg, § 23 BetrVG Rn. 31.

[98] AnwK-ArbR/Kloppenburg, § 23 BetrVG Rn. 34 f.; Hromadka/Maschmann, ArbR 2, § 16 Rn. 94 – A. A. v. Hoyningen-Huene, BetrVR, § 4 Rn. 90.

[99] BAG vom 08.08.1989, AP Nr. 15 zu § 87 BetrVG 1972 Ordnung des Betriebes unter B II der Gründe; v. Hoyningen-Huene, BetrVR, § 4 Rn. 90; Hromadka/Maschmann, ArbR 2, § 16 Rn. 94; AnwK-ArbR/Kloppenburg, § 23 BetrVG Rn. 32.

[100] Hromadka/Maschmann, ArbR 2, § 16 Rn. 93; AnwK-ArbR/Kloppenburg, § 23 BetrVG Rn. 32.

[101] BAG vom 26.07.2005, NZA 2005, 1372, 1374; AnwK-ArbR/Kloppenburg, § 23 BetrVG Rn. 32.

[102] BAG vom 26.07.2005, NZA 2005, 1372, 1374; v. Hoyningen-Huene, BetrVR, § 4 Rn. 90; Hromadka/Maschmann, ArbR 2, § 16 Rn. 93.

[103] Siehe oben A II, S. 267 ff.

[104] BAG vom 26.07.2005, NZA 2005, 1372, 1372 ff.

[105] Abweichend vom BAG insbesondere LAG Niedersachen vom 18.10.1994, LAGE Nr. 15 zu § 95 BetrVG; LAG Niedersachen vom 05.03.2004, AuR 2004, 396.

Praxis durchgesetzt hat[106]. Ein einmaliger Verstoß erscheint danach noch nicht als schwerwiegend.

Ein grober Pflichtverstoß kann deshalb nicht angenommen werden. Ein Unterlassungsanspruch gemäß § 23 Abs. 3 BetrVG besteht nicht.

Kein grober Pflichtverstoß

b) Allgemeiner Unterlassungsanspruch

Weiterhin könnte ein allgemeiner Anspruch des Betriebsrats gegen den Arbeitgeber auf Unterlassung mitbestimmungswidriger Maßnahmen bestehen. Rechtsgrundlage eines solchen Anspruch könnte das Mitbestimmungsrecht selbst (aa) oder § 2 BetrVG (bb) sein.

Grundlagen eines allg. Unterlassungsanspruchs

aa) Nebenfolge des Mitbestimmungsrechts

Ein Unterlassungsanspruch des Betriebsrats könnte sich als Nebenfolge aus dem gesetzlich normierten Mitbestimmungsrecht selbst ergeben. Hierzu müsste sich vorliegend § 95 Abs. 1 S. 1 BetrVG dahingehend auslegen lassen, dass der Betriebsrat den Arbeitgeber an der mitbestimmungswidrigen Einführung oder Anwendung einer Auswahlrichtlinie hindern können soll. Im Wortlaut der Vorschrift finden sich jedoch keine Anhaltspunkte. Vielmehr hat der Gesetzgeber in § 95 Abs. 1 S. 1 BetrVG explizit nur das Bestehen eines Mitbestimmungsrechts angeordnet. Wie der Betriebsrat dieses effktiv schützen kann, bleibt ungeregelt. Ein Unterlassungsanspruch lässt sich daher allein aus dieser Norm nicht ableiten[107].

Nebenfolge des Mitbestimmungsrechts

bb) Anspruch aus dem Betriebsverhältnis[108]

Ein allgemeiner Unterlassungsanspruch könnte sich aber aus § 2 BetrVG ergeben. Hierfür müsste sich aus dieser Vorschrift ein konkreter Anspruch ableiten lassen (1). Zudem müssten seine Tatbestandsvoraussetzungen vorliegen (2).

Anspruch aus dem Betriebsverhältnis

---

[106] A. A. vertretbar. Ob sich ein Pflichtverstoß im Einzelfall als schwerwiegend erweist, setzt eine Bewertung durch das Gericht voraus. Hierbei besteht ein gewisser Spielraum, weshalb verschiedene Ergebnisse vertretbar sind.

[107] Vgl. BAG vom 26.07.2005, NZA 2005, 1372, 1374; BAG vom 09.11.2006, NZA 2007, 549, 552. – Vgl. GK-BetrVG/Oetker, § 23 Rn. 132 f. für § 87 BetrVG. – A. A. Richardi/Thüsing, BetrVG, § 23 Rn. 82.

[108] Vgl. zum Betriebsverhältnis umfassend v. Hoyningen-Huene, BetrVR, § 4 Rn. 14 ff.

(1) Herleitung des allgemeinen Unterlassungsanspruchs

Streitstand

Ob und inwieweit sich aus § 2 BetrVG ein Unterlassungsanspruch ableiten lässt, ist umstritten.

(1.1) Herrschende Ansicht und Rechtsprechung

herrschende Ansicht und Rspr.

Für einen solche Rechtsfolge wird geltend gemacht, dass § 2 BetrVG eine dem Grundsatz von Treu und Glauben im Sinne von § 242 BGB vergleichbare Konkretisierung des Gebots partnerschaftlicher Zusammenarbeit enthalte[109]. Dieses Gebot sei bei der Auslegung und Anwendung einzelner Mitbestimmungstatbestände wie § 87 BetrVG oder auch § 95 BetrVG zu berücksichtigen[110]. Dabei könne sich aus dem Gebot der vertrauensvollen Zusammenarbeit als Nebenpflicht auch das Gebot ergeben, alles zu unterlassen, was der Wahrnehmung des konkreten Mitbestimmungsrechts entgegensteht[111]. Diese Nebenpflicht soll jedoch nicht bei allen Mitbestimmungstatbeständen bestehen, sondern nur bei solchen, deren konkrete Ausgestaltung einen Unterlassungsanspruch notwendig machen. Dieser Fall sei gegeben, wenn es keine anderweitigen Möglichkeiten der Sanktion in Fällen gibt, in denen der Arbeitgeber sich der Mitbestimmung des Betriebsrats verweigert. So sollen bei personellen Mitwirkungsrechten wie § 102 BetrVG in dessen Abs. 1 S. 3 oder im Fall des § 111 BetrVG in dessen Abs. 3 Sanktionen enthalten sein, die nach dieser Argumentation einen Unterlassungsanspruch nicht erforderlich machten. Dagegen sehe z. B. § 87 BetrVG keine ausreichende Sanktion für den Fall einer Verletzung des Mitbestimmungsrechts vor[112]. In diesen Fällen kann ein allgemeiner Unterlassungsanspruch nach § 2 BetrVG bestehen[113].

(1.2) Andere Ansicht

andere Ansicht

Ein derart begründeter, allgemeiner Unterlassungsanspruch wurde vom BAG früher abgelehnt[114]. Auch ein großer Teil

---

[109] BAG vom 03.05.1994, NZA 1995, 40, 42 f.; Hromadka/Maschmann, ArbR 2, § 16 Rn. 97; GK-BetrVG/Oetker, § 23 Rn. 134. – Kritisch Richardi/Thüsing, BetrVG, § 23 Rn. 81.

[110] BAG vom 03.05.1994, NZA 1995, 40, 42; Hromadka/Maschmann, ArbR 2, § 16 Rn. 97; GK-BetrVG/Oetker, § 23 Rn. 134.

[111] BAG vom 03.05.1994, NZA 1995, 40, 42; Hromadka/Maschmann, ArbR 2, § 16 Rn. 97; GK-BetrVG/Oetker, § 23 Rn. 134.

[112] BAG vom 03.05.1994, NZA 1995, 40, 43; Hromadka/Maschmann, ArbR 2, § 16 Rn. 97.

[113] BAG vom 03.05.1994, NZA 1995, 40, 42 f.; Hromadka/Maschmann, ArbR 2, § 16 Rn. 97.

[114] BAG vom 22.02.1983, AP Nr. 2 zu § 23 BetrVG 1972.

der Literatur ist der Ansicht, dass es keinen allgemeiner Anspruch des Betriebsrats gibt, wonach der Arbeitgeber verpflichtet wäre, Handlungen zu unterlassen, die gegen Mitbestimmungsrechte und Mitwirkungsrechte des Betriebsrats
verstoßen[115]. Als Hauptargument wird dabei vorgebracht,
dass das BetrVG mit der Regelung des § 23 Abs. 3 eine abschließende Sonderregelung darstelle[116]. Der Gesetzgeber
habe deutlich gemacht, dass er einen Unterlassungsanspruch
des Betriebsrats nur bei schweren Pflichtverstößen des Arbeitgebers wolle[117]. Bei nicht derart gravierenden Verstößen
entfalte der § 23 Abs. 3 BetrVG dann eine Sperrwirkung[118].
Hierdurch werden gerichtliche Auseinandersetzungen der
Betriebspartner vermieden und der Betriebsfrieden gestärkt[119].

(1.3) Stellungnahme

Die neuere Rechtsprechung des BAG[120] und die herrschende
Ansicht kann sich zunächst einmal auf die allgemeine Erwägung stützen, dass innerhalb einer Rechtsbeziehung sich
jede Partei so zu verhalten hat, dass die Rechte der anderen
Seite nicht beeinträchtigt werden. Zwischen Arbeitgeber
und Betriebsrat besteht eine dauerhafte Rechtsverbin-
dung[121], die den Arbeitgeber zu einer besonderen Rücksichtnahme verpflichtet, weil der Betriebsrat seine Mitbestimmungsrechte nach § 77 Abs. 1 Satz 2 BetrVG nicht
durch einen Eingriff in die Leitung des Betriebs schützen
und realisieren kann

 Diese allgemeine Pflicht zur Rechtstreue in einer Rechtsbeziehung wird auch nicht durch § 23 Abs. 3 BetrVG gesperrt[122]. Im Bereich von Leistungsansprüchen des Betriebsrats ist nämlich allgemein anerkannt, dass sich solche
Ansprüche auch aus einer speziellen Regelung ergeben können und nicht etwa abschließend an die Voraussetzungen von

Stellungnahme

systematische Auslegung

---

[115] v. Hoyningen-Huene, BetrVR, § 4 Rn. 91; Konzen, NZA 1995, 865,
 871 f.
[116] v. Hoyningen-Huene, BetrVR, § 4 Rn. 91; Konzen, NZA 1995, 865,
 871 f.
[117] v. Hoyningen-Huene, BetrVR, § 4 Rn. 91; Konzen, NZA 1995, 865,
 871 f.
[118] v. Hoyningen-Huene, BetrVR, § 4 Rn. 91; Konzen, NZA 1995, 865,
 871 f.
[119] Vgl. v. Hoyningen-Huene, BetrVR, § 4 Rn. 91.
[120] St. Rspr. seit BAG vom 03.05.1994, NZA 1995, 40, 42 f.
[121] Grundlegend zu diesem so genannten Betriebsverhältnis v. Hoyningen-Huene, BetrVR, § 4 Rn. 14 ff.; v. Hoyningen-Huene, NZA 1989,
 121 ff.
[122] BAG vom 03.05.1994, NZA 1995, 40, 41 f.

§ 23 Abs. 3 geknüpft sind[123], obwohl hier gleichfalls mit der Argumentation der Ausschlusswirkung Leistungsansprüche verneint werden könnten. Auch soweit es um Unterlassung von Handlungen geht, durch die der Arbeitgeber gegen bestehende Betriebsvereinbarungen verstößt, ist ein Unterlassungsanspruch anerkannt[124]. Eine Schlechterstellung des Betriebsrats durch abschließende Verweisung auf § 23 Abs. 3 BetrVG ist für den Fall, dass der Arbeitgeber die Ausübung des Mitbestimmungsrechts von vornherein unmöglich macht, nicht einleuchtend. Sind danach bereits zwei „Ausnahmen" von der Sperrwirkung anerkannt, widerlegt sich die Annahme eines generellen Vorrangs des § 23 Abs. 3 BetrVG selbst[125].

historisch-teleologische Auslegung

Zudem sprechen historisch-teleologische Gründe gegen eine Sperrwirkung des § 23 Abs. 3 BetrVG. So weist die Begründung des Regierungsentwurfs[126] darauf hin, dass es im Gegensatz zur Möglichkeit, Betriebsratsmitglieder aus dem Betriebsrat auszuschließen oder den gesamten Betriebsrat aufzulösen, an entsprechenden Sanktionsmöglichkeiten gegenüber dem Arbeitgeber fehle. Dieses Gleichgewicht soll § 23 Abs. 3 BetrVG wiederherstellen[127]. Es soll also eine zusätzliche Sanktionsmöglichkeit geschaffen, nicht aber Sanktionsmöglichkeiten abgebaut werden[128].

(1.4) Zwischenergebnis

allg. Unterlassungsanspruch denkbar

Ein allgemeiner Unterlassungsanspruch lässt sich damit aus § 2 BetrVG i. V. m. einem Mitbestimmungstatbestand ableiten.

(2) Anspruchsvoraussetzungen

Anspruchsvoraussetzungen

Ein aus § 2 BetrVG abgeleiteter, allgemeiner Unterlassungsanspruch besteht nur, wenn der Arbeitgeber in der Vergangenheit Mitbestimmungsrechte verletzt hat und Wiederholungsgefahr besteht oder die konkrete Gefahr einer erstmaligen Begehung besteht. Außerdem darf der Mitbe-

---

[123] BAG vom 03.05.1994, NZA 1995, 40, 41 f.; v. Hoyningen-Huene, BetrVR, § 4 Rn. 87.

[124] BAG vom 03.05.1994, NZA 1995, 40, 42; BAG vom 10.11.1987, NZA 1988, 255, 256.

[125] BAG vom 03.05.1994, NZA 1995, 40, 42. – Eher von zweifelhafter Überzeugungskraft ist allerdings das Argument von Fitting, BetrVG, § 23 Rn. 83, dass im Wortlaut des § 23 Abs. 3 das Wort „nur" fehlt.

[126] BT-Drs. VI/1786, S. 39.

[127] AnwK-ArbR/Kloppenburg, § 23 BetrVG Rn. 26; GK-BetrVG/Oetker, § 23 Rn. 121.

[128] Vgl. GK-BetrVG/Oetker, § 23 Rn. 128 und 136.

stimmungstatbestand keine abschließende Rechtsfolgenanordnung für den Fall seiner Verletzung enthalten (s. o.[129]).

Da die Bau & Bruch GmbH zeitnah Kündigungen unter
Anwendung eines Punkteschemas aussprechen will, ohne
den Betriebsrat bei der Aufstellung des Punkteschemas zu
beteiligen, ist eine zukünftige Verletzung des Mitbestimmungsrechts aus § 95 Abs. 1 BetrVG konkret zu befürch-
ten.

drohende Verletzung eines Mitbestimmungsrechts

Auch regelt § 95 Abs. 1 BetrVG die Folgen seiner Verletzung nicht abschließend[130]. Eine entsprechende Regelung lässt sich insbesondere nicht aus § 95 Abs. 1 S. 2
BetrVG ableiten, weil hiernach nur dem Arbeitgeber die
Befugnis zur Anrufung der Einigungsstelle zusteht. Überdies lässt sich durch Anrufung der Einigungsstelle nicht
vermeiden, dass der Arbeitgeber Mitbestimmungsrechte bis
zum Abschluss des Einigungsstellenverfahrens faktisch
ignoriert.

keine abschließende Regelung

(3) Zwischenergebnis

Dem Betriebsrat steht ein Anspruch auf Unterlassung einer
mitbestimmungswidrigen Anwendung des Punkteschemas
zu[131].

Unterlassungsanspruch (+)

3. Zwischenergebnis

Ein auf Unterlassung der Anwendung des Punkteschemas
gerichteter Antrag ist erfolgreich, weil er zulässig und begründet ist.

Unterlassungsantrag ist erfolgreich

C. Rechtmäßigkeit der Sozialauswahl

Die Rechtmäßigkeit des vorgeschlagenen Auswahlverfah-
rens und des Punkteschemas für eine ordnungsgemäße Sozialauswahl richtet sich nach § 1 Abs. 3 KSchG. Dort ist geregelt, dass bei einer betriebsbedingten Kündigung die Kündigung sozial ungerechtfertigt ist, wenn der Arbeitgeber bei
der Auswahl der Arbeitnehmer (I.) die Dauer der Betriebszugehörigkeit, das Lebensalter, die Unterhaltspflichten und die
Schwerbehinderung nicht oder nicht ausreichend berücksichtigt (II.).

Rechtmäßigkeit der Sozialauswahl

---

[129] Siehe oben B IV 2 b bb 1.1, S. 284.
[130] BAG vom 26.07.2005, NZA 2005, 1372, 1374; BAG vom
09.11.2006, NZA 2007, 549, 552.
[131] BAG vom 26.07.2005, NZA 2005, 1372, 1374; BAG vom
09.11.2006, NZA 2007, 549, 552; APS/Kiel, § 1 KSchG Rn. 740; GK-
BetrVG/Oetker, § 23 Rn. 148; GK-BetrVG/Kraft/Raab, § 95 Rn. 23.

I. Das Auswahlverfahren

Im Auswahlverfahren[132] müssten die „richtigen", d. h. die
für die Sozialauswahl vergleichbaren Arbeitnehmer ermittelt werden. Dazu müssen zum einen die vergleichbaren
Arbeitnehmer einbezogen werden (1) und zum anderen
muss die Herausnahme einzelner Arbeitnehmer zulässig
sein (2).

1. Die vergleichbaren Arbeitnehmer

Die soziale Auswahl nach § 1 Abs. 3 Satz 1 KSchG erstreckt
sich innerhalb eines Betriebs (a) nur auf die Arbeitnehmer,
die miteinander vergleichbar sind (b).

a) Betriebsbezogenheit

Die Sozialauswahl erfolgt betriebsbezogen[133]. Betrieb ist
die organisatorische Einheit, innerhalb der ein Arbeitgeber
unter Zusammenfassung sächlicher und personeller Mittel
fortgesetzt einen arbeitstechnischen Zweck verfolgt. Insbesondere durch die Zusammenfassung verschiedener Mittel
unter einer einheitlichen Leitung wird die Reichweite eines Betriebs bestimmt. Da alle drei Abteilungen der
Bau & Bruch GmbH in München einheitlich geleitet werden, erfasst die Sozialauswahl die Arbeitnehmer aller drei
Abteilungen.

b) Vergleichbarkeit

Der Arbeitgeber hat sämtliche Arbeitnehmer in die Sozialauswahl nach § 1 Abs. 3 Satz 1 KSchG einzubeziehen, die
miteinander vergleichbar sind[134]. Vergleichbar sind Arbeitnehmer, die auf Grund ihrer Fähigkeiten und Kenntnisse
(sog. „qualifikationsmäßige Vergleichbarkeit") sowie nach
dem Vertragsinhalt (sog. „arbeitsvertragliche Vergleichbarkeit") austauschbar sind[135]. Die Vergleichbarkeit der Arbeitnehmer richtet sich zum einen nach arbeitsplatzbezoge-
nen Merkmalen, also zunächst nach der ausgeübten Tätig-

---

[132] Zum Vorgehen bei der Sozialauswahl vgl. Boemke, ArbR, § 14
Rn. 119 ff. und das Prüfungsschema bei Rn. 144.
[133] BAG vom 22.05.1986, NZA 1987, 125, 125 f.; APS/Kiel, § 1 KSchG
Rn. 665; Boemke, ArbR, § 14 Rn. 123; AnwK-ArbR/Hümmerich/
Holthausen, § 1 KSchG Rn. 485; v. Hoyningen-Huene/Linck, KSchG,
§ 1 Rn. 871.
[134] BAG vom 29.03.1990, NZA 1991, 181; BAG vom 24.05.2005, NZA
2005, 1302; APS/Kiel, § 1 KSchG Rn. 680; Boemke, ArbR, § 14
Rn. 124.
[135] AnwK-ArbR/Hümmerich/Holthausen, § 1 KSchG Rn. 494; APS/
Kiel, § 1 KSchG Rn. 680; ErfK/Oetker, § 1 KSchG Rn. 323.

keit[136]. Insofern sind sämtliche 110 Straßenbauer der Tiefbauabteiluhng in die Sozialauswahl einzubeziehen, weil sie die Tätigkeiten ausüben, für die Arbeitsplätze weggefallen sind.

Zum anderen sind aber auch solche Arbeitnehmer einzubeziehen, deren Tätigkeit ein Arbeitnehmer, der zur Kündigung ansteht, nach seinen persönlichen Qualifikationen und den nach dem Arbeitsvertrag geschuldeten Leistungen einnehmen könnte. Voraussetzung für die Vergleichbarkeit der nicht unmittelbar vom Arbeitsplatzwegfall betroffenen Arbeitnehmer ist also, dass der Arbeitgeber den Arbeitnehmer, der vom Arbeitsplatzwegfall betroffen ist, einseitig auf einen anderen Arbeitsplatz um- oder versetzen kann[137]. Die Vergleichbarkeit setzt voraus, dass dem Arbeitnehmer, der für die Kündigung ansteht, im Wege des Direktionsrechts der Arbeitsplatz eines anderen Kollegen zugewiesen werden kann[138]. Nach dem Arbeitsvertrag beschränkte sich die Leistungsverpflichtung der in der Tiefbauabteilung beschäftigten Straßenbauer auf Tätigkeiten in dieser Abteilung. Sie können daher nicht im Wege des Direktionsrechts in andere Abteilungen versetzt werden, so dass eine Vergleichbarkeit mit Arbeitnehmern anderer Abteilungen ausscheidet.

Übertragung anderer Tätigkeiten

c) Zwischenergebnis

Da bei der Bau & Bruch GmbH mehr als 20 Straßenbauer beschäftigt werden und diese alle im Bereich Tiefbau tätig sind, ist der in die Sozialauswahl einzubeziehende Personenkreis in § 1 S. 1 der Auswahlrichtlinie zutreffend bestimmt worden.

Personenkreis wurde zutreffend bestimmt

2. Die Herausnahme einzelner Arbeitnehmer

Die Herausnahme einzelner vergleichbarer Arbeitnehmer aus der Sozialauswahl ist nach § 1 Abs. 3 S. 2 KSchG zulässig, wenn deren Weiterbeschäftigung, insbesondere wegen ihrer Kenntnisse, Fähigkeiten und Leistungen oder zur Sicherung einer ausgewogenen Personalstruktur des Betriebs, im berechtigten betrieblichen Interesse liegt. Diese Vor-

Herausnahme einzelner Arbeitnehmer

---

[136] BAG vom 24.02.2005, AP Nr. 4 zu § 1 KSchG 1969 Gemeinser Betrieb; APS/Kiel, § 1 KSchG Rn. 681 ff.; Boemke, ArbR, § 14 Rn. 124; v. Hoyningen-Huene/Linck, KSchG, § 1 Rn. 904; ErfK/Oetker, § 1 KSchG Rn. 324.

[137] BAG vom 17.02.2000, NZA 2000, 822, 823; BAG vom 18.10.2006, NZA 2007, 798, 800; APS/Kiel, § 1 KSchG Rn. 684; Boemke, ArbR, § 14 Rn. 124.

[138] Boemke, ArbR, § 14 Rn. 124; AnwK-ArbR/Hümmerich/Holthausen, § 1 KSchG Rn. 494.

schrift[139] erlaubt die Herausnahme von so genannten Leis-
tungsträgern. Allerdings misst die Rechtsprechung dem
Wortlaut der berechtigten Interessen besondere Bedeutung
zu[140]. Den Arbeitgeberinteressen werden die Interessen der
sozial schwächeren Arbeitnehmer gegenübergestellt[141]. Je
schwerer dabei das soziale Interesses wiegt, umso gewichti-
ger müssen die Gründe für die Ausklammerung des Leis-
tungsträgers sein[142]. Da die Auswahlrichtlinie in § 1 S. 2
inhaltlich praktisch nur auf das Gesetz verweist, ist sie rechtmäßig.

3. Zwischenergebnis

Rechtmäßiges Verfahren (+)

Die Auswahl der Arbeitnehmer wurde in § 1 der vom
Rechtsanwalt vorgeschlagenen Auswahlrichtlinie rechtmäßig vorgenommen.

II. Die Auswahlkriterien zur Sozialauswahl

1. Die schematische Punkteverteilung

Zulässigkeit schematischen Vorgehens

Nach § 1 Abs. 3 S. 1 KSchG muss der Arbeitgber die sozialen Gesichtspunke Dauer der Betriebszughörigkeit, Lebensalter, Unterhaltspflichten und Schwerbehinderung eines Arbeitnehmers ausreichend berücksichtigen[143]. Bei der Gewichtung der Sozialkriterien untereinander steht ihm ein
gewisser Spielraum zu[144]. Danach stehen die Kriterien Betriebszugehörigkeit, Unterhaltspflichten und Schwerbehinderung vorliegend zueinander in einem ausgewogenen Verhältnis[145]. Durch mehrere unterhaltsberechtigte Kinder können zum Beispiel Arbeitnehmer sozial schwächer werden als

---

[139] Zu dieser seit 01.01.2004 geltenden Vorschrift gab es zwischen 1996
und 1998 eine Vorläufervorschrift.

[140] BAG vom 12.04.2002, AP Nr. 56 zu § 1 KSchG 1969 Soziale Auswahl. – Ablehnend v. Hoyningen-Huene/Linck, KSchG, § 1 Rn. 961.

[141] BAG vom 12.04.2002, AP Nr. 56 zu § 1 KSchG 1969 Soziale Auswahl. – Vgl. auch Boemke, ArbR, § 14 Rn. 127 ff. – Ablehnend v.
Hoyningen-Huene/Linck, KSchG, § 1 Rn. 961 f.

[142] BAG vom 12.04.2002, AP Nr. 56 zu § 1 KSchG 1969 Soziale Auswahl.

[143] BAG vom 05.12.2002, AP Nr. 59 zu § 1 KSchG 1969 Soziale Auswahl = NZA 2003, 791, 793; APS/Kiel, § 1 KSchG Rn. 712; v. Hoy-
ningen-Huene/Linck, KSchG, § 1 Rn. 929.

[144] BAG vom 05.12.2002, AP Nr. 59 zu § 1 KSchG 1969 Soziale Auswahl = NZA 2003, 791, 793; APS/Kiel, § 1 KSchG Rn. 737; v. Hoy-
ningen-Huene/Linck; KSchG, § 1 Rn. 952, 970.

[145] Vgl. die Übersicht mit vom BAG anerkannten Punktetabellen bei v.
Hoyningen-Huene/Linck, KSchG, § 1 Rn. 976 ff.

ein länger beschäftigter Arbeitnehmer. Dies entspricht der
Wertung des Art. 6 GG.

Problematisch erscheint die vorgesehene Berücksichtigung des Lebensalters, weil diesem insbesondere im Vergleich zur Betriebszugehörigkeit nur untergeordnete Bedeutung zukommt. Allerdings ist zu bedenken, dass die soziale
Schutzbedürftigkeit erst ab einem gewissen Lebensalter ste-
tig ansteigt und mit zunehmender zeitlicher Nähe zur Alters-
rente wieder abnimmt[146]. Diesem Umstand muss im Rahmen
des § 1 Abs. 3 KSchG auf Grund der Vorgaben des AGG sowie der diesem zu Grunde liegenden Richtlinien[147] Rechnung getragen werden[148]. Das AGG sieht keine Rechtfertigung einer Regelung mehr vor, die bei einer Sozialauswahl
dem Alter pauschal eine soziale Schutzbedürftigkeit zu-
weist[149]. Zudem ist § 10 S. 3 Nr. 6 der ursprünglichen Fassung des AGG, wonach das Alter auch weiterhin Berücksichtigung bei einer Sozialauswahl finden konnte, wieder
gestrichen worden[150]. Ein Punkteschema in der früher stan-
dardmäßigen Form mit einer Zuweisung von je einem Punkt
pro Lebensalter ist danach nunmehr unzulässig[151]. Das hier
vorgesehene Punkteschema enthält aber keine bloße An-
knüpfung an das Lebensalter, sondern knüpft gerade an die
Arbeitsmarktchancen einer konkreten Altersgruppe an[152].
Die Punktezuteilung an die 45 bis 60 jährigen Arbeitnehmer
folgt, wie sich aus der Erläuterung selbst bereits ergibt, der
Überlegung, dass diese Altersgruppe am Arbeitsmarkt erschwert vermittelt werden kann. Bei den über 60 jährigen
gilt dies zwar auch bzw. erst recht, jedoch rückt diese Altersgruppe dem Altersrenteneintritt näher. Hierdurch sinkt die
soziale Schutzbedürftigkeit wieder. Mit dieser Maßgabe entspricht die Punkteverteilung dem AGG sowie den zugrunde-
liegenden Richtlinien und damit auch § 1 Abs. 3 KSchG[153].

Berücksichtigung des
Lebensalters

---

[146] APS/Kiel, § 1 KSchG Rn. 717; Gaul/Bonanni, BB 2008, 218, 218 f.;
v. Hoyningen-Huene/Linck, KSchG, § 1 Rn. 937.

[147] RiLi 2000/78/EG, Art. 6 Buchst. a).

[148] Boemke/Danko, AGG, § 6 Rn. 85 f. und § 13 Rn. 43; Gaul/Bonanni,
BB 2008, 218.

[149] APS/Kiel, § 1 KSchG Rn. 718 f.; Boemke/Danko, AGG, § 13 Rn. 43;
v. Hoyningen-Huene/Linck, KSchG, § 1 Rn. 936.

[150] v. Hoyningen-Huene/Linck, KSchG, § 1 Rn. 936.

[151] Boemke/Danko, AGG, § 6 Rn. 85 f. und § 13 Rn. 43; v. Hoyningen-
Huene/Linck, KSchG, § 1 Rn. 937 ff.

[152] Vgl. BAG vom 19.06.2007, NZA 2008, 103, 107; APS/Kiel, § 1
KSchG Rn. 718 f.; Boemke/Danko, AGG, § 13 Rn. 43.

[153] Gaul/Bonanni, BB 2008, 218, 219.

2. Die Einzelfallbetrachtung

Erforderlichkeit einer
Einzelfallbetrachtung

Zur Herstellung von Einzelfallgerechtigkeit könnte im Hinblick auf die Individualität der Entscheidung notwendig sein, dass dem Arbeitgeber die Möglichkeit zu einer abschließenden Einzelfallbetrachtung eröffnet wird[154]. Dies wurde in der Rechtsprechung vielfach gefordert, weil eine schematische Punktvergabe dem Erfordernis einer umfassenden Berücksichtigung sozialer Belange entgegensteht[155]. Auf der Grundlage der aktuellen Gesetzesfassung wird vom Arbeitgeber jedoch nur noch die ausreichende Berücksichtigung der vier genannten Kriterien gefordert. Weitere Kriterien müssen nicht berücksichtigt werden. Durch ein schematisches Vorgehen werden daher – entgegen der früheren Rechtslage – keine sozialen Belange übergangen, soweit ein Punkteschema die in § 1 Abs. 3 KSchG genannten Merkmale angemessen berücksichtigt. Eine Einzelfallbetrachtung ist daher nicht erforderlich, ihr Fehlen macht das vorgesehene Punkteschema daher nicht fehlerhaft[156].

3. Zwischenergebnis

Punteschema ist rechtmäßig

Das vorgesehene Punkteschema ist rechtmäßig und beachtet die Anforderungen an die Durchführung einer Sozialauswahl.

III. Ergebnis

Ergebnis

Die gesamte Vorgehensweise entsprechend dem Vorschlag des Rechtsanwalts ist rechtmäßig.

---

[154] So zur früheren Rechtslage BAG vom 05.12.2002, AP Nr. 59 zu § 1 KSchG Soziale Auswahl = NZA 2003, 791; BAG vom 18.01.1990, NZA 1990, 729, 734. – Vgl. dazu auch AnwK-ArbR/Hümmerich/ Holthausen, § 1 KSchG Rn. 518; v. Hoyningen-Huene/Linck, KSchG, § 1 Rn. 973.

[155] BAG vom 05.12.2002, NZA 2003, 791; BAG vom 18.01.1990, NZA 1990, 729, 734; LAG Hamm vom 21.09.2006, 8 Sa 437/06, juris. – A. A. jetzt BAG vom 09.11.2006, NZA 2007, 549, 552; v. Hoyningen-Huene/Linck, KSchG, § 1 Rn. 973.

[156] BAG vom 09.11.2006, NZA 2007, 549, 552; APS/Kiel, § 1 KSchG Rn. 739; GK-BetrVG/Kraft/Raab, § 95 Rn. 40; Quecke, RdA 2007, 335, 339. – So auch AnwK-ArbR/Hümmerich/Holthausen, § 1 KSchG Rn. 518 für mitbestimmte Punktetabellen i. S. v. § 1 Abs. 4 KSchG.

Klausur Nr. 9

Die Zweite wird die Erste sein

Wiss. Assistent Rechtsanwalt Dr. Bernhard Ulrici

Sachverhalt

Die 32-jährige Claudia Cassarelli studiert im 24. Semester
Rechtswissenschaften an der Universität Leipzig. Um sich
ihr Studium zu finanzieren, arbeitet sie seit Anfang 2004 in
einem Arbeitsverhältnis als Kellnerin im Restaurant „Zur
Post". Neben Claudia Cassarelli arbeiten im Restaurant weitere neun Arbeitnehmer sowie der Inhaber Karl Schleicher.
Im Jahr 2006 wurde erstmalig ein Betriebsrat gewählt. Die
Mehrheitswahl gewann Friedrich Fromm. Den zweiten Platz
erreichte Claudia Cassarelli.

Da Claudia Cassarelli für das Jahr 2009 beabsichtigt, zu
Ehren ihrer dann 600 Jahre alten alma mater das Erste Juristische Examen abzulegen, arbeitete sie zuletzt lediglich im
Umfang von 10 Stunden/Monat. Ihr monatliches Bruttoein-
kommen beträgt 100,00 €. Im Sommer 2007 entschloss sich
Karl Schleicher, die Arbeitsverhältnisse zu Claudia Cassarelli sowie einer weiteren studentischen Mitarbeiterin zu beenden, weil er der Ansicht ist, diese sollen sich voll auf ihr
Studium konzentrieren. Außerdem leide die Konzentration
auf die Arbeit im Restaurant unter der Examensvorbereitung. Mit am gleichen Tag zugegangenem Schreiben vom
19.06.2007 unterrichtete Karl Schleicher den Betriebsrat
Friedrich Fromm von seinen Kündigungsvorhaben und teilte
alle hierfür erforderlichen Informationen mit. Am Wochenende vom 23./24.06.2007 verunglückte Friedrich Fromm
und wurde ins Krankenkaus eingeliefert. Er wird dort von
den behandelnden Ärzten zunächst für zwei Wochen im
künstlichen Koma gehalten und kann daher nicht zur Arbeit
erscheinen.

Am 26.06.2007 fertigt Karl Schleicher die ordentlichen
Kündigungen aus. Er lässt das formgerechte Kündigungsschreiben für Claudia Cassarelli im Original am frühen Morgen des 27.06.2007 in deren Hausbriefkasten einwerfen, obwohl ihm bekannt ist, dass sie sich ab 26.06.2007 für vier
Wochen im Auslandsurlaub befindet. Als Claudia Cassarelli
am 25.07.2007 aus dem Urlaub zurückkehrt, findet sie im

Briefkasten das Kündigungsschreiben. Noch am gleichen Tag erhebt sie Kündigungsschutzklage, die Karl Schleicher am 31.07.2007 zugestellt wird. Zur Begründung ihrer Klage führt sie aus, dass die Kündigung unwirksam sei, weil die Klage im Hinblick auf den Kündigungszugang am 25.07.2007 fristgemäß erfolgt und die Kündigung sozial ungerechtfertigt sei (§ 1 Abs. 1 KSchG). Der Vorwurf, ihre Arbeit leide unter der Examensvorbereitung, sei unzutreffend. Hilfsweise beantragt sie unter Darlegung der maßgeblichen Umstände (Urlaubsabwesenheit), die Kündigungsschutzklage nachträglich zuzulassen, sollte sie verfristet sein. Weiterhin klagt Claudia Cassarelli vorsorglich schon mal auf Zahlung des Arbeitsentgelts für den Monat August in Höhe von 100,00 €. Nach gescheitertem Gütetermin am 13.08.2007 erlässt das Arbeitsgericht im Kammertermin am 27.08.2007 ein der Klage vollumfänglich stattgebendes Urteil. Die Berufung wird nicht zugelassen. Der Streitwert wird im Urteil auf 400,00 € festgesetzt (3 x 100,00 € für die Kündigungsschutzklage nebst 100,00 € für den Zahlungsantrag).

Nachdem Karl Schleicher bis zum 27.02.2008 noch immer keine schriftliche Urteilsbegründung vorliegt, wendet er sich an seinen Rechtsanwalt. Dieser findet heraus, dass der Richter auf Grund seiner Überlastung noch kein vollständiges Urteil absetzen konnte. Auf Drängen des Karl Schleicher legt er am 29.02.2008 Berufung beim Landesarbeitsgericht ein, welche er sogleich begründet. Claudia Cassarelli lässt durch ihren Rechtsanwalt erwidern, dass die Berufung unstatthaft und verfristet sei. Im Übrigen sei das Urteil des Arbeitsgerichts inhaltlich zutreffend. Selbst wenn das Landesarbeitsgericht der Ansicht des Karl Schleicher folgt und entgegen der Ansicht des Arbeitsgerichts von der Verfristung der Kündigungsschutzklage ausgehe, dürfe es nicht zu ihren Lasten gehen, dass das Arbeitsgericht nicht über die nachträgliche Zulassung der Klage entschieden hat.

Aufgabenstellung:

1. Prüfen Sie, ob die eingelegte Berufung zulässig ist.

2. Prüfen Sie außerdem, wie das Landesarbeitsgericht am 31.03.2008[1] über die Berufung entscheidet, wenn man deren Zulässigkeit unterstellt.

Dabei ist jeweils auf alle aufgeworfenen Rechtsfragen – notfalls hilfsgutachtlich – einzugehen.

---

[1] Abzustellen ist danach auf die am 31.03.2008 geltende Rechtslage. Hintergrund ist, dass ein in der Klausur zu prüfendes Problem (§ 5 KSchG) durch einen „Federstrich des Gesetzgebers" beseitigt werden soll. Ob die gesetzliche Neuregelung – wie geplant (BR-Drs. 820/07) – zum 01.04.2008 in Kraft tritt, ist derzeit nicht abzusehen, weil der Bundesrat umfangreiche Änderungswünsche eingebracht hat und zudem zwischen Bundestag und Bundesrat Meinungsverschiedenheiten über die Zustimmungsbedürftigkeit des Gesetzes bestehen.

Vorüberlegungen

I. Die hauptsächlich prozessual ausgerichtete Klausur
weist einen weit überdurchschnittlichen Schwierigkeits-
grad auf. Ergänzt werden die insbesondere dem Beru-
fungsrecht entstammenden Probleme durch betriebsverfassungsrechtliche Fragestellungen. Der Bearbeiter soll
zunächst die Zulässigkeit des Rechtsmittels prüfen. Außerdem soll untersucht werden, welche Entscheidung
das Berufungsgericht treffen wird, wenn man die Zulässigkeit der Berufung unterstellt. Zur Beantwortung dieser zweiten Frage muss die Begründetheit der Berufung
geklärt werden. Ist die Berufung unbegründet, wird sie
zurückgewiesen. Soweit die Berufung begründet ist,
kann das Landesarbeitsgericht unter Abänderung des erstinstanzlichen Urteils den Rechtsstreit selbst entscheiden oder diesen an das Arbeitsgericht zurückverweisen.

II. Für Frage 1 ist zunächst die Statthaftigkeit der Berufung
zu prüfen. Zweifelhaft erscheint insoweit, ob die Anforderungen des § 64 Abs. 2 ArbGG erfüllt sind. Dies ist für
jeden Streitgegenstand, gegen den sich die Berufung
richtet, gesondert zu prüfen[2]. Hinsichtlich der Kündigungsschutzklage bestehen dabei keine Schwierigkeiten
(§ 64 Abs. 2 lit. c) ArbGG). Probleme bereitet die Statthaftigkeit dagegen im Hinblick auf die gegen den Lohnanspruch gerichtete Berufung. Diese ist allenfalls nach
§ 64 Abs. 2 lit. b) statthaft, was jedoch voraussetzt, dass
der Wert des Beschwerdegegenstands 600 € übersteigt.
Dieser kann allerdings auch unter Addition mehrerer
Streitgegenstände (§ 5 ZPO: hier Kündigungsschutzklage und Lohnklage) nie höher sein, als die erstinstanzliche
Gesamtbeschwer[3]. Ist das Landesarbeitsgericht hierbei
an die Streitwertfestsetzung des Arbeitsgerichts gebunden, beträgt die Gesamtbeschwer lediglich 400,00 € und
die Berufung ist unstatthaft[4].

---

[2] Vgl. Schwab/Weth, ArbGG, § 64 Rn. 92. – A. A. Germelmann/
Matthes/Prütting/Müller-Glöge, ArbGG, § 64 Rn. 13.

[3] BeckOK-ArbR/Klose, § 64 ArbGG Rn. 4; Grunsky, ArbGG, § 64
Rn. 6; Hromadka/Maschmann, ArbR 2, § 21 Rn. 84 f.; Schwab/Weth,
ArbGG, § 64 Rn. 63.

[4] Vgl. hierzu BAG vom 16.05.2007, NZA 2007, 829, 830 f.; AnwK-
ArbR/Breinlinger, § 64 ArbGG Rn. 19; BeckOK-ArbR/Klose, § 64
ArbGG Rn. 4; Germelmann/Matthes/Prütting/Müller-Glöge, ArbGG,
§ 64 Rn. 49; Grunsky, ArbGG, § 64 Rn. 6; Schwab/Weth, ArbGG,
§ 64 Rn. 62 ff.

Neben der Statthaftigkeit bereitet die Berufungsfrist Schwierigkeiten. Nach § 66 Abs. 1 S. 2 ArbGG beginnen Berufungseinlegungs- und -begründungsfrist spätestens fünf Monate nach Verkündung des Urteils. Die Berufungseinlegungsfrist endet demnach sechs Monate nach Verkündung des Urteils, d. h. am 27.02.2008. Zu einem anderen Fristende gelangt man unter Anwendung des § 9 Abs. 5 ArbGG, der anordnet, dass eine einjährige Rechtsmittelfrist läuft, wenn keine ordnungsgemäße Rechtsmittelbelehrung erteilt wurde. Da vorliegend jegliche Rechtsmittelbelehrung fehlt, wäre § 9 Abs. 5 ArbGG einschlägig. Wie der hierdurch ausgelöste Widerstreit aufzulösen ist, ist umstritten[5].

III. Für Frage 2 ist die Begründetheit der Berufung zu untersuchen, weil hiervon maßgeblich abhängt, welche Entscheidung das Gericht im Berufungsverfahren trifft. In diesem Rahmen ist zu untersuchen, ob Kündigungsschutzklage und Lohnklage – wie vom Arbeitsgericht angenommen – erfolgreich sind.

Im Hinblick auf die Kündigungsschutzklage ist zunächst zu untersuchen, ob sie verfristet war. Ist dies der Fall, ist die Kündigung wirksam. Von einer Verfristung ist auszugehen, weil die Kündigung auch während des Urlaubs eines Arbeitnehmers diesem zugeht[6]. Die dreiwöchige Klagefrist war daher bereits bei Rückkehr aus dem Urlaub abgelaufen. Allerdings kann die Kündigungsschutzklage nachträglich zugelassen werden. Einen entsprechenden Antrag hat Claudia Cassarelli gestellt. Die Fristversäumnis würde hierdurch überwunden. Über diesen Antrag kann allerdings das Landesarbeitsgericht nicht eigenständig entscheiden, weil § 5 KSchG die Zulassung dem Arbeitsgericht vorbehält[7]. Notwendig wäre daher eine Zurückverweisung[8].

---

[5]   Vgl. hierzu BAG vom 28.10.2004, NZA 2005, 125, 126; AnwK-ArbR/ Breinlinger, § 66 ArbGG Rn. 9; BeckOK-ArbR/Klose, § 66 ArbGG Rn. 7; ErfK/Koch, § 66 ArbGG Rn. 11 f.; Germelmann/Matthes/Prütting/ Müller-Glöge, ArbGG, § 66 Rn. 16; Schwab/Weth, ArbGG, § 66 Rn. 5.
[6]   Boemke, ArbR, § 13 Rn. 19; MünchKomm/Einsele, BGB, § 130 Rn. 19. – Klausurfall bei Boemke, Fallsammlung, Klausur Nr. 3, S. 63, 89 ff.
[7]   BeckOK-ArbR/Klose, § 68 ArbGG Rn. 5; Schwab/Weth, ArbGG, § 68 Rn. 39. – A. A. Grunsky, ArbGG, § 68 Rn. 7. – Der Gesetzgeber beabsichtigt, diese Rechtslage im Interesse der Verfahrensbeschleunigung zu ändern, vgl. BR-Drs. 820/07, S. 9.
[8]   Vgl. hierzu BeckOK-ArbR/Klose, § 68 ArbGG Rn. 5; v. Hoyningen-Huene/Linck, KSchG, § 5 Rn. 66 ff.; Schwab/Weth, ArbGG, § 68 Rn. 39. – A. A. Grunsky, ArbGG, § 68 Rn. 7.

Eine Zurückverweisung ist jedoch entbehrlich, wenn feststeht, dass die Klage unabhängig von der Frage der versäumten Klagefrist aus anderen Gründen unbegründet, d. h. die Kündigung in Ermangelung eines Unwirksamkeitsgrunds wirksam ist. Da der betriebliche Geltungsbereich des § 1 KSchG nach § 23 Abs. 1 S. 3 KSchG nicht eröffnet ist, bedarf die ordentliche Kündigung keines Kündigungsgrunds. Allerdings könnte die ordentliche Kündigung nach § 15 Abs. 1 S. 1 KSchG unzulässig sein, wenn Claudia Cassarelli Betriebsratsmitglied ist[9]. Zwar wurde Claudia Cassarelli nicht in den Betriebsrat gewählt. Vielmehr erreichte sie lediglich den zweiten Platz im Rahmen der Mehrheitswahl. Auf Grund des Unfalls des Friedrich Fromm lag aber ein Verhinderungsfall vor, der nach § 25 Abs. 1 BetrVG zum automatischen Nachrücken der Claudia Cassarelli führt[10]. Sie genießt daher besonderen Kündigungsschutz nach § 15 Abs. 1 S. 1 KSchG.

Die Lohnzahlungsklage weist im Rahmen der Begründetheit der Berufung keine eigenständigen Probleme auf. Obwohl Claudia Cassarelli im Monat August ihre Arbeitsleistung nicht erbracht hat, steht ihr ein Anspruch auf Annahmeverzugslohn nach §§ 611, 615 BGB i. V. m. dem Arbeitsverhältnis zu[11], wenn das Arbeitsverhältnis nicht durch die angefochtene Kündigung beendet wurde. Dementsprechend ist der Erfolg der Lohnklage vom Ausgang des Kündigungsschutzverfahrens abhängig.

---

[9] Vgl. hierzu BeckOK-ArbR/Leder, § 15 KSchG Rn. 56; Boemke, ArbR, § 13 Rn. 55; v. Hoyningen-Huene, BetrVR, § 10 Rn. 44 ff.; Richardi, Kollektives Arbeitsrecht, § 21 Rn. 20 ff.

[10] BeckOK-ArbR/Besgen, § 25 BetrVG Rn. 6; GK-BetrVG/Oetker, § 25 Rn. 30; v. Hoyningen-Huene, BetrVR, § 8 Rn. 7; Hromadka/Maschmann, ArbR 2, § 16 Rn. 188. – Klausurfall Lüke/Mansfeld, JuS 1980, 517. – Fallbeispiel bei v. Hoyningen-Huene, BetrVR, § 8 Rn. 10.

[11] Vgl. hierzu BeckOK-ArbR/Joussen, § 615 BGB vor Rn. 1; Boemke, ArbR, § 5 Rn. 157 ff. – Prüfungsschema bei Boemke, Fallsammlung, S. 354 ff. – Klausurfall bei Boemke, Fallsammlung, Klausur Nr. 7, S. 195, 220 ff.

Lösung

A. Zulässigkeit der Berufung

Die Berufung ist zulässig, wenn die besonderen Verfahrensvoraussetzungen für das Berufungsverfahren vorliegen. Insbesondere muss die Berufung statthaft (I.) und fristgemäß eingelegt worden sein (II.)[12].

Erfolgsvoraussetzungen

I. Statthaftigkeit

1. Grundsätzliche Statthaftigkeit

Nach § 64 Abs. 1 ArbGG ist die Berufung statthaft gegen Urteile der Arbeitsgerichte. Am 13.09.2007 hat das Arbeitsgericht ein der Klage stattgebendes Urteil verkündet. Dieses ist grundsätzlich berufungsfähig.

Erstinstanzliches Urteil

2. Katalogtatbestand

Insgesamt ist die Berufung im arbeitsgerichtlichen Urteilsverfahren nur statthaft, wenn zusätzlich einer der im Katalog des § 64 Abs. 2 ArbGG genannten Tatbestände erfüllt ist. Dies ist hinsichtlich jedes mit der Berufung angegriffenen Streitgegenstands gesondert zu prüfen[13], was sich mittelbar daraus ergibt, dass auch die Berufungszulassung für jeden Streitgegenstand gesondert erfolgt[14].

Gesonderte Prüfung für jeden Streitgegenstand

a) Kündigungsschutzklage

Soweit sich die Berufung gegen die Stattgabe der Kündigungsschutzklage richtet, ist sie nach § 64 Abs. 2 lit. c) ArbGG statthaft, weil insoweit die Kündigung eines Arbeitsverhältnisses streitgegenständlich ist.

Generelle Zulässigkeit

b) Lohnklage

Hinsichtlich der Lohnklage ist die Berufung nicht nach § 64 Abs. 2 lit. a), c) oder d) ArbGG statthaft. Fraglich ist, ob sie

Maßgeblichkeit der Beschwer

---

[12] Es ist in der Regel nicht erforderlich, sämtliche Zulässigkeitsvoraussetzungen im Gutachten zu erörtern. Dies gilt insbesondere, soweit der Sachverhalt für eine Erörterung keine Anhaltspunkte enthält. Ein Überblick über die Zulässigkeitsvoraussetzungen der Berufung im Zivilprozess ist zu finden bei Rosenberg/Schwab/Gottwald, ZPR, § 134 Rn. 4 ff.; Hemmer/Wüst/Ulrici, Zivilprozessrecht im Überblick – Die Assessorkarteikarten, ÜK Nr. 103. – Klausurfall zur Berufung bei Boemke, Fallsammlung, Klausur Nr. 4, S. 105, 110 ff.

[13] Vgl. Schwab/Weth, ArbGG, § 64 Rn. 92.

[14] Bader/Creutzfeldt/Friedrich, ArbGG, § 64 Rn. 7; BeckOK-ArbR/ Klose, § 64 ArbGG Rn. 8; Schwab/Weth, ArbGG, § 64 Rn. 43.

nach § 64 Abs. 2 lit. b) ArbGG statthaft ist. Erforderlich ist hierfür, dass der Wert des Beschwerdegegenstands 600 € übersteigt. Der Wert des Beschwerdegegenstands berechnet sich nach dem Umfang, in dem die erstinstanzliche Beschwer angefochten wird[15]. Dabei werden die Werte verschiedener Streitgegenstände, soweit sie angefochten werden, addiert[16]. Der Wert des Beschwerdegegenstands kann allerdings nie größer sein als die erstinstanzliche Gesamtbeschwer[17]. Da das erstinstanzliche Urteil vorliegend vollumfänglich angegriffen wird, entspricht der Wert des Beschwerdegegenstands unter Berücksichtigung des § 5 ZPO der erstinstanzlichen Gesamtbeschwer[18]. Fraglich ist, wie diese zu ermitteln ist.

Bindung an Wertfestsetzung   Das BAG sowie die herrschende Ansicht in der Literatur gehen davon aus, dass sich die erstinstanzliche Gesamtbeschwer nach dem im Urteil des Arbeitsgerichts festgesetzten Streitwert richtet[19]. Dabei soll das Landesarbeitsgericht an die erstinstanzliche Streitwertfestsetzung gebunden sein, solange sich diese nicht als offensichtlich fehlerhaft erweist[20]. Diese Ansicht erkennt zwar an, dass es an einer Vorschrift fehlt, welche ausdrücklich die Bindung des Landesarbeitsgerichts an die Streitwertfestsetzung vorschreibt. Allerdings soll sich aus § 318 ZPO sowie dem Gebot der Rechtsmittelklarheit eine entsprechende Bindung ergeben[21]. Nach anderer Ansicht muss das Landesarbeitsgericht den Beschwerdewert eigenständig unter Anwendung der §§ 2–9 ZPO bestimmen[22]. Dabei kommt der Festsetzung des Arbeitsgericht indizielle Bedeutung zu[23]. Eine Bindung besteht jedoch nicht.

---

[15] BeckOK-ArbR/Klose, § 64 ArbGG Rn. 4; Schwab/Weth, ArbGG, § 64 Rn. 63.

[16] BeckOK-ArbR/Klose, § 64 ArbGG Rn. 4; Schwab/Weth, ArbGG, § 64 Rn. 69.

[17] BeckOK-ArbR/Klose, § 64 ArbGG Rn. 4; Hromadka/Maschmann, ArbR 2, § 21 Rn. 84 f.; Schwab/Weth, ArbGG, § 64 Rn. 63.

[18] BeckOK-ArbR/Klose, § 64 ArbGG Rn. 4.

[19] BAG vom 16.05.2007, NZA 2007, 829, 830 f.; AnwK-ArbR/Breinlinger, § 64 ArbGG Rn. 19; BeckOK-ArbR/Klose, § 64 ArbGG Rn. 4; Düwell/Lipke/Breinlinger, ArbGG, § 64 Rn. 18; ErfK/Koch, § 64 ArbGG Rn. 15; Grunsky, ArbGG, § 64 Rn. 6; HWK/Kalb, § 64 ArbGG Rn. 8; Schwab/Weth, ArbGG, § 64 Rn. 63.

[20] BAG vom 16.05.2007, NZA 2007, 829, 830 f.; AnwK-ArbR/Breinlinger, § 64 ArbGG Rn. 19; BeckOK-ArbR/Klose, § 64 ArbGG Rn. 4; Düwell/Lipke/Breinlinger, ArbGG, § 64 Rn. 18; ErfK/Koch, § 64 ArbGG Rn. 15; Grunsky, ArbGG, § 64 Rn. 6; Schwab/Weth, ArbGG, § 64 Rn. 63 f.

[21] BAG vom 16.05.2007, NZA 2007, 829, 830 f.

[22] Germelmann/Matthes/Prütting/Müller-Glöge, ArbGG, § 64 Rn. 49 f.

[23] Germelmann/Matthes/Prütting/Müller-Glöge, ArbGG, § 64 Rn. 49. – Kritisch zur h. A. auch Bader/Creutzfeldt/Friedrich, ArbGG, § 64 Rn. 9.

Die Ansicht des BAG und der herrschenden Lehre ist abzulehnen. Zu Unrecht beruft sich das BAG zunächst darauf, dass das Landesarbeitsgericht infolge der Regelung des § 318 ZPO an die Streitwertfestsetzung des Arbeitsgerichts gebunden ist. Das BAG verkennt, dass § 318 ZPO nur dasjenige Gericht bindet, welches die betreffende Entscheidung erlassen hat[24]. Dies zeigt neben dem Wortlaut der Norm ihr systematischer Zusammenhang zu §§ 319–321a ZPO. Andere Gerichte, insbesondere im Rechtszug übergeordnete Gerichte, werden über § 318 ZPO nicht gebunden.

Darüber hinaus verkennt die herrschende Ansicht, dass eine Bindung des Landesarbeitsgerichts an die Streitwertfestsetzung im erstinstanzlichen Urteil ausscheiden muss, wenn im Urteil der Gebührenstreitwert[25] und nicht der Zuständigkeits- oder Rechtsmittelstreitwert festgesetzt wird. Dies ergibt sich daraus, dass das Prozessrecht verschiedene Streitwerte kennt, welche nach unterschiedlichen Maßstäben bestimmt werden[26], und sich die Beschwer am Zuständigkeits- oder Rechtsmittel- und nicht am Gebührenstreitwert anlehnt[27]. Das Prozessrecht kennt neben dem Zuständigkeitsstreitwert den Gebührenstreitwert und den Rechtmittelstreitwert[28]. Zuständigkeits- und Rechtsmittelstreitwert sind nach §§ 2–9 ZPO zu berechnen[29]. Der Gebührenstreitwert ist dagegen nach §§ 39 ff. GKG sowie ergänzend nach §§ 3–9

Keine Bindung nach § 318 ZPO

Unterschiedliche Streitwerte

---

[24] Lüke, JuS 2000, 1042, 1042 f.; MünchZPO/Musielak, § 318 Rn. 8; Rosenberg/Schwab/Gottwald, ZPR, § 61 Rn. 1.

[25] Die Entscheidung des BAG vom 16.05.2007, NZA 2007, 829, 831 zeigt, dass das BAG davon ausgeht, dass im arbeitsgerichtlichen Urteil der Gebührenstreitwert festgesetzt wird. Anderenfalls wäre die Bezugnahme auf § 42 Abs. 4 GKG nicht zu erklären. Ebenso auch Schwab/Weth, ArbGG, § 64 Rn. 61 a. E.

[26] Vgl. Hemmer/Wüst/Ulrici, Zivilprozessrecht im Überblick – Die Assessorkarteikarten, ÜK Nr. 22; Knöringer, Die Assessorklausur im Zivilprozess, S. 37; MünchZPO/Wöstmann, § 2 Rn. 2 ff.; Rosenberg/Schwab/Gottwald, ZPR, § 85 Rn. 37 ff.; StJ/Roth, ZPO, § 2 Rn. 35 ff.

[27] Hemmer/Wüst/Ulrici, Zivilprozessrecht im Überblick – Die Assessorkarteikarten, ÜK Nr. 22; Knöringer, Die Assessorklausur im Zivilprozess, S. 37.

[28] Vgl. Hemmer/Wüst/Ulrici, Zivilprozessrecht im Überblick – Die Assessorkarteikarten, ÜK Nr. 22; Knöringer, Die Assessorklausur im Zivilprozess, S. 37; MünchZPO/Wöstmann, § 2 Rn. 2 ff.; StJ/Roth, ZPO, § 2 Rn. 39.

[29] Hemmer/Wüst/Ulrici, Zivilprozessrecht im Überblick – Die Assessorkarteikarten, ÜK Nr. 22; Knöringer, Die Assessorklausur im Zivilprozess, S. 37; Rosenberg/Schwab/Gottwald, ZPR, § 134 Rn. 28; StJ/Roth, ZPO, § 2 Rn. 39.

ZPO zu bestimmen[30]. Im konkreten Fall beläuft sich der vom Arbeitsgericht festgesetzte Gebührenstreitwert nach § 42 Abs. 4 S. 1 GKG i. V. m. §§ 3, 5 ZPO auf 400,00 € (3 × 100,00 € + 100,00 €). Der für die Beschwer maßgebliche Rechtsmittelstreitwert beläuft sich dagegen nach §§ 6 und 5 ZPO auf 4.300 € (3,5 x 12 x 100,00 € + 100,00 €)[31].

Keine Bindung des LAG

Da nach hier vertretener Ansicht keine Bindung an die Streitwertfestsetzung im erstinstanzlichen Urteil besteht und der somit vom Landesarbeitsgericht anzusetzende Beschwerdestreitwert 4.300 € beträgt, ist die Berufung gegen die Lohnzahlungsklage nach § 64 Abs. 2 lit. b) ArbGG statthaft.

c) Zwischenergebnis

Berufung statthaft

Die Berufung ist vollumfänglich statthaft.

II. Berufungsfrist

Berufungsfrist

Die Berufung müsste fristgemäß eingelegt worden sein. Die Berufungseinlegungsfrist beginnt mit der Zustellung des in vollständiger Form abgefassten Urteils, spätestens mit Ablauf von fünf Monaten nach Verkündung (§ 66 Abs. 1 S. 2 ArbGG). Da ein vollständig abgefasstes Urteil bislang nicht zugestellt und das Urteil bereits am 27.08.2007 verkündet wurde, lief die Berufungseinlegungsfrist am 27.01.2008 an. Nach § 66 Abs. 1 S. 1 ArbGG beträgt die Einlegungsfrist einen Monat. Sie würde danach am 27.02.2008 enden. Allerdings folgt aus § 9 Abs. 5 ArbGG, dass die Berufungsfrist ein Jahr beträgt, sofern, wie vorliegend, keine ordnungsgemäße Rechtsmittelbelehrung erfolgt ist. Danach würde die Einlegungsfrist bis zum 27.01.2009 laufen. Wie dieser Widerspruch aufzulösen ist, ist umstritten[32].

Streitstand

Nach einer Ansicht genießt § 9 Abs. 5 ArbGG Vorrang[33]. Nur hierdurch wird dem besonderen Fürsorgegedanken des arbeitsgerichtlichen Verfahrens Rechnung getragen. Insbe-

---

[30] Hemmer/Wüst/Ulrici, Zivilprozessrecht im Überblick – Die Assessorkarteikarten, ÜK Nr. 22; Knöringer, Die Assessorklausur im Zivilprozess, S. 37; StJ/Roth, ZPO, § 2 Rn. 44.

[31] Für die Statthaftigkeit können sich erhebliche Unterschiede zwischen Gebühren- und Rechtsmittelstreitwert z. B. auch in Eingruppierungsstreitigkeiten ergeben, weil für den Gebührenstreitwert nach § 42 Abs. 4 S. 2 GKG der dreijährige Unterschiedsbetrag und für den Rechtsmittelstreitwert nach § 9 ZPO der dreieinhalbjährige Unterschiedsbetrag maßgeblich ist.

[32] BeckOK-ArbR/Klose, § 66 ArbGG Rn. 7; Schwab/Weth, ArbGG, § 66 Rn. 5.

[33] ErfK/Koch, § 66 ArbGG Rn. 12; Holthausen/Koch, RdA 2002, 140, 150 f.; HWK/Kalb, § 66 ArbGG Rn. 11.

sondere von Naturalparteien kann nicht erwartet werden, dass sie den Widerspruch des Gesetzes kennen und im Sinne der kürzeren Frist auflösen. Nach überwiegender, insbesondere auch vom BAG vertretener Ansicht genießt § 66 Abs. 1 S. 2 ArbGG seit der Reform im Jahr 2002 Vorrang[34]. Dies wird zunächst daraus abgeleitet, dass § 66 Abs. 1 S. 2 ArbGG sowohl den Lauf der Berufungseinlegungs- als auch der -begründungsfrist regelt, wogegen § 9 Abs. 5 ArbGG nur die Einlegungsfrist betrifft[35]. Dies würde im Ergebnis dazu führen, dass die Berufungsbegründungsfrist vor der Berufungseinlegungsfrist endet, wenn man das Gesetz wörtlich anwendet[36]. Außerdem wird darauf verwiesen, dass § 66 Abs. 1 S. 2 ArbGG als der jüngeren Vorschrift Vorrang gebührt[37]. Schließlich werden der im arbeitsgerichtlichen Verfahren geltende Beschleunigungsgrundsatz sowie der Wille des Gesetzgebers, die Rechtsmittelfristen in den verschiedenen Verfahrensordnungen zu vereinheitlichen, angeführt[38].

Im Ergebnis ist der herrschenden Ansicht zu folgen. Neben den hierfür bereits angeführten Argumenten lässt sich darauf verweisen, dass § 9 Abs. 5 ArbGG ausweislich seines Wortlauts den Fall einer unzutreffenden oder fehlenden Rechtsmittelbelehrung bei erfolgter Zustellung des Urteils regelt. Dagegen bezieht sich § 9 Abs. 5 ArbGG ausweislich seines Satzes 4 („Zustellung") nicht auf den Fall der unterbliebenen Urteilszustellung[39]. Folgt man somit der herrschenden Ansicht, wurde die Berufung vorliegend verfristet eingelegt.

Vorrang des § 66 Abs. 1 S. 2 ArbGG

III. Ergebnis

Die Berufung ist unzulässig, weil sie verfristet eingelegt wurde.

Berufung verfristet

---

[34] BAG vom 28.10.2004, NZA 2005, 125, 126; Bader/Dreutzfeldt/Friedrich, ArbGG, § 66 Rn. 9 f.; BeckOK-ArbR/Klose, § 66 ArbGG Rn. 7; Düwell/Lipke/Breinlinger, ArbGG, § 66 Rn. 10; Germelmann/ Matthes/Prütting/Müller-Glöge, ArbGG, § 66 Rn. 16; Schwab/Weth, ArbGG, § 66 Rn. 5.

[35] BAG vom 28.10.2004, NZA 2005, 125, 126 f.; BeckOK-ArbR/Klose, § 66 ArbGG Rn. 7.

[36] BAG vom 28.10.2004, NZA 2005, 125, 127; BeckOK-ArbR/Klose, § 66 ArbGG Rn. 7; Germelmann/Matthes/Prütting/Müller-Glöge, ArbGG, § 66 Rn. 16.

[37] Vgl. auch Düwell/Lipke/Breinlinger, ArbGG, § 66 Rn. 10; Germelmann/Matthes/Prütting/Müller-Glöge, ArbGG, § 66 Rn. 16.

[38] BAG vom 28.10.2004, NZA 2005, 125, 127; Germelmann/Matthes/ Prütting/Müller-Glöge, ArbGG, § 66 Rn. 16.

[39] Vgl. zum Vorliegen eines Wertungswiderspruchs ErfK/Koch, § 66 ArbGG Rn. 12; HWK/Kalb, § 66 ArbGG Rn. 11.

B. Entscheidung des Landesarbeitsgerichts

Erfolgsvoraussetzungen

Welche Entscheidung das Landesarbeitsgericht über die zulässige Berufung konkret trifft (II), hängt davon ab, ob sich die Berufung als begründet oder als unbegründet erweist (I).

I. Begründetheit der Berufung

Voraussetzungen der Begründetheit

Die Berufung ist begründet, soweit sich die mit ihr verfolgte Rechtsbehauptung nach der zur Zeit der letzten mündlichen Verhandlung in der Berufungsinstanz vorliegenden Sach- und Rechtslage als richtig herausstellt[40]. Mit seiner Berufung verfolgt Karl Schleicher sein Ziel der vollständigen Klageabweisung weiter. Die hiermit geltend gemachte Rechtsbehauptung erweist sich als richtig, wenn sich die Klagen als abweisungsreif (1.) oder jedenfalls aus prozessualen Gründen nicht als stattgabereif erweisen (2.).

1. Erfolglosigkeit der Klagen

Erfolglosigkeit der Klagen?

Da das Arbeitsgericht sowohl der Kündigungsschutzklage als auch der Lohnklage im Ergebnis stattgegeben hat, verfolgt Karl Schleicher mit seiner Berufung die Abweisung beider Klagen. Seine mit der Berufung verfolgte Rechtsbehauptung erweist sich danach als richtig, wenn beide Klagen abzuweisen sind. Dies ist der Fall, wenn sich die Klagen als unzulässig (a). und/oder unbegründet (b) erweisen.

a) Unzulässigkeit der Klagen

Klagen zulässig

Die Klagen sind unzulässig, wenn nicht sämtliche Schachentscheidungsvoraussetzungen erfüllt sind. Rechtsweg, Verfahrensart und örtliche Zuständigkeit sind nach § 65 ArbGG bzw. § 64 Abs. 6 ArbGG i. V. m. § 513 Abs. 2 ZPO vom Berufungsgericht nicht zu prüfen. Hinsichtlich der sonstigen Sachentscheidungsvoraussetzungen sind Bedenken nicht ersichtlich. Sowohl die Kündigungsschutzklage als auch die mit ihr verbundene (§ 260 ZPO) Lohnklage sind zulässig.

---

[40] Hemmer/Wüst/Ulrici, Zivilprozessrecht im Überblick – Die Assessorkarteikarten, ÜK Nr. 108; Rosenberg/Schwab/Gottwald, ZPR, § 134 Rn. 51. – Nicht ganz zutreffend wäre die Aussage, dass die Berufung begründet ist, wenn das erstinstanzliche Urteil formelles oder materielles Recht verletzt und auf der Rechtsverletzung beruht, weil hierdurch die Möglichkeit einer Änderung der Sach- und Rechtslage vernachlässigt wird. – Klausurfall zur Berufung bei Boemke, Fallsammlung, Klausur Nr. 4, S. 105, 110 ff.

b) Unbegründetheit der Klagen

aa) Unbegründetheit der Kündigungsschutzklage

Die Kündigungsschutzklage ist unbegründet, wenn die streitgegenständliche Kündigung das Arbeitsverhältnis beendet hat. Dies ist der Fall, wenn eine Kündigungserklärung vorliegt (1), die unwiderleglich als wirksam vermutet wird (2) oder sonst alle Wirksamkeitsanforderungen erfüllt (3).

Voraussetzungen der Unbegründetheit

(1) Kündigungserklärung

Eine ausreichende Kündigungserklärung liegt vor, weil Claudia Cassarelli ein Schriftstück zuging, welches zum Ausdruck bringt, dass der Arbeitgeber, Karl Schleicher, das bestehende Arbeitsverhältnis fristgemäß beenden will und dieses Schriftstück der Schriftform entspricht (vgl. § 623 BGB).

Zugang der Kündigungserklärung

(2) Wirksamkeitsvermutung

Die streitgegenständliche Kündigung wird nach § 7 KSchG unwiderleglich als wirksam vermutet, wenn § 7 KSchG vorliegend anwendbar ist (2.1), die Klagefrist versäumt wurde (2.2) und eine verspätete Klage auch nicht nachträglich zugelassen werden kann (2.3).

Voraussetzungen der Wirksamkeitsvermutung

(2.1) Anwendbarkeit

Die Vorschrift des § 7 KSchG findet nach § 23 Abs. 1 Satz 2 und 3 KSchG ebenso wie die Vorschrift des § 13 KSchG unabhängig von der Betriebsgröße Anwendung auf die Kündigung gegenüber Claudia Cassarelli. Nach § 13 Abs. 3 KSchG gilt die Klagefrist des § 7 KSchG auch für ordentliche Kündigungen, die aus einem anderen Grund als § 1 Abs. 2 KSchG unwirksam sind. Im Ergebnis ist § 7 KSchG anwendbar.

Geltung des § 7 KSchG

(2.2) Ablauf der Klagefrist

Entscheidend ist somit, ob die Rechtsunwirksamkeit der Kündigung rechtzeitig i. S. v. § 4 Satz 1 KSchG geltend gemacht wurde. Nach § 4 Satz 1 KSchG muss die Kündigungsschutzklage innerhalb einer Frist von drei Wochen nach Zugang der schriftlichen Kündigungserklärung erhoben werden, d. h. dem Beklagten zugestellt werden, zumindest aber beim Arbeitsgericht eingehen (vgl. § 167 ZPO). Um das Ende dieser Frist zu berechnen (2.2.2), muss zunächst der Fristbeginn bestimmt werden (2.2.1)[41].

Versäumung der Frist

---

[41] Klausurfall bei Boemke, Fallsammlung Arbeitsrecht, Klausur Nr. 3, S. 63, 79 f. und Klausur Nr. 5, S. 139, 148.

(2.2.1) Fristbeginn

Zugang nach
§ 130 Abs. S. 1 BGB

Fraglich ist, wann die schriftliche Kündigungserklärung Claudia Cassarelli zuging. Eine Willenserklärung unter Abwesenden (§ 130 Abs. 1 S. 1 BGB) geht dem Empfänger zu, wenn sie derart in dessen Machtbereich gelangt, dass der Empfänger Kenntnis nehmen kann und unter gewöhnlichen Umständen mit der Kenntnisnahme zu rechnen ist[42].

In Machtbereich gelangt

Als ein Mitarbeiter des Karl Schleicher die Kündigungserklärung am 27.06.2007 in den Briefkasten einwarf, gelangte das Schreiben in den Machtbereich der Claudia Cassarelli und eine Kenntnisnahme war möglich[43]. Der Briefkasten zählt zum Machtbereich der Claudia Cassarelli[44], weil sie diesen zum Zweck der Entgegennahme vom Schriftstücken gewidmet hat.

Möglichkeit zur
Kenntnisnahme

Fraglich ist, zu welchem Zeitpunkt unter gewöhnlichen Umständen mit der Kenntnisnahme des Schreibens zu rechnen ist. Dies ist nach abstrakten Maßstäben zu bestimmen[45]. Besonderheiten, die in der Person des Empfängers wurzeln, bleiben außer Beachtung[46]. Danach ist beim Einwurf in den Briefkasten unter gewöhnlichen Umständen damit zu rechnen, dass ein Schriftstück zum Zeitpunkt der üblichen Leerung des Briefkasten zur Kenntnis genommen wird[47]. Für das am frühen Morgen des 27.06.2007 eingeworfene Schreiben ist mithin davon auszugehen, dass es unter gewöhnlichen Umständen am Nachmittag des 27.06.2007 zur Kenntnis genommen wird. Abweichendes ergibt sich auch nicht daraus, dass sich Claudia Cassarrelli vom 26.06.2007 bis einschließlich 24.07.2007 im Urlaub befand und das Schreiben daher nicht zur Kenntnis nehmen konnte. Dieser in der Person der Empfängerin wurzelnde Umstand ist nicht zu berücksichtigen[48], weil der Arbeitgeber anderenfalls an

---

[42] BGH vom 21.01.2004, NJW 2004, 1320; Boemke, ArbR, § 13 Rn. 12; Brox/Walker, BGB-AT, Rn. 149; MünchKomm/Einsele, BGB, § 130 Rn. 19; Larenz/Wolf, BGB-AT, § 26 Rn. 21.

[43] Vgl. Brox/Walker, BGB-AT, Rn. 149a.

[44] Brox/Walker, BGB-AT, Rn. 149; Larenz/Wolf, BGB-AT, § 26 Rn. 25; MünchKomm/Einsele, BGB, § 130 Rn. 17.

[45] BGH vom 21.01.2004, NJW 2004, 1320; Brox/Walker, BGB-AT, Rn. 150.

[46] BGH vom 21.01.2004, NJW 2004, 1320; Brox/Walker, BGB-AT, Rn. 150; Larenz/Wolf, BGB-AT, § 26 Rn. 23; MünchKomm/Einsele, BGB, § 130 Rn. 19.

[47] Brox/Walker, BGB-AT, Rn. 150; Larenz/Wolf, BGB-AT, § 26 Rn. 28; MünchKomm/Einsele, BGB, § 130 Rn. 19.

[48] BGH vom 21.01.2004, NJW 2004, 1320; Brox/Walker, BGB-AT, Rn. 150; Larenz/Wolf, BGB-AT, § 26 Rn. 23; MünchKomm/Einsele, BGB; § 130 Rn. 19.

einer Zustellung während des Urlaubs gehindert wäre, wodurch sich z. B. der Beendingungszeitpunkt verschieben könnte.

Unter Berücksichtigung des § 187 Abs. 1 BGB beginnt die Frist somit am 28.06.2007.

Fristbeginn: 28.06.2007

(2.2.2) Fristende

Die am 28.06.2007 anlaufende Frist mit einer Länge von drei Wochen endet nach § 188 Abs. 2 Alt. 1 BGB mit Ablauf des 18.07.2007.

Fristende: 18.07.2007

(2.2.3) Zwischenergebnis

Die am 25.07.2007 beim Arbeitsgericht eingegangene Kündigungsschutzklage wurde somit nicht innerhalb der bis zum 18.07.2007 laufenden Frist des § 4 KSchG erhoben. Sie ging auch nicht innerhalb dieser Frist beim Arbeitsgericht ein.

Klage ist verfristet

(2.3) Zulassung verspäteter Klagen

Da die Frist des § 4 KSchG versäumt wurde, gilt die Kündigung nach § 7 KSchG unwiderleglich als wirksam. Abweichendes ergibt sich zunächst auch nicht aus §§ 5, 6 KSchG, weil Claudia Casserelli innerhalb der Drei-Wochen-Frist auch keine andere Klage erhoben hat (§ 6 KSchG) und das Arbeitsgericht ihre Kündigungsschutzklage nicht nach § 5 KSchG durch Beschluss (§ 5 Abs. 4 S. 1 ArbGG) nachträglich zugelassen hat. Allerdings gilt die Kündigung trotz der verspäteten Kündigungsschutzklage nicht unwiderleglich als wirksam, wenn das Landesarbeitsgericht oder das Arbeitsgericht die Klage noch nach § 5 KSchG zulassen können.

Zulassung verspäteter Klage

Nach § 5 Abs. 2 ArbGG ist der Antrag beim Arbeitsgericht zu stellen. Dies spricht dafür, dass dieses allein zur Entscheidung über den entsprechenden Antrag sachlich zuständig ist[49] und das Landesarbeitsgericht die Zulassung nicht selbst aussprechen kann[50]. Außerdem wird in § 5 Abs. 4 S. 2 KSchG hinsichtlich der Entscheidung über die Zulassung ein eigenständiges Rechtsmittelverfahren geregelt[51]. Holt das

Keine Zulassung durch Landesarbeitsgericht

---

[49] APS/Ascheid/Hesse, § 5 KSchG Rn. 132; Düwell/Lipke/Breinlinger, ArbGG, § 68 Rn. 10; Schwab/Weth, ArbGG, § 68 Rn. 39.

[50] LAG Nürnberg vom 19.09.1995, NZA 1996, 503; APS/Ascheid/Hesse, § 5 KSchG Rn. 132; Düwell/Lipke/Breinlinger, ArbGG, § 68 Rn. 10; v. Hoyningen-Huene/Linck, KSchG, § 5 Rn. 66; Schwab/Weth, ArbGG, § 68 Rn. 39. – A. A. LAG Berlin vom 15.07.1980, AuR 1981, 154; Grunsky, ArbGG, § 68 Rn. 7. – Der Gesetzgeber beabsichtigt eine Änderung dieser Rechtslage, vgl. BR-Drs. 820/07, S. 9.

Landesarbeitsgericht im Rahmen der Berufung die Entscheidung über die Zulassung nach, wäre hiergegen nach § 5 Abs. 4 S. 2 KSchG die sofortige Beschwerde statthaft, obwohl gegen Entscheidungen des Landesarbeitsgerichts grundsätzlich keine Beschwerde, sondern allenfalls eine Rechtsbeschwerde stattfindet (vgl. § 8 Abs. 5 ArbGG). Möglich ist allerdings, dass das Arbeitsgericht die zu Unrecht unterlassene Entscheidung über die Zulassung der verspäteten Kündigungsschutzklage noch nachholt. Anderenfalls würde der vom Arbeitsgericht begangene Fehler sich zu Lasten der Claudia Cassarelli auswirken, ohne dass dieser den Vorstellungen des § 5 Abs. 4 S. 2 ArbGG entsprechend hiergegen ein Rechtsmittel zu Verfügung steht[52].

Zulassung offen

Da dem Landesarbeitsgericht eine eigenständige Prüfung und Entscheidung verwehrt ist, die notwendige Entscheidung des Arbeitsgerichts aber noch aussteht, lässt sich derzeit nicht abschließend feststellen, ob die verspätete Kündigungsschutzklage nach § 5 KSchG zugelassen wird.

(2.4) Zwischenergebnis

Wirksamkeitsfiktion offen

Da die Kündigungsschutzklage verspätet erhoben wurde, die Entscheidung nach § 5 KSchG aber noch aussteht, lässt sich nicht abschließend beurteilen, ob die Kündigung nach § 7 KSchG unwiderleglich als wirksam gilt.

(3) Vorliegen aller Wirksamkeitsvoraussetzungen

(3.1) Ausschluss des ordentlichen Kündigungsrechts

Kündigungsschutz für Betriebsratsmitglieder gemäß § 15 Abs. 1 S. 1 KSchG

Die streitgegenständliche Kündigung ist gleichwohl wirksam, wenn ein Recht zur ordentliche Kündigung besteht und kein formeller oder materieller Unwirksamkeitsgrund besteht. Nach § 620 Abs. 2 BGB ist ein unbefristetes Arbeitsverhältnis ordentlich kündbar, soweit das Recht zur ordentlichen Kündigung nicht ausgeschlossen ist[53]. Vorliegend könnte das Recht zur ordentlichen Kündigung nach § 15 Abs. 1 S. 1 KSchG ausgeschlossen sein[54]. Dies ist der Fall, wenn Claudia Cassarelli bei Zugang des Kündigungsschreibens am 27.06.2007 Betriebsratsmitglied war. Vorausset-

---

[51] Schwab/Weth, ArbGG, § 68 Rn. 39. – Vgl. auch LAG Nürnberg vom 19.09.1995, NZA 1996, 503.

[52] Vgl. v. Hoyningen-Huene/Linck, KSchG, § 5 Rn. 66.

[53] Boemke, ArbR, § 13 Rn. 49 f.

[54] Vgl. BeckOK-ArbR/Leder, § 15 KSchG Rn. 56; Boemke, ArbR, § 13 Rn. 55; v. Hoyningen-Huene, BetrVR, § 10 Rn. 44 ff.; Richardi, Kollektives Arbeitsrecht, § 21 Rn. 20 ff.

zung hierfür ist, dass Claudia Cassarelli dieses Amt erworben (3.2) und nicht wieder verloren hat (3.3).

(3.2) Erwerb der Betriebsratsstellung

Unmittelbar durch Wahl hat Claudia Cassarelli das Amt als Betriebsratsmitglied nicht erlangt. Vielmehr wurde Friedrich Fromm in den Betriebsrat gewählt. Allerdings kann Claudia Cassarelli das Amt eines Mitglieds des Betriebsrats nach § 25 Abs. 1 S. 2, Abs. 2 S. 3 BetrVG erworben haben, wenn der Betriebsrat Friedrich Fromm verhindert war und Claudia Cassarelli erstrangiges Ersatzmitglied war. Da Friedrich Fromm am Wochenende des 23.06./24.06.2007 verunglückte und ins Koma fiel, war er ab diesem Zeitpunkt verhindert, seine Betriebsratstätigkeit, die insbesondere in der Stellungnahme zu den beiden von Karl Schleicher beabsichtigten Kündigungen bestand, auszuüben[55]. Da Claudia Cassarelli im Rahmen der als Mehrheitswahl durchgeführten Betriebsratswahl nach Friedrich Fromm die zweitmeisten Stimmen erzielte, war sie nach § 25 Abs. 2 S. 3 BetrVG erstrangiges Ersatzmitglied und erlangte mit Eintritt des Verhinderungsfalls am 23.06./24.06.2007 automatisch das Amt eines Betriebsrats[56].

Erwerb des Betriebsratsamts

(3.3) Verlust der Betriebsratsstellung

Allerdings könnte Claudia Cassarelli ihr Amt dadurch verloren haben, dass sie am 26.06.2007 in den Urlaub gefahren ist. Das Amt des Ersatzmitglieds endet mit dem Wegfall eines Verhinderungsgrunds bzw. Vertretungsfalls[57] sowie in den Fällen des § 24 BetrVG. Da ein Fall des § 24 BetrVG in der Person der Claudia Cassarelli nicht eingetreten ist, ist entscheidend, ob der für sie maßgebliche Verhinderungsgrund bzw. Vertretungsfall weggefallen ist. Dies ist der Fall, wenn das von ihr vertretene Betriebsratsmitglied wieder in der Lage ist, seine Betriebsratstätigkeit auszuüben. Da Friedrich Fromm am 27.06.2007 noch im Koma lag, ist der Verhinderungsfall für Claudia Cassarelli nicht entfallen. Ihre eigene Urlaubsabwesenheit lässt in ihrer Person das Vorliegen eines Vertretungsfalls nicht entfallen[58]. Vielmehr wird hier-

Kein Verlust durch Urlaub

[55] Vgl. v. Hoyningen-Huene, BetrVR, § 8 Rn. 7; Hromadka/Maschmann, ArbR 2, § 16 Rn. 188; GK-BetrVG/Oetker, § 25 Rn. 16 und 18.

[56] Vgl. GK-BetrVG/Oetker, § 25 Rn. 30 und 40; v. Hoyningen-Huene, BetrVR, § 8 Rn. 7 und 9; Hromadka/Maschmann, ArbR 2, § 16 Rn. 189 f.

[57] BeckOK-ArbR/Besgen, § 25 BetrVG Rn. 6; Richardi/Thüsing, BetrVG, § 25 Rn. 5.

[58] GK-BetrVG/Oetker, § 25 Rn. 32.

durch nur ein weiterer Vertretungsfall für das zweitrangige Ersatzmitglied begründet[59].

(3.3) Zwischenergebnis

Betriebsratsamt der C

Claudia Cassarelli war bei Zugang der Kündigungserklärung am 27.06.2007 Mitglied des Betriebsrats und genoss besonderen Kündigungsschutz nach § 15 Abs. 1 S. 1 KSchG. Das Recht zur ordentlichen Kündigung war ausgeschlossen. Die ausgesprochene Kündigung war daher unwirksam.

(4) Zwischenergebnis

Erfolg der Klage offen

Das Landesarbeitsgericht kann nicht feststellen, ob die Kündigungsschutzklage begründet oder unbegründet ist. Soweit die Kündigungsschutzklage noch vom Arbeitsgericht nach § 5 KSchG zugelassen wird, wäre sie begründet, weil kein Recht zur ordentlichen Kündigung besteht. Kommt eine nachträgliche Zulassung dagegen nicht in Betracht, ist die Kündigungsschutzklage unbegründet, weil die Kündigung nach § 7 KSchG unwiderleglich als wirksam gilt. Hierdurch würde auch der Unwirksamkeitsgrund des § 15 Abs. 1 S. 1 KSchG überwunden[60].

bb) Unbegründetheit der Lohnzahlungsklage

Voraussetzungen der Unbegründetheit

Die Lohnzahlungsklage ist unbegründet, wenn Claudia Cassarelli zum Zeitpunkt der Entscheidung des Landesarbeitsgerichts für den Monat August 2007 kein fälliger (2) und einredefreier (3) Lohnanspruch (1) zusteht.

(1) Nichtbestehen eines Lohnanspruchs

Kein Lohnanspruch?

Claudia Cassarelli steht kein Lohnanspruch zu, wenn ein solcher Anspruch nicht entstanden (1.1) oder wieder erloschen (1.2) ist.

(1.1) Keine Anspruchsentstehung

Anspruch entstanden

Ein Anspruch auf Arbeitsentgelt für den Monat August 2007 könnte sich aus § 611 BGB ergeben. Voraussetzung hierfür ist, dass die Parteien in diesem Zeitraum in einem Arbeitsverhältnis standen. Dies ist der Fall, wenn das ursprünglich zwischen den Parteien bestehende Arbeitsverhältnis nicht vor dem 01.08.2007 beendet wurde. Eine Beendigung könn-

---

[59] GK-BetrVG/Oetker, § 25 Rn. 32. – Geht man dagegen davon aus, dass Claudia Cassarelli durch ihren Urlaubsantritt ihre Stellung als Betriebsratsmitglied wieder verloren hat, genießt sie jedenfalls besonderen Kündigungsschutz nach § 15 Abs. 1 Satz 2 KSchG.

[60] AnwK-ArbR/Bröhl, § 15 KSchG Rn. 92; AnwK-ArbR/Dreher/ Schmitz-Scholemann, § 13 KSchG Rn. 22 und 28.

te durch die Kündigung vom 27.06.2007 mit Wirkung zum
31.07.2007 eingetreten sein. Dies setzt voraus, dass die Kündigung vom 27.06.2007 wirksam ist, was sich derzeit nicht
beurteilen lässt (s. o.[61]). Ob ein Anspruch auf Lohn für den
Monat August 2007 entstanden ist, lässt sich derzeit vom
Landesarbeitsgericht nicht beurteilen.

(1.2) Anspruchs untergegangen

Auf die Wirksamkeit der Kündigung und das Entstehen des
Lohnanspruchs käme es jedoch nicht an, wenn ein etwaiger
Lohnanspruch für den Monat 2007 jedenfalls erloschen ist.
Dies könnte sich vorliegend aus § 326 Abs. 1 S. 1 BGB ergeben, weil Claudia Cassarelli im betreffenden Zeitraum ihre
Arbeitsleistung nicht erbracht hat. Notwendig ist hierfür,
dass die Voraussetzungen des § 326 Abs. 1 S. 1 BGB erfüllt
sind (1.2.1) und der Anspruch nicht aufrechterhalten wird
(1.2.2)[62].

Anspruch erloschen

(1.2.1) Voraussetzungen des § 326 BGB

Die Voraussetzungen des § 326 Abs. 1 S. 1 BGB sind erfüllt,
weil das Arbeitsentgelt die synallagmatische Gegenleistung
zur Arbeitsleistung der Claudia Cassarelli ist, welche durch
Nichterbringung der Arbeit und Ablauf des Leistungszeit-
raums auf Grund des absoluten Fixschuldcharakters der Arbeitsleistung unmöglich geworden ist (§ 275 Abs. 1 BGB)[63].
Ein etwaiger Lohnanspruch für den Monat August 2007 ist
danach untergegangen.

Erlöschensgrund

(1.2.2) Ausnahme nach § 615 BGB

Abweichend von § 326 Abs. 1 S. 1 BGB besteht der Lohnanspruch nach § 615 S. 1 BGB fort, wenn der Arbeitgeber
sich bei Eintritt der Unmöglichkeit der Dienstleistung mit
deren Entgegennahme im Annahmeverzug befand. Voraussetzung hierfür ist, dass die Erbringung der Arbeitsleistung
möglich, Claudia Cassarelli leistungsbereit und -willig war
(§ 297 BGB), sie ihre Arbeitsleistung ordnungsgemäß angeboten (§§ 294 ff. BGB) und Karl Schleicher die Arbeitsleistung nicht angenommen hat (§ 293 BGB)[64].

*Ausnahme vom
Erlöschenstatbestand*

Als Claudia Cassarelli ihre Arbeitsleistung zu erbringen
hatte, war ihr dies möglich. Auch war sie mangels gegentei-

Annahmeverzug

---

[61] Siehe oben B I 1 b aa (4), S. 310.

[62] Prüfungsschema bei Boemke, Fallsammlung, S. 354 ff. – Klausurfall
bei Boemke, Fallsammlung, Klausur Nr. 7, S. 195, 220 ff.

[63] Vgl. Boemke, ArbR, § 5 Rn. 52 und 143.

[64] Boemke, ArbR, § 5 Rn. 158 ff. – Prüfungsschema bei Boemke, ArbR,
§ 5 Rn. 176 und Boemke, Fallsammlung, S. 355 f.

liger Anhaltspunkte leistungswillig. Zwar hat sie ihre Arbeitsleistung nicht tatsächlich i. S. v. § 294 BGB angeboten, weil sie im August 2007 nicht im Restaurant des Karl Schleicher erschien. Allerdings hat sie durch Erhebung ihrer Kündigungsschutzklage ihre Arbeitsleistung i. S. v. § 295 S. 1 BGB wörtlich angeboten. Dies war ausreichend, weil Karl Schleicher durch Ausspruch der Kündigung miterklärt hat, dass er ab 01.08.2007 die Arbeitsleistung der Claudia Cassarelli nicht mehr annehmen werde. Da Karl Schleicher die hiernach von Claudia Cassarelli angebotene Arbeitsleistung nicht entgegengenommen hat, befand er sich im Monat August 2007 im Annahmeverzug.

Anspruch aufrechterhalten

Ein etwaiger Lohnanspruch der Claudia Cassarelli, der nach § 326 Abs. 1 S. 1 BGB untergegangen wäre, würde nach § 615 Satz 1 BGB aufrechterhalten.

(1.2.3) Zwischenergebnis

Anspruch nicht erloschen

Ein etwaiger Lohnanapruch wäre nicht infolge der Nichtleistung erloschen.

(2) Keine Fälligkeit

Fälligkeit

Besteht ein Lohanspruch nach §§ 611, 615 BGB, fehlt es nicht an der Fälligkeit des Anspruchs, weil der betroffene Zeitabschnitt (August 2007) abgelaufen ist (§ 614 BGB)[65].

(3) Keine Einredefreiheit

Einredefreiheit

Soweit ein Lohnanspruch nach §§ 611, 615 BGB besteht, ist nicht ersichtlich, dass gegen diese Einreden erhoben werden können. Es fehlt somit nicht an der Einredefreiheit.

(4) Zwischenergebnis

Lohnanspruch offen

Es lässt sich für das Landesarbeitsgericht nicht feststellen, dass die Lohnzahlungsklage unbegründet ist, weil sich nicht feststellen lässt, ob im Monat August 2007 zwischen den Parteien noch ein Arbeitsverhältnis bestand.

cc) Zwischenergebnis

Begründetheit offen

Es lässt sich insgesamt vom Landesarbeitsgericht nicht feststellen, dass die Klage ganz oder teilweise unbegründet ist.

---

[65] Dass der eingeklagte Lohnanspruch bei Klageerhebung noch nicht fällig war, ist unschädlich, weil sowohl für die Entscheidung des Arbeitsgerichts als auch für die Entscheidung des Landesarbeitsgerichts auf den Zeitpunkt der dem jeweiligen Urteil zugrunde liegenden letzten mündlichen Verhandlung abzustellen ist.

c) Zwischenergebnis

Die Voraussetzungen der von Karl Schleicher verfolgten
Rechtsbehauptung liegen nicht vor, weil sich die erhobenen
Klagen als zulässig erwiesen haben und sich nicht abschlie-
ßend feststellen lässt, dass die Klagen unbegründet sind.
Dies hängt davon ab, ob das Arbeitsgericht die verspätete
Kündigungsschutzklage noch nachträglich nach § 5 KSchG
zulässt. Erfolgt eine Zulassung, sind die Klagen begründet.
Anderenfalls sind die Klagen unbegründet.

Erfolgsaussichten offen

2. Zurückverweisung

Die Berufung des Karl Schleicher ist gleichwohl begründet,
wenn das Arbeitsgericht eine Rechtsverletzung begangen
hat (a), die das Landesarbeitsgericht zur Aufhebung und Zurückverweisung verpflichtet (b).

*Voraussetzungen für
Zurückverweisung*

a) Rechtsverletzung

aa) Urteil ohne Gründe

In formellen Hinsicht könnte das Urteil §§ 60 Abs. 4 S. 1, 46
Abs. 2 S. 1 ArbGG i. V. m. §§ 495, 313 Abs. 1 Nr. 6 ZPO
verletzen, wenn es endgültig keine Entscheidungsgründe
enthält. Bislang hat das Arbeitsgericht die von ihm am
27.08.2007 verkündete Entscheidung nicht begründet. Fraglich ist, ob das Arbeitsgericht aus rechtlicher Sicht das angefochtene Urteil noch begründen kann. Dies ist nicht der Fall,
wenn eine tatsächlich noch erfolgende Begründung rechtlich, insbesondere auf Grund Zeitablaufs, nicht anerkannt
wird. Ausdrücklich regeln weder die ZPO noch das ArbGG
eine absolute Frist, innerhalb der die Gründe eines Urteils
spätestens abgesetzt werden müssen. Allerdings lässt sich
aus § 60 Abs. 4 S. 4 ArbGG entnehmen, dass das Urteil jedenfalls „alsbald" abgesetzt werden muss. Der so beschriebene Zeitraum ist im Interesse der Rechtssicherheit und im
Hinblick auf verblassende Erinnerungen des Gerichts und
unter Berücksichtigung der Wertung des § 66 Abs. 1 S. 2
Hs. 2 ArbGG dahingehend zu konkretisieren, dass der Gesetzgeber davon ausgeht, dass nach Ablauf von fünf Monaten nach Verkündung einer Entscheidung keine rechtserheb-
lichen Entscheidungsgründen mehr nachgereicht werden
können[66]. Nachdem diese Frist vorliegend bereits verstri-
chen ist, gilt das Urteil engültig als ohne Entscheidungsgrün-

Frist zur Urteilsabsetzung

---

[66] Vgl. GemSOBG vom 27.04.1993, NZA 1993, 1147, 1148 f.; Germel-
   mann/Matthes/Prütting/Müller-Glöge, ArbGG, § 66 Rn. 16; Zöller/
   Grummer, ZPO, § 547 Rn. 10.

de erlassen. Es verletzt damit §§ 60 Abs. 4 S. 1, 46 Abs. 2 S. 1 ArbGG i. V. m. §§ 495, 313 Abs. 1 Nr. 6 ZPO.

bb) Nichtzulassung der verspäteten Klage

Verspätung verkannt

Außerdem hat das Arbeitsgericht §§ 7, 5 KSchG verletzt, indem es über die verspätete Kündigungsschutzklage der Claudia Cassarelli (s. o.[67]) entschieden hat, ohne diese zuvor nach § 5 Abs. 4 S. 1 KSchG durch Beschluss zuzulassen.

cc) Zwischenergebnis

Rechtsverletzung gegeben

Das angefochtene Urteil des Arbeitsgerichts verletzt sowohl formelles als auch materielles Recht. Die Rechtsverletzungen ergeben sich zunächst daraus, dass das Urteil nicht begründet wurde. Darüber hinaus hat das Arbeitsgericht der Kündigungsschutzklage entsprochen, obwohl die Klage verfristet war.

b) Zurückverweisungsgrund

Gesetzliche Zurückverweisungsgründe

Nach §§ 68, 64 Abs. 6 ArbGG i. V. m. § 538 ZPO darf das Landesarbeitsgericht die Sache unter Aufhebung des angefochtenen Urteils und des Verfahrens grundsätzlich nur in den Fällen des § 538 Abs. 2 Nr. 2 – 7 ZPO zurückverweisen. Ein Mangel des Verfahrens berechtigt nach § 68 ArbGG dagegen nicht zur Zurückverweisung, weshalb die Verletzung der §§ 60 Abs. 4 S. 1, 46 Abs. 2 S. 1 ArbGG i. V. m. §§ 495, 313 Abs. 1 Nr. 6 ZPO nicht zur Zurückverweisung berechtigt. Da die Fälle des § 538 Abs. 2 Nr. 2 – 7 ZPO vorliegend nicht einschlägig sind, scheidet eine Zurückverweisung grundsätzlich aus. Abweichendes gilt nur, wenn sich entgegen § 68 ArbGG eine Pflicht zur Zurückverweisung daraus ergibt, dass es das Arbeitsgericht rechtsfehlerhaft unterlassen hat, den Antrag auf nachträgliche Zulassung der verspäteten Kündigungsschutzklage (§ 5 KSchG) zu bescheiden (s. o.[68]).

Nicht behebbarer Verfahrensfehler

Nach herrschender Ansicht muss das Landesarbeitsgericht die Sache an das Arbeitsgericht zurückverweisen, damit dieses über den Antrag nach § 5 KSchG entscheidet[69]. Zur Begründung wird ausgeführt, dass das Landesarbeitsgericht in der vorliegenden Situation nicht abschließend beur-

---

[67] Siehe oben B I 1 b aa (2), S. 305.
[68] Siehe oben B I 1 b aa (2.2 und 2.3), S. 305 und 307.
[69] LAG Nürnberg vom 19.09.1995, NZA 1996, 503, 504; APS/Ascheid/ Hesse, § 5 KSchG Rn. 133; Kittner/Däubler/Zwanziger, KSchR, § 5 KSchG Rn. 42; Düwell/Lipke/Breilinger, ArbGG, § 68 Rn. 10; ErfK/ Koch, § 68 ArbGG Rn. 3; v. Hoyningen-Huene/Linck, KSchG, § 5 Rn. 66.

teilen kann, ob die Kündigungserklärung unwiderleglich als wirksam gilt, weil es ihm verwehrt ist, selbst über den Antrag nach § 5 KSchG zu entscheiden. Nur durch eine Zurückverweisung lässt sich der vom Arbeitsgericht begangene Fehler ausräumen[70]. Nach anderer Ansicht besteht dagegen kein Recht zur Zurückverweisung[71]. Zur Begründung wird auf § 68 ArbGG sowie darauf verwiesen, dass eine Zurückweisung auch nicht erforderlich sei, um den Verfahrensfehler zu beheben. Vielmehr sei ausreichend, wenn das Landesarbeitsgericht das Verfahren aussetze, um dem Arbeitsgericht eine Entscheidung über den Antrag nach § 5 KSchG zu ermöglichen, der dort noch anhängig sei[72].

Zu folgen ist der herrschenden Ansicht. Die Vorschrift des § 68 ArbGG steht nicht entgegen, weil dieser zugrunde liegt, dass ein Verfahrensfehler in der Berufungsinstanz behoben werden kann[73]. Eine Behebung des Verfahrensfehlers im Berufungsverfahren ist vorliegend jedoch gerade nicht möglich, weil das Landesarbeitsgericht die Zulassung nicht selbst vornehmen kann. Auch kann das Arbeitsgericht die Entscheidung über den Antrag nach § 5 KSchG nur nachholen, wenn zuvor vom Landesarbeitsgericht das inhaltlich entgegenstehende Urteil des Arbeitsgerichts aufgehoben wird[74]. Ohne Aufhebung ist das Arbeitsgericht nach § 318 ZPO an sein erlassenes Urteil gebunden[75]. Hinzu kommt, dass ein etwaiger Aussetzungsbeschluss des Landesarbeitsgerichts gegenüber dem Arbeitsgericht keine Bindungswirkung entfaltet[76]. Nur im Rahmen der Aufhebung und Zurückverweisung ist es dem Landesarbeitsgericht möglich, das Arbeitsgericht an die rechtliche Beurteilung des Landesarbeitsgerichts zu binden (§ 563 Abs. 2 ZPO analog)[77]. Im Ergebnis muss das Landesarbeitsgericht daher vorliegend die Sache nach Aufhebung an das Arbeitsgericht zurückverweisen, um eine Entscheidung über die nachträgliche Zulassung der Kündi-

Behebung des Verfahrensfehlers durch LAG nicht zulässig

---

[70] Düwell/Lipke/Breinlinger, ArbGG, § 68 Rn. 10; v. Hoyningen-Huene/Linck, KSchG, § 5 Rn. 66; ErfK/Koch, § 68 ArbGG Rn. 3.

[71] Vgl. Grunsky, ArbGG, § 68 Rn. 7.

[72] Vgl. Grunsky, ArbGG, § 68 Rn. 7.

[73] v. Hoyningen-Huene/Linck, KSchG, § 5 Rn. 66.

[74] v. Hoyningen-Huene/Linck, KSchG, § 5 Rn. 68.

[75] v. Hoyningen-Huene/Linck, KSchG, § 5 Rn. 68.

[76] APS/Ascheid/Hesse, § 5 KSchG Rn. 133; v. Hoyningen-Huene/Linck, KSchG, § 5 Rn. 68.

[77] Vgl. LAG Nürnberg vom 19.09.1995, NZA 1996, 503, 504; APS/Ascheid/Hesse, § 5 KSchG Rn. 133; BeckOK-ArbR/Klose, § 68 ArbGG Rn. 5; Düwell/Lipke/Breinlinger, ArbGG, § 68 Rn. 10; v. Hoyningen-Huene/Linck, KSchG, § 5 Rn. 68.

gungsschutzklage und damit eine erneute Prüfung der Begründetheit der Klage zu ermöglichen.

c) Zwischenergebnis

Zurückverweisungspflicht
gegeben

Das Landesarbeitsgericht muss den Rechtsstreit vor einer endgültigen Entscheidung des Rechtsstreits unter Aufhebung des erstinstanzlichen Urteils zurückverweisen, um dem Arbeitsgericht die Nachholung der Entscheidung nach § 5 KSchG zu ermöglichen.

3. Zwischenergebnis

Berufung ist begründet

Die Berufung ist begründet, weil das Landesarbeitsgericht die Sache unter Aufhebung des Urteils des Arbeitsgerichts und des Verfahrens an das Arbeitsgericht zurückverweisen muss.

II. Entscheidung

Entscheidungsformel

Da die Berufung begründet ist, das Landesarbeitsgericht den Rechtsstreit jedoch in Abweichung von § 64 Abs. 6 ArbGG i. V. m. § 538 Abs. 1 ZPO nicht selbst entscheiden kann, muss es das angefochtene Urteil des Arbeitsgerichts sowie das diesem Urteil zugrunde liegende Verfahren aufheben und den Rechtsstreit an das Arbeitsgericht zurückverweisen. Dieses muss den Rechtsstreit einschließlich des Antrags nach § 5 KSchG unter Beachtung der Rechtsansicht des Landesarbeitsgerichts neu entscheiden (vgl. § 563 Abs. 2 ZPO analog).

C. Aufbauschemata

Die nachstehend aufgeführten Aufbauschemata sollen die Bearbeitung eines arbeitsrechtlichen Falls erleichtern. Sie helfen bei der Orientierung, welche Tatbestandsmerkmale für das Eingreifen einer bestimmten Rechtsfolge geprüft werden müssen und welche Reihenfolge dabei einzuhalten ist. Das Schema gibt eine Denkhilfe beim Erarbeiten der Lösung an die Hand, indem wichtige Punkte vor dem Vergessen bewahrt und die Grundsätze eines systemgerechten, logischen Aufbaus verdeutlicht werden. Insoweit sollte jedes einzelne, in dem jeweiligen Aufbauschema dargestellte Tatbestandsmerkmal bei jeder Fallbearbeitung gedanklich geprüft und abgehandelt werden. Soweit es um die schriftliche Umsetzung der Falllösung geht ist zu beachten, dass nicht zwingend zu jedem einzelnen Tatbestandsmerkmal gesonderte, detaillierte Ausführungen im Gutachtenstil erforderlich sind; vielmehr zeichnet sich die gelungene Bearbeitung durch Problemorientierung aus. Gutachtentechnisch werden nur die Tatbestandsmerkmale behandelt, die im konkreten Fall rechtlich oder tatsächlich problematisch sind. Im Übrigen bestehen keine Bedenken dagegen, das Vorliegen unproblematischer Tatbestandsvoraussetzungen knapp im Urteilsstil darzustellen.

Aber: Die Schemata haben keine Wunderwirkung und präsentieren dem Kandidaten nicht von sich aus die zutreffende Lösung. Folgende vier Punkte sollten daher beachtet werden[1]:

1. Nur einfache Fälle mit einer präzisen Fragestellung sind einer schematischen Behandlung zugänglich.
2. Jedes Schema ist nur für eine bestimmte Fallkonstellation entwickelt und brauchbar.
3. Dem Schema kann nicht entnommen werden, hinter welchem Punkt sich die eigentlichen Fallprobleme verbergen.
4. Kein Schema kann sämtliche Probleme berücksichtigen, die irgendwann einmal irgendwie erheblich werden können.

---

[1] Ausführlich hierzu Schwerdtfeger, Öffentliches Recht in der Fallbearbeitung, 13. Auflage (2008), § 1 Rn. 11 ff.

§ 1 Koalitionsrecht

A. Koalitionsbegriff[2]

I. **Vereinigung i. S. d. Art. 9 Abs. 1 GG**
    1. Zusammenschluss mehrerer Personen
    2. Privatrechtlich
    3. Freiwillig
    4. Körperschaftliche Struktur
        a) Organisierte Willensbildung
        b) Unabhängig vom Mitgliederwechsel
        c) Auf gewisse Dauer angelegt

II. **Wahrung und Förderung der Arbeits- und Wirtschaftsbedingungen**
    1. Zusammenschluss von Arbeitnehmern oder Arbeitgebern
    2. Zweckverfolgungsabsicht
        a) Inhalt der Zweckbestimmung
        b) Form der Zweckbestimmung
    3. Objektive Eignung zur Zweckerreichung
        a) Unabhängigkeit
            aa) Sozialer Gegenspieler
                (1) Gegnerfreiheit
                (2) Rechtliche und tatsächliche Unabhängigkeit
            bb) Staat
            cc) Dritte
        b) Keine Sonstigen Voraussetzungen
            aa) Demokratische Binnenstruktur
            bb) Ausreichende Durchsetzungskraft
            cc) Überbetrieblichkeit
            dd) Tarif- und Arbeitskampfwilligkeit

---

[2] Vgl. hierzu Klausur Nr. 1, S. 16, 25 ff.

B. Tariffähige Gewerkschaft

I.   Arbeitnehmerkoalition (s. o.[3])

II. Tariffähigkeit
1. Demokratische Binnenstruktur
2. Tarifwilligkeit
3. Soziale Mächtigkeit
   a) Ausreichende sachliche und personelle Organisation
   b) Arbeitskampffähigkeit, nicht: -willigkeit
4. Anerkennung des staatlichen Tarif-, Arbeitskampf- und Schlichtungsrechts

---

[3] Sie oben § 1 A.

C. Rechtmäßigkeit eines Angriffsstreiks

I. Zulässigkeit von Streiks
Wiederherstellung der Verhandlungs-/Kampfparität bei Tarifvertragsverhandlungen

II. Kampfführung durch eine Gewerkschaft
1. Tariffähigkeit der Gewerkschaft
2. Tarifzuständigkeit der Gewerkschaft
3. Streikbeschluss
   a) Beschluss durch Vorstand
   b) Regelmäßig nicht: Urabstimmung

III. Zulässiges Kampfziel
1. Abschluss eines Tarifvertrags
   a) Mit dem Tarifgegner
   b) Sonderfall Unterstützungsstreik
2. Rechtliche Zulässigkeit der Tarifforderung

IV. Einhaltung der Friedenspflicht
1. Absolute Friedenspflicht
   a) Persönliche Reichweite
   b) Sachliche Reichweite
   c) Zeitliche Reichweite
2. Relative Friedenspflicht
   a) Persönliche Reichweite
   b) Sachliche Reichweite
   c) Zeitliche Reichweite

V. Wahrung der Verhältnismäßigkeit
1. Geeignetheit zur Zweckerreichung
   = Wiederherstellung der Verhandlungs-/Kampfparität
2. Erforderlichkeit / ultima-ratio-Prinzip
   = Wiederherstellung der Verhandlungs-/Kampfparität
3. Nicht: Verhältnismäßigkeit i. e. S.

VI. Grenzen einzelner Kampfmaßnahmen
1. Einhaltung der Rechtsordnung
   – Verbot der Begehung von Straftaten (z. B. Betriebsblockade, Betriebsbesetzung)
2. Faire Kampfführung
   – z. B. Ankündigung von Kampfmaßnahmen
3. Durchführung von Notarbeiten
4. Gemeinwohlbindung

D. Anspruch aus Tarifvertrag

I.   Bestehen eines Arbeitsverhältnisses zwischen Anspruchsteller und Anspruchsgegner

II.   Wirksamer Tarifvertrag
  1. Rechtsgeschäftliches Zustandekommen (§§ 145 ff. BGB)
  2. Tariffähigkeit der Tarifpartner (§ 2 TVG)
  3. Tarifzuständigkeit
  4. Schriftform (§ 1 Abs. 2 TVG)
  5. Nicht: Bekanntgabe (§ 8 TVG)

III. Tarifbindung
  1. Kraft Gesetzes
      a) Beiderseitige Tarifgebundenheit bei Rechtsnormen für das Arbeitsverhältnis (§ 4 Abs.1 TVG)
      b) Tarifgebundenheit des Arbeitgebers bei Betriebsnormen und betriebsverfassungsrechtlichen Normen (§ 3 Abs. 2 TVG)
  2. Allgemeinverbindlicherklärung (§ 5 TVG)
  3. Individualvertragliche Bezugnahme
  4. Schuldrechtliche Fortgeltung nach Betriebsübergang (§ 613a Abs. 1 S. 2 BGB)

IV. Geltung der konkreten Tarifnorm
  1. Geltungsbereich des Tarifvertrags
      a) Räumlich-örtlich
      b) Branchenmäßig-betrieblich
      c) Fachlich-persönlich
      d) Zeitlich
          aa) Inkrafttreten des Tarifvertrags
          bb) Beendigung des Tarifvertrags
          cc) Nachwirkung (§ 4 Abs. 5 TVG)
  2. Wirksamkeit der konkreten Tarifnorm
      a) Einhaltung der tariflichen Regelungsmacht
      b) Vereinbarkeit mit Grundrechten
      c) Beachtung zwingenden Gesetzesrechts (§ 134 BGB)
      d) Keine Sittenwidrigkeit (§ 138 BGB)

V.   Vorliegen der einzelnen Voraussetzungen der Tarifnorm

§ 2 Betriebsverfassungsrecht

A. Wahlanfechtung[4]

I. Zulässigkeit des Antrags
1. Rechtsweg (§ 2a Abs. 1 Nr. 1 ArbGG)
2. Sachliche Zuständigkeit
3. Örtliche Zuständigkeit
4. Antragsbefugnis

II. Begründetheit des Antrags
1. Anfechtungsfrist (§ 19 Abs. 2 S. 2 BetrVG)
2. Antragsbefugnis (§ 19 Abs. 2 S. 1 BetrVG)
3. Anfechtungsgrund
    a) Verstoß gegen wesentliche Wahlvorschriften (§ 19 Abs. 1 BetrVG)
        aa) Wahlrecht (§ 7 BetrVG)
            (1) Arbeitnehmer (§ 5 BetrVG, § 18a BetrVG)
            (2) Betriebszugehörigkeit
            (3) Wahlalter
        bb) Wählbarkeit (§ 8 BetrVG)
            (1) Wahlberechtigung i. S. d. § 7 BetrVG
            (2) Mindestbetriebszugehörigkeit
            (3) Kein Verlust der Wählbarkeit (§ 8 Abs. 1 S. 3 BetrVG)
        cc) Wesentliche Voschriften über das Wahlverfahren (§§ 9 – 18 BetrVG)
            (1) Wesentliche Verfahrensvorschrift
                (1.1) Verfahrensvorschrift
                (1.2) Wesentlichkeit
            (2) Verstoß gegen Vorschrift
    b) Keine Berichtigung des Verstoßes (§ 19 Abs. 1 BetrVG)
    c) Ausschluss der Wahlanfechtung
        aa) Kein Einfluss des Verstoßes auf das Wahlergebnis
        bb) Nichtigkeit der Wahl
            = besonders schwerwiegender, gravierender Verstoß

III. Rechtsfolge
Keine Rückwirkung, d. h. Betriebsrat bleibt bis zur Rechtskraft im Amt
Kein Betriebsrat ab Rechtskraft der Entscheidung

---

[4] Vgl. hierzu Klausur Nr. 4, S. 121, 135 ff.

B. Anforderungen an die Nichtigkeit einer Betriebsratswahl[5]

I.   Verstoß gegen die allg. Grundsätze der Wahl in besonders hohem Maß

II. Offensichtlichkeit des Verstoßes

III. Rechtsfolge
Nur deklaratorische Feststellung
=> Betriebsrat hat nie bestanden

---

[5] Vgl. hierzu Klausur Nr. 4, S. 121, 131 ff.

C. Anspruch aus Betriebsvereinbarung

I. Bestehen eines Arbeitsverhältnisses zwischen Anspruchsteller und Anspruchsgegner

II. Wirksame Betriebsvereinbarung
1. Rechtsgeschäftliches Zustandekommen (§§ 145 ff. BGB)
2. Zugrunde liegender Betriebsratsbeschluss (§§ 26 Abs. 3, 29, 33 BetrVG)
3. Schriftform (§ 77 Abs. 2 BetrVG)
4. Nicht: Auslegung (§ 77 Abs. 2 S. 3 BetrVG)

III. Geltung der konkreten Betriebsvereinbarungsnorm
1. Geltungsbereich der Betriebsvereinbarung
   a) Persönlicher Geltungsbereich
   b) Räumlicher Geltungsbereich
   c) Zeitlicher Geltungsbereich
      aa) Inkrafttreten der Betriebsvereinbarung
      bb) Beendigung der Betriebsvereinbarung
      cc) Nachwirkung (§ 77 Abs. 6 BetrVG)
2. Wirksamkeit der konkreten Betriebsvereinbarungsnorm (s. u. § 2 D)

IV. Vorliegen der einzelnen Voraussetzungen der Betriebsvereinbarungsnorm

D. Wirksamkeit einer Betriebsvereinbarungsnorm

I. Regelungskompetenz der Betriebspartner
1. Zulässiger Regelungsgegenstand
2. Beachtung der funktionalen Grenzen der Regelungskompetenz
   - Unter diesem Punkt ist insbesondere zu erörtern, inwieweit die Betriebspartner befugt sind, den Arbeitnehmer bloß belastende Betriebsvereinbarungen abzuschließen[6]
3. Kein Tarifvorrang nach §§ 77 Abs. 3, 87 Abs. 1 Hs. 1 BetrVG

II. Vereinbarkeit mit höherrangigem Recht
1. Vereinbarkeit der Regelung mit Grundrechten
2. Beachtung zwingenden Gesetzesrechts (§ 134 BGB)
3. Keine Sittenwidrigkeit der Regelung (§ 138 BGB)
4. Beachtung der Vorgaben des § 75 BetrVG
5. Angemessenheitskontrolle?

---

[6] Vgl. hierzu Klausur Nr. 7, S. 225, 249 ff.

E. Mitbestimmungsrecht des Betriebsrats bei vorübergehender Arbeitszeitverlängerung (§ 87 Abs. 1 Nr. 2 und Nr. 3 BetrVG)

I. Keine vorrangige (abschließende) Regelung (§ 87 Abs. 1 Hs. 1 BetrVG)
1. Gesetzliche Regelung
   a) Formelles bzw. materielles Gesetz
   b) Zwingendes Gesetz
   c) Abschließende Regelung
2. Tarifliche Regelung
   a) Tarifbindung des Arbeitgebers (str.)
   b) Abschließende Tarifregelung
   c) Ausnahme: Öffnungsklausel

II. Keine Sperrwirkung nach § 77 Abs. 3 BetrVG
   – Vorrang von § 87 BetrVG ggü. § 77 Abs. 3 BetrVG (Rspr. + h. M.)

III. Mitbestimmungstatbestand des § 87 Abs. 1 Nr. 3 BetrVG
1. Kollektiver Tatbestand
2. Verlängerung der individuellen Arbeitszeit
3. Vorübergehende Verlängerung
4. Verlängerung der betriebsüblichen Arbeitszeit
   a) Begriff der betriebsüblichen Arbeitszeit
   b) Subsumtion

IV. Mitbestimmungstatbestand des § 87 Abs. 1 Nr. 2 BetrVG
1. Kollektiver Tatbestand
2. Beginn und Ende der täglichen Arbeitszeit
   – mitbestimmungspflichtig nach Nr. 2 ist nur die Lage der Arbeitszeit
   – mitbestimmungsfrei ist nach Nr. 2 dagegen das Arbeitszeitvolumen
3. Verteilung der Arbeitszeit auf Wochentage

V. Ausschluss des MBR in Notfällen

F. Mitbestimmung bei der Gewährung von Weihnachtsgeld

I. Keine vorrangige Regelung (§ 87 Abs. 1 Hs. 1 BetrVG)[7]

II. Keine Sperrwirkung nach § 77 Abs. 3 BetrVG[8]

III. Mitbestimmungstatbestand des § 87 Abs. 1 Nr. 10 BetrVG

1. Kollektiver Tatbestand
2. Betriebliche Lohngestaltung
   = Gewährung geldwerter Leistungen durch den Arbeitgeber
3. Umfang der Mitbestimmung
   a) Lohngestaltung
      = Grundsätze der Verteilung
   b) Mitbestimmungsfrei
      – Ob der Leistungsgewährung
      – Umfang des Zuwendungsvolumens
      – Adressatenkreis
   c) Mitbestimmungspflichtig
      – Verteilungsgrundsätze

---

[7] Siehe oben § 2 E I.
[8] Siehe oben § 2 E II.

G. Mitbestimmung bei der Anrechnung von Tariflohnerhöhungen

I. Keine vorrangige Regelung (§ 87 Abs. 1 Hs. 1 BetrVG)[9]

II. Keine Sperrwirkung nach § 77 Abs. 3 BetrVG[10]

III. Mitbestimmungstatbestand des § 87 Abs. 1 Nr. 10 BetrVG
1. Kollektiver Tatbestand
2. Betriebliche Lohngestaltung
   = Gewährung geldwerter Leistungen durch den Arbeitgeber
3. Umfang der Mitbestimmung
   a) Lohngestaltung
      = Grundsätze der Verteilung
   b) Mitbestimmungsfrei
      – Ob der Anrechnung
      – Umfang des Anrechnungsvolumens
   c) Mibestimmungspflichtig
      – Verteilungsgrundsätze
      ⇨ Keine Mitbestimmung bei Beibehaltung der Verteilungsgrundsätze
4. Grenze der Mitbestimmung
   a) Rechtliches Hindernis
      = Reduzierung des Zulagenvolumens auf Null
   b) Tatsächliches Hindernis
      = vollständige und gleichmäßige Anrechnung der Tariferhöhung (so GS des BAG, str.)

---

[9] Siehe oben § 2 E I.
[10] Siehe oben § 2 E II.

H. Zustimmungsersetzungsverfahren nach § 99 Abs. 4 BetrVG

I. Zulässigkeit des Antrags
1. Rechtsweg (§ 2a Abs. 1 Nr. 1 ArbGG)
2. Sachliche Zuständigkeit
3. Örtliche Zuständigkeit
4. Antragsbefugnis
5. Zustimmungspflichtigkeit der Maßnahme
6. Durchführung des Zustimmungserteilungsverfahrens (§ 99 Abs. 1 BetrVG)
   a) Vollständige Unterrichtung des BR
   b) Zustimmungsantrag
7. Ordnungsgemäße Zustimmungsverweigerung durch BR
   a) Form
   b) Frist
   c) Begründung

II. Begründetheit des Antrags
1. Vorliegen des Zustimmungsverweigerungsgrunds
2. Vom Betriebsrat fristgerecht geltend gemachter Zustimmungsverweigerungsgrund

§ 3 Arbeitsgerichtliches Verfahren

A. Zulässigkeit der Klage[11]

I. Allgemeine Prozessvoraussetzungen

1. Rechtsweg zu den Arbeitsgerichten (§ 2 ArbGG)
   - bei Nichteröffnung des Rechtswegs keine Klageabweisung, sondern Verweisung von Amts wegen an das zuständige Gericht (§§ 48 Abs. 1 ArbGG, §§ 17, 17a GVG). Da die Kündigungsschutzklage nur dann Erfolg haben kann, wenn der Kläger Arbeitnehmer ist, reicht dessen bloße Rechtsbehauptung, er sei Arbeitnehmer, ausnahmsweise für die Zulässigkeit der Klage aus (so genannter sic-non-Fall).
2. Örtliche Zuständigkeit
   - §§ 12 ff. ZPO i. V. m. § 46 Abs. 2 ArbGG[12]
   - bei Unzuständigkeit keine Klageabweisung, sondern Verweisung an das zuständige Gericht (§§ 48 Abs. 1 ArbGG, §§ 17, 17a GVG)
3. Sachliche und funktionelle Zuständigkeit (§ 8 ArbGG)
4. Partei- und Prozessfähigkeit, (Postulationsfähigkeit[13])
   - Parteifähigkeit: §§ 50 ff. ZPO i. V. m. § 46 Abs. 2 ArbGG
     (- Postulationsfähigkeit: § 11 Abs. 1 ArbGG)
5. Ordnungsgemäße Klageerhebung (§§ 495, 253 ZPO i.V.m. 46 Abs. 2 ArbGG)

II. Besondere Prozessvoraussetzungen für die Kündigungsschutzklage

1. Feststellungsinteresse (§§ 4 Satz 1, 13 Abs.1 Satz 2 i. V. m. § 23 Abs. 1 Satz 2 und 3 KSchG)
   - Seit 01.01.2004 müssen auch Arbeitnehmer, die nicht in den betrieblichen Geltungsbereich des allgemeinen Kündigungsschutzes fallen, Kündigungsschutzklage erheben, um die Rechtsunwirksamkeit einer Kündigung geltend zu machen (§ 23 Abs. 1 Satz 2 und 3 KSchG), so dass jeder Arbeitnehmer das entsprechende rechtliche Interesse hat, separat die Kündigung anzugreifen.
2. Wahrung der Klagefrist gemäß §§ 4, 13 Abs. 1 Satz 2 KSchG (ggf. i.V.m. § 23 Abs. 1 Satz 2 und 3 KSchG)
   - nach h. M. keine Sachurteilsvoraussetzung, sondern materiell-rechtliche Ausschlussfrist, daher in der Begründetheit zu prüfen

---

[11] Am Beispiel einer Kündigungsschutzklage.

[12] Beachte auch § 48 Abs. 1a ArbGG i. d. F. des Entwurfs BR-Drs. 820/07.

[13] Die Postulationsfähigkeit ist keine Sachentscheidungsvoraussetzung im eigentlichen Sinne, sondern bloße Prozesshandlungsvoraussetzung. Im Zusammenhang mit prozesseinleitenden Prozesshandlungen kann sie allerdings im Ergebnis auch zur Unzulässigkeit der Klage führen.

B. Zulässigkeit eines Beschlussverfahrens

I. Das Gericht betreffende Sachentscheidungsvoraussetzungen
1. Rechtsweg zu den Arbeitsgerichten (§ 2a ArbGG)
2. Wahl der richtigen Verfahrensart (§ 2a Abs. 2 ArbGG)
3. Örtliche Zuständigkeit
   a) Gegenstände des § 2a Abs. 1 Nr. 1-3a, 3c ArbGG (§ 82 Abs. 1 ArbGG)
   b) Gegenstände des § 2a Abs. 1 Nr. 3b ArbGG (§ 82 Abs. 2 ArbGG)
   c) Gegenstände des § 2a Abs. 1 Nr. 3d ArbGG (§ 82 Abs. 3 ArbGG)
   d) Gegenstände des § 2a Abs. 1 Nr. 4 ArbGG (§§ 12 ff. ZPO i. V. m. § 46 Abs. 2 ArbGG)

II. Die Beteiligten betreffende Sachentscheidungsvoraussetzungen
1. Beteiligtenfähigkeit (§ 50 ZPO, § 10 HS 1 und HS 2 ArbGG)
2. Prozessfähigkeit (§ 52 ZPO)
3. Antragsbefugnis
   – Die Antragsbefugnis dient dazu, Popularanträge auszuschließen. Sie ist im ArbGG nicht allgemein, sondern nur für spezielle Fälle (z. B. § 97 Abs. 1 ArbGG, § 21 Abs. 2 MitbestG, § 11 Abs. 2 DrittelbG, §§ 16 Abs. 2, 23 Abs. 1, 99 Abs. 4 BetrVG) und nicht abschließend ausdrücklich geregelt. Im Übrigen ist antragsbefugt, wer geltend macht, durch die begehrte Entscheidung in einer ihm zustehenden Rechtsposition unmittelbar berührt zu werden[14].

III. Den Streitgegenstand betreffende Sachentscheidungsvoraussetzungen
1. Ordnungsgemäße Verfahrenseinleitung (§ 81 Abs. 1 ArbGG i. V. m. § 253 Abs. 2 ZPO)
   a) Bezeichnung des Gerichts und des Antragstellers
   b) Bestimmter Antrag
   c) Konkreter Lebenssachverhalt
   d) Schriftform oder elektronische Form
2. Keine doppelte Rechtshängigkeit / entgegenstehende Rechtskraft
3. Rechtsschutzbedürfnis

---

[14] Ankersen, JuS 1995, 862, 863; Schwab/Weth, § 81 Rdnr. 54 f.

C. Erfolgsaussichten der Berufung[15]

I. Zulässigkeit der Berufung

1. Statthaftigkeit
   a) Allgemein (§ 64 Abs. 1 ArbGG)
   b) Katalogfall (§ 64 Abs. 2 ArbGG)
      aa) Zulassungsberufung (Nr. 1)
      bb) Beschwerdewertberufung (Nr. 2)
      cc) Bestandsstreitigkeit (Nr. 3)
      dd) Zweites Versäumnisurteil (Nr. 4)
2. Einlegung
3. Beschwer
4. Form und Frist (§ 66 ArbGG)

II. Begründetheit der Berufung

1. Zutreffen der vom Berufungskläger im Berufungsverfahren aufgestellten Rechtsbehauptung

umfassende Berufung gegen klageabweisendes Urteil:

   a) Zulässigkeit der Klage
      aa) Nicht: Rechtsweg
      bb) Nicht: Verfahrensart
      cc) Nicht: Zuständigkeit
      dd) Vorliegen aller sonstigen Sachentscheidungsvoraussetzungen[16]
   b) Begründetheit der Klage[17]

umfassende Berufung gegen klagestattgebendes Urteil:

   a) Unzulässigkeit der Klage
      aa) Nicht: Rechtsweg
      bb) Nicht: Verfahrensart
      cc) Nicht: Zuständigkeit
      dd) Fehlen einer Sachentscheidungsvoraussetzung[18]
   b) Unbegründetheit der Klage[19]
2. Vorliegen eines Zurückverweisungsgrunds
   a) Rechtsverletzung
   b) Vorliegen eines Zurückverweisungsgrunds
      – Hinsichtlich des Vorliegens eines Zurückverweisungsgrunds sind die in § 68 ArbGG gegenüber § 538 ZPO geregelten Besonderheiten zu berücksichtigen[20].

---

[15] Vgl. dazu Klausur Nr. 9, S. 293, 299 ff.
[16] Unter Berücksichtigung der nach § 67 ArbGG maßgeblichen, aktuellen Sach- und Rechtslage.
[17] Unter Berücksichtigung der nach § 67 ArbGG maßgeblichen, aktuellen Sach- und Rechtslage.
[18] Unter Berücksichtigung der nach § 67 ArbGG maßgeblichen, aktuellen Sach- und Rechtslage.
[19] Unter Berücksichtigung der nach § 67 ArbGG maßgeblichen, aktuellen Sach- und Rechtslage.
[20] Vgl. dazu Klausur Nr. 9, S. 313 ff.

Literaturverzeichnis

Ascheid/Preis/Schmidt, Kündigungsrecht, 3. Auflage 2007

Bader/Creutzfeldt/Friedrich, Kommentar zum Arbeitsgerichtsgesetz, 4. Auflage 2006

Bamberger/Roth, Beck´scher Online Kommentar zum BGB, Stand 01.02.2007

Bauer/Göpfert/Krieger, Allgemeines Gleichbehandlungsgesetz (2007)

Baumbach/Lauterbach/Albers/Hartmann, Zivilprozessordnung, 66. Auflage 2007

Boemke, Die Betriebsratswahl (2005)

ders., Fallsammlung zum Arbeitsrecht, 2. Auflage 2007

ders., Studienbuch Arbeitsrecht, 2. Auflage 2004

ders., Schuldvertrag und Arbeitsverhältnis (1999)

Boemke/Danko, AGG im Arbeitsrecht (2007)

Boemke/Lembke, Arbeitnehmerüberlassungsgesetz, 2. Auflage 2005

Brox/Rüthers, Arbeitskampfrecht, 2. Auflage 1982

Brox/Rüthers/Henssler, Arbeitsrecht, 17. Auflage 2007

Brox/Walker, Allgemeiner Teil des BGB, 31. Auflage 2007

Däubler, Gewerkschaftsrechte im Betrieb, Handkommentierung, 10. Auflage 2000

ders., Tarifvertragsrecht, 3. Auflage 1993

ders., Tarifvertragsgesetz. Mit Arbeitnehmer-Entsendegesetz, 2. Auflage 2006

Däubler/Bieback, Arbeitskampfrecht, 2. Auflage 1987

Däubler/Kittner/Klebe, Betriebsverfassungsgesetz mit Wahlordnung und EBR-Gesetz, Kommentar, 10. Auflage 2006

Degenhart, Staatsrecht I, 23. Auflage 2007

Dieterich, Die betrieblichen Normen nach dem TVG vom 09.04.1949 (1963)

Dieterich/Müller-Glöge/Preis/Schaub, Erfurter Kommentar zum Arbeitsrecht, 8. Auflage 2008

Dreier, Grundgesetz, Kommentar, 2. Auflage 2004

Dütz, Arbeitsrecht, 12. Auflage 2007

Düwell/Lipke, Arbeitsgerichtsgesetz, 2. Auflage 2005

Erman, Handkommentar zum Bürgerlichen Gesetzbuch, 11. Auflage 2004

Fitting, Betriebsverfassungsgesetz mit Wahlordnung, 23. Auflage 2006

Fuchs/Reichold, Tarifvertragsrecht, 2. Auflage 2006

Gagel, Sozialgesetzbuch III – Arbeitsförderung, 30. Ergänzungslieferung (2007)

Galperin/Löwisch, Kommentar zum Betriebsverfassungsgesetz, 6. Auflage 1982

Gamillscheg, Kollektives Arbeitsrecht I, 1. Auflage 2002

ders., Kollektives Arbeitsrecht II – Betriebsverfassung (2008)

Germelmann/Matthes/Prütting/Müller-Glöge, Arbeitsgerichtsgesetz, 6. Auflage 2008

Gemeinschaftskommentar zum Betriebsverfassungsgesetz, 8. Auflage 2005

Gemeinschaftskommentar zum Bundesurlaubsgesetz, 5. Auflage 1992

Grunsky, Arbeitsgerichtsgesetz, 7. Auflage 1995

Heckelmann/Franzen, Fälle zum Arbeitsrecht, 3. Auflage 2006

Hemmer/Wüst/Ulrici, Zivilprozessrecht im Überblick – Die Assessorkarteikarten, 3. Auflage 2007

Henssler, Soziale Mächtigkeit und organisatorische Leistungsfähigkeit als Voraussetzungen der Tariffähigkeit von Gewerkschaften, 1. Auflage 2006

Henssler/Willemsen/Kalb, Arbeitsrecht Kommentar, 2. Auflage 2006

Hess/Schlochauer/Glaubitz, BetrVG – Kommentar zum Betriebsverfassungsgesetz, 6. Auflage 2007

v. Hoyningen-Huene, Betriebsverfassungsrecht, 6. Auflage 2007

v. Hoyningen-Huene/Boemke, Die Versetzung (1991)

v. Hoyningen-Huene/Linck, KSchG, 13. Auflage 2002

Hromadka/Maschmann, Arbeitsrecht Band 1, 3. Auflage 2005

dies., Arbeitsrecht Band 2, 4. Auflage 2007

Hueck/Nipperdey, Lehrbuch des Arbeitsrechts, Band 1, 7. Auflage 1963

dies., Lehrbuch des Arbeitsrechts, Zweiter Band Kollektives Arbeitsrecht, Erster Halbband, 7. Aufl. 1967

dies., Lehrbuch des Arbeitsrechts, Zweiter Band Kollektives Arbeitsrecht, Zweiter Halbband, 7. Aufl. 1970

Hümmerich/Boecken/Düwel, AnwaltKommentar Arbeitsrecht, 1. Auflage 2007

Jarass/Pieroth, Grundgesetz für die Bundesrepublik Deutschland, 9. Auflage 2007

Junker, Fälle zum Arbeitsrecht (2007)

ders., Grundkurs Arbeitsrecht, 6. Auflage 2007

Juristenfakultät der Universität Leipzig, Festschrift für Victor Ehrenberg (1927)

Kasseler Handbuch zum Arbeitsrecht, 2. Auflage 2000

Kempen/Zachert, TVG – Tarifvertragsgesetz, 4. Auflage 2005

Kissel, Arbeitskampfrecht, 1. Auflage 2002

Kittner/Däubler/Zwanziger, Kündigungsschutzrecht, 7. Auflage 2008

Knöringer, Die Assessorklausur im Zivilprozess, 11. Aufl. 2005

KR-Gemeinschaftskommentar zum Kündigungsschutzgesetz und zu sonstigen kündigungsschutzrechtlichen Vorschriften, 8. Auflage 2007

Lansnicker, Prozesse in Arbeitssachen, 1. Auflage 2008

Laux, Die Antrags- und Beteiligungsbefugnis im arbeitsgerichtlichen Verfahren (1985)

Larenz, Methodenlehre der Rechtswissenschaft, 6. Aufl. 1991

Larenz/Wolf, Allgemeiner Teil des Bürgerlichen Rechts, 9. Auflage 2004

Leinemann/Linck, Urlaubsrecht, 2. Auflage 2001

Löwisch, Arbeitskampf- und Schlichtungsrecht, 1. Auflage 2007

Löwisch/Kaiser, Betriebsverfassungsgesetz – Kommentar, 5. Auflage 2002

Löwisch/Rieble, Tarifvertragsgesetz, 2. Auflage 2004

Löwisch/Spinner, Kommentar zum Kündigungsschutzgesetz, 9. Auflage 2004

v. Mangold/Klein/Starck, GG-Kommentar, 5. Auflage 2005

Merten/Papier, Handbuch der Grundrechte in Deutschland und Europa, Band I (2004) und Band II (2006)

Michalski, Arbeitsrecht – 50 Fälle mit Lösungen, 5. Auflage 2006

Münchener Handbuch zum Arbeitsrecht, 2. Auflage 2000

Münchener Kommentar zum Bürgerlichen Gesetzbuch, Band 1, Allgemeiner Teil, Teilband 1, 5. Auflage 2007; Teilband 2, AGG, 5. Auflage 2007; Band 4, Schuldrecht Besonderer Teil II, 4. Auflage 2005

Münchener Kommentar zur ZPO, 3. Auflage 2008

Neumann/Fenski, Bundesurlaubsgesetz, 9. Auflage 2003

Niesel, SGB III – Sozialgesetzbuch Arbeitsförderung. Kommentar, 4. Auflage 2007

Nikisch, Arbeitsrecht I, 3. Auflage 1961

Oetker, 30 Klausuren aus dem Arbeitsrecht – Kollektives Arbeitsrecht, 6. Auflage 2005

Oetker/Krause/Jacobs, Tarifvertragsrecht, 1. Auflage 2007

Ostrowicz/Künzl/Schäfer, Handbuch des arbeitsgerichtlichen Verfahrens, 3. Auflage 2006

Otto, Arbeitskampf- und Schlichtungsrecht, 1. Auflage 2006

Preis, Arbeitsrecht – Praxislehrbuch zum Kollektivarbeitsrecht, 1. Auflage 2004

ders., Arbeitsrecht – Praxislehrbuch zum Individualarbeitsrecht, 2. Auflage 2003

Ramsauer, Die Assessorprüfung im Öffentlichen Recht, 6. Auflage 2007

Richardi, Betriebsverfassungsgesetz mit Wahlordnung – Kommentar, 11. Auflage 2008

ders., Kollektives Arbeitsrecht (2007)

Richardi/Annuß, Arbeitsrecht, 7. Auflage 2000

Rolfs, Studienkommentar Arbeitsrecht, 2. Auflage 2007

Rolfs/Giesen/Kreikebohm/Udsching, Beck´scher Onlinekommentar Arbeitsrecht, Stand 01.12.2007

Rosenberg/Schwab/Gottwald, Zivilprozessrecht, 16. Auflage 2004

Sachs, Grundgesetz, Kommentar, 4. Auflage 2007

Säcker/Oetker, Grundlagen und Grenzen der Tarifautonomie (1992)

Schaub, Arbeitsrecht – Handbuch, 12. Auflage 2007

Schüren, Arbeitnehmerüberlassungsgesetz, 3. Auflage 2007

Schwab/Weth, ArbGG – Kommentar zum Arbeitsgerichtsgesetz, 2. Auflage 2008

Seiter, Staatsneutralität im Arbeitskampf (1987)

Soergel, Bürgerliches Gesetzbuch, Schuldrecht III/1 §§ 516-651, 12. Auflage 1997

Sowka/Schiefer/Heise, Kündigungsschutzrecht: Kölner Praxiskommentar zum Kündigungsschutzgesetz und zu sonstigen kündigungsrechtlichen Vorschriften, 3. Auflage 2004

Stahlhacke/Preis/Vossen, Kündigung und Kündigungsschutz im Arbeitsverhältnis, 9. Auflage 2005

Staudinger, Kommentar zum Bürgerlichen Gesetzbuch, 13. Bearbeitung; §§ 611-615 (Dienstvertragsrecht 1) 2005

Stein/Jonas, Zivilprozessordnung, Band 1, 22. Aufl. 2003

Thomas/Putzo, Zivilprozessordnung, 28. Auflage 2007

Thüsing, Arbeitnehmerüberlassungsgesetz, 1. Auflage 2005

Thüsing/Laux/Lembke, Kündigungsschutzgesetz, 1. Auflage 2007

Ulber, AÜG – Arbeitnehmerüberlassungsgesetz, 3. Auflage 2006

Wank, Übungen im Arbeitsrecht, 3. Auflage 2002

Weber/Ehrich/Hörchens, Handbuch zum Betriebsverfassungsrecht, 2. Auflage 2002

Weyand, Arbeitsrecht – Studien- und Übungsbuch (2007)

Wiedemann, Tarifvertragsgesetz, 7. Auflage 2007

Wissing/Mutschler/Bartz, Sozialgesetzbuch III – Arbeitsförderung, 2. Auflage 2004

Wlotzke/Preis, Betriebsverfassungsgesetz, 3. Auflage 2006

Zippelius, Juristische Methodenlehre, 10. Auflage 2006

Zöller, Zivilprozessordnung, 26. Auflage 2006

Zöllner/Loritz/Hergenröder, Arbeitsrecht, 6. Auflage 2008

Sachverzeichnis

Antragsbefugnis 52, 55 f., 130, 196, 278
Arbeitsgerichtliches Verfahren 3 f., 12 f.
s. a. Beweisverwertungsverbot
– Antragsbefugnis 52, 55 f., 130, 196, 278
– Begründetheit 5
– Beschlussverfahren 13, 127, 196, 276
– Bestimmtheit des Antrags 127, 193, 197 f., 276 f.
– Beteiligtenfähigkeit 129, 216, 277 f.
– Erfolgsaussichten einer Klage oder eines Antrags 5, 52, 55
– Feststellungsinteresse 57, 233 f.
– Gegenstand 12 f.
– Klageart 232 f.
– Klärung der Tariffähigkeit 52
– Rechtsbehelfsbelehrung 13
– Rechtsweg 13, 55, 196, 216, 232, 276
– Statthaftigkeit 13, 296, 299 ff.
– Untersuchungsgrundsatz 13
– Urteil ohne Gründe 313 f.
– Urteilsverfahren 13
– Zulässigkeit 5
– Zurückverweisung durch das LAG 297 f., 314 ff.
Arbeitskampf 9
s. a. Arbeitskampfrisiko
– Aussperrung 9
– Fernwirkungen 91 f.
– Friedenspflicht 10
– Mitbestimmung 92 f., 113 f.
– Rechtmäßigkeit 9 f., 322
– Rechtsfolgen 10, 91
– Streik 9 f.
– Streikexzess 10
– Teilnahme während des Urlaubs 91, 103 f.
Arbeitskampfrecht 7, 9 f., 91 f., 96 ff., 103 f., 105 ff.
s. a. Arbeitskampf

Arbeitskampfrisiko 10, 91, 96 ff., 105 ff.
– Fernwirkungen des Arbeitskampfs 91 f., 106 ff.
– mittelbare Streikfolgen 91, 105 f.
– Rechtfolgen 96 ff.
– unmittelbare Kampfbeteiligung 91 f.
– Voraussetzungen 96 ff.
Arbeitsrecht 3
– Arbeitsgerichtliches Verfahren 3 f., 12 f.
– Arbeitskampfrecht 7, 9 f.
– Betriebsverfassungsrecht 3, 10 ff.
– Individualarbeitsrecht 3
– Koalitionsrecht 3
– Kollektives Arbeitsrecht 3 f.
– Pflichtfachstoff 3 ff.
– Schwerpunktbereich 3 ff.
– Tarifvertragsrecht 7 ff.
Arbeitszeit
– kollektive Regelung 203
– regelmäßige ~ 204 f.
– Verlängerung 11, 193 f., 203 ff.
– vorübergehende Änderung 203 f.
Aufbauschemata 319 ff.
– Anspruch aus Betriebsvereinbarung 326
– Anspruch aus Tarifvertrag 323
– Erfolgsaussichten der Berufung 334
– Koalitionsbegriff 320
– Mitbestimmung bei der Anrechnung von Tariflohnerhöhungen 330
– Mitbestimmung bei Gewährung von Weihnachtsgeld 329
– Mitbestimmungsrecht des Betriebsrats bei vorübergehender Arbeitszeitverlängerung 328
– Nichtigkeit einer Betriebsratswahl 325
– Rechtmäßigkeit eines Angriffsstreiks 322
– tariffähige Gewerkschaft 321
– Wahlanfechtung 324

– Wirksamkeit einer Betriebsverein-
barungsnorm 327
– Zulässigkeit der Klage 332
– Zulässigkeit eines Beschlussverfahrens
333
– Zustimmungsersetzungsverfahren 331
Auswahlrichtlinie
– Begriff 268 ff.
– Mitbestimmung des Betriebsrats 261,
267 ff.
– Punkteschema 269 ff.

Begründetheit 5 f.
– der Berufung 296, 334
– der Klage oder eines Antrags 6, 52, 57,
127
Beschlussverfahren 13, 127, 196, 276
Bestimmtheit
– des Antrags 127, 193, 197 f., 276 f.
Beteiligtenfähigkeit 129, 216, 277 f.
Betrieb
s. a. Unternehmen
– Abgrenzung zum Unternehmen 124 f.
– Begriff 10, 124, 133 f., 136 ff.
– Betriebsteil, selbstständiger 138 ff.
– Gemeinsamer ~ 124, 136 ff.
Betriebsänderung
– Einschränkung 266 f.
– Mitbestimmung des Betriebsrats 261,
264 ff.
– Personalabbau als ~ 266 f.
– Stilllegung 265 f.
Betriebsnormen 9, 54, 85 ff.
Betriebsrat
s. a. Betriebsratswahl
s. a. Betriebsvereinbarung
s. a. Mitbestimmungsrechte des Betriebsrats
– Amtsverlust 309 f.
– Anhörung des ~ 11, 151, 274 ff.
– Betriebsstilllegung 150
– Durchführungsanspruch 193, 202
– Ersatzmitglied 309 f.
– Sonderkündigungsschutz 149, 308 ff.
– Unterlassungsanspruch des ~ 12, 198,
261 f., 281 ff.
– Zustimmung zur Kündigung 150, 229,
237 ff.
– Zustimmungsersetzung 12, 53, 194 f.,
331

Betriebsratswahl
– Anfechtungsberechtigung 135
– Anfechtungsgrund 135 f.
– Ankündigungsfrist 146 f.
– Antragsfrist für Wahlanfechtung 131, 135
– Betriebsbegriff 10, 124, 136 ff.
– Erheblichkeit eines Rechtsverstoßes
141 f.
– Heilung eines Rechtsverstoßes 142
– Nichtigkeit 11, 131 f., 325
– Sonderkündigungsschutz 125 f., 149 ff.
– Summierung von Rechtsverstößen 134
– Wahlanfechtung 11, 121 ff., 324
– Wahlausschreiben 145 f.
– Wählbarkeit 125, 142
– Wahlrecht 125, 136 ff.
– Wahlverfahren 125, 142 ff.
– Wahlvorstand 132 f., 142 ff.
– Zeitpunkt der Wahl 134
– Zusammensetzung des Betriebsrats
147 f., 216 ff.
Betriebsvereinbarung
– Anspruch aus ~ 326
– Begriff 162
– belastende ~ 250 ff.
– Durchführungsanspruch 193, 202
– Regelungsabrede 179 f.
– Regelungsbefugnis 11 f., 163 ff., 230 f.,
249 ff.
– Tarifvorrang 163 ff., 180 f.
– Umdeutung 157, 172 ff.
– Verhältnis zum Arbeitsvertrag 117 f., 156
– Verhältnis zum Tarifvertrag 12, 156 f.,
163 ff., 257
– Vorrangtheorie 157, 167 ff.
– Wirksamkeit 11 f., 157, 162 f., 327
– Zustandekommen 162
– Zweischrankentheorie 157, 168
Betriebsverfassungsrecht 3, 10 ff.
Betriebsverfassungsrechtliche Normen 9,
85
Beweisverwertungsverbot
– betriebsverfassungsrechtliches ~ 11 f.,
230, 241 ff.

Einstellung
– Arbeitszeiterhöhung als ~ 213 ff.
– Begriff 11, 194 f., 209 f.
– Leiharbeitnehmer 207 ff.

– Mitbestimmungsrecht 207
– Zustimmungsersetzung 216 ff.
– Zustimmungsverweigerung 219 ff.
– Zustimmungsverweigerungsgrund
  207 ff., 219 ff.
Erklärungsfrist 229, 247 f.

Fallbearbeitung 5 ff.
s. a. Schwerpunktbereich
– Vorgehen 5 ff.
– Methode 5 ff., 19
– Aufbauschemata 317 ff.
Feststellungsinteresse 57, 233 f.

Gewerkschaft 57 ff.
s. a. Koalition
s. a. Koalitionsfreiheit
s. a. Tariffähigkeit
s. a. Tarifvertrag
– Anerkennung der Rechtsordnung 65 f.
– Aufbauschema 321
– Demokratische Binnenstruktur 64 f.
– Gegnerunabhängigkeit 59 ff.
– Organisatorische Leistungsfähigkeit 70 f.
– Soziale Mächtigkeit 66 ff.
– Tariffähigkeit 62 ff.
– Tarifwilligkeit 65
– Überbetriebliche Organisation 61
– Unabhängigkeit von Dritten 61
– Unterlassungsanspruch 158, 178 ff.
– Vereinigung 57 f.
– verfassungsrechtliche Vorgaben 62 ff.
– Zweck 58 f.
Günstigkeitsprinzip 9, 53, 73 ff., 166 f.
– Betriebsvereinbarung und Tarifvertrag
  157, 166 f., 186 ff.
– Günstigkeitsverständnis 76 ff.
– Sachgruppenvergleich 9, 74, 186 ff.
– Vergleichsgegenstand 73 f.
– Vergleichsmaßstab 75 f.
– Wahlrecht des Arbeitnehmers 78

Klagefrist 305 ff.
Koalition
s. a. Koalitionsfreiheit
s. a. Koalitionsrecht
– Aufbauschema 320
– Begriff 7, 20, 25, 57 ff.
– Betätigung 7, 20 f., 30 ff.

– Demokratische Binnenstruktur 28
– Gründung 7
– Grundrechtsträger 8, 20, 24 ff.
– Mächtigkeit 28 f.
– Mitgliedschaft 7
– Überbetrieblichkeit 61
– Unabhängigkeit 28 f., 59 ff.
– Unterlassungsanspruch 182 ff.
– Vereinigung 26, 57 f.
– Zusammenschluss von Arbeitnehmern
  oder Arbeitgebern 27
– Zutrittsrecht 19, 22 ff.
– Zweckerreichungseignung 28 f.
– Zweckverfolgungsabsicht 28, 59
Koalitionsfreiheit 7 f., 19, 158, 182 ff.
s. a. Koalition
s. a. Koalitionsrecht
– als Anspruchsgrundlage 22, 33 ff.
– Arbeits- und Wirtschaftsbedingungen 26,
  58
– Betätigungsfreiheit 30 ff.
– Eingriff 183 ff.
– Grundrechtsträger 8, 20, 24 ff.
– Grundrechtsverpflichtete 33 f.
– Mitgliederwerbung 19
– Schutzbereich 20 f., 24, 30 ff., 182 f.
– Schutzgesetz 22
– Tarifautonomie 157
Koalitionsrecht 3, 7 ff.
– Gegenstand 7 f.
– Recht der Koalitionen 7 f.
Kollektives Arbeitsrecht 3 f.
Kündigung, außerordentliche
– Arbeitszeitbetrug 228, 240 f.
– Einzelfallbetrachtung 245 ff.
– Erklärungsfrist 229, 247 f.
– Kündigungserklärung 234 f.
– Mitbestimmung 150 f., 229, 237 ff.
– Vertretungsmacht 235 f.
– wichtiger Grund 228, 239 ff.
– Wirksamkeitsvermutung 237
– Zurückweisung 229, 235 f., 237 ff.
Kündigungsschutzklage
– Begründetheit 234, 305
– Klagefrist 305 ff.
– Wirksamkeitsvermutung 237, 305 ff.
– Zulässigkeit 332
– Zulassung verspäteter ~ 307 f.

Leiharbeitnehmer 207 ff.

Massenentlassung 261, 275
Mitbestimmungsrechte des Betriebsrats
   193 ff.
s. a. Betriebsrat
s. a. Betriebsvereinbarung
– Arbeitskampf 92 f., 113 f.
– Auswahlrichtlinien 261, 267 ff.
– Betriebsänderung 261, 264 ff.
– Durchsetzung 279 ff.
– Einstellung 11, 194 f.
– Feststellung der ~ 276 ff.
– Kündigung 11, 150 f., 229, 237 ff., 261,
   274 f.
– Lage der Arbeitszeit 11
– Lohngestaltung 11, 93, 111 f., 329, 330
– Massenentlassung 261, 275
– Ordnung im Betrieb 11
– personelle Angelegenheiten 11 f., 150 ff.,
   261
– Rechtsfolgen 11, 117 f.
– Sicherung 276 ff.
– soziale Angelegenheiten 11, 93, 111 f.
– technische Überwachung 11, 229, 241 f.
– Theorie der Wirksamkeitsvoraussetzung
   117 f., 242 f.
– Verlängerung und Verkürzung der
   Arbeitszeit 11, 193 f., 203 ff., 328
– Versetzung 194 f., 212 f.
– Zustimmungsverweigerung 12, 84, 194,
   219 ff.

Nachbindung 8 f., 156, 160

Punkteschema 262, 269 ff., 290 ff.

Rechtsweg 13, 55, 196, 216, 232, 276
Regelungsabrede 179 f.
Richterliche Rechtsfortbildung 19, 22,
   36 ff.
– Inhalt 43 ff.
– Herstellung praktischer Konkordanz 43
– Regelungsbedürftige Gesetzeslücke 37 ff.
– Voraussetzungen 19, 36 ff.

Sachgruppenvergleich 9, 74, 186 ff.
Schwerpunktbereich 3 ff.
– Fallbearbeitung 5 ff.

– im Ersten Examen 3
– im Zweiten Examen 3 ff.
– Klausurschwerpunkte 7 ff.
Sozialauswahl 287 ff.
– AGG 262 f., 291
– Betriebsbezogenheit 288
– Herausnahme von Arbeitnehmern 289 f.
– Kreis einzubeziehender Arbeitnehmer
   288 ff.
– Punkteschema 262, 290 ff.
– Vergleichbarkeit 288 f.
Soziale Mächtigkeit 66 ff.
Statthaftigkeit
– der Berufung 13, 296, 299 ff.
Streik s. Arbeitskampf
Streitwert
– Bindung an den ~ 296, 300 ff.
– Gebührenstreitwert 301 f.
– Rechtsmittelstreitwert 301 f.
– Zuständigkeitsstreitwert 301

Tariffähigkeit 8, 10, 52, 62 ff.
s. a. Gewerkschaft
– Anerkennung der Rechtsordnung 65 f.
– demokratische Binnenstruktur 64 f.
– gerichtliche Klärung 52
– organisatorische Leistungsfähigkeit 70 f.
– Tarifwilligkeit 65
– soziale Mächtigkeit 66 ff.
– verfassungsrechtliche Vorgaben 62 ff.
Tarifkonkurrenz und -pluralität 9
Tarifvertrag
s. a. Günstigkeitsprinzip
s. a. Tariffähigkeit
– Anspruch aus ~ 323
– Auslegung 53, 81 f.
– Betriebsnormen 9, 54, 85 ff.
– betriebsverfassungsrechtliche Normen 9,
   85
– Bezugnahme auf ~ 9
– Günstigkeitsprinzip 9, 53, 73
– Nachbindung 8 f., 156, 160
– Soziale Mächtigkeit 8
– Tarifautonomie 157
– tarifliche Regelbarkeit 10, 53
– Tarifgebundenheit 8 f., 53 f., 72, 80, 156,
   159 f., 163 f.
– Tarifgeltung 8, 52, 72, 80, 84 f., 160 f.
– Tarifkonkurrenz und -pluralität 9

– Tarifzuständigkeit 56
– Verhältnis zum Arbeitsvertrag 53, 72 f.,
  80, 156
– Verhältnis zur Betriebsvereinbarung 12,
  156 f., 163 ff., 257
– Wirksamkeit 52, 82
Tarifvertragsrecht 7 ff., 52 ff.
s. a. Tarifvertrag
– Gegenstand 7
Tarifvorrang 163 ff., 180 f.
Tarifwilligkeit 65
Tarifzuständigkeit 56

Unterlassungsanspruch
– allgemeiner ~ 283 ff.
– koalitionsrechtlicher ~ 158, 178 ff.
– wegen grober Pflichtverletzung 198 ff.,
  281 ff.
Unternehmen 124 f., 264
s. a. Betrieb
Untersuchungsgrundsatz 13

Versetzung 194 f., 212 f.
Vorrangtheorie 157, 167 ff.
s. a. Betriebsvereinbarung
– Inhalt 167
– Voraussetzungen 169 ff.

Wahl
– des Betriebsrats s. Betriebsratswahl
Wahlanfechtung 11, 121 ff., 324
Wahlausschreiben 145 f.
Wählbarkeit 125, 142
Wahlrecht 125, 136 ff.
Wahlverfahren 125, 142 ff.
Wahlvorstand 132 f., 142 ff.

Wichtiger Grund 228, 239 ff.
– Arbeitszeitbetrug 228, 240 f.
Wirksamkeitsvoraussetzung 117 f., 242 f.

Zulässigkeit 5 f.
– Antragsbefugnis 52, 130, 196, 278
– Berufung, der 13, 296, 334
– Berufungsfrist 13, 297, 302 f.
– Bestimmtheit des Antrags 127, 193,
  197 f., 276 f.
– Beteiligtenfähigkeit 129, 196, 216,
  277 f.
– Feststellungsinteresse 57, 233 f.
– Klage, der oder eines Antrags 6, 127, 196,
  304, 332, 333
– Klageart 232 f.
– Rechtsbehelfsbelehrung 13, 297, 302 f.
– Rechtsschutzbedürfnis 216 ff., 278 f.
– Rechtsweg 13, 127, 196, 216, 276
– Statthaftigkeit der Berufung 13, 296,
  299 ff.
– Verfahrensart 127, 196, 276
– Zuständigkeit 128, 277
Zustimmungsersetzung 216 ff.
Zustimmungsverweigerung 12, 84, 194,
  219 ff.
Zustimmungsverweigerungsgrund
  207 ff., 219 ff.
Zutrittsrecht
s. a. Koalitionsfreiheit
– betriebsverfassungsrechtliches ~ 22
– einfachrechtliches ~ 22 f.
– grundgesetzliches ~ 24 ff.
– auf Grund richterlicher Rechtsfortbildung
  36 ff.
Zwei-Schranken-Theorie 168 f.

The manufacturer's authorised representative in the EU is Springer
Nature Customer Service Centre GmbH, Europaplatz 3, 69115 Heidelberg,
Germany. If you have any concerns regarding our products, please
contact ProductSafety@springernature.com

Printed and bound by CPI Group (UK) Ltd, Croydon, CR0 4YY

27/04/2026

02097632-0005